Frederic Morton: Die Rothschilds

W0035120

Frederic Morton

Die Rothschilds

Ein Portrait der Dynastie

Aus dem Amerikanischen von Hans Lamm und Paul Stein
Aktualisiert von Michael Freund

Mit 52 Abbildungen

Deuticke

Deuticke
A-1010 Wien, Rockhgasse 6
Alle Rechte vorbehalten
Fotomechanische Wiedergabe nur mit
Genehmigung des Verlages
Copyright © 1961 by Frederic Morton
© für diese Ausgabe Franz Deuticke Verlagsgesellschaft m.b.H., Wien 1992
Umschlaggestaltung: Robert Hollinger
Druck: Wiener Verlag, Himberg bei Wien
Printed in Austria
ISBN 3-216-07896-5

INHALT

Beilage: Die Rothschilds (Stammtafel)

INTRODUCTION

VORWORT
ZUR NEUAUSGABE

Schon lange bevor ich mich daranmachte, ihre Geschichte zu schreiben, begannen die Rothschilds in meinem Leben eine Rolle zu spielen. Unter den düstersten Umständen wurde ich als Vierzehnjähriger in dieses glanzvolle Thema eingeführt. Die Zeit: Juli 1939. Der Ort: die „Zentralstelle für jüdische Auswanderung" des „Sicherheitsdienstes" (SD) der SS in Wien. Diese hatte sich nach dem „Anschluß" im großen Palais des Barons Louis de Rothschild in der Prinz-Eugen-Straße eingenistet; und da standen wir – mein Vater, meine Mutter, mein jüngerer Bruder und ich – um Pässe angestellt, die wir für unsere Rettung benötigten.

Den ganzen Tag lang schoben wir uns millimeterweise eine große weiße Treppe hinauf und zitterten. Wie Wärter in einem Museum, dessen Pracht ihnen Ehrfurcht einflößt und sie zugleich in Wut versetzt, brüllten SS-Männer „Gerade stehen!", sobald sich jemand an die exquisit gemeißelte Balustrade lehnte. Bei allem Schrecken mußte ich doch auch staunen: War es möglich, daß jemals Menschen inmitten dieses märchenhaften Marmors gelebt hatten?

Ich hatte natürlich keine Ahnung, daß mich die menschliche Dimension des Mythos Rothschild eines Tages als Autor beschäftigen würde. Doch heute weiß ich, daß sich jenes Ducken auf der herrschaftlichen Treppe als doppelt nützlich erwies, als ich zwanzig Jahre später für mein Rothschild-Projekt recherchierte. Zunächst einmal war da das Palais des Barons Louis de Rothschild schon längst zerstört – durch einen Bombenangriff im Krieg. Lediglich Fotografien existieren noch von diesem historischen Gebäude, in dem ich dank der SS eine dramatische Erfahrung gemacht hatte. Aber die SS erleichterte mir lange nach ihrem Ende auch die Kontaktaufnahme mit Mitgliedern der Dynastie.

Im Frühling des Jahres 1960 wurde ich in das nüchtern getäfelte

Chefbüro von Baron Guy de Rothschild in der Pariser Zentrale von *Rothschild Frères,* rue Laffitte 21, geführt. Der Baron, Vorstand der französischen Rothschild-Bank, schien, wohl weil von anderen Dingen stark in Anspruch genommen, ein wenig abweisend zu sein. Dennoch war er aufmerksam genug, meine Nervosität zu bemerken, die ich zu verbergen trachtete, und fragte nach ihrem Grund. Ich sagte, dies sei mein zweiter Besuch in einem Haus der Rothschilds und meine Aufregung hänge vielleicht mit dem ersten zusammen. „Aha", sagte der Herr Baron, „was war beim ersten Mal?" Ich erzählte ihm von den endlosen Stunden auf der Treppe seines Wiener Cousins. Darauf der Baron, mit deutlich wärmerem Ton in der Stimme: „Sie standen den ganzen Tag dort angestellt? Als Kind? Wurden Sie nicht hungrig?" Ich erwiderte, Hunger sei nicht das vorherrschende Gefühl gewesen. „Wie auch immer", sagte der Baron, „mir scheint, daß unsere Familie Ihnen etwas Nahrung schuldet." Er griff zum Telefon und arrangierte ein Mittagessen für meine Frau und mich in Ferrières, dem großen Familienbesitz. Das Essen führte dazu, daß ich mit weiteren Mitgliedern des Clans bekannt gemacht wurde.

Diese Begegnungen brachten mir mehr als nur Fakten. Die Familienähnlichkeit unter den Rothschilds erstreckt sich oft über mehrere Generationen. Die Art, wie sich ein Rothschild des 20. Jahrhunderts am Ohr kratzte, ließ die Daguerrotypie eines seiner Ahnen zum Leben erwachen. Im Grunde bin ich ein Romancier; ich schürfe also instinktiv nach Charakteren, auch wenn ich gerade ein Sachbuch schreibe. Bei meinen Interviews und den Recherchen für dieses Buch gab es dafür viele Gelegenheiten. Hin und wieder hatte ich das Glück, sehr fündig zu werden. Vielleicht ist das ein Grund dafür, warum diese Rothschild-Familienbiographie, der eine ganze Reihe von anderen vorangegangen war, als erste ein Welterfolg wurde. Sie stand sowohl in den Vereinigten Staaten als auch in Großbritannien an der Spitze der Bestsellerlisten, und sie verkaufte sich in Südamerika wie in Israel fast ebenso gut. Ich bin wohl einer der wenigen, die von all den Rothschilds profitierten, ohne auch nur mit einem von ihnen Geschäfte zu machen.

Selbstverständlich ist der Bereich, in dem die Rothschilds überragende Virtuosen waren und sind, die Welt des *Business.* Doch meine Biographie erschien zu Beginn der sechziger Jahre des 20. Jahrhunderts, in einem Jahrzehnt also, das geistig-kulturell vom Business nicht gerade besessen war. Nichtsdestoweniger wurde das Buch für den *National Book Award* nominiert und hatte den Vorteil großer positiver Rezensionen. Natürlich ist es die Hoffnung des Autors, etwas damit zu tun zu haben. Zugleich gebe ich gerne zu, daß auch andere Faktoren dabei eine Rolle spielten.

Solche gingen aus Briefen, die ich erhielt, hervor. Das Bild, das sich überraschend viele Leser von den Rothschilds machten, gab nicht die Erzkapitalisten und Statthalter jener festen Burg der Sicherung des Establishments namens Investitionsbank wieder. Viele der Briefschreiber waren Sechziger-Dissidenten, denen der Aufstieg der Familie aus tiefsten Tiefen als eine Art glorioser Meuterei erschien. Übrigens ist diese Einschätzung schon vor über einem Jahrhundert von Heinrich Heine, einem engen Freund Karl Marx', geäußert worden. Heine bewunderte die fünf Rothschild-Brüder, die aus der Judengasse gekommen waren, weil sie „die letzten Zitadellen der Vorrechte und Vorurteile des Feudalwesens erobert" hätten. Natürlich sahen meine Leser das von Heine beobachtete Phänomen mit den Augen der sechziger Jahre. Aus diesem Blickwinkel hatte ich den Machtzuwachs der fünf auch dargestellt – die ja nicht nur aus dem Ghetto ausgebrochen waren, sondern darüber hinaus durch ihr persönliches Beispiel und ihren politischen Anspruch begonnen hatten, das Ghetto selbst aufzubrechen.

In den Sechzigern wurde das Wort von den „Ghetto-Jugendlichen" für eine andere extrem benachteiligte Minderheit gebraucht, und das war gerade der Punkt. Und ist es noch heute: Wenn Sie das nächste Mal einem ungeduldigen und tatendurstigen jungen Schwarzen begegnen, denken Sie daran, daß er so etwas wie ein von der Geschichte in veränderter Gestalt präsentierter neuer Rothschild sein könnte.

Ein unerwartet großer Prozentsatz von Lesern griff genau dieses Thema auf, das sich am frühen, dem „rebellischen" Teil der Familienchronik festmachen läßt. Dann, 1970, begannen die Proben für das Broadway-Musical *The Rothschilds*. Sherman Yellen dramatisierte mein Buch, die Musik schrieb Jerry Bock, die Liedtexte Sheldon Harnick – das Team, das vorher auf dem Broadway *Fiddler on the Roof* (deutscher Titel: *Anatevka*) gemacht hatte. Einer der zentralen Songs war ein Schrei, ein Aufschrei, nach Gleichberechtigung – eine gelungene Zusammenfassung dessen, was ich auf den entsprechenden Seiten geschrieben hatte –, der dem Aufbruch der Schwarzen von heute durchaus als Motto dienen könnte:

11

Uns hat eine seltsame Krankheit befallen,
ein gefährliches Übel auch:
Wir wollen alles, alles, alles
wie die anderen Menschen auch für unseren Bauch!

Eine andere Szene transportierte eine komplexere, mit Widerhaken versehene Botschaft. Wir sehen Papa Rothschild als Münzenhändler auf der Frankfurter Messe, wo er beginnt, „echte feine Golddublonen" feilzubieten, die echte feine Golddublonen sein mögen oder auch nicht. Plötzlich übertönt Trompetenschall seinen Sermon. An der Spitze eines hessischen Regiments und von einem britischen General begleitet, stolziert der Prinz von Hessen auf den Marktplatz. Dieser hohe Herr in gepuderter Perücke und seidenen Kniehosen setzt das Lied des Kaftanjuden fort, übernimmt dessen Melodie für den gleichen Tanz um die Wahrheit herum, nur daß er weit unedlere Zwecke verfolgt. Der Prinz, der seine Hessen an Britanniens Majestät verhökert, besingt sie als echt feine Krieger, als hochwertige Söldner, mit deren Hilfe die amerikanische Revolution unterdrückt werden könnte. Die Moral der Geschichte stammt direkt aus meinem Buch: Der Jude übervorteilt beim Verkauf seiner Münzen, damit seine Familie zu essen hat. Der Prinz betreibt den Ausverkauf von Kanonenfutter, um seine Schatztruhen zu füllen. Im Überlebenskampf der Unteren spiegelt sich nur die Gerissenheit des Herrschers wider, die dieser einsetzt, um selber von goldenen Tellern speisen zu können.

Diese Szene wurde zum letzten Mal während des Provinz-Probelaufs des Musicals in Philadelphia gezeigt. Als es New York erreicht hatte, sang Papa Rothschild ein völlig anderes Lied – ein durchaus nettes Lied, ja doch, über münzenkundliche Überlieferungen –, jedoch eines, das eher unterhielt als Anlaß zur Beunruhigung bot.

Der Kontrast zwischen dem ursprünglichen Text und dem verbindlicheren, der ihn ersetzte, entspricht genau demjenigen zwischen den sechziger Jahren und den zwei Jahrzehnten, die auf sie folgten. Der Unterschied zeigte sich auch in der veränderten Reaktion auf mein Rothschild-Buch, das immer noch lieferbar gehalten wurde und neue Leser einer neuen Generation fand. Nur daß jetzt ein anderer Aspekt der Geschichte Aufmerksamkeit erregte: Erfolg in seiner beeindruckendsten Form. Natürlich war vor allem der Erfolg zu allen Zeiten für die von der Rothschild-Saga bewirkte Faszination verantwortlich. Doch in den Sechzigern wurde der Aufstieg der Familie als phantasieanregendes, bewegendes, auch grandios abenteuerliches Unterfangen von Außenseitern angesehen, die ins Innere der Gesellschaft vorgestoßen waren. In den siebziger und mehr noch in den achtziger Jahren hingegen ließen viele Briefe eine nüchterne und ganz pragmatische Haltung zur Familie, „die es geschafft hat wie keine andere", erkennen. Diese Leser schienen zu glauben, ich hätte das Buch als *Do-it-yourself*-Leitfaden angelegt. Väter luden mich zu den Bar-Mizwahs ihrer Söhne ein: Würde ich die Freundlichkeit haben, das Ereignis – gegen Entgelt natürlich – mit lehrreichen Anekdoten zu würzen, aus denen man ersehen könne, wie genial sich die Familie an die Spitze des Rudels gesetzt habe? Andere Briefe fragten an, ob mir nicht vielleicht Geschäftsgeheimnisse der Rothschilds bekannt geworden seien, die sich wegen ihrer Brisanz nicht für die Veröffentlichung geeignet hätten. Und würde ich diese, wiederum gegen Entgelt, den Briefschreibern vertraulich mitteilen?

Dutzende weitere Briefe stellten die Verbindung des Mammon mit dem Sex her. Sie kamen von Leuten, die sich als uneheliche Abkömmlinge der Rothschilds bezeichneten. Die meisten geizten nicht mit genauen Angaben über das Wo und Wie ihres Ursprungs: auf welchem Heuboden sich die Oma vor 57 Jahren mit welchem Rothschild gewälzt habe und welche feierlichen, doch bedauerlicherweise niemals erfüllten Eide bei dieser Gelegenheit geschworen worden seien. Würde ich dieses pikante Detail in die nächste Auflage aufnehmen? Und so dem Stammbaum einen weiteren Zweig hinzufügen, auf dem hübsch sichtbar ein Kind der Liebe säße, bis die lange überfällige Erbschaft eintreffe?

Leider konnte ich keinen dieser Einsender zufriedenstellen, doch dafür bin *ich* mit der neuesten Entwicklung im Fortkommen meines Buches zufrieden. 1990 wurde das Musical in einer überarbeiteten Fassung wiederbelebt. Die neue, eine Off-Broadway-Version, ist für eine kleinere Bühne angelegt, braucht weniger Darsteller und kommt mit einfacheren Requisiten aus. Aber diese Rothschilds sind viel eher die meinen als ihre einstige Verkörperung auf dem Broadway. Ja, die Perfektion, mit der sie die Gesetze des Markts für sich nützen, bezwingt Könige. Aber durch Prinzipienfestigkeit bewahren sie ihre Seele. Diese Version betont die höhere Wahrheit ihres Triumphs: Sie zeigt, wie ein Vater, eine Mutter und ihre Kinder durch gemeinsame Entschlossenheit das Vorurteil, das sie auf einen engen Spielraum am äußersten Rand beschränken will, überwinden können und wie ihr Sieg zunächst sie erlöst, dann für die Befreiung anderer arbeitet.

Die Familie als Instrument des Zusammenhalts. Die Familie als Quelle von Stärke. Die Familie als Organ des Gewissens. Der Geist, der diese Dreieinigkeit mit Leben erfüllt, faszinierte mich die ganze Zeit, in der ich das Buch schrieb. Vielleicht sehnte ich mich nach genau einem solchen Geist, als die SS damals jene prachtvolle Treppe in ein furchterregendes Ghetto verwandelt hatte. Jedenfalls ist es ein Geist, den ich mit den Lesern der Neuauflage zu teilen hoffe.

Zur neuen deutschsprachigen Ausgabe der „Rothschilds" wäre anzumerken, daß sie ohne Hilfe von Herrn Dr. Michael Freund wohl kaum zustandegekommen wäre; wegen eines Terminkonflikts meinerseits hat er die Recherchen und die Gestaltung der beiden Schlußkapitel übernommen und diese Aufgabe vorbildlich erfüllt. Zu danken habe ich ferner Herrn Paul Stein, der die frühere deutsche Übersetzung durchgreifend überarbeitet und die Neuausgabe lektoriert hat, den Herren Roland Kronigl und Dr. Robert Sedlaczek für die gute verlegerische Betreuung des Projekts und Herrn Dr. Wolfgang Petritsch vom österreichischen Presse- und Informationsdienst in New York dafür, daß er als „Verbindungsgeneral" zwischen New York und Wien tätig war.

Nicht zuletzt gilt mein Dank den Damen Liliane de Rothschild (Paris) und Dr. Miriam de Rothschild (Ashton Wold) sowie Lord Jacob Rothschild (London), deren Unterstützung wesentlich zur Authentizität des Schlußkapitels beigetragen hat.

F. M.

I

GIBT ES SIE DENN ÜBERHAUPT NOCH?

1. Die Hochzeit von Pauillac

Erwartungsvoll drängten sich die Menschen an diesem Samstagnachmittag, dem des 4. März 1961, in dem kleinen südwestfranzösischen Dorf. Aus den Fenstern blickten neugierige Gesichter, etliche mit Feldstechern vor den Augen. Kurz nach zwei Uhr ließ eine im Schmuck purpurroter Schärpen angetretene Kapelle feierliche Fanfarenklänge über die Weinberge ringsum erschallen, und ein eigens herbeikommandiertes Bataillon Gendarmen postierte sich am Straßenrand. Das Märchenspiel konnte beginnen.

Voran schritt, von zwei kleinen Pagen in Kniehosen flankiert, ein schwarzgekleideter Zeremonienmeister mit elfenbeinernem Stab und seidenen Strümpfen. Ihnen folgte im Schrittempo die Flottille hochherrschaftlicher Limousinen, die der Bürgermeister der nahe gelegenen Stadt Bordeaux sonst nur General de Gaulle zur Verfügung stellte. Orchideen bedeckten den ersten Wagen von der Kühlerfigur bis zu den Schlußlichtern. In ihm saß die Braut – eine Prinzessin an ihrem Hochzeitstag.

Sie trug ein weißes Atlaskleid, das Monsieur Balenciaga, der Hohepriester der Mode, für sie geschaffen hatte, und auf dem Kopf eine Brautkrone aus mit Diamanten besetztem weißen Nerz. In ihren Händen hielt sie einen vor wenigen Stunden aus der Türkei eingeflogenen Apfelblütenzweig. Der Bräutigam an ihrer Seite war – ganz wie es sich für ein Märchen gehört – ein sehr gut aussehender, sehr begabter und sehr armer junger Mann.

Die Schar der Gäste war in privaten Pullmanwagen, die man dem Süd-Expreß angehängt hatte, von Paris gekommen. Und weil eine Hochzeit ohne Fotografen nicht denkbar ist, war Mr. Cecil Beaton anwesend (in Zylinder, Cutaway und gestreiften Hosen), der für diesen Tag von seinen Pflichten im Buckingham Palace entbundene offizielle Hoffotograf Ihrer Majestät der Königin von England.

15

Freilich, um den Preis von 100.000 Dollar kann man jedes Ereignis glanzvoll erscheinen lassen. Aber Glanz allein macht noch kein Märchen; es muß sich außerdem wie von selbst verstehen. Nicht daß es erzählt wird, verleiht ihm seinen Zauber – es muß schon oft erzählt worden sein.

Und so erwachte an jenem 4. März 1961 im Dorf Pauillac das alte Märchen zu neuem Leben: mit einer echten Rothschild-Hochzeit. Baron Philippe vom Schloß Mouton Rothschild führte seine Tochter Philippine zum Altar. Jedes Detail des glanzvollen Ereignisses beruhte auf altehrwürdigen Überlieferungen, wie sie von Kindermädchen, Haushofmeistern und Matronen der Familie gehütet werden, von all den Archivaren mit und ohne Amtstracht. Als die lange Wagenkolonne der Gäste sich noch gemessen durch die Straßen bewegte, wurde am Lieferanteneingang des Château Mouton ein an die zwei Meter hoher Hochzeitskuchen abgeliefert. In purem Zuckerguß zeigte er die fünf Pfeile der Rothschilds, jenes in den frühen 1820er Jahren, als es in Frankfurt noch Judenverfolgungen gab, gegen den heftigen Widerstand des Kaiserlich-Königlichen Wappen-Inspektorats in Wien ihnen verliehene heraldische Emblem.

Als die Hochzeitslimousine vor den großen Schloßtoren ankam, hielt das Gutspersonal gemeinsam mit den Gendarmen die Zuschauer in gebührender Entfernung. Alle Bediensteten des Hauses trugen am Arm Binden in den berühmten Farben Blau und Gelb – das Zeichen, unter dem die Kuriere der Rothschilds durch Europa geeilt waren, um von den Tagen Napoleons an bis zu denen des Ersten Weltkriegs Katastrophen oder Triumphe zu melden.

Es gibt in neuerer Zeit keine andere Familie, der soviel sagenhafter Ruhm anhaftet wie dieser. Keine Familie nichtköniglichen Geblüts hat so lange und in so ungewöhnlichem Stil über soviel Macht verfügt. Viele Mitglieder der Familie zeigten eine so ausgeprägt aristokratische Haltung, daß sie in unserem Jahrhundert fremdartig, wenn nicht geradezu völlig antiquiert wirkte.

Sicher wäre es ungenau, wollte man sagen, die Familie sei „immer noch sehr reich". Das Vermögen der vielen Zweige der Rothschilds ist heute so unbestimmbar wie eh und je. Die Weltöffentlichkeit verbindet mit dem Wort „Rothschild" die Vorstellung sprichwörtlichen, traditionellen Reichtums. Aber in den Kreisen der Reichen selbst, der Leute, die mit den Rothschilds bekannt sind (oder es gerne wären), bedeutet „Rothschild" noch immer etwas ganz Gegenwärtiges, Beneidenswertes, zwar zu Scherz oder gar Spott Herausforderndes und doch Unerreichbares – etwas, das an Märchen denken läßt, an eine von zwölf Schimmeln gezogene goldene Karosse.

In jenen privaten Sonderwagen, die die Familie zur Hochzeit brachten, war das sagenhaft Luxuriöse, das geradezu Byzantinische, das bei Nennung des Namens sofort anklingt, durchaus spürbar. Der Dior unter den Friseuren der Welt, Monsieur Alexandre, der nur „Tout-Paris" (wie man paradoxerweise die höchsten Spitzen der Pariser Gesellschaft bezeichnet) bediente und sonst höchstens noch einige Auserwählte, Jacqueline Kennedy etwa oder Prinzessin Margaret, befand sich, von ausgewählten Haarkünstlern seines Salons mit sozusagen gezückten Kämmen begleitet, auch im Eisenbahnzug – „Kundendienst" des Hausherrn an seinen Gästen. Jeder Gast konnte sich noch von Meister Alexandre selbst auf Hochglanz bringen lassen, während livrierte Diener Champagner und Kaviar kredenzten. Dieser Monsieur kannte die Bedeutung der Familie genau, davon legt sein Kundenbuch Zeugnis ab: In diesem Geschäftskalender, einem täglichen *Gotha* seiner Zeit, hätte eine Eintragung „Comtesse Pierre" ohne Familiennamen daneben keine Klarheit ergeben. Aber „Baronesse Élie" oder „Baronne Philippe" konnte nur „de Rothschild" bedeuten, ohne daß ein Zusatz nötig gewesen wäre.

„Sie sind tatsächlich die wahren Nachfolger der Bourbonen in Frankreich", bemerkte Anfang 1961 halb amüsiert, halb resignierend ein Redakteur der französischen *Vogue* und fügte erklärend hinzu: „Denn es gibt keine andere Familie, bei der schon der Vorname zur Identifizierung genügt."

Es scheint, daß die Rothschilds neben der königlichen Familie im Buckingham Palace die einzigen waren, die noch in wahrhaft königlicher Weise funktionierten. Und das britische Königshaus wußte dies seit Generationen zu würdigen: Die Königin Victoria dinierte und übernachtete oft bei den Rothschilds, und unmittelbar nach seiner Abdankung flüchtete sich der Herzog von Windsor mit seiner unstandesgemäßen amerikanischen Gemahlin zu einem österreichischen Rothschild. Wo es kaum mehr Könige gibt, muß man mit Präsidenten vorliebnehmen: Nur einmal während seiner Amtszeit dinierte der französische Präsident Coty offiziell in einem Privathaus – 1952 in der Pariser Wohnung von Baron Philippe, dem Brautvater der Feier von 1961.

Wie es ganz natürlich ist bei einem Kind, das das Schicksal in einer solchen Umgebung aufwachsen läßt, erbte die Braut, neben sehr vielem anderen, auch eine lebendige historische Tradition. Jemand hat einmal gesagt, daß jeder Rothschild an dem Tag, an dem er das Licht der Welt erblickt, mindestens 150 Millionen Dollar wert und mindestens 150 Jahre alt ist. Die Zahlen mögen nicht ganz präzis sein, aber sonst trifft die Behauptung zu. Im vorigen und in diesem Jahrhundert hat sich eine so eindeutig definierte spezifische Rothschild-Persönlichkeit herauskristallisiert, daß kein Träger des Namens sich diesem Einfluß völlig entziehen kann. Zum Teil ergibt sich dies aus der erstaunlichen Häufigkeit von Verwandtschaftsehen, wie man sie sonst nur vom hohen und höchsten Adel kennt, zum anderen aus dem außerordentlich stark entwickelten Familiensinn, wie er gleichermaßen jüdische wie aristokratische Tradition ist.

Doch auch der verblüffendste Aspekt der Hochzeit von Pauillac entsprach einer Familientradition. Der katholische Dorfgeistliche vollzog – nach einer Predigt, die einigermaßen verlegen den Wert des Alten Testaments und die Tugenden der Juden hervorstrich – die Trauung der Braut mit einem Katholiken. Doch war dies nichts weiter als die Neuauflage eines ehrwürdigen Rothschild-Skandals: Von Anfang an erlaubte diese selbstbewußt jüdische Dynastie ihren Töchtern, Christen zu heiraten. Den Söhnen freilich war eine entsprechende Verbindung nicht gestattet.

Der Namenwirrwarr im Gästebuch von Château Mouton entsprach ebenfalls einer alten Tradition. Über siebzig Rothschilds schrieben sich ein, und nicht wenige von ihnen mit Vornamen, die sich bereits Generationen hindurch erhalten und weitervererbt hatten. Damit betonte die Familie ihre Einheit und Fortdauer, und sie gedachte so ihrer Vorfahren, bereitet aber dem Biographen äußerste Schwierigkeiten. Der englische Zweig beispielsweise begann mit Nathan Mayer, setzte sich mit Lionel und Nathaniel fort, auf die Lionel Walter, Lionel Nathan, James Nathaniel und Nathaniel Charles folgten. Zur Zeit der hier dargestellten Hochzeit war Nathaniel Mayer Victor Lord Rothschild, und sein Sohn hieß wiederum Nathaniel Charles. Aber als ob die Wiederholung von Vornamen noch nicht reichte, legten sich etliche Rothschilds Pseudonyme zu. So hatte Henri de Rothschild, der Großvater der Braut, unter dem Namen André Pascal erfolgreiche Dramen verfaßt, und sein Sohn Philippe produzierte als Philippe Pascal Theaterstücke und Filme. Dessen Tochter Philippine, die Braut, schien unter dem Namen Philippine

Pascal auf den Programmzetteln der Comédie Française als Schauspielerin auf. Die Tatsache, daß sie mit Jacques Sereys einen Regisseur eben dieser Comédie Française heiratete, zeigt, wie sich auch Privatinteressen von Rothschilds dynastisch niederschlugen.

Was anderswo lediglich nebensächliches Hobby wäre, wurde hier zum Kennzeichen einer Familie. Die Vorliebe der Rothschilds für Süßigkeiten etwa führte nicht allein zum Soufflé Rothschild, das sich in aller Welt auf den Speisekarten findet, und nicht nur dazu, daß die Chefköche im Dienst der Familie die Kunst der Tortenbäckerei zu neuen Höhepunkten weiterentwickelten. Hierzu paßt auch, daß Baron Alphonse in seinem Testament von 1905 seinem „lieben Schwiegersohn Albert 25.000 Gold-Francs" vermachte, „damit er sich davon etwas Schokolade kaufen möge", und daß einem charmanten Hausgesetz zufolge bei allen Familientreffen Schokolade-Soufflé gereicht wurde.

2. Orchideen und Chuzpe

Die Orchideen, die den Brautwagen bedeckten, waren ebenfalls Teil einer Rothschild-Tradition – jener nämlich, sich nicht mit der auch nur geringsten Unvollkommenheit zu begnügen. So wie der Schuster sprichwörtlich bei seinem Leisten bleibt, so versteht es sich für die Rothschilds von selbst, daß ihnen das Beste als gerade noch gut genug erscheint. Mehr als alle anderen Menschengruppen haben sie „Chuzpe". Dieser hebräisch-jiddische Ausdruck hängt phonetisch und wohl auch inhaltlich mit dem griechischen Wort „Hybris" zusammen, das soviel wie kompromißloser und schließlich selbstvernichtender Stolz bedeutet. Achilles ging an seiner Hybris zugrunde – den Rothschilds aber ist ihre Chuzpe glänzend bekommen.

Auf einem großen Landsitz von Edmund de Rothschild, Seniorpartner der Londoner Familienbank, in Exbury bei Southampton waren die Orchideen gezüchtet worden. Sie stammten aus den dreißig Treibhäusern aus Teakholz und Glas, die insgesamt vier Morgen Land bedecken. Die einzigartige Schönheit der dort von ihm gezogenen Pflanzen ging auf die außerordentliche Kennerschaft seines Vaters Lionel zurück.

Während des Zweiten Weltkriegs, als die meisten der in den Glashäusern beschäftigten Gärtner zur Armee eingezogen waren,

19

mußte Lionel einsehen, daß er sich nicht mehr in angemessener Weise um all die jungen Pflanzen kümmern konnte. Lange nach dem Krieg erzählte einer der Orchideengärtner: „Viele, viele Hunderte wurden damals zerstört. Mister de Rothschild dachte nicht daran, sie zu verkaufen, denn er hielt es für ausgeschlossen, daß irgend jemand anderer ihnen jenes Maß an Pflege widmen würde, die ihre Qualität verlangt . . ."

Auch die in die Girlanden von Pauillac ebenfalls überreich eingeflochtenen Rhododendronblüten stammten aus Exbury. Nicht weniger als zweihundert Gärtner hatten einst die Beete und Hecken für Lionel de Rothschild gepflegt, bevor sein Erbe Edmund den Besitz einer Landschaft übernahm, in der Hunderttausende von wunderbarsten Rhododendronsträuchern wachsen – mehr als sonst auf einem Areal irgendwo in der Welt. Doch auch hier bewährte sich außer Sorgfalt eine gewisse Unerbittlichkeit.

Der Gutsverwalter Peter Barber erinnerte sich, daß Lionel über 1200 Rhododendron-Abarten durch Kreuzung gezogen habe, und zwar durch unbarmherzige Auslese. Er beobachtete die Entwicklung der vielen Jungpflanzen jeweils zehn Jahre lang, bis sie alle in voller Blüte standen. Dann wurden die allerbesten ausgewählt und alle übrigen vernichtet. Dieser Regel folgte er strikt. „Eine Pflanze, die nur eben gut war, wäre ihm nie gut genug gewesen für seine Gärten . . ."

3. Schweigen ist Gold

Eine an ihre bürgerliche Herkunft gemahnende Neigung zum Praktischen hat allerdings stets die Balance mit dem geradezu königlichen Selbstbewußtsein der Rothschilds und ihrem fürstlichen Reichtum gehalten. Ein Beispiel dafür ist ein originelles Kleidungsstück, das dem Baron Philippe zustatten gekommen sein mag an jenem großen Tag in Pauillac. Er hatte es sich zur Gewohnheit gemacht, früh aufzustehen, daher auch wieder zeitlich zu Bett zu gehen und ein Mittagsschläfchen einzuschieben, sobald die Mahlzeiten mit ihren liebenswürdigen Förmlichkeiten beendet waren. So mußte ihm sein Schneider ein seidenes, mit einem weichen Kragen versehenes Kleidungsstück entwerfen, das sowohl als Hemd unter der Smokingjacke als auch als Nachthemd getragen werden konnte. Es gestattete ihm somit, ohne Zeitverlust der Etikette Genüge zu tun, die einem (wie hier anzumerken ist: vollendeten) Gastgeber das Tragen eines Schlafgewandes beim Déjeuner schlicht verbietet.

Derselbe Geist wohnte in den Dutzend Schlössern und Herrensitzen, von denen aus Philippines Verwandtschaft zur Hochzeit nach Pauillac kam. Diese gewaltigen Barockbauten waren mit mehr Louis-quatorze-, -quinze- und -seize-Möbeln ausstaffiert, als die drei Könige selbst je besessen haben. Seit Jahrzehnten bedeutete in der Fachsprache der Innendekorateure „Rothschild-Stil" eine Kombination von Bourbonen-Möbeln, dazwischen Renaissance-Kostbarkeiten sowie eine Fülle von Blattgold und Schnitzwerk – alles in „der großartigen französischen Art der Rothschilds", von der Cecil Beaton sprach, und Ausdruck für ein Vergnügen am Luxus, nicht aber dafür, daß man sich von ihm ablenken ließe. Inmitten dieses unverhohlenen Reichtums herrschte zugleich eine gesunde jüdische Wertschätzung des Nützlichen. So fand sich in der Pariser Residenz der Baronesse Édouard eine Symphonie aus Marmor und Silber als Badezimmer, in dem nur eine kleine Telefonanlage aus dem Rahmen fiel, die es der Dame des Hauses gestattete, jede Nummer und Nebenstelle rasch und diskret selbst erreichen zu können, ohne ihre Sekretärinnen bemühen zu müssen oder von einer Zentrale abhängig zu sein.

Angesichts des strengen Abschirmens der Privatsphäre war es natürlich auch kein Zufall, wenn das eigentliche Festessen anläßlich von Philippines Hochzeit in den Weinkellern des Château Lafite-Rothschild zelebriert wurde, eines anderen Schlosses nahe Pauillac. Ungeachtet all des Glanzes und Reichtums hielt man es für geboten, das Fest in einem unterirdischen Gelaß und in einem fernen Winkel des Landes zu feiern. Zweifellos macht es den Rothschilds Freude, zu strahlen und zu glänzen, aber zum Leidwesen vieler Mitglieder der Society bleiben bestimmte Großereignisse auf den engsten Kreis der Familie beschränkt.

Diese Vorliebe für verschwiegene Zurückgezogenheit ist in der jüngeren Vergangenheit offenbar nur noch gewachsen. Der Stammvater empfahl sie zwar von allem Anfang an mit Nachdruck, aber einige seiner Sprößlinge schraken auf ihrem Siegeszug ins Innere von Europas Machtbastionen vor kaum einem Mittel zurück, laute Selbstpropaganda mit eingeschlossen. Da aber in unserem Jahrhundert Diskretion von der ganzen Familie bis zur Vollendung kultiviert wurde, kam es, daß viele glauben, außer einer grandiosen Legende sei von den Rothschilds fast nichts übriggeblieben, und die haben gar nichts dagegen, daß diese Meinung vorherrscht.

Die beiden großen Bankhäuser in London und Paris ebenso wie das riesige Büro des Barons Edmond in der französischen Hauptstadt waren nicht einmal durch ein Namensschild kenntlich gemacht. Und die Rothschilds beherrschen zwar eine Unzahl Industrie-, Handels-, Bergbau- und Hotelunternehmen, doch trägt kein einziges davon ihren Namen.

Gesellschaftlich allerdings stehen die Rothschilds unbestritten ganz oben. In Europa, wo es Snobismus sehr viel leichter hat als in Amerika, bedeutet die Tatsache allein, daß eine Familie seit etlichen Generationen zu den ganz Reichen zählt, noch nicht unbedingt, daß sie von der großen Welt automatisch als ihr zugehörig akzeptiert wird. Aber die Rothschilds waren, auch dabei ihre noble Zurückhaltung wahrend, etwa im St. James Club zu London oder beim Tee der Comtesse de Paris anzutreffen. Und erst die Tatsache ihrer Anwesenheit machte (und macht noch) die Treffpunkte der Highest-Society wirklich exklusiv.

Auch die Riesensummen, die die Rothschilds für wohltätige Zwecke stifteten, blieben im Verborgenen. So war Guy de Rothschild Chef des französischen Hauses und zugleich Präsident des Fonds „Social Juif Unifié" (des vereinigten jüdischen Sozialfonds in Frankreich). In der Londoner Firma wiederum stellte eine eigene Abteilung allmonatlich eine Liste derjenigen jüdischen und nichtjüdischen karitativen Institutionen zusammen, denen der Senior des Hauses seine Spenden zufließen lassen wollte. Und die ebenso mächtige wie zurückhaltende „B.-de-Rothschild-Stiftung" übernahm unter anderem die Schirmherrschaft über die Martha-Graham-Tanzgesellschaft, förderte Ballettkompanien in Frankreich und Künstler in Israel, stellte erhebliche Mittel für die Ausbildung von Indianern zur Verfügung ebenso wie für Forschungen auf dem Gebiet der altindischen Kunst – alles, ohne großes Aufhebens davon zu machen.

Die Familie hielt sich schließlich seit langem von jeder Art Publicity fern. Es mochte natürlich dem einen oder anderen Besucher der Pferderennen in Ascot, Longchamp oder Deauville bekannt sein, daß die Jockeis in den blau-gelben Seidentrikots des Gestüts von Baron Guy dieselben Farben zeigten wie die Fahnen, die über den Rothschild-Schlössern diesseits und jenseits des Kanals wehten. Zoologen mögen von einer prachtvollen Schmetterlingsart in Neuguinea

Kenntnis haben, die den Namen *Ornithoptera rothschildi* trägt, oder einen südamerikanischen Straußenvogel kennen, der *Rhea rothschildi* heißt – beides auf von den Rothschilds finanzierten Expeditionen entdeckte Lebewesen. Weinkenner wieder werden Mouton-Rothschild und Lafite-Rothschild als zwei der besten Rotweine der Welt schätzen. Botaniker und Gartenfreunde gehören zu den Nutznießern der Rothschildschen Vorliebe für die Züchtung neuer Blumensorten – jener einzigartigen Rothschildschen Azaleen, der zahlreichen Rhododendren, die den Namen Rothschild tragen, und der Orchideen aus Exbury. Doch vieles, das auch von der Familie stammt, erinnert in nichts mehr an sie. So beschäftigen sich im Louvre, im Britischen Museum und in vielen großen anderen Galerien Forscher und Kunststudenten mit einer Fülle von Schätzen, ohne zu ahnen, daß alle diese Kostbarkeiten einst die Bibliotheken und Wohnräume der Rothschilds schmückten. Verglichen mit deren Schenkungen erscheinen die der Medici geradezu als kärglich.

In Wien ging das Haus Rothschild im März 1938 durch den Einmarsch der Hitler-Wehrmacht zugrunde. Und doch lebt die Familie auch dort weiter, nicht allein in den riesenhaften Sammlungen des Kunsthistorischen und des Museums für angewandte Kunst. Nein, die Erinnerung an die Rothschilds erfüllt buchstäblich die Luft der österreichischen Hauptstadt, denn in jedem Frühling erblühen dort in den Parks und auf den Plätzen jene Blumen, die einst in den Rothschildschen Glashäusern auf der Hohen Warte herangezüchtet wurden.

Nachdem der Stephansdom, dieses österreichische Nationalheiligtum, im Zweiten Weltkrieg schwer beschädigt worden war, steuerten alle Bundesländer Baumaterialien für den Wiederaufbau bei, jedes Land nach seiner Eigenart. Aber auch vom größten Rothschild-Palais kam ein Beitrag. Dieses, die Residenz in der Prinz-Eugen-Straße, war ein so monumentales Bauwerk, daß sich im Jahr 1956 kein neuer Käufer fand. Man riß es gerade zu der Zeit ab, als St. Stephan dringend eine Ladung kostbaren Marmors brauchte, und so transportierte man diesen direkt von dem jüdischen Palais zum katholischen Dom.

In Frankfurt am Main, der Wiege der Rothschilds, erinnerten lange Zeit nur ein 1961 durch Bürobauten sehr verkleinerter Rothschildpark und ein paar vergilbte Urkunden im Stadtarchiv an die Familie; das alte Rothschild-Haus war im Krieg von Bomben zerstört worden. Aber auf dem alten jüdischen Friedhof ruhen noch immer die Gebeine des Stammherrn von Firma und Familie. Seit 1988 ist ein ehemaliges Palais Carl Mayer Rothschilds am Untermainkai, das einst die erste von der Familie gestiftete öffentliche Bibliothek beherbergte, Sitz des Jüdischen Museums der Stadt. Dort sind nun auch Rothschildiana wie frühe Porträts und Dokumente zu besichtigen. Und nach langer Abwesenheit hat das Bankhaus in der Finanzmetropole am Main wieder eine Zweigstelle errichtet.

In einem überfüllten Ghettohaus von Frankfurt begann jene Sage, die in der Hochzeit zu Pauillac einen ihrer Höhepunkte erreichte. Dort hatte Mayer Amschel Rothschild, der noch einen gelben Judenstern auf seiner mittelalterlichen Gewandung tragen mußte, vor zwei Jahrhunderten einen kleinen Laden geschaffen und Gudula Schnapper geheiratet. Diesem Bund entsprangen jene fünf erstaunlichen Söhne, die später legendären „Fünf Frankfurter", deren Triumphzug durch die weite Welt besser geplant und von dauerhafterem Erfolg war als die Eroberungsstrategien aller echten Cäsaren und aller Diktatoren vor und nach ihnen.

Hier begann ihre Geschichte, und hier begann der Name Rothschild Geschichte zu machen.

II

DIE JUDENGASSE

1. Ein Waisenkind kehrt heim

Von Mayer Amschel Rothschild überlieferten Zeitgenossen ein lebendiges Bild. Er unterschied sich sehr von seinen Söhnen, diesen massiven, vorwärtsstrebenden Genies praktischen Denkens und Handelns. Der Patriarch der Familie war hingegen schlank und von mildem Wesen, ging leicht vornübergebeugt und wirkte mit seinen schmalen Schultern eher wie ein gelehrter Stubenhocker, dessen schalkhaftes Lächeln nicht unbedingt an einen Geschäftsmann denken ließ.

Ein seltsamer Traum muß diesen Mann erfüllt, ein unbekanntes Etwas ihn immer aufs neue veranlaßt haben, ungewöhnliche Entscheidungen zu treffen. Zu diesen unerklärlichen Entschlüssen gehörte auch jener, an einem Frühlingstag des Jahres 1764 in seine Geburtsstadt Frankfurt am Main heimzukehren.

Mayers Vorfahren waren im Ghetto dieser Stadt schon lange Zeit kleine Händler gewesen. Aber für seine Zukunft war eigentlich etwas anderes vorgesehen. Da er unter den zahlreichen Kindern seiner Eltern der Begabteste war, wurde er in eine Jeschiwah nach Fürth geschickt, in eine Talmudhochschule, damit er das werde, was sich jede jüdische Familie für den dazu geeigneten Sohn erträumte: nicht Kaufmann, sondern Rabbiner! Er bewährte sich als Student. Aber das Schicksal bot ihm diese Chance nur kurze Zeit, denn es nahm ihm früh seine Eltern und damit die Möglichkeit, seine Studien fortzusetzen. So mußte er froh sein, daß ihm seine Verwandten eine Lehrstelle in einem Bankhaus verschafften, bei den Oppenheimers in Hannover.

Jeder andere junge jüdische Mann hätte sich dort wohl dauernd niedergelassen. Deutschland war damals noch eine bunte Flickendekke von souveränen Herrschaften, deren jede ihre eigenen Gesetze hatte. Im Vergleich zu Frankfurt ging es den Juden in Hannover wesentlich besser. Mayers Zukunft schien gesichert: bei Oppenheimers bleiben, langsam zum Hauptbuchhalter aufrücken und mit Gottes Hilfe vielleicht nach vielen Jahren sogar Teilhaber werden. Trotz dieser Chance aber kehrte Mayer zurück nach Frankfurt. Er tat das Unlogische und begründete damit die Zukunft seiner Familie.

Als er an jenem Frühlingstag nach Frankfurt kam, wahrlich noch keineswegs berühmt, erwartete ihn nichts als kleinliche Demütigungen. Beim Überqueren des Mains mußte er den Judenzoll entrichten. Schon von ferne konnte er das von Menschen wimmelnde Stadtviertel erspähen und wohl auch riechen, worin er vor zwanzig Jahren in einem der eng aneinandergedrängten Häuser geboren worden war. Das Ghetto bestand im wesentlichen aus einer langen dunklen Straße, knapp vier Meter breit – jenes Ghetto, von dem Goethe später sagte, es sei zwischen Stadtmauer und Graben eingeklemmt gewesen wie in einen Zwinger.

Auf seinem Weg in die Judengasse konnte Mayer nicht jenen Straßenlümmeln entgehen, deren Hauptvergnügen es war, „Jud, mach Mores!" zu schreien, worauf der so angesprochene Jude zur Seite treten, seinen Hut abnehmen und sich verbeugen mußte. Nachdem auch er so dem Unterhaltungsbedürfnis der christlichen Jugend der Freien Reichsstadt seinen Tribut gezollt hatte, erreichte Mayer das Tor der Judengasse, die von Soldaten allabendlich mit schweren Ketten gegen die übrigen Straßen der Stadt abgeschlossen wurde.

Im Innern des Ghetto sah es nicht viel erfreulicher aus. Aus den Läden quollen ganze Berge alter Kleidungsstücke und Haushaltsgegenstände. Diese Art des Handels war das Ergebnis einer Verordnung der Stadt Frankfurt, nach der die Juden nicht nur von der Landwirtschaft und von jedem Handwerk ausgeschlossen waren, sondern auch vom Handel mit wertvolleren Waren, wie etwa mit Waffen, Seide oder frischem Obst und Gemüse. Auch den jungen jüdischen Mädchen, denen Mayer begegnete, waren von ihren christlichen Nachbarn harte Vorschriften auferlegt worden: Ein anderes der zahlreichen die Juden betreffenden Gesetze der Freien Reichsstadt bestimmte, daß die jüdische Bevölkerung der Stadt nie über 500 Familien wachsen dürfe, weshalb die Zahl der Eheschließungen auf zwölf im Jahr beschränkt war.

Als Mayer in die Nähe seines Geburtshauses kam und ihm ein alter Freund „Grüß dich, Rothschild!" zurief, mochte ihm wieder einmal bewußt werden, daß er eigentlich gar keinen Familiennamen besaß. Dieses Privileg stand den Juden in Deutschland damals noch nicht zu.

Um sich aber irgendwie kenntlich zu machen, benutzten die Juden oft ihre Hausschilder, Vorläufer unserer prosaischeren Hausnummern. Die Vorfahren Mayers hatten früher am wohlhabenderen Ende der Straße in einem Haus gewohnt, das durch ein rotes Schild gekennzeichnet war. Diesen Hausnamen hatte die Familie mit sich genommen, obwohl sie jetzt in einem wesentlich weniger ansehnlichen Gebäude hauste, dessen Hausschild eine Pfanne war.

In diesem Haus „Zur Hinterpfann" kam Mayer nun endlich zur Ruhe. Er überquerte einen düsteren, vollgestopften Hof, denn im Hintergebäude betrieben seine Brüder Moses und Kalmann einen Trödelladen. Hier endete seine Wanderschaft, und hier beginnt seine einzigartige Geschichte.

2. Träumer im Ghetto

In den düsteren und dumpfen Kammern des Hauses „Zur Hinterpfann" tat Mayer Amschel nun geduldig und mühsam Jahr um Jahr seine Arbeit. Die Frage mag sich stellen: Ahnte er vielleicht schon damals, wie sehr es ihm zum Glück ausschlagen würde, daß er die klar vorgezeichnete ordentliche Karriere im Bankgeschäft zu Hannover aufgegeben hatte, um in einem dunklen Loch des Frankfurter Ghettos sein eigener Herr zu sein? War er sich schon der Möglichkeiten bewußt, die in seiner Geburtsstadt für ihn noch schlummerten? Wußte er, daß der regierende Herr des umliegenden Landes, der junge Wilhelm von Hessen-Hanau, schon damals ein Plutokrat unter allen Fürsten des Reiches war und daß sich aus seinem Hof ein Finanz-Imperium entwickeln würde, das seine Hofjuden brauchte? Hatte diese Idee schon als Traum ihren Weg durch das enge Giebeldach gefunden und Mayers nächtliche Gedankengänge angeregt?

Im nüchternen Tageslicht sah es anders aus: Welch ein Abstand lag zwischen Mayer und dem Fürsten! Bei Tage – da war er nur einer von drei Brüdern im Kaftan, die zwischen alten Kisten und Kasten, besserem Trödel und minderwertigen Antiquitäten hausten. Er konnte von jenseits der Ghettomauern den Hufschlag vieler Pferde hören, die ihre Reiter nach Hanau zum Schloß des Fürsten Wilhelm trugen, aber er selbst hätte sich nicht ein einziges Pferd leisten können.

Die Zeit verging, und es schien mehr als fraglich, ob Mayer sich je auch nur einen Sattel werde leisten können – von Pferden ganz zu schweigen. Mit mehr Begeisterung als Erfolg hatte er sich einem neuen Erwerbszweig zugewandt: Im Rahmen des Altwarengeschäfts begann er mit alten Münzen zu handeln. Die Jahre an der Talmudschule waren noch immer lebendig in ihm. Er war ein verhinderter Rabbiner, und er trug die alte Verehrung seines Volkes für Poesie und für das Wissen über vergangene Zeiten in sich. So erwarb er Denare und Taler, verschollene Münzen aus Rußland, aus der Pfalz, aus Bayern. Er prüfte und sortierte, beschrieb und erläuterte seine liebevoll gesammelten Schätze – aber verkaufen konnte er sie nicht.

So schien es wenigstens zunächst. In der Judengasse war das im Umlauf befindliche Geld so rar, daß man sich nicht um außer Kurs gesetztes kümmern konnte. Und mit den christlichen Bürgern der Reichsstadt war es nicht anders: Was sollte der Tand? So mußte er sein Glück außerhalb Frankfurts versuchen. Mayer dachte dabei an die Herrensitze und Schlösser der Umgebung. Immerhin war da eine winzige Verbindung: In Hannover hatte er für einen General von Estorff einige Besorgungen erledigt, der jetzt am Hofe des Prinzen Wilhelm in Hanau diente.

Tatsächlich: Der General beliebte, sich an ihn zu erinnern. Mayer konnte bald feststellen, daß die Höflinge, des Generals Freunde, sich für die seltsamen alten Münzen interessierten und mit Aufmerksamkeit seinem überraschend fundierten Geplauder über numismatische Themen lauschten. Seinem Ghetto-Singsang, mit dem er seine Güter anpries, hörten sie amüsiert zu, seinen Katalog studierten sie genau. Und – Wunder über Wunder! – sie kauften sogar.

Derartige Käufe wiederholten sich, und Mayer kam zu einer festen Kundschaft. Er wurde unternehmender und versandte seine barock verschnörkelten Kataloge an Höfe und Höflinge im ganzen Land. Eines Tages gestattete Prinz Wilhelm persönlich, daß der Münzjude ihm seine Aufwartung mache. Die Fabel will wissen, daß Seine Hoheit eben beim Schach gewonnen hatten und darum die Umwelt mit besonderem Wohlwollen zu betrachten geruhten. Mayer überließ ihm eine Auswahl der seltensten Medaillen und Münzen. Das war das erste Mal, daß ein Rothschild mit einem regierenden Fürsten geschäftlich zu tun hatte, und die Verbindung zu Wilhelm (der seit 1760 Herr der Grafschaft Hessen-Hanau war, 1785 Landgraf von Hessen-Kassel und 1803 Kurfürst wurde) sollte nicht mehr abreißen.

Nicht reich, aber voll Hochgefühl kehrte Mayer heim in die Judengasse. Er hatte sich schon lange mit dem Gedanken zu heiraten getragen, aber der Unterhalt einer Familie sollte nicht von gelegentlichen Gunstbeweisen eines hohen Herrn abhängig sein. So entschloß er sich, im Haus „Zur Hinterpfann" eine Wechselstube einzurichten – eine Art Miniaturbank, in der die Vielzahl der damals im weiten Deutschen Reich geltenden Münzen gegeneinander eingetauscht werden konnten. Denn die Frankfurter Messe ließ Dukaten, Florins, Carolins, Taler und manch anderes Geldstück in die Stadt fließen. Diese bunte Vielfalt sollte für Mayer bald eine stete Einnahmequelle werden.

So wurde er nun rasch ein begehrenswerter Heiratskandidat. Er verkehrte immer häufiger in einem Haus am „guten Ende" der Judengasse, wo die zierliche, aber energische siebzehnjährige Kaufmannstochter Gudula Schnapper bei ihren Eltern lebte. Die Mitgift, mit der Mayer nach der Sitte der Zeit rechnen konnte, war nicht zu verachten. Gütel war ein süßes Mädchen und verstand noch dazu, ein treffliches Sabbatmahl zu kochen. Was konnte ein netter junger Mann mehr wollen?

Aber Mayer wollte mehr. Da waren die alten Münzen und die hohen Herren, die sie kauften... Wieder vernahm er die verheißungsvolle Stimme seiner Träume, und wieder beugte er seinen Rücken tiefer, um später einmal den Kopf höher tragen zu können. Wieder lehnte er es ab, den einfachen bürgerlichen Erfolgsweg zu beschreiten. Die Mittel, die ihm seine Geldwechselgeschäfte einbrachten, nutzte er nicht zur Erweiterung der Wechselstube, die doch seine Existenzgrundlage war, sondern steckte sie in den Münzenhandel.

Er kaufte die Sammlungen einiger Liebhaber auf, die gerade um Bargeld verlegen waren. Mit seiner erweiterten Kollektion gelang es ihm sogar, das Interesse des Herzogs Karl August von Weimar – des Förderers und Dienstherrn Goethes – zu gewinnen sowie das einiger anderer hochgestellter Kunden. Dabei machte es ihm nichts aus, wenn sie langsam zahlten. Mit Prinz Wilhelm von Hessen-Hanau hatte er nun ständig, wenn auch in bescheidenem Ausmaß, geschäftlich zu tun. Und er fühlte sich glücklich.

Seinen Brüdern, die nach wie vor ihrem mühseligen, soliden Altwarenhandel nachgingen, gelang es nie, das fast verklärte Lächeln völlig zu begreifen, das Mayers bärtigem Gesicht alle Strenge nahm. Mit Verwunderung beobachteten sie den versponnenen jungen Mann. Es schien, als lebte er nur seinen Münzkatalogen. Wie sorgfältig ließ er sie jetzt in ornamentaler Fraktur setzen und drucken! Mit welcher

Ausdauer korrigierte er die Titelseiten und alle Texte, die allerdings ein wenig altmodisch klangen. Er erinnerte die Brüder an einen Talmudisten, der mit Andacht einen Pergament-Folianten schrieb. Und in der Tat, Mayer begann zu schreiben. Allerdings keine Bücher, sondern Briefe, die recht praktische Aufgaben zu erfüllen hatten. Adressiert waren sie an verschiedene Fürsten. Diese Bittbriefe waren von umständlichem Charme und zeigten seine Vorliebe für Förmlichkeiten – Eigenschaften, die für Mayer ebenso charakteristisch bleiben sollten wie seine Art, das Schriftdeutsch seiner Tage in kurioser Weise mit dem Judendeutsch des Ghettos zu verbinden.

„Ich habe die besondere und hohe Gnade gehabt, Ew. Hoch Fürstl. Durchlt. verschiedne Lieferungen zu thun die zu Höchst Dero gnädigstem Wohlgefallen gereichet. Alle meine Kräfte und Vermögen werde ich anstrengen, um Ew. Hoch Fürstl. Durchlt. zu ferneren gnädigst Befehlenden Diensten bereit zu sein. Eine besondere und kräftige Aufmunterung hirzu würde es mir geben, wann Ew. Hoch Fürstl. Durchlt. geruhen wollten, mich mit dem Charakter Höchst Deroselben Hof-Faktoren zu begnadigen. Ich stehe Ew. Hoch Fürstl. Durchlt. hierum mit desto mehrerer Zuversicht an, da ich dadurch auf keine Weise beschwerlich falle und ich durch diesen Charakter in Ansehung meines Handels sowohl als auch anderer Umstände wegen, allhier in der Stadt Frankfurt mein Glück machen kann."

Und siehe da: Der Wunsch wurde ihm nach einer nicht allzu langen Wartezeit erfüllt. Am 21. September 1769 konnten die Spaziergänger am „armen Ende" der Judengasse etwas Neues bestaunen. Ein schmächtiger, schwarzbärtiger junger Mann brachte nicht ohne Stolz am Haus „Zur Hinterpfann" ein Schild an, das unter dem Wappenzeichen des Hauses Hessen-Hanau in goldenen Buchstaben die Inschrift trug:

M. A. Rothschild
Fürstlich Hessen-Hanauscher Hoffaktor

Die Ernennung zum Hoffaktor war nun durchaus kein welterschütterndes Ereignis. Sie bestätigte lediglich öffentlich die Tatsache, daß der so Ernannte mit dem Hof in geschäftlicher Beziehung stand. Sie verpflichtete weder den Fürsten in irgendeiner Weise, noch konnte man sie als magisch wirksame Förderung der Laufbahn Mayers betrachten. Denn Hoflieferanten gab es viele und in jedem Gewerbe. Trotzdem bedeutete das Schild für die Ghetto-Nachbarschaft ein aufregendes Ereignis. Der Hausbesitzer zeigte sich beeindruckt und geneigt, ein Viertel des Hauses „Zur Hinterpfann" den Brüdern zu veräußern. Diese Transaktion hatte Mayer schon lange ersehnt. Auch die Bedenken von Gudulas Vater gegen die Heirat seiner Tochter mit dem strebsamen jungen Mann schmolzen dahin, und es wurde geheiratet. Vor allem hob der neue Titel für den frischgebackenen Hoffaktor manche der Beschränkungen auf, unter denen die Juden damals zu leiden hatten: Fast wie ein Paß erleichterte er das Reisen erheblich.

Immer wenn Mayer vor das Haus trat, verweilte er für einen Moment und zeigte beim Anblick des Schilds ein seltsames Lächeln. Gudula schenkte ihm ein Kind nach dem anderen, deren jedes er, wenn die Zeit gekommen war, vor dem Schild hochhielt, es ihm zeigte und Wappen und Goldbuchstaben erklärte. Seine Brüder machten sich ein wenig über ihn lustig. Seine Frau war eifrig mit Kochen und Waschen beschäftigt. Aber die Kleinen betrachteten mit ihren großen Augen ernsthaft den Vater und das Schild, als begriffen sie schon, daß dies der bescheidene Anfang einer gewaltigen Entwicklung sein sollte.

3. Mayer und sein Fürst

Der junge Fürst, der die Ernennung ausgesprochen hatte, war in jeder Hinsicht eine bemerkenswerte Persönlichkeit. Sein Herrschaftsgebiet war zwar nicht allzu groß, aber sein Adel konnte sich an Alter mit dem eines jeden Monarchen seiner Zeit messen. Er war ein Enkel des Königs Georg II. von England und ein Vetter von Georg III., Neffe des dänischen Königs und Schwager des Königs von Schweden. Augenscheinlich lebten alle diese hohen Herren sehr standesgemäß. Wodurch sie für Wilhelm (und damit auch für die sich entwickelnde Story des Mayer Rothschild) aber immer wichtiger wurden, war die Tatsache, daß sie fast alle dem kleinen Hessen-Hanau Geld schuldeten.

Wenn es ums Geld ging, dann verstand der blaublütige Wilhelm von Hessen-Hanau, dessen Haus seit dem Mittelalter zu den vornehmsten des Reiches gehörte, weniger Spaß als irgendein kleiner Parvenü mit ganz gewöhnlichem roten Blut. Er war in dieser Hinsicht der erste große kapitalistische Monarch. Wie schon sein Vater, Landgraf Friedrich von Hessen-Kassel, bereicherte auch er sich daran, seine Landeskinder als Soldaten zu verschachern. Aber der Junior erwies sich dabei als weit gerissener denn der Papa. Er zog die jungen

Untertanen ein, drillte sie militärisch und erhöhte dadurch ihren Marktwert, bevor er sie dem Meistbietenden zuschlug. Seine Truppen gehörten zu den bestausgebildeten der Zeit. Persönlich überzeugte er sich davon, daß weder die Perücken der Offiziere noch die Musketen der Mannschaft zu wünschen übrig ließen. Wenn wieder eine Kompanie befriedigend ausgebildet und hübsch uniformiert war, wurde sie an das Königreich des englischen Vetters verkauft: „Die Hessen" dienten dazu, in Großbritanniens überseeischen Kolonien für „Ordnung" zu sorgen.

Mit diesem Menschenhandel bereicherte sich Wilhelm unvorstellbar. Immer wenn einer der hessischen Soldaten auf dem Feld der Ehre fiel, berechnete der Prinz eine zusätzliche Prämie als Entschädigung für diesen harten Schicksalsschlag. Die Zahl der Todesopfer stieg, und damit nahm auch das Bargeld Seiner Durchlaucht zu. Er lieh es gegen Zinsen aus, wobei er von Standesvorurteilen keineswegs gehemmt war. Unter seinen Kunden befanden sich einfache bürgerliche Fabrikanten (wenn sie nur kreditwürdig waren!) ebenso wie die meisten Könige Europas, die an Stelle von Zinsen oder neben den Zinsen ihrem blaublütigen Gläubiger königliche Huldbeweise zukommen ließen. Diese Mischung von wertvollen Gefälligkeiten seitens der allerhöchsten Verwandtschaft und von klingender Münze seitens der bürgerlichen Schuldner ließ Wilhelm zum reichsten Fürsten Europas werden. Wohl niemand hat seit den Tagen der Fugger ein so gewaltiges Privatvermögen anzusammeln verstanden – bis zu der Zeit der Rothschilds.

In einem Leben, das so hingebungsvoll dem Anhäufen von Geld gewidmet war, hatte Wilhelm daneben nur noch ein Hobby: Ehebruch. Auch ihm gab er sich mit einer geradezu bewundernswürdigen Gewissenhaftigkeit hin. Neben den drei Kindern von seiner angetrauten Gattin, der Prinzessin Karoline von Dänemark, hatte er nicht weniger als dreiundzwanzig illegitime Nachkommen. Sie wurden alle mit rührender Zuneigung behandelt: Der Herr Vater sorgte dafür, auch wenn es etwas kostete, daß sein erlauchter Schuldner, der österreichische Kaiser Franz, sie mit den nötigen Adelstiteln versorgte.

Eine indirekte und nicht unwichtige Folgeerscheinung eines der amourösen Abenteuer Seiner Durchlaucht war, daß die bis dahin recht losen Bande zwischen ihm und Mayer Rothschild fester wurden. Die acht Kinder der Frau von Ritter-Lindenthal, einer der Konkubinen des Fürsten, hatten einen Hauslehrer namens Buderus. Des-

Die Judengasse in Frankfurt.

Mayer Amschel (1743–1812), der Stammvater der Familie Rothschild, und seine Frau Gudula (Gutel), geborene Schnapper (1753–1849). Sie heirateten im Jahr 1770.

Eine frühe Karikatur zeigt „Blauschild" als „Musterreiter", eine Art Hausierer. Rechts: Die erste Seite des Bürgerbuches für Juden, in das sich Mayer Amschel und seine Frau im Jahre 1812 nach Ablegen des Bürgereides eintragen konnten.

sen Sohn Carl Friedrich Buderus wurde Finanzbeamter des Hofs von Hessen-Hanau. Der junge Carl, dem wir noch öfter begegnen werden, fiel dem Prinzen dadurch angenehm auf, daß er diesen an Sinn für Wirtschaftlichkeit und Sparsamkeit noch übertraf. Ein Zeitgenosse berichtet als charakteristisch, wie er die Überschüsse aus dem Milchverkauf einer der Molkereien des Prinzen einfach dadurch erhöhte, daß er die alte Gewohnheit untersagte, die Bruchteile eines Hellers bei den Abrechnungen wegzulassen. Der junge Buderus wies seinem Herrn nach, daß sich allein dadurch die Einkünfte dieser Molkerei um 120 Taler im Jahr erhöhten. Diese Entdeckung beeindruckte den Fürsten so stark, daß er Buderus neben den sonstigen Verpflichtungen auch noch mit der Verwaltung seiner Privatschatulle betraute.

Buderus war es, der die Salzsteuer in Hessen-Hanau einführen half; sie diente dazu, den zahlreichen Bastarden des Fürsten einen angemessenen Lebensunterhalt zu sichern. Und Buderus war es, der sich für diesen Mayer Amschel Rothschild zu interessieren begann. Immer häufiger erschien Mayer jetzt in Hanau mit seltenen Dingen. Buderus entdeckte seine Zuneigung für den Juden und für die seltenen Münzen, die dieser an jedem Festtag als Geschenk präsentierte. Der Kalender des Ländchens wies erfreulicherweise viele solcher Feiertage auf. Buderus, seinerseits auch kein kleinlicher Mann, revanchierte sich, indem er dafür sorgte, daß die Wechselstube Mayers einige der Londoner Wechsel des Fürsten zu Diskont und Inkasso bekam. So war Rothschild ganz allmählich vom Geldwechsler zum Hofbankier geworden, wenn auch zunächst nur in geringem Ausmaß.

In so geringem Ausmaß, daß sich Wilhelm dieser Tätigkeit seines Hofjuden wohl gar nicht im einzelnen bewußt war. Denn er liebte es, aus Vorsicht und Klugheit, seine ausländischen Wechsel unter eine möglichst große Anzahl von Bankiers und Maklern aufzuteilen, um die Kurse und Diskontsätze nicht zu gefährden. Buderus konnte Mayer nur noch das eine oder andere kleine Geschäft zukommen lassen. Aber dann schien das Bächlein zu versickern, anstatt sich in einen Strom zu verwandeln. Dazu kam noch ein historisches Ereignis, das nun auch räumlich den Abstand zwischen dem kleinen Mayer und dem Fürsten vergrößerte.

Wilhelms Vater starb. Im Jahre 1785 wurde Seine Durchlaucht Erbe der gewaltigen Besitzungen, die schon der Alte angehäuft hatte: Der Palast und der Titel des Landgrafen von Hessen-Kassel fielen nun

Wilhelm zu. Er verließ Hanau und damit die nähere Umgebung Frankfurts. Der gesamte Hofstaat mit Gattin, Mätressen, ehelichen und unehelichen Kindern, Höflingen, mit allem, was dazugehörte, wurde in das Schloß Wilhelmshöhe bei Kassel verlegt.

Im selben Jahr zog Mayer mit Frau und Kindern in ein etwas größeres Ghettohaus um, in das Haus „Zum Grünen Schild". Diese Wohnsitzänderung innerhalb des Ghettos fiel niemandem sonderlich auf und konnte schon gar nicht im gleichen Atemzug mit der Verlegung der Residenz des fürstlichen Herrn erwähnt werden. Trotzdem hinterließ schließlich der Umzug Mayers und nicht der Wilhelms seine Spuren in den Annalen der Geschichte – bis heute.

4. Die Wiege einer Dynastie

Wenn Mayer Amschel im Alter auf sein Leben zurückblickte, so pflegte er zu sagen, daß seine glücklichste Zeit die achtziger Jahre gewesen seien, als er in seinen Vierzigern stand und sich an der Familie erfreute. Der Tumult, der den Aufstieg der Familie begleitete, hatte noch nicht begonnen. Aber schon war ein großer Teil der Demütigungen und der Sorgen um die nackte Existenz, die für das Ghettoleben kennzeichnend gewesen waren, erfolgreich überwunden.

Jener ärmliche Hinterhof des Hauses „Zur Hinterpfann" gehörte endgültig der Vergangenheit an. Das Haus „Zum Grünen Schild" machte mit seiner dreistöckigen Straßenfront einen weit wohlhabenderen Eindruck. Man sah sofort, daß Mayer ein angesehener Kaufmann geworden war. Auch dieses Haus litt allerdings unter der drückenden Enge des Ghettos: Das „Grüne Schild" war zwar ein hohes, aber auch schmales Gebäude mit kleinen, dunklen Zimmern. Zwei Schlafzimmer mußten für die Eltern und die ständig wachsende Kinderschar ausreichen. Insgesamt wurden zwanzig Kinder geboren, aber nur zehn von ihnen blieben am Leben. Schränke, Schubladen und Fächer wurden unter den hohen Stiegenstufen, ja sogar in die Mauern eingefügt.

Das neue Haus war durchaus kein Ruhesitz. Die Judengasse blieb immer ein lebendiger, lärmender Stadtteil. Im Hause selbst knarrten und ächzten die alten Stiegen und Fußböden, und wenn die Eingangstüre geöffnet wurde, erklang im Innern eine alte Glocke. Sie hatte in ihrer langen Existenz nicht nur Kunden und Freunde anzukündigen gehabt, sondern auch Polizisten und Pogromhelden.

Hundertmal am Tag scheuchte ihn diese Glocke auf. Er hatte mehr zu tun denn je. Um für den Unterhalt seines Hauses und seiner Familie sorgen zu können, hatte er neben dem Münzhandel, der Wechselstube und dem Altwarenhandel noch, dem Zug der Zeit folgend, ein Kurz- und Schnittwarengeschäft eröffnet. Die Last der ganzen Arbeit lag jetzt allein auf seinen Schultern, denn Bruder Kalmann war schon im Jahr 1782 verstorben, und Bruder Moses hatte sich von ihm getrennt. Bei all seinen Unternehmungen, treppauf und treppab, bewahrte er sein frohes, geheimnisvolles Lächeln, das auch in dem sonnenarmen Ghetto nie erstarb.

Mayer hatte auch immer mehr Grund, mit seinem Leben und seinen Erfolgen zufrieden zu sein. Der Laden zog mit seiner großen Auswahl bessere und anspruchsvollere Kunden an. Das älteste Kind, Schönche, das jetzt an der Kasse saß, mußte darum ein neues Kleid bekommen. Mit der Unordnung, die für die Altwarenhändler sonst so kennzeichnend war, räumte Mayer auf. Schließlich begann er neben den Textilwaren auch noch Wein und Tabak zu verkaufen, deren Aroma das ganze Gebäude durchzog.

Im Erdgeschoß lag die Küche, so winzig wie alle Räume im engbrüstigen Ghettohaus: etwa vier Meter lang und anderthalb Meter breit. Der Küchenherd bot nur für einen einzigen großen Kochtopf Platz. Daneben befand sich jedoch eine Wasserpumpe – im Ghetto ein ungewöhnlicher Luxus. Die Rothschilds zählten zu den wenigen Auserwählten, die nicht außerhalb ihres eigenen Hauses Trinkwasser holen mußten.

In der Küche herrschte natürlich die Hausfrau. Gudula regierte dort wie auch in der sorgfältig gepflegten Wohnstube. Viele Jahre später sollte dieser bescheidene Salon, der wegen der Farbe der verblichenen Polstermöbel „das Grüne Zimmer" genannt wurde, berühmt werden: Mutter Gudula hielt dort hof zu einer Zeit, als ihre fünf Söhne schon lange in die Welt hinausgezogen waren und in Palästen residierten.

Am Freitagabend, der den jüdischen Sabbat einleitet, liebte es Mayer, nach dem Gottesdienst den Rabbiner einzuladen. Mit ihm pflegte Mayer sich dann in gelehrte Gespräche zu vertiefen, den Sabbatwein zu trinken und bis ins Morgengrauen die ersten und letzten Dinge des Daseins zu erörtern. Auch an Werktagen, wenn er die Wechsel, die Waren und die Münzen einmal beiseite legte, nahm Vater Mayer mit Vorliebe die Folianten des Talmud hervor und rezitierte in eintönigem Singsang die ernsten Gesetzesdiskussionen und die reizvollen Geschichten der Lebensweisheit. In ehrfürchtiger Stille hörten ihm Mutter, Söhne und Töchter zu.

Das Haus „Zum Grünen Schild" hatte zum Hinterhof hinaus einen Balkon, den die Familie zur Erholung benutzte, da ja die öffentlichen Gärten den Juden nicht zugänglich waren. Dort vergnügte sich der liebende Vater mit der Kinderschar, während Gudula – das Vorbild einer still sorgenden jüdischen Familienmutter – in ihrem Reich blieb. Sie nähte, flickte, stopfte, häkelte, strickte und sorgte auf hunderterlei andere Weise dafür, daß die Familie respektierlich aussah und auftrat. Auf dem kleinen Balkon lehrte Mayer die Töchter, wie man Pflanzen hegt und pflegt, und sprach in blumenreichen Wendungen über diese Wunderwelt – fast so, als ob es sich um alte Münzen handelte. Und auf dem Balkon wurde aus Kieferzweigen auch das Zelt für das Laubhüttenfest errichtet, das unter freiem Himmel stehen muß. Durch die Zweige sah man Sonne und Sterne, soweit die engen Ghettostraßen den Gestirnen erlaubten, ihre Strahlen auf die Frankfurter Juden zu senden.

Mayers Anwesen hatte noch eine weitere Eigenheit, von der er oft, wenn auch nur ganz im geheimen, Gebrauch machte. Jenseits des Hofes befand sich sein Büro, die höchst primitive Urzelle des Rothschildschen Bankhauses – ein Raum, kaum mehr als acht Quadratmeter groß. Dort stand eine riesige Eisentruhe. Sie konnte nicht dadurch geöffnet werden, daß man ihr Schloß aufsperrte, sondern man mußte nur den Deckel von der hinteren Seite her anheben. Aber selbst die Truhe war nicht viel mehr als eine Attrappe. Hinter ihr lagen in der Wand verborgen Regale, und eine Falltür führte zu einem Keller, der keinerlei Verbindung zu dem Keller unter dem Vorderhaus hatte. Hier wurden Dokumente, Verträge, Urkunden und später auch geheimnisvolle Papiere aufbewahrt, die eine Verbindung zu Seiner Hoheit, dem Landgrafen Wilhelm von Hessen-Kassel, herstellten, der scheinbar so weit entfernt auf Schloß Wilhelmshöhe thronte.

Bald sollten unsichtbare Bande gesponnen werden zwischen dem unterirdischen Gewölbe hinter dem Haus „Zum Grünen Schild" im Ghetto von Frankfurt und den stolzen Schloßbauten von Wilhelmshöhe. Von dieser Verbindung wußten nur wenige, und bestimmt hatte keiner der Beteiligten auch nur die leiseste Ahnung davon, daß der reiche und mächtige Fürst je eingeholt und dann sogar überholt werden würde vom Handelsmann aus der Judengasse und von seiner

Familie. Noch war es ganz und gar unvorstellbar, daß zu Lebzeiten Seiner Durchlaucht Reichtum und Einfluß der Familie Rothschild bei weitem den Reichtum und den Einfluß des sagenhaft wohlhabenden Fürsten übertreffen sollten und daß man sich seiner schließlich nur noch darum erinnern würde, weil er der blaublütige Steigbügelhalter der Rothschilds gewesen war, als diese ihren abenteuerlichen Ritt in die Geschichte antraten.

III

FÜNF FLIEGENDE TEPPICHE

1. Aufbruch der Söhne

Keine Fanfarenstöße verkündeten den Eintritt der Rothschilds in die große Welt. Gegen Ende der 1780er Jahre bedeutete der Name Mayer Rothschild für Landgraf Wilhelm im hohen Schloß auf der Wilhelmshöhe immer noch wenig bis nichts. Und auch im Ghetto zu Frankfurt wurde wenig Aufhebens um den vergleichsweise wohlhabenden Kaufmann gemacht. Die Voraussetzung für den Eroberungsfeldzug der Familie bestand eben darin, daß sie unauffällig und lautlos in ihrer Wartestellung verharrte, bis sie einen entscheidenden Schritt auf der Leiter nach oben unternehmen konnte. Möglichen hohen Zielen stand ja die sehr niedrige Ausgangsposition entgegen.

Ihre erste Operationsbasis war auf lockeren Sand gebaut, ihre Hilfsquellen waren armselig; jedem Gegner, der sie ernst genommen hätte, wäre es ein leichtes gewesen, sie zu vernichten. Die drei Machtmittel jedoch, mit denen das Haus des Mayer Rothschild schließlich einen Erdteil in seinen Bann zu schlagen vermochte, begannen bereits im kleinen wirksam zu sein:

1. Es war kein Zufall, daß Rothschilds Kundschaft zu einem großen Teil nicht aus Bürgern, sondern aus Mitgliedern des Hochadels bestand. Man nahm es gern in Kauf, daß die hohen Herren nur geringe Zinsen und kleine Gewinne einbrachten.

2. Rothschild gewann den Landgrafen durch niedrige Preise. (Dabei folgte er eigentlich nur dem Beispiel, das der Fürst selbst in seinen erfolgreichen Beziehungen zum Kaiserhof in Wien gegeben hatte.) Doch entwickelte sich daraus die Verbindung mit dem immer einflußreicher werdenden Buderus, der als der hauptsächliche Finanzberater Wilhelms ein entscheidendes Wort bei der Verwaltung der damals größten Kapitalanhäufung in Europa mitzureden hatte.

3. Mayer hatte Söhne.

Dies war und blieb das simpelste, aber auch allerwichtigste Machtmittel: Söhne zu haben. Im Grunde war Mayers Traum der Traum von einer ganzen Generationenfolge, von einer Dynastie. Das feine Gewebe des Anknüpfens von Verbindungen, das Erzählen amüsanter Anekdoten, die charmante Art, die kleine Geschäftemacherei an den Miniaturhöfen – all dies hatte nur Sinn als Bestandteil einer langfristigen Investition, die der Gründung einer Dynastie galt. Wäre er nicht ein Vater gewesen, so wäre all seine Betriebsamkeit lediglich Schaumschlägerei geblieben, er wäre als Unbekannter dahingegangen, er wäre nicht viel mehr gewesen als ein einzelner, wirkungsloser geschäftemachender Troubadour, ein amüsanter Anachronismus ... Aber da er das Glück hatte, fünf starke Söhne zu besitzen, vermochte er Berge zu versetzen. Die große Geschäftigkeit, die er entfaltet hatte, erwies sich als ideale Saat, deren Hege, Pflege und Ernte seinen Kindern zukommen sollte, und deren gemeinsames und verstärktes Streben sollte wiederum ihren Kindern und Kindeskindern zugute kommen.

Mag sein, daß die alten Römer die erfolgreichsten Staatsgründer waren, daß als machtvolle Einzelpersönlichkeit Napoleon alle anderen Sterblichen vor und nach ihm übertraf. Es ist aber ebenso wahrscheinlich, daß diejenigen, die dem Halbdunkel des Hauses „Zum Grünen Schild" entstammten, die erfolgreichste Familie in der Geschichte der Neuzeit darstellten. Solange Mayer mit seiner Frau allein dahinlebte, war er ein Jude unter anderen – bestenfalls eine Art Cäsar ohne Legionen. Aber Gudula gebar Kind auf Kind. Die männlichen unter ihnen sollten bald schon eine formidable Streitmacht bilden.

Der erste war Amschel, der künftige Großfinanzier des Deutschen Bundes. Dann kam Salomon, der schließlich im kaiserlichen Wien eine Rolle spielen sollte, wie sie sich Landgraf Wilhelm ständig vergeblich erträumt hatte. Nach ihm erblickte Nathan das Licht der Welt, der mehr Macht und Einfluß erringen sollte als je ein anderer Bürger Englands. Es folgte Kalmann, dem schließlich die Halbinsel Italien zufiel. Der jüngste der fünf war Jakob, der sein Regime in Frankreich während des Königreichs ebenso erfolgreich ausüben sollte wie dann in der Republik und dem Kaiserreich unter Louis Napoleon.

Anfänglich waren die fünf Jungen mit ihren fünf Schwestern kaum mehr als ein emsig summender, hin und her schwirrender Schwarm, eine Schar von Ghetto-Lehrlingen, fleißig und rührend bemüht, ihren Vater zu entlasten. Sie machten Botengänge, standen am Ladentisch, stellten Rechnungen aus und erledigten, was es sonst zu tun gab.

Ihr Charakter zeigte sich schon bald. Sie waren grundverschieden vom alten Rothschild. Wenn er ihnen aus der jüdischen Geschichte erzählte (ob einer der Söhne wohl auf die Talmudhochschule gehen werde?) oder ihnen von den Reizen seiner Münzen vorschwärmte, dann blickten sie zwar respektvoll, aber uninteressiert auf den Vater. Wirklich lebendig wurden sie erst im Geschäft. Die Wechselstube machte sie munter. Sie waren scharfe Rechner. Wägen und Wiegen bereitete ihnen echtes Vergnügen. Oft kamen sie heim mit irgendeiner Ware, und sei es nur ein Ballen Stoff, den sie irgendwo billig erworben hatten und dann mit erstaunlicher Geschwindigkeit und nicht minder eindrucksvollem Gewinn innerhalb weniger Stunden an den Mann zu bringen wußten.

Jeder der Brüder war ein erfolgversprechendes Talent; aber erst die weise Milde des Vaters ließ es wirksam werden. Es entwickelte sich eine Tradition, die in gewisser Weise bis auf den heutigen Tag gewahrt worden ist: Im Hause Rothschild mochte der einzelne noch so hervorragend sein, die Leistung wurde immer gemeinsam vollbracht. Brüder und Vettern ergänzten einander, und ebenso war es mit ganzen Generationen. Und jetzt, da mehrere Dutzend Zweige der Familie über die halbe Welt verstreut sind, besteht zwischen ihnen immer noch ein enger Kontakt.

Die ungeheuren und ungezähmten jungen Energien im Haus „Zum Grünen Schild" hätten wohl zu keinem guten Ende geführt, wäre nicht der Vater gewesen, der sie zu leiten und zu lenken wußte. Er besaß Charme, eine Eigenschaft, die den Brüdern ihr ganzes Leben lang fehlen sollte. Er konnte ein von innen heraus freundliches Gesicht zeigen, wenn die Kunst, einen guten Eindruck zu machen, wichtiger war als das Talent, erfolgreich zu verhandeln. In der Geschichte des Aufstiegs anderer Familien sind es die gebildeten und eleganten Kinder, die auf den vom Vater gelegten rohen Fundamenten weiterbauen. Bei den Rothschilds war es umgekehrt: Die zarte väterliche Hand rundete die Ecken und Kanten der von den Söhnen aufgeschichteten unbehauenen Steine.

Schon das erste größere Projekt zählte einfach zwei und zwei zusammen – könnte man sagen, wäre die Kalkulation nicht so komplex und geradezu genial gewesen. Auf der einen Seite existierte das Rothschildsche Baumwollgeschäft, dessen Ware aus England kam und dorthin bezahlt werden mußte, nämlich an die Textilgrossisten in Manchester. Auf der anderen Seite erhielt der seine Soldaten verkaufende Landgraf ständig Geld aus England in Form von Wechseln. Aber auf der dritten Seite – und Rothschildsches Denken zog immer mehr als nur zwei Seiten einer Frage in Erwägung! – könnte man doch die englischen Fabrikanten direkt mit den auf London gezogenen Tratten Seiner Durchlaucht bezahlen und den Diskont und die Umwechslungskosten auf beiden Seiten einsparen, wenn nur Landgraf Wilhelm geruhen wollte, solche Diskontgeschäfte ständig und in immer zunehmendem Maße mit ihnen zu machen. Ja, und auf der vierten Seite: Warum sollte sich Mayer denn nicht jetzt ganz rasch am neuen Hof Wilhelms in Kassel sehen lassen, mit einigen trefflichen Anekdoten und einer besonders günstig kalkulierten Sammlung erlesener alter Münzen?

„Jetzt ganz rasch" – das hieß 1787, zwei Jahre vor Ausbruch der Französischen Revolution. Mayer packte in sein mit Samt ausgeschlagenes Köfferchen das Kostbarste, das seine Münzsammlung zu bieten hatte. Es dauerte nicht lange, bis der Landgraf zu einem außerordentlich niedrigen Preis eine Menge seltenster Münzen erworben und gleichzeitig eine Petition des M. A. Rothschild entgegengenommen hatte, die ihn daran erinnerte, daß dieser doch Seiner Hoheit Hoffaktor sei, aber leider nur einige kleinere Diskontgeschäfte hatte tätigen dürfen, und das auch schon vor ziemlich langer Zeit. Bei Hof übereilte man sich nicht gerade, dem Wink Folge zu leisten. Aber im Jahre 1789 trafen doch in der Wechselstube endlich Tratten ein, die einen Wert von 800 englischen Pfund repräsentierten. Dieses erste Rinnsal wuchs zu einem steten, großen und vor allem unerhört gewinnbringenden Strom an.

Die dynamische junge Ungeduld im Haus „Zum Grünen Schild" war aber durch dieses neue Einkommen noch keineswegs zufriedengestellt. Was stellten diese Wechselgeschäfte, die ja eigentlich kaum mehr waren als das Einlösen von Schecks, schließlich schon dar im Vergleich zu den gigantischen Summen, die der Landgraf in Obligationen anlegte? Wer handhabe denn diese Geschäfte? Waren das nicht jene großen Frankfurter Bankherren, die Gebrüder Bethmann und die Herren Rueppell & Harnier? Konnte man sich denn da gar nicht einschalten zwischen Hof und Bankhaus?

Plötzlich standen die jungen Rothschilds, bescheiden die Hüte in ihren Händen, vor den großen Bankiers. „Bitte sehr", so fragten sie in ihrem unbeholfenen Ghetto-Deutsch, „gestatten Sie uns doch, Mittelsmänner zwischen Ihrem vornehmen Haus und dem so schwierigen Wilhelm zu sein!"

41

Amüsiert beschauten sich die Bankiers diese eifrigen und ungehobelten Gestalten. Fürwahr, diese Geschöpfe hatten kaum Würde zu verlieren; und vielleicht besaßen sie gerade jene elementare Vitalität und Dickfelligkeit, die nötig war, um dem beleidigenden Ungestüm Seiner Durchlaucht mit seinem „Mach Er schnell!" gerecht zu werden. Die Frankfurter Magnaten waren einverstanden. Man gewährte diesen kleinen Tölpeln aus dem Ghetto eine geringe Kommission, auf daß sie als Laufburschen und Prellböcke für Wilhelms Launen dienen mochten.

Die Geldprominenz von Frankfurt hatte keinen Grund zur Unzufriedenheit. Wilhelm gefiel die Art und Weise, in der die jungen Leute wie Lakaien funktionierten. Und sein Finanzsekretär, Herr Buderus, wurde zur selben Zeit insgeheim stiller Teilhaber an der Wechselstube, die sich nun in ein regelrechtes Bankgeschäft verwandelte.

Bald konnte man Salomon fast täglich in Kassel sehen, mit dem Erfolg, daß Rothschild binnen kurzer Zeit untrennbar mit der Finanzstruktur des Hofes verbunden war. Amschel arrangierte die Hypothekengeschäfte des Landgrafen (und beteiligte sich daran). Nathan, der sich noch vor kurzem mit englischen Textilfabrikanten über Preise hatte streiten müssen, blieb in Manchester, und zwar aus wichtigeren Gründen: Schon sandte er bar unter Diskontabzug bezahlte Baumwolle mitten durch die Wirren der Französischen Revolution an den Rothschildschen Laden, und zwar gerade in dem Augenblick, als die Preise wegen dieser Transportschwierigkeiten rapid nach oben kletterten. Es schien fast ein Zufall, daß die Familie eben jetzt den ersten Schritt unternommen hatte, ein Netzwerk zu errichten, das über alle Ländergrenzen hinweg reichte.

Mit gesammelten Kräften stießen die vom „Grünen Schild" nun in alle Richtungen vor. In jeder Postkutsche schien einer der rundgesichtigen Rothschilds zu sitzen, die prall gefüllte Mappe unter dem Arm, mit offenen Augen, aber undurchdringlichem Blick. Mayer folgte oft auf dem Fuß, versöhnlich schlichtend und einlenkend, wo sich unnötige Härten ergeben hatten; genauso energisch vermittelnd und Freundschaft suchend, wie seine Söhne vor ihm energisch gefeilscht und ihren Vorteil gesucht hatten.

Bald wurde die jüdische Gemeinde von Frankfurt mit Verwunderung auf das Phänomen in ihrer Mitte aufmerksam. Mehr als zwei Jahrzehnte lang war Mayer Amschels zu versteuerndes Vermögen mit der stets gleichen bescheidenen Summe von 2000 Gulden festgesetzt gewesen. Plötzlich, im Jahr 1795, verdoppelte sich der Betrag, und schon im nächsten Jahr erreichte er mit 15.000 Gulden die im Ghetto höchste Steuergruppe.

Das alles stellte im Vergleich zu dem, was sich sonst in diesen Jahren abspielte, wahrlich kein historisches Ereignis dar. Napoleon schuf das französische Imperium, und das Donnern der Kanonen des großen Korsen hallte über Europas Länder und Küsten.

Von Frankfurt aus aber breitete sich inzwischen ebenfalls eine ganz neue Macht weit über alle Grenzen aus – eine Macht, die auf leisen Sohlen kam und nicht mit dem Lärm der Kommiß-Stiefel. In aller Stille vollzog Rothschild damals sein erstes großes Anleihegeschäft mit einem fremden Staat.

2. Etwas ist faul im Staate Dänemark

Jemand hat einmal behauptet, der Reichtum der Rothschilds sei aus dem Bankrott europäischer Staaten hervorgegangen. Das ist natürlich eine boshafte Vereinfachung. Wahr ist aber dennoch, daß ihr allererster großer internationaler Erfolg damit begann, daß im Jahre 1804 der Staatshaushalt Dänemarks praktisch zahlungsunfähig geworden war.

Mayer, der durch Buderus gut auf dem laufenden gehalten wurde, war sich über den Tatbestand sehr wohl im klaren. Ferner wußte er nicht minder gut, daß die Kassen des Landgrafen an einer fast unerträglichen Überfülle litten. Wilhelm war also ohne Zweifel sehr daran interessiert, Dänemark auszuhelfen, und das um so mehr, als ein Königreich ja eine gute Sicherheit darstellt. Der einzige Haken war nur, daß der notleidende Monarch der Onkel Seiner Durchlaucht war, und es ist nie ratsam, armen Verwandten zu zeigen, wie reich man selbst ist. Denn Darlehen innerhalb der Familie können vom Empfänger nur allzu leicht als milde Gabe aufgefaßt werden.

So lag es nahe, das Darlehen inkognito zu geben. Die Gebrüder Bethmann oder Rueppell & Harnier oder ein anderes der alteingeführten Bankhäuser, deren Verbindung zum Hof des Fürsten bekannt war, kamen gerade deshalb nicht in Betracht. Warum sollte man nicht eine weniger bekannte, aber leistungsfähige Bankfirma beauftragen, eine, die das Geschäft zudem für weniger Kommission und doch mit garantierter Anonymität durchführen würde – kurz gesagt: Warum sollte man nicht wieder einmal die Dienste der Rothschilds in Anspruch nehmen?

Mit einem Maß von Takt, um das ihn mancher Diplomat hätte beneiden können, flüsterte Mayer diesen Gedankengang in das ihm geneigte Ohr von Buderus, der seinerseits nicht zögerte, die gute Idee an Seine Hoheit als eigenen Einfall weiterzugeben. Durchlaucht lächelten verständnisinnig. Bald waren von Frankfurt nach Kopenhagen die Kutschen mit den tatendurstigen jungen Rothschilds unterwegs.

Die Gebrüder Bethmann und die Herren Rueppell & Harnier, die großen Frankfurter Bankiers, bemerkten zunächst nichts. Nach einer Weile aber konnten sie sich eines gewissen Gefühls des Unbehagens nicht erwehren. Denn jedesmal, wenn man jetzt den Rothschilds gewisse kleinere Aufträge gab, um die sie sich früher gerissen hätten, waren sie so unbegreiflich beschäftigt, daß man sie überhaupt nicht erreichen konnte. Außerdem fiel den Bankherren auch auf, daß schon recht lange Zeit verstrichen war, seit der Landgraf sie gebeten hatte, für ihn Gelder in ausländischen Obligationen anzulegen.

Die besorgten Anfragen, die man an den hochwohlgeborenen Herrn Buderus, den Schatzmeister Seiner Hoheit, richtete, wurden ebenso höflich wie nichtssagend beantwortet. Als man bei Gelegenheit mit dem Finanzminister in Kopenhagen sprach, der ständig auf der Suche nach Geld war, hörte man eine wesentlich aufschlußreichere, wenn auch sehr beunruhigende Nachricht: Alle dänischen Anleihen waren in letzter Zeit von einer Gruppe von Leuten beschafft worden, die offenbar im Auftrag eines ungenannten, aber höchst entgegenkommenden Millionärs handelten.

„Wie heißen denn die Leute?" wollten die Bethmanns wissen.

„. . . irgend etwas mit -schild am Schluß . . ." (Diese Leute bewegten sich ja so rasch, daß man kaum ihren Namen mitbekam!)

„. . . -schild? Doch nicht etwa Rothschild?"

„Ja, natürlich, Rothschild!"

Rothschild! – Die vornehmen Bethmann-Brüder schäumten vor Entrüstung. Jetzt wußte man, woran man war! Diese Ghettowechsler hatten es gewagt, den mächtigsten alteingesessenen deutschen Bankiers ein Schnippchen zu schlagen!

Flammende Proteste gingen von den Häusern Bethmann und Rueppell & Harnier an die Königlich Dänische Regierung, an den

Landgrafen, auch an Herrn Buderus. Mit wortreichem Pathos wurden darin Betrachtungen angestellt über die Anmaßung der Israeliten und die Treue der Christen. Die Patrizier Frankfurts taten sich zusammen gegen die Eindringlinge aus der Judengasse – jener Gasse, die nach wie vor allnächtlich mit Eisenketten verschlossen wurde.

Der Hof zu Kassel begnügte sich damit, die Antragsteller mit liebenswürdigen Ausreden abzuspeisen, und die gewaltige Entrüstung hatte kaum andere Folgen als Ermattung der Appellanten. Denn die Familie war für Seine Hoheit einfach zu nützlich geworden. Man konnte und wollte nicht mehr auf sie verzichten. Der kluge Herr Buderus versicherte dies seinem Herrn, und dieser wiederum war klug genug zu wissen, daß es stimmte. Mit ihrer ungestümen, nie erlahmenden Energie und Dienstwilligkeit, mit ihrem leicht komischen Akzent und ihrer Allgegenwärtigkeit hatten sie sich rasch als unentbehrlich erwiesen.

Die zuletzt genannte Eigenschaft – daß sie immer und überall da waren – war die wichtigste. Die Zusammenarbeit eines Vaters mit seinen fünf Söhnen stellte eine großartige Kombination dar, für die weder Entfernungen noch Landesgrenzen ein Hindernis waren.

Dieser neuen Situation gab Mayer nun auch ihre äußere Form. Im Jahr 1800 nahm er seine zwei ältesten Söhne als Teilhaber auf. Bei dieser Gelegenheit legte er ein für allemal die Regeln fest, die das Fundament für die Verfassung des Hauses werden sollten. Alle Schlüsselstellungen in der Firma waren mit Familienmitgliedern zu besetzen, deren es ja erfreulicherweise genug gab. Angestellte oder Fremde durften für solche Positionen nicht herangezogen werden. Als Schönche, die älteste Tochter, heiratete, erhielt ihr Gatte keine Stellung in der Firma. Aber als sich ein Jahr darauf Amschel verehelichte, wurde seine Frau sofort mit einer Funktion in der Firma bedacht. (Bis zum heutigen Tag hat man die weibliche Linie ebenso strikt aus den Familiengeschäften herausgehalten, wie man alle Männer einbezog.) Mayer hat auch eine geheime Buchführung neben den offiziellen Geschäftsbüchern eingeführt.

Familie und Geschäft wurden zu einer imponierenden Maschinerie verschmolzen. Von Tag zu Tag funktionierte sie besser und wirkungsvoller. Die Rothschilds lebten zwar noch im Ghetto, aber ihre Kontore und Lagerräume befanden sich bereits außerhalb seiner Mauern. Und im unterirdischen Gewölbe des Hauses „Zum Grünen Schild" waren Gold und Wertpapiere verwahrt.

Vor allem aber war die Stellung der Rothschilds beim Landgrafen unerschütterlich gefestigt. Mayer war zum „Oberhofagenten" aufgestiegen, seine zwei ältesten Söhne konnten sich nun Kurfürstlich Hessische Kriegszahlamt-Agenten und Kriegszahlmeister nennen. Von Jahr zu Jahr wuchs ihr Einfluß am hessischen Hof und damit ihr Anteil an des Landgrafen jährlichen Einnahmen (die sich auf etwa eine Million Taler beliefen). Die Rothschilds liehen sogar dem Sohn des Landgrafen Geld, wobei sie nur dem Beispiel ihres Herrn und Meisters folgten, der den Herzögen des Londoner Königshauses Darlehen gewährte. So waren die Rothschilds an dem Punkt angelangt, die Hauptbankiers Kurfürst Wilhelms zu werden, eines der reichsten Monarchen seiner Zeit.

Doch dann kam das Jahr 1806. Eben noch schien es, als sollten sich Mayers Träume verwirklichen, als auf einmal alles durch Napoleon gefährdet war. Er fegte hinweg, was ihm im Wege stand. Kurfürst Wilhelm, als vorsichtiger Multimillionär, der er war, versuchte noch zwischen Napoleon und der österreichisch-britischen Allianz zu lavieren. Aber für solche diplomatischen Kunststücke hatte Bonaparte weder Verständnis noch Geduld. Als die kaiserliche Armee im Oktober 1806 Preußen niederzuwerfen begann, war es auch mit Hessen zu Ende.

Und damit schien alles vorbei zu sein. Frankfurt wurde besetzt. Alle internationalen Handelsverbindungen waren unterbrochen. Nathan, der Statthalter der Rothschilds an den fernen Gestaden Englands, schien rettungslos isoliert. Im frühen Morgengrauen des 1. November 1806 bestieg Kurfürst Wilhelm seine Reisekutsche. Die Fahrt ging nach Norden, nach Schleswig. Am Tag darauf besetzten französische Truppen sein Schloß Wilhelmshöhe. Napoleon verfügte: „Es ist mein Entschluß, das Haus Hessen-Kassel aus der Reihe der Mächte zu streichen." Das Land wurde dem neu geschaffenen Königreich Westfalen unter „König Lustick", Napoleons Bruder Jérôme, zugeschlagen.

So befahl der mächtigste Mann Europas die Zerstörung der Basis, auf der die junge Firma Rothschild ihr Haus errichtet hatte. Aber sonderbarerweise verminderte sich die Geschäftigkeit im Haus „Zum Grünen Schild" keineswegs. Trotz des Wolkengebirges, das der große Korse am Firmament Europas hatte aufziehen lassen, wurden immer noch auf den Landstraßen von den Kutschen der Rothschilds kleine Staubwolken aufgewirbelt.

46

Die darin saßen, die rundgesichtigen jungen Rothschilds mit ihren Ledermappen, ließen sich weder von Krieg noch von Frieden, weder von Parolen noch von Manifesten oder Tagesbefehlen, weder von Heldentod noch von Schlachtenruhm beeindrucken. All jene Dinge, die die Menschen in diesen Jahren beschäftigten, bedeuteten ihnen nichts. Sie sahen nur die Stufen, die nach oben führten: Wilhelm war die erste gewesen. Würde Napoleon die nächste sein?

IV

ROTHSCHILD GEGEN NAPOLEON

1. Runde eins: Konterbande

Tiefe Nacht war es, lange vor dem Morgengrauen des 1. November 1806. Trüb schimmerten abgeblendete Laternen in dem geheimen Keller, der sich im Hinterhof des Hauses „Zum Grünen Schild" befand: Mayer Rothschild vergrub, so rasch er nur konnte, einen riesigen Packen von Dokumenten – die Protokolle des Kurhessischen Geheimen Staatsrats. Doch dies war nicht das einzige, was Kurfürst Wilhelm vor Napoleons Truppen in Sicherheit bringen wollte. Zur selben Stunde versteckten vertrauenswürdige Diener eine Menge von Schmuck und Edelsteinen in den Treppenhäusern der verschiedenen Schlösser ihres Herrn.

Die Juwelen wurden gefunden – nicht aber die Geheimpapiere, die man Mayer anvertraut hatte. Daraufhin ließ Carl Buderus, jetzt Kurfürst Wilhelms geheimer Vertreter im besetzten Hessen, seinen Wagen vorfahren. Er traf sich mit dem französischen Generalgouverneur La Grange zum Tee, und im Verlaufe dieser *heure bleue* fiel eine Million Francs auf den Handteller des Monsieur La Grange – eine eindrucksvolle Demonstration des Gesetzes der Schwerkraft, die denn auch eindrucksvolle Ergebnisse nach sich zog: Man gestattete, den größten Teil von Wilhelms Schätzen aus den Treppenhäusern zu entfernen – so weit, daß die Kostbarkeiten selbst für die längsten französischen Gewehre nicht mehr erreichbar waren. So gelangten die Juwelen wieder in die Hände des emigrierten Fürsten.

Juwelen stellten freilich nur einen kleinen Bruchteil seines Reichtums dar. Als Europas blau- und kaltblütigster Gläubiger hatte Kurfürst Wilhelm in allen europäischen Ländern beträchtliche Darlehen gegeben. Dazu kamen noch seine britischen Investitionen, aus denen allein er allmonatlich Zinsen und Dividenden von fast zweitausend englischen Pfund einheimste. Jetzt saß Kurfürst Wilhelm, Landgraf von Hessen, also im Exil in Dänemark, völlig abgeschnitten von all

Die fünf Söhne Mayer Amschels. Oben: Amschel Mayer (1773–1855),
im Uhrzeigersinn folgend: Salomon (1774–1855), Carl (Kalmann) (1788–1855),
James (Jakob) (1792–1868) und Nathan (1777–1836).
Die dazugehörigen Vignetten zeigen die Städte, in denen sie sich niederließen:
Frankfurt, Wien, Neapel, Paris und London.

Das Haus der Familie Rothschild im Frankfurter Ghetto.

seinen Angelegenheiten. Um die Abwicklung der weitverzweigten, komplizierten Millionengeschäfte Wilhelms in allen Ländern zu betreuen, fand Carl Buderus einen Ausweg: Er berief Mayer Rothschild.

An dieser Stelle ist zu bemerken, daß Buderus selbst bereits so etwas wie ein Rothschild-Partner geworden war. Ein Geheimvertrag vom Jahre 1809 bestätigte dann schriftlich die alte mündliche Übereinkunft, derzufolge der Schatzkanzler des Kurfürsten einen gewissen Anteil an den Gewinnen des Hauses „Zum Grünen Schild" zugesichert erhielt. Aber veranlaßten ihn wirklich nur diese gemeinsamen Interessen, einem Händler aus dem Ghetto Verantwortung in solchem Ausmaß zu übertragen? Setzte Buderus nicht zuviel aufs Spiel? Wer waren diese Rothschilds schon? Sie besaßen keinerlei Tradition – als Kaufleute nicht, und von Stand waren sie schon gar nicht. Nicht einmal vollberechtigte Bürger waren sie als Juden, und jetzt, nachdem der Durchlauchtigste Herr hatte außer Landes gehen müssen, sogar ohne jeglichen Schutz – sie waren eigentlich in nichts von den Menschenmassen zu unterscheiden, die hilflos von den wilden Wogen der napoleonischen Flut hin und her geworfen wurden.

Aber Buderus kannte ganz genau den wirklichen Unterschied: Ein geheimes und wunderbares Etwas haftete ihnen an. Eine geradezu heldische Energie trieb sie, aber da sie nicht maßlos überspannt waren wie Helden sonst, ließen sie sich niemals zu weit hinreißen, und so gewannen sie etwas, was seltener und kostbarer war als der Triumph mancher Helden: Sie überlebten.

In jenem brodelnden ersten und zweiten Jahrzehnt des 19. Jahrhunderts wurden Millionen von Existenzen vernichtet, weil einige wenige große Herren Geschichte machten. Das Schicksal der Opfer war grauenvoll und katastrophal, während diejenigen, die dafür verantwortlich waren, in prächtigen Uniformen einherstolzierten. Rothschild und seine Söhne führten währenddessen ihre Geschäfte, still, zäh und unbeeindruckt von Zusammenbruch und Katastrophen. Ihre Möglichkeiten entsprachen den Erfordernissen der Zeit ebenso wie ihre Talente. Sie verkörperten eine Kombination, die durch nichts zu erschüttern war: die kristallklare Nüchternheit des Bürgers und eine wahrhaft dämonische Schaffenskraft.

Auch Napoleons Finanzministerium war einer derartigen Familie nicht gewachsen. Der Kaiser hatte dieses Ministerium zum Rechtsnachfolger von Wilhelms Schatzkanzler erklärt. Nun nahm sich das Ministerium sofort eifrig alle Potentaten und Fürsten vor, die Wilhelm

Geld schuldeten. Dabei scheute man vor keinem Mittel zurück: Man drohte, um die Rückzahlung zu erreichen, oder erleichterte die Zahlungsbedingungen, um sofort alle Gelder in den Säckel des Kaisers fließen zu lassen. Dieses Bemühen erwies sich jedoch als vergeblich. Denn Mayers Söhne durchstreiften Europa in ihren Karossen und trieben überall die Schulden ein. Während der Jahre im Dienste Seiner Hoheit hatten sie Beziehungen, Erfahrungen, Überzeugungskraft und Schlagkraft erworben – und das alles zusammen erwies sich als unwiderstehlich.

Es war einfach unmöglich, sie aufzuhalten oder ihrer habhaft zu werden. Immerhin – ihr Vater in Frankfurt mochte ein leicht greifbares Unterpfand sein. Aber als die französische Polizei sich auf das Haus „Zum Grünen Schild" stürzte, fand sie dort nur ein altes jüdisches Ehepaar vor, das müde, verbraucht und voller Sorgen gerade noch seinen Laden betrieb. Ach! – der böse Krieg hatte sie um fast alle erwachsenen Kinder gebracht, hatte sie in alle Winde zerstreut. Welch ein Jammer! Und die Geschäftsbücher schienen wirklich in Ordnung zu sein. Von einer Tätigkeit im Dienst Seiner Durchlaucht oder gar gegen Napoleon keine Spur . . .

Sobald die rauhen Gesellen abmarschiert waren, konnte der alte Mayer sich wieder in den Keller im Hinterhof begeben, um sich aufs neue in die echten Bücher und Geschäftskorrespondenzen zu vertiefen.

Eine ganze Zeit schon wurde diese Korrespondenz in der Privatkutsche der Rothschilds befördert. Der Wagen hatte einen doppelten Boden, und die Briefe waren in einer Art Geheimsprache abgefaßt, in einem bunten Durcheinander von Hebräisch, Jiddisch und Deutsch nebst einem Geheimcode von Pseudonymen: So hießen die Investitionen in England „Stockfisch", der alte Rothschild verwandelte sich in einen „Arnoldi", als sei er der Held einer italienischen Oper, und aus dem Allerdurchlauchtigsten Herrn, dem Kurfürsten Wilhelm, war ein schlichter Jude geworden, der „Herr Goldstein".

Für diesen Herrn Goldstein gar pfleglich zu sorgen wurde Mayers Hauptaufgabe. Das war nicht immer so einfach, denn Herr Goldstein verfiel zuweilen in arge Wutanfälle wegen einer nicht eben einfach zu erklärenden und etwas peinlichen Tatsache: Die jungen Rothschilds scheffelten nämlich erhebliche Mengen von hessischem Geld ein, aber nur ein Bruchteil davon erreichte Herrn Goldstein pünktlich. Von einer präzisen Abrechnung sahen sie großzügig ab.

Der alte, weise Mayer, wahrlich ein Genie, wenn es darum ging, jemanden zu beruhigen, erklärte, beschwichtigte und stiftete Frieden. Buderus half dabei so gut wie möglich. Dennoch war es zuweilen unvermeidlich, daß der alte Rothschild sich persönlich auf den Weg machen mußte, um in sieben Tagen beschwerlicher Reise das Exil zu erreichen, in dem sich Kurfürst Wilhelm nahe der dänischen Grenze aufhielt. Da berichtete er dann, wie sich diese abscheulichen Franzosen immer niederträchtiger gegen ihn und seine Jungen aufführten, wie oft man ihn heimgesucht und befragt, schikaniert und bestraft habe, wie es Tag für Tag riskanter und gefährlicher werde, das Spiel gegen Napoleon fortzusetzen. Sollte man sich wirklich darüber wundern, daß die rasche Übermittlung der eingetriebenen Gelder und die Abrechnung der Konten sich in diesen Tagen als unmöglich erwies? Liefe das nicht in der Tat auf einen Selbstmord seiner Söhne und seiner selbst hinaus? Mögen Durchlaucht doch geruhen, sich allerhuldvollst noch etwas zu gedulden. Hoheit dürften sich in der Gewißheit wiegen, daß kein Pfennig verloren sein werde.

Und Mayer sprach die Wahrheit: Hoheit sollten schließlich wirklich jeden Pfennig erhalten. In der Zwischenzeit aber ...

In der Zwischenzeit traf es sich ganz zufällig, daß Nathan in London im Besitz von recht erheblichen Geldern war. So kaufte er denn ebenso zufällig nicht nur Baumwolle – was eigentlich sein ursprüngliches Geschäft war –, sondern auch Lebensmittel, Kolonialwaren und all die anderen Dinge, die auf Grund der von Napoleon verkündeten Kontinentalsperre auf dem Festland als „Konterbande" galten.

Die Bündel und Kisten verschwanden genauso zufällig, um wenig später zufällig im Hamburger Hafen wieder aufzutauchen. Und es traf sich, daß Amschel und Salomon dort gerade ihren Geschäften nachgingen. Kurz darauf gab es auf einmal lange vermißte Güter überall in den Läden: in Deutschland, in den skandinavischen Ländern, in den Niederlanden, sogar in Frankreich. Baumwolle, Nähgarn, Tabak, Kaffee, Zucker, Indigo waren endlich wieder erhältlich, und man zahlte dafür gern höhere Preise. Wen störte es schon, wenn sich jemand damit ein phantastisches Vermögen schuf?

Die sturen Polizisten Napoleons störte es in der Tat. Nach einer gewissen Zeit ließen sich die Gendarmen ihre fixe Idee nicht mehr ausreden: Es mußte eine Verbindung bestehen zwischen so grundverschiedenen Dingen wie Konterbande, den Außenständen des Kurfürsten Wilhelm und dem alten Mayer in der Judengasse zu Frankfurt am Main.

Am 30. Oktober 1810 besetzten zwei Regimenter französischer Infanterie die Lagerhäuser der Reichsstadt Frankfurt. Besonders abgesehen hatten sie es auf das Unternehmen „Zum Grünen Schild" im Ghetto. Aber wieder fanden sie nichts – und diesmal hatte das bessere Gründe als bisher. Jetzt nämlich konnten die Rothschilds ihre Hände wirklich in Unschuld waschen. Denn um jene Zeit hatten sie schon all das eingeheimst, was aus der Durchbrechung der Kontinentalsperre herauszuholen gewesen war.

Am 27. September des Jahres war ein gedrucktes Zirkular an alle Geschäftsfreunde der Familie hinausgegangen. Es vermeldete, daß Mayer den Namen des Unternehmens geändert hatte: Von nun an sollte es „Mayer Amschel Rothschild und Söhne" heißen. Die Anteile der Firma waren jetzt nicht mehr allein in seinen Händen, sondern auch in denen von Amschel, Salomon, Kalmann und auch von Jakob, der damals erst siebzehn Jahre alt war. Nathan wurde mit keiner Silbe erwähnt, und der offizielle Gesellschaftsvertrag sprach ihm auch keinerlei Anteil zu. Aber wie so oft war das, was unerwähnt blieb, das Allerwichtigste. Nathan, der in England lebte, also in „Feindesland", vollbrachte für Mayers und seiner Söhne Unternehmen Entscidenderes denn je zuvor. Er war der wahre Organisator der Umgehung von Napoleons Kontinentalsperre gewesen. Und seinem Hirn entsprang auch die Idee für den nächsten Schlag, den die Familie vollbringen und mit dem verglichen der Handel mit der Konterbande wie eine überlebte Lappalie erscheinen sollte. Man stand in der Tat noch am Anfang ...

2. Runde zwei: Eine Millionen-Pfund-Idee

Im Jahre 1804 hatte Nathan Mayer Rothschild seinen Wohnsitz von Manchester, dem Mittelpunkt der Textilindustrie, nach London verlegt, in den Brennpunkt der damaligen Welt. Hier verwandelte sich der Textilkaufmann in einen „Merchant-banker", eine Bezeichnung, unter der die Firma N. M. Rothschild & Sons Ltd. auch heute noch im Telefonbuch von London aufscheint.

Alle frühen englischen Finanzkaufleute begannen als Warenhändler und Geldverleiher für jedermann, entwickelten sich rasch zu

Spezialisten, die auch Finanzgeschäfte abschlossen, und wurden schließlich die ersten großen internationalen Finanziers der Neuzeit. Unter diesen Pionieren war Nathan jedoch bahnbrechend. Er bestimmte die Rothschilds dazu, den Kauf und Verkauf von Waren einzustellen, auch wenn es sich um gewinnbringende Konterbande handelte. Er war es, der dafür sorgte, daß sie sich auf das Gut aller Güter umstellten. Vom Jahre 1810 an bis zum heutigen Tag befaßte sich die Familie fast ausschließlich mit Finanzierungsgeschäften.

Nathan erkannte die historische Chance, die Napoleon bot, jener Napoleon, der zwar ein unberechenbarer, aber im großen und ganzen recht nützlicher Faktor auf dem Weltmarkt war. So schlug Nathan in einem Geheimbrief dem „Grünen Schild" in Frankfurt folgende Idee vor: Bonaparte war nun praktisch Herr all der Länder, in denen Kurfürst Wilhelm einst sein Millionenkapital nutzbringend angelegt hatte. So blieb England als einziges Land übrig, in dem man Geld anlegen konnte; England, das wie ein Fels diesem Napoleon so beharrlich Widerstand leistete. Die Consols – die Staatspapiere Englands – erwiesen sich ihrerseits als Gibraltar unter den Papieren Europas. Hatten seine Durchlaucht nicht schon früher sein Geld in Consols angelegt? War es jetzt nicht an der Zeit, daß Hoheit wiederum in diese Papiere investierte, und zwar gründlich? Sollten Durchlaucht sich dabei nicht der Dienste Nathans bedienen, der so gute Beziehungen hatte, der von gutem Willen und Energie nur so übersprudelte?

Mayer und Buderus unterbreiteten die Idee dem Kurfürsten Wilhelm. Seine Durchlaucht geruhten noch zu zögern. Waren da nicht all die Schwierigkeiten gewesen beim Eintreiben seiner Außenstände durch diese Familie? Andererseits – man mußte zugeben, daß die Gelder faktisch nun doch bei ihm eingingen und so seinen bereits ungeheuren Schatz weiter anwachsen ließen.

Diese ungezählten Taler durften nicht ungenutzt ruhen. Der alte Vater, mit funkelnagelneuer Perücke und Dreispitz, versuchte, den Kurfürsten mit bewährtem Charme zu berücken. Seine Mundart hatte sich so wenig gewandelt wie die fromme Art, sich regelmäßig in der Synagoge einzufinden. Aber er war von einem geschäftigen Händler zu einem Höfling geworden. Er verkaufte nun nicht nur Münzen an den Landgrafen, er kaufte ihm jetzt welche für seine eigene Sammlung ab. Seine Kutsche – die mit dem doppelten Boden – stellte er nun auch in die Dienste der Korrespondenz des Fürsten, und er machte sich verdient um die Einrichtungen der verschiedenen Exilresidenzen in Schleswig, in Dänemark und in Böhmen.

Hoheit hatten ihm huldvoll bisher Vertrauen geschenkt – warum sollte man nicht auch dem Sohne Nathan den Kauf der Consols anvertrauen und das um so mehr, als der Prachtjunge bereit war, auf seine Kommission zu verzichten, und nicht mehr erbat als eine Maklergebühr, die so winzig war – nicht mehr als der achte Teil eines einzigen Prozents?

Schließlich geruhte Kurfürst Wilhelm zuzustimmen. Wenn man es sich genau überlegte: warum auch nicht? Vom Februar 1809 bis zum Dezember 1810 flossen Nathan 550.000 Pfund Sterling zu, die er zum Ankauf von Consols für den Fürsten benutzen sollte. Das war – und wäre auch heute noch – eine atemberaubende Summe. All die Darlehen des Fürsten und all die Gewinne, die bisher durch die Hände Rothschilds gegangen waren, mußten dagegen winzig erscheinen.

Sobald Nathan einen Penny in die Hand nahm, verwandelte sich dieser in einen Shilling, und der Shilling wurde zum Pfund Sterling. Er handelte dabei mit einer derartig zauberischen Intuition, mit soviel Tüchtigkeit, so blitzartig schnell und gleichzeitig so diskret, daß nichts Schriftliches überliefert ist, was über seine Transaktionen Aufschluß geben könnte. Alles, was wir wissen, ist, daß die Vereinbarung mit Kurfürst Wilhelm den Ankauf von Consols zu einem Durchschnittspreis von 72 festgelegt hatte. Freilich kaufte Nathan nicht zum Kurs von 72. Er legte die fürstlichen Gelder zunächst für sich an, machte rasch einen ansehnlichen Gewinn damit und dann noch einen zusätzlichen, als er die Consols für Seine Hoheit erwarb. Denn deren Kurs war in der Zwischenzeit auf 62 gesunken, ganz wie Nathan es erwartet hatte. Und diese Spanne kam natürlich ihm zugute.

Zugleich bewährte sich wiederum seine Voraussicht. Mit überwältigender Präzision und Geschwindigkeit setzte er auf eine neue Karte: auf die Preissteigerung des Goldes. Tagtäglich operierte er an der Londoner Börse mit Zehntausenden von Pfunden Seiner Durchlaucht, nie eine Gelegenheit verpassend, selten zu früh, selten zu spät.

Nach einer Weile wurde Wilhelm natürlich wieder nervös. Er erfuhr so wenig aus London, und vor allem bekam er kein einziges der Staatspapiere. Mayer bemühte sich neuerlich zu ihm, um all die Schwierigkeiten darzulegen, die Napoleon der Verbindung zwischen dem guten Jungen in London und Seiner Hoheit derzeitigem Wohnsitz zu Prag in den Weg legte. Der Fürst beruhigte sich. Er gab sogar weitere Gelder frei.

Im Jahre 1811 gelang es dann Kalmann Rothschild, sich nach England hinein- und von dort auch wieder herauszuschmuggeln. Jetzt konnten dem Fürsten die ersten Consols überreicht werden – Staatspapiere im Wert von 189.500 Pfund Sterling. Wilhelm atmete erleichtert auf. Aber er war der steten Aufregung überdrüssig. So schrieb er denn an Buderus, er habe keine Lust mehr zu Investitionen, und es sei ihm wirklich lieber, wenn sein Geld nunmehr untätig liegenbliebe.

Doch in diesem Jahr 1811 beunruhigte diese Entscheidung die Rothschilds nicht mehr. Eine weitere, ja die letzte Etappe war nunmehr erreicht.

Nathan, der jede Stufe des Erfolges einleitete, erwies sich erneut als Herold künftiger Siege. Sieben Jahre vorher war er nach London gekommen als ein Fremdling, der die Landessprache nur gebrochen sprach. Heute, als ein Mann von knapp 34 Jahren, genoß er den Ruf fast übermenschlicher Gaben. Alle Käufe, die er im Interesse des Kurfürsten getätigt hatte, waren unter dem Namen Rothschild registriert worden. Kaum jemand hatte eine Ahnung, daß die Ströme von Kapital, die sich durch Nathans Büro ergossen, nicht unbedingt aus seinen eigenen Quellen gekommen waren. So wurde er zunächst maßlos überschätzt. Aber inzwischen hatte sich sein wirkliches Vermögen tatsächlich so gewaltig vergrößert wie sein Kredit und sein Geschäftsvolumen. Beide stiegen gigantisch. Selbst ein Landgraf Wilhelm, der reichste Fürst auf dem Festland, repräsentierte nicht mehr das Hauptkonto in Rothschilds Büchern. Und doch stand Rothschild nicht still. Größeres sollte geschehen.

3. Runde drei: Das Gold rollt durch Frankreich

„Die Ostindische Handelskompanie", so erzählte Nathan in hohem Alter bei einem Festessen, „wollte Gold im Wert von 800.000 Pfund Sterling verkaufen. Ich interessierte mich dafür und kaufte alles an. Ich wußte, daß der Herzog von Wellington es brauchte. Ich wurde zur Regierung beordert, die mir mitteilte, sie benötige das Gold. Ich verkaufte es ihr. Doch nun wußte sie nicht, wie sie es in die Hände des Herzogs bringen könne, nach Portugal, wo er die britischen Truppen gegen Napoleon befehligte. Um all das habe ich mich gekümmert –

ich schickte es durch Frankreich. Das war das größte Geschäft, das ich je gemacht habe."

In recht wortkarger Weise wurde hier ein gewaltiges, unglaublich kompliziert eingefädeltes Unternehmen zusammengefaßt. Grundlage dafür war, daß Napoleon wiederum der Familie ungewollt und unbewußt Hilfestellung leistete.

Im Jahre 1807 hatte er eine künstliche Warenknappheit hervorgerufen, im Jahre 1810 eine fast klassisch zu nennende Unsicherheit für Geldanlagen auf dem Kontinent. Nunmehr kam Napoleon den Rothschilds abermals entgegen, dadurch, daß er ihnen eine geradezu ideal gelegene Front lieferte. Die Marschälle des Kaisers fochten gegen Wellington hinter den Pyrenäen, fern von den englischen Nachschublinien. Um seine Armee zu versorgen, mußte der Herzog Wechsel auf den britischen Schatzkanzler ziehen. Eine ganze Meute sizilianischer und maltesischer Finanzleute gaben ihm Geld dafür, natürlich unter Abzug skandalöser Diskontsätze, und leitete die Wechsel auf umständlichen Wegen nach London, um sie dort zum Inkasso vorzulegen. Hin und wieder hatten sich die Rothschilds an dem Geschäft beteiligt; bis 1811 blieb dies jedoch lediglich eine Nebensache.

Jetzt aber lag Gold im Wert von 800.000 Pfund Sterling in einem Gewölbe in London und wartete auf Nathan Rothschild. Was bisher Horden von Bankleuten mit Hilfe von Wechseln und Schuldverschreibungen durchgeführt hatten, die mühselig nach London durchgeschleust wurden, das wollte jetzt Nathan Rothschild zusammen mit seinen Brüdern allein und direkt vollbringen, und zwar mit gutem hartem Gold, das von London nach Portugal rollen sollte. Durch die Regierung Seiner Britannischen Majestät wurde Nathan nunmehr zum Hauptvermittler und obersten Zahlmeister für Englands wichtigste Armee – eine vor kurzem noch unvorstellbare Ernennung.

Für die Weiterleitung des Goldes gab es nur einen einzigen Weg: mitten durch Frankreich, gegen das die Heere Englands im Felde standen. Zwar hatte die Blockadebrecher-Maschinerie der Familie Rothschild eine wohlfunktionierende Organisation in ganz Deutschland, Skandinavien, auch in Spanien und sogar in Südfrankreich. Aber noch mußte eine besonders ausgeklügelte Methode in Napoleons Hauptstadt selbst angewandt werden.

Damit betritt Jakob, Mayers jüngster Sohn, von nun an James genannt, den Schauplatz. Am 24. März 1811 meldet er sich bei der französischen Polizei in Paris an; sein Wohnsitz: 5, rue Napoléon.

Zweifellos ist ihm dabei der Reichsfreiherr Karl von Dalberg behilflich gewesen, als Großherzog von Frankfurt seit 1810 ein hoher Würdenträger Napoleons; vor kurzem erst hatte der einstige Kurfürst von Mainz und jetzige Großherzog ein äußerst günstiges Darlehen vom alten Mayer erhalten. Es ist anzunehmen, daß James von früheren Besuchen her Paris flüchtig kannte. Aber er war ja erst 19 Jahre alt. Sein bisheriges Leben hatte er im Ghetto verbracht, und er sprach nur deutsch und jiddisch. Dennoch fand er seinen Weg auf dem gefährlich glatten Parkett der französischen Hochfinanz mit jener blendenden Gewandtheit und jenem unfehlbaren Reaktionsvermögen, das bisher allein die Einfälle Nathans ausgezeichnet hatte.

Schon zwei Tage nach seiner offiziellen Ankunft taucht Mayers jüngster Sohn in einem Bericht des Finanzministers an Napoleon auf: „Ein Frankfurter Rothschild weilt jetzt in Paris, und seine Hauptaufgabe ist es, englisches Bargeld von der britischen Küste nach Dünkirchen zu schaffen. Er steht in Verbindung mit Pariser Bankiers von höchstem Ruf. . . . Er berichtet, daß er soeben Briefe aus London erhielt, . . . denen zufolge die Engländer die Absicht hätten, diese Goldausfuhr zu unterbinden."

Der Minister hatte offenbar Informationen, die man ihm sehr klug dosiert zugetragen hatte, für bare Münze genommen: Er war zwar orientiert worden über die Existenz des Goldstroms, aber gleichzeitig völlig im unklaren gelassen darüber, wohin dieser sich ergießen sollte. Er hatte in aller Ahnungslosigkeit „Briefe" von James akzeptiert und auch alle anderen fingierten „Beweise", aus denen „hervorging", daß die Engländer befürchteten, durch den Abfluß der Goldvorräte geschwächt zu werden – was das genaue Gegenteil ihrer Absichten war.

James' Kalkulationen waren richtig. Was der britische Feind zu fürchten schien, das mußte für den Herrn Minister ganz automatisch wünschenswert sein. Im Verlauf von wenigen hundert Stunden hatte es der jüngste Sohn Rothschilds nicht nur fertiggebracht, daß das englische Gold seinen Weg durch Frankreich nahm, sondern auch eine fiskalische Fata Morgana errichtet, der selbst Napoleon zum Opfer fiel. Ein kaum mehr als halbwüchsiger Rothschild hatte die kaiserliche Regierung in eine Falle gelockt, indem sie genau den Vorgang guthieß, der zu ihrem Untergang beitragen sollte. Die Methoden, denen die Brüder Bethmann zum Opfer gefallen waren, sollten sich nun an einem Weltreich wiederholen.

Die Maschinerie der Familie lief auf Hochtouren. Nathan sandte große Mengen englischer Guineen, portugiesischer Goldstücke und französischer Napoléons d'Or (häufig frisch geprägt in der Londoner Münze) über den Kanal. An der Küste übernahm James das Geld und schaffte es nach Paris, wo er dafür sorgte, daß das Metall heimlich in Anweisungen auf bestimmte spanische Banken umgewandelt wurde. Südlich der Hauptstadt trat Kalmann in Aktion. Er nahm die Anweisungen in Empfang, schleuste sie durch tausend dunkle Felsentäler der Pyrenäen und tauchte dann wieder mit den von Wellington unterschriebenen Quittungen auf. Überall hatte Salomon seine Hand im Spiel, beseitigte Schwierigkeiten, wo sie auftraten, und sorgte dafür, daß die Umschlagstellen geheim blieben und daß sich weder an der kompletten Selbsttäuschung der Franzosen noch am Kurs des englischen Geldes etwas änderte. Amschel blieb inzwischen in Frankfurt und half dem alten Vater bei der Leitung des Stammhauses.

Manchmal ahnten die Franzosen den wahren Sachverhalt, doch meistens gelang es, jeglichen Verdacht zu zerstreuen. So war der Polizeichef von Calais plötzlich in der Lage, ein luxuriöses Leben zu führen – so luxuriös, daß es ihm immer schwieriger wurde, die Küste sorgfältig zu überwachen. Der Polizeikommissar von Paris machte zwar mehr als einmal den Vorschlag, den jungen James zu verhaften, aber der Schutz durch den Finanzminister erwies sich in allen Fällen als wirksamer.

Während Napoleon im russischen Winter seine Waffenmacht verspielte, schlängelte sich mitten durch Frankreich ein Geldstrom, der jener Armee, die in seinem Rücken stand, neues Lebensblut zuführte.

Es dauerte nicht lange, und die Rothschilds wurden Englands wichtigste Bankiers, nicht nur wegen Wellington, sondern weil sie auch die Verbündeten versorgten: Österreich, Preußen und Rußland erhielten in den letzten Jahren des napoleonischen Regimes große Hilfsgelder von Großbritannien. Aber auch hier war die technische Durchführung schwierig. Der Versand von Goldbarren wäre ein zu großes Risiko gewesen. Und die Ausstellung einzelner großer Anweisungen zu Lasten des englischen Schatzamtes hätte die britische Währung gefährdet. Aber Mr. John Herries, der Beamte im Schatzamt, dem die Finanzierung der Verbündeten oblag, wußte Rat: Nathan soll das erledigen.

Und zusammen mit seinen Brüdern vollbrachte Nathan das Kunststück. Gleichzeitig traten sie von ihren verschiedenen und wechselnden Stützpunkten aus in Aktion. Mayer und seine Söhne errichteten damals das erste große internationale Clearing-House. Durch ihre Hände rollte der Großteil jener 15 Millionen Pfund, die England seinen Verbündeten vorstreckte. Und diese gigantische Transaktion wurde so geräuschlos und elegant vollzogen, daß die englische Währung nie die leiseste Erschütterung erfuhr. Die einzigen Geräusche, die bei all dem erzeugt wurden, waren die der Rechenbretter in den Kontoren. Noch heute ist völlig unbekannt, welche Kommission die Rothschilds für sich verbuchen durften. Aber auch all dies war schließlich nur ein Vorspiel.

4. Runde vier: Der größte aller Coups

Die Schlacht von Waterloo ließ England zur führenden europäischen Macht werden. Den Rothschilds, den hervorragendsten Finanziers des Inselreichs, gelang es, durch Waterloo einen Coup zu landen, der ihnen Millionen und aber Millionen einbrachte. Die Legende, die jenen Meisterstreich in späteren Jahren erklärte, sprach von Brieftauben und anderen abenteuerlichen Manipulationen. Tatsächlich jedoch war die Grundlage – wie bei den meisten Aktionen der Familie – harte Arbeit und messerscharfe Vorausberechnung.

Die harte Arbeit hatte schon vor Jahren begonnen. Seitdem die jungen Rothschilds Frankfurt verlassen hatten, hielten sie sich gegenseitig ständig über die wirtschaftliche und allgemeine Lage auf dem laufenden. Es dauerte nicht lange, bis sich ein privater Nachrichtendienst entwickelt hatte. (Im Londoner Haus blieb er bis in die Tage des Zweiten Weltkriegs bestehen, und zwar in Form von zwölf blaugekleideten Kurieren, die sich stets bereithielten, sofort nach Rio de Janeiro, Melbourne, Nairobi oder sonstwohin zu starten.) Rothschilds Kutschen fuhren über die Chausseen; Rothschilds Schiffe querten den Kanal; Rothschilds Boten waren schlechthin überall. Sie brachten Bargeld und Wertpapiere, Briefe und Neuigkeiten mit sich – vor allem Informationen und neueste Nachrichten, die allein sie besaßen und die sich an den Börsen und Finanzzentren als gewichtig und gewinnbringend erwiesen.

Aber keine einzige Nachricht konnte kostbarer sein als die über die Entscheidungsschlacht von Waterloo. Tagelang lag die Londoner Börse auf der Lauer: Wenn Napoleon siegte, mußte der Kurs der Consols zwangsläufig fallen. Erlitt der Kaiser jedoch eine Niederlage, so war der Zusammenbruch seines Reiches besiegelt, und das bedeutete einen Kursanstieg der britischen Staatspapiere.

Dreißig Stunden lang blieb das Schicksal Europas im Pulverqualm der Kanonen auf dem Schlachtfeld von Waterloo undurchschaubar. In den späten Nachmittagsstunden des 19. Juni 1815 sprang Mr. Rothworth, einer der Agenten Rothschilds, auf ein Schiff in Ostende, in seinen Händen eine holländische Zeitung, deren Druckerschwärze noch feucht war. In der Morgendämmerung des 20. Juni überflog Nathan Rothschild im Hafen von Folkstone die Schlagzeilen des Blattes. Augenblicke danach war er auf dem Weg zur Regierung nach London – bei der er viele Stunden vor dem Kurier Wellingtons eintraf –, um ihr mitzuteilen, daß Napoleon besiegt war. Dann eilte er zur Börse.

Jeder andere als er hätte nun alles, was er besaß, in Consols angelegt. Nathan Rothschild jedoch stand regungslos an „seiner" Säule in der Börse. Er investierte nicht. Er verkaufte. Er stieß Consols in rauhen Mengen ab.

Sein Name hatte auch damals schon genügend Gewicht, daß ein so entscheidender Schritt ausreichte, das Schicksal eines Wertpapiers zu besiegeln. Die Consols fielen. Nathan blieb stoisch an seiner Säule stehen und verkaufte. Er verkaufte weiter. Der Kurs sank weiter. Denn überall raunte man sich zu: „Rothschild muß es wissen: Die Schlacht von Waterloo ist verloren."

Mit ernster, unbewegter Miene verkaufte Nathan weiterhin Consols. Auf jede seiner Handbewegungen reagierte die Börse mit einer Erschütterung, die sich jedesmal in Zehntausenden von Pfunden ausdrückte. Die Consols fielen, fielen immer weiter – bis Nathan plötzlich ein großes Paket von Papieren zum niedrigsten Preis kaufte, zu einem Preis, den er praktisch bestimmt hatte. Unmittelbar danach wurde die sensationelle Siegesnachricht allgemein bekannt, und die Consols kletterten aufs neue in die Höhe.

5. Runde fünf: Die Bezwingung der Sieger

Der Entscheidung von Waterloo folgte der Friede – und eine ernüchternde Überraschung. Während des Krieges hatten die Rothschilds sich als unüberwindlich gezeigt. Jetzt ergaben sich Schwierigkeiten, vielleicht weil wenige Jahre zuvor eine unersetzliche Persönlichkeit von der Szene abgetreten war.

Am 16. September 1812, dem jüdischen Versöhnungstag, hatte der alte Mayer den ganzen Tag betend und fastend in der Frankfurter Synagoge ausgeharrt. Am nächsten Tag brach eine alte Operationswunde auf. Kaum verfügte er noch über ausreichende Kraft, ein Testament zu diktieren, dem zufolge sein Geschäft allein in die Hände seiner Söhne gelangen sollte:

„. . . Meine Töchter, Schwiegersöhne und deren Nachkommen besitzen keinerlei Anteile an der bestehenden Firma M. A. Rothschild und Söhne . . . und auch keinerlei Recht, diese Firma zu inspizieren, ihre Bücher, Geschäftspapiere oder Warenlager zu überprüfen . . . Nie würde ich meinen Kindern vergeben, wenn sie entgegen meinem väterlichen Willen sich anmaßen wollten, meine Söhne in der friedlichen Geschäftsausübung zu stören."

Jedweder, der gegen diesen väterlichen Willen zur Erhaltung des Familienfriedens verstoßen würde, sollte auf seinen Pflichtteil an dem weit unter seinem wahren Wert geschätzten Erbe beschränkt werden.

Dann, nachdem er die letzte Tat, die ihm als Stammherrn oblag, vollendet hatte, nachdem das Dokument unterschrieben und notariell beglaubigt worden war, sank er am 19. September 1812 um 8.15 Uhr abends in die Arme seiner Gudula und hauchte seine Seele aus.

Eines freilich konnte er seinen Söhnen nicht hinterlassen: seine einmalige Persönlichkeit. Sie hatten nicht seine gelassene Würde, seine leichte Art, sein *savoir vivre*, jenes Wissen um die Menschen, mit dem er die Fürsten bestricken oder in einem Salon charmieren hatte können. Ihr Vermögen war die Frucht einer elementar ursprünglichen Kraft und eines Sachverstandes, der mit minutiöser Pünktlichkeit zu manipulieren wußte. Während der Schrecknisse des Krieges hatten diese Qualitäten sich einzigartig bewährt.

Jetzt aber kamen wieder ältere Werte zu ihren angestammten Ehren. Auf dem Kongreß zu Wien wurde nicht mehr Blockade gebrochen. Man tanzte. Die Stärke der jungen Rothschilds lag aber nicht auf dem Tanzparkett, und somit taugten sie plötzlich auch nicht mehr recht als Bankiers.

Die wirtschaftlichen Betätigungen im Europa der nachnapoleonischen Ära konzentrierten sich auf die Bemühungen der einzelnen Länder, ihre eigenen Kraftquellen zu nutzen, das heißt, Anleihen vom heimischen Markt finanzieren zu lassen. Da aber sahen sich die Rothschilds trotz all dem gewaltigen neuerworbenen Reichtum, den sie ihr eigen nennen durften, ohnmächtig verschlossenen Türen gegenüber.

Nur das kleine Preußen geruhte, sie mit der Beschaffung einer Anleihe zu beauftragen. Das große Österreich aber, das so begehrenswerte, hielt sich lieber an vornehmere Gesellschaft. Sein Hof wich keinen Zoll von Tradition und Protokoll ab. Man erinnerte sich, daß sich schon anno 1800 Schwierigkeiten mit jenen allzu rührigen Frankfurtern ergeben hatten, die doch tatsächlich einen Brief mit „K. K. (Kaiserlich-Königliche) Hofagenten" unterzeichneten, wo ihnen doch lediglich *ein* „K" zustand, nämlich der Titel „Kaiserliche Hofagenten". Ja, jetzt im Jahre 1816 waren die Brüder zwar Multimillionäre, aber es bedurfte allen Einflusses ihres stärksten Fürsprechers im britischen Schatzamt, John Herries, daß Wien sich dazu herbeiließ, eine englische Hilfeleistung anzunehmen, obwohl die Transaktion von jenen Usurpatoren des zusätzlichen „K" abgewickelt wurde.

Die jungen Herren, sehr bedacht darauf, einen guten Eindruck zu machen, entledigten sich ihrer Aufgabe mit außergewöhnlicher Eleganz. Sie klügelten Methoden aus, die es ihnen erlaubten, auf Provisionen und Zinsen zu verzichten, und brachten dadurch dem österreichischen Staatsschatz mehrere Millionen ein. Dafür gewährte der Wiener Hof ihnen im Jahre 1817 das Adelsprädikat „von" – freilich tat er es mit nicht viel mehr Grazie als der, mit der man einem Hund einen Knochen zuwirft.

Aber die Rothschilds konnte man nicht mit solchen Auszeichnungen abspeisen, die auch für Juden nicht ohne Beispiel waren. Nathan stellte den Antrag, ihn zum österreichischen ehrenamtlichen Konsul in London zu ernennen, doch wurde sein Gesuch nur mit Ausflüchten beantwortet. Die fünf Brüder arbeiteten gemeinsam weitgehende und höchst günstige Pläne für die österreichischen Finanzen aus – doch sie wurden völlig ignoriert.

In Frankreich lagen die Dinge womöglich noch schlechter. Es war eine Tatsache, daß Ludwig XVIII. allen Glanz bei der Wiederherstellung der Bourbonenmacht den Brüdern Nathan und James Rothschild verdankte. Denn sie hatten ihm Vorschüsse auf britische Versprechungen gewährt, damit er seinen triumphalen Einzug in Paris finanzieren konnte. Das freilich hatte sich 1814 zugetragen, bevor Napoleon noch einmal von Elba gekommen war, damals, als das Donnern der Kanonen noch allen in den Ohren klang. Jetzt aber, nachdem drei Jahre ins Land gezogen waren, hatten die alteingesessenen Bankiers sich wieder in ihren Kontoren und Salons etabliert und gaben aufs neue den Ton an. Verglichen mit ihren Manieren wirkte alles, was die Rothschilds taten, parvenühaft.

Die neue französische Regierung bereitete eine große Anleihe von 350 Millionen Francs vor und vertraute sie dem Bankhaus Ouvrard an, das sich in der Finanzgeschichte Frankreichs einen Namen erworben hatte, sowie den Brüdern Baring, einem nicht minder angesehenen englischen Finanzinstitut. Verglichen mit ihnen schienen die Rothschilds nur „einfache Geldwechsler" zu sein. Die Anleihe wurde – ganz ohne die Rothschilds – ein großer Erfolg.

Im Jahre 1818 begannen die Verhandlungen um eine zusätzliche Anleihe von etwa 270 Millionen Francs. Wieder waren Ouvrard und Baring führend, während die Bewerbungen der Rothschilds im Finanzministerium kein Gehör fanden. Diese Anleihe war als der Schlußstrich unter die Kriegsverschuldung Frankreichs gedacht. In einer Konferenz mit den Siegermächten in Aachen sollte sie abgeschlossen und besiegelt werden.

Vom Standpunkt der Familiengeschichte der Rothschilds ist die Bedeutung dieser ansonsten längst vergessenen Beratungen in Aachen ungleich größer als die noch immer ruhmverklärten Geschehnisse, die sich an den Sieg zu Waterloo anschlossen. Aachen wurde deshalb zum Wendepunkt, weil es das erste Zusammentreffen zwischen der großen Gesellschaft und den jüngst erst groß gewordenen Rothschilds war. Es begann mit einer Reihe von Banketten und Soireen, ganz wie sie auf dem Wiener Kongreß üblich gewesen waren. Die Rothschilds waren fasziniert. Aber sie blieben ausgeschlossen – wie die Kinder vor dem Weihnachts-Schaufenster.

Doch dann spitzte sich die Situation zu, entlud sich schließlich in einem fürchterlichen Gewitter, und als der Donner verrollt war, hatten die jungen Emporkömmlinge wieder einmal das schier Unmögliche erreicht.

Während der ersten Woche hatte keiner diese Entwicklung vorausgeahnt, möglicherweise nicht einmal Salomon und Kalmann selbst, die als Vertreter der Familie anwesend waren. An der Stelle ihres alten Freundes und Förderers, John Herries, hatte England Lord Castlereagh entsandt. Salomon und Kalmann konnten nicht heimisch werden in einer Welt, in der das althergebrachte Protokoll und die fein gezirkelte Phrase derart regierten. Ihre Welt war die Börse und nicht das Tanzparkett.

Zwar hatten die teuersten Schneider sie aufs beste ausstaffiert. Ihre

Kutschen glänzten ebenso wie ihre Pferde. War es wirklich abträglich, daß ihre Ausdrucksweise und Grammatik zu wünschen übrig ließen? Und hatte sich nicht Kalmann erst unlängst mit Adelheid Herz verehelicht, die einer der angesehensten jüdischen Familien Deutschlands entstammte und nun den guten Ton in der Familie angeben sollte?

Aber all dies Bemühen nützte gar nichts. Immer wenn die Brüder darum baten, vom Fürsten Metternich empfangen zu werden, war dieser gerade beim Herzog von Richelieu oder sonstwo zu Gast. Lord und Lady Castlereagh erwiesen sich als unauffindbar, da sie ständig mit dem Fürsten Hardenberg herumkutschierten. Bei allen Festlichkeiten wurde die Einladung an die Rothschilds vergessen, während die Herren von der Konkurrenz – Baring und Ouvrard – überall dabeizusein schienen.

Bestenfalls waren Sekretäre zu erreichen, aber auch diese lächelten kühl: Ja, ganz richtig, die Verhandlungen mit Baring und Ouvrard näherten sich dem Abschluß; warum sollte man denn in diesem Stadium die Verhandlungspartner wechseln? War nicht alles mit der Anleihe von Baring und Ouvrard trefflich gegangen? Stieg nicht gerade jetzt in Paris der Kurs der Papiere von 1817?

Noch einmal wollten die Rothschilds einen Versuch unternehmen. Sie konnten sich die Dienste Friedrich von Gentz' sichern, eines hervorragenden Publizisten und vertrauten Freundes des Staatskanzlers Metternich, und hatten damit eine Schlüsselfigur des Kongresses gewonnen. Sie investierten eine schöne Summe in David Parish, einen jungen, mondänen Bankier, dessen gesellschaftliche Beziehungen zum Hause Baring sehr gut waren. Sie versuchten sich auf jede Art und Weise salonfähig zu machen, und sie sorgten dafür, daß ihre eigenen Fräcke ebenso tadellos waren wie die Livreen ihrer Dienerschaft.

Aber alle Mühe war vergebens. In den Salons kicherte man belustigt über die Verwirrung auf dem Gesicht Kalmanns und die Sorgenfalten auf der Stirne Salomons. In der allgemeinen Heiterkeit blieb eine Kleinigkeit ganz unbeachtet: die zunehmende Häufigkeit, mit der Kuriere in der Wohnung der Brüder ein und aus gingen.

Der ganze Monat Oktober des Jahres 1818 verging in Aachen damit, daß man sich amüsierte und hofierte, spielte und promenierte – und nebenbei die Rothschilds völlig übersah. Am 5. November ereignete sich etwas höchst Seltsames: Die französischen Staats-

Adelheid Herz (1800–1853), die im Jahr 1818 Carl Rothschild heiratete.

Nathan Rothschild in seiner typischen Haltung. Nach Nathans Tod erschien eine Karikatur, die seinen verlassenen Stammplatz an der „Rothschild-Säule" in der Londoner Börse zeigte, mit dem Titel „Der Schatten eines großen Mannes".

NEW COURT in 1809.

Das Londoner Haus am New Court, wo sich noch heute die Bank NMR (Nathan Mayer Rothschild & Sons) befindet.

papiere aus jener berühmten Anleihe von 1817 begannen zu fallen, nachdem die Kurse ein Jahr lang ununterbrochen gestiegen waren. Von Tag zu Tag bröckelten sie mehr und mehr ab, und damit noch nicht genug: Auch andere Kurse begannen zu sinken. Ein Sturm schien entfesselt, ein allgemeiner Zusammenbruch zeichnete sich am nun dunklen Horizont ab, nicht nur in Paris, nein, an allen Börsen Europas.

In Aachen brach die heitere Musik ab. Die so vornehmen Edelleute standen nun verstört da, in den prachtstrotzenden Sälen, die sich plötzlich zu verdüstern schienen. Schließlich hatte man ja auch selbst einiges investiert.

Von einem Tag auf den anderen hatte sich alles verwandelt: Die Mienen der hohen Herren waren ernst, die von Kalmann und Salomon aber wie verklärt von einem lange nicht gesehenen Lächeln. Ein Gerücht verbreitete sich in den Salons: Sollte es möglich sein? Sollten die Rothschilds vielleicht wieder einmal . . .?

Ja. Die Rothschilds hatten. Mit ihren unerschöpflichen Reserven hatten sie die Papiere der Konkurrenten wochenlang aufgekauft, zurückgehalten und damit ihren Kurs insgeheim künstlich in die Höhe getrieben. Und dann, urplötzlich, mit einem einzigen gigantischen Schlag, hatten sie die ganze unheilvolle Menge von Papieren abgestoßen. Damit war tatsächlich die gesamte Börsenstruktur in ihren Grundfesten erschüttert. Die große Welt mußte nun zur Kenntnis nehmen, was es bedeutete, einen Rothschild übersehen zu wollen.

Die Herren Metternich, Richelieu und Hardenberg wußten sehr schnell, was sie zu tun hatten. Eine ernste Unterredung zwischen ihnen und den Bankiers Ouvrard und Baring fand statt. Zwar hatten sie sich schon nette Pakete der neuen, noch nicht existenten Anleihe für ihre Privatkonten reservieren lassen. Aber man besprach sich. Man annullierte. Man verabschiedete sich. Die Hoffnung auf die neue Anleihe hatte sich in ein Nichts aufgelöst.

Dann bat man Salomon und Kalmann herein, und nun auf einmal war ihre Kleidung der *dernier cri* und ihr Geld das allerbeste.

Und als dann die Musik wieder aufklang, als man nun zwei Fürstinnen Arm in Arm mit zwei korpulenten, biederen Herren einherwandeln sah, da wußte man es: Europa war um einen gewichtigen Namen reicher geworden. Die Jungen waren ab jetzt *Die Rothschilds*.

V

DIE GROSSE FAMILIE

1. Groß in jeder Hinsicht

Am letzten Maitag des Jahres 1838 fand ein seltsames Gefecht im
Bossenden-Wald nahe dem Dorf Dunkirk in England statt. Das
45. Regiment stellte eine Bande aufrührerischer Sektierer; ihr Führer
John Nicols Toms wurde mit einem Bajonett niedergestochen und
getötet. Toms, eine seltsame Mischung von Visionär und Scharlatan,
hatte das Land mit seinen pseudomessianischen Reden aufgewiegelt.
Bis Waffen seinem Treiben ein Ende machten, wurde er von seinen
Anhängern verehrt als König von Jerusalem, Prinz von Arabien,
König der Zigeuner und als – Graf Moses S. Rothschild!
  Der letztgenannte Titel erscheint am erstaunlichsten. Denn der
Name Rothschild war erst seit zwei Jahrzehnten berühmt. Die fünf
Brüder, die diesen Namen trugen, waren Söhne eines Altwaren- und
Münzhändlers im Frankfurter Ghetto, und an ihrem Akzent wie an
ihren Manieren war ihre Herkunft noch immer unverkennbar. Was
war dann der Grund dafür, daß der Name „Rothschild" nicht minder
fabelhaft erschien als der eines „Prinzen von Arabien"?
  Die Rothschilds waren reich. Gewiß. Doch das ist als Antwort
nicht ausreichend. Geld besaßen die Brüder in einem Ausmaß, das für
den einfachen Mann unvorstellbar war. Und man muß in der Tat
ungewöhnliche Vergleiche ziehen, um sich den Reichtum der Rothschilds vorstellen zu können. Lytton Strachey bezeichnete in seiner
Biographie der Königin Victoria die Queen als „außerordentlich
reich" selbst im Verhältnis zu anderen großen Monarchen; er schätzte
ihr Vermögen auf nicht weniger als fünf Millionen englische Pfund.
Ach, arme Victoria! Ein einzelner Zweig der Familie Rothschild
konnte allein spielend, sozusagen im Handumdrehen, sich eine An-
schaffung leisten, die ungefähr so viel kostete, wie das ganze Vermögen Ihrer Majestät ausmachte. Der Kauf des Suezkanals sollte dies
beweisen.

Das Gesamtvermögen aller Rothschilds ist für die Zeit des größten Teils des 19. Jahrhunderts auf über 400 Millionen Gold-Pfund geschätzt worden. Niemand – von den Fuggern bis zu den Rockefellers – hat je auch nur annähernd eine derartig atemberaubende Summe besessen.

Aber ein Riesenvermögen allein genügt noch nicht, eine Legende entstehen zu lassen und zu erhalten wie die um die Rothschilds. Es gehört vor allem eine zu Bewunderung und Neid zwingende Atmosphäre dazu, die von den Bewunderten und Beneideten selbst geschaffen sein muß. Nach dem Aachener Kongreß hatten die fünf Brüder die nüchterne, gleichwohl unerschütterliche Überzeugung gewonnen, daß nun das Gottesgnadentum der Könige abgelöst worden war von der Macht des Geldes und daß sie, Amschel, Nathan, Salomon, Kalmann und James, diese Macht repräsentierten. Andere Neureiche mochten Hemmungen haben und sich unsicher fühlen – die fünf Brüder kannten derlei Regungen nicht. Es gibt eine Geschichte, die, wenn schon nicht wahr, so doch gut erfunden ist: Nathan soll, als ihn einst sein kleiner Sohn gefragt habe, wie viele Nationen es eigentlich auf der Erde gebe, geantwortet haben: „Du brauchst nur zwei zu kennen: einmal unsere *Mischpoche* – und dann alle die anderen."

Es tut nichts zur Sache, ob sich jemand diese Anekdote nachträglich ausgedacht hat. Denn sie spiegelt die besondere Einstellung der Rothschilds zu ihrer Familie als etwas ganz Außergewöhnlichem wider. Daß da etwas dran ist, kann man an ihrem Stammbaum ablesen.

Er beginnt mit den fünf Söhnen Mayers, von denen die zwei ältesten noch Mädchen aus soliden deutsch-jüdischen Häusern geheiratet hatten. Die nächste Hochzeit fand im Jahr 1806 statt, als der Name „Rothschild" in ihren Kreisen schon einen besonderen Klang gewonnen hatte. Nathan heiratete Hannah Cohen, die Tochter von Barnett Cohen, dem damals reichsten Juden in England. Im Jahr 1818 trat Kalmann in den Stand der Ehe ein, und da war es bereits eine Selbstverständlichkeit, daß sich ein Rothschild seine Ehegefährtin aus dem Kreis der begehrenswertesten jungen Damen wählen konnte. Kalmanns Wahl fiel auf Adelheid Herz, deren Familie zur kultiviertesten Elite der deutschen Juden zählte.

Schließlich heiratete der jüngste Sohn: Jakob, der sich in Paris James nannte. Der österreichische Kaiser hatte ihn und seine Brüder bereits in den Adelsstand erhoben, und die Barone von Rothschild waren zur reichsten Familie der Welt geworden. Der 11. Juli 1824 demonstrierte ihre Einzigartigkeit auch auf einzigartige Weise: Als James unter die Chupah (den traditionell jüdischen Trauhimmel) getreten war, umarmte er dort als Braut Betty, seine Nichte, die Tochter seines Bruders Salomon.

Ähnlich den Habsburgern entwickelten die Rothschilds rasch das dynastische Dogma, daß die beste „Partie", die man machen könne, die Verheiratung mit einem anderen Mitglied der Familie sei. Von den zwölf Ehen der Söhne der ersten fünf Rothschilds wurden neun mit Nichten geschlossen, und auch später fand ein hoher Prozentsatz der Heiraten zwischen Verwandten aus den verschiedenen Zweigen des Clans statt.

Was aber waren die Gründe für so viele Ehen im Familienkreis? Zunächst mag es eine Rolle gespielt haben, daß nur ein Rothschild sich eine Mitgift leisten konnte, wie sie ein Rothschild-Schwiegersohn erwarten durfte. Hinzu kam wohl die Tendenz, das Vermögen zu konsolidieren, und dann noch etwas, das vielleicht sogar das ausschlaggebende Moment gewesen sein mag: Man zögerte, Fremde in die Familie aufzunehmen und zu Rothschilds zu machen.

Ja, der Name war das Entscheidende. Für die Entwicklung und den Bestand der Legende um diesen Namen wurde alles getan. Im Jahr 1836 geschah etwas, das klarwerden ließ, was dieser Name für diejenigen bedeutete, die ihn trugen. Bei den Juden der Welt galt damals eine andere Familie als weit angesehener: die der Montefiores, uralt, aristokratisch und hochgebildet, deren Angehörige seit Generationen die Führer und Wohltäter ihrer Glaubensgemeinschaft in England waren. Sir Moses Montefiore war vom englischen Königshaus geadelt worden, lange bevor diese Ehrung einem Enkel Nathans zuteil werden sollte. Nun hatte ein junger Montefiore – selbst ein schwerreicher Mann und durch Heirat der Familie Rothschild verwandt – den Wunsch, Teilhaber der Rothschild-Bank zu werden, und bat seine Tante Hannah, Nathans Frau, diesen Plan ihrem Mann befürwortend vorzutragen.

Ein langes und peinliches Schweigen war zunächst die einzige Reaktion des Chefbüros der Firma Rothschild am New Court, St. Swithin's Lane. Endlich mußte man sich zu einer offiziellen Antwort entschließen: In der Regel sei die Firma nicht bereit, die Zulassung eines Außenseiters auch nur in Erwägung zu ziehen. Aber ausnahmsweise sei man in diesem Falle nicht abgeneigt, den jungen

Montefiore zum Teilhaber zu machen, angesichts seiner nahen Verwandtschaft und des erlesenen Rangs seiner Familie, jedoch nur unter der wohl ganz und gar selbstverständlichen Bedingung, daß er dann den Namen Rothschild annehme, da nur ein Rothschild Partner sein könne ...

2. Das Wappen

Montefiore – der ein Montefiore bleiben wollte und lieber auf den Eintritt in die Familienfirma verzichtete – wäre über die Zumutung vielleicht nicht so verblüfft gewesen, hätte er die Akten des Wappen-Inspektorats am Hofe zu Wien über die Rothschilds gekannt. Diesem Amt oblag es, neue Adelspatente vorschriftsmäßig vorzubereiten; in dieser Funktion bekam es jene fast entwaffnend naive Unverfrorenheit zu verspüren, mit der die Brüder ihre zehn Lieblingsbuchstaben R-O-T-H-S-C-H-I-L-D in die Welt des Adels einzuführen vorhatten.

Anfang 1817 wurde die Geduld der Wappeninspektoren durch einen Brief der Familie erstmals auf eine harte Probe gestellt. Kaum hatten die jungen Herren ihr Paradekunststück vollbracht, britische Hilfsgelder nach Wien zu transferieren und damit dem Hof rascher und mehr Geld zu verschaffen als je zuvor andere Finanziers, als sie auch schon zu verstehen gaben, daß sie dafür die eine oder andere Auszeichnung erwarteten. Der Geheime Hofrat Freiherr von Lederer hielt „es aber für das angemessenste, jeden der beiden Brüder Rothschild mit einer goldenen Dose, mit dem Namenszug Ew. Majestät in Brillanten geziert, zu beschenken".

Der Finanzminister Graf Stadion aber war sich – wie es der Umgang mit Bankiers mit sich bringt – des Wertes der Rothschilds und des Gewichts ihrer Erwartungen weit genauer bewußt. Er hielt den Vorschlag des Hofrats für völlig unangemessen. Schließlich bedeutete es Eulen nach Athen zu tragen, wenn man diesen fünf Zauberern Brillanten – und seien sie noch so sinnvoll arrangiert – zum Präsent machte.

Endlich rang man sich zu einem Kompromiß durch und versuchte sowohl dem Drängen des Grafen Stadion wie auch der kühlen Erwähnung seitens des Hofrates: „... es tritt überdies hier noch die besondere Rücksicht ein, daß die Gebrüder Rothschild Israeliten sind",

Rechnung zu tragen. Österreich verlieh den Brüdern den niedersten Adel mit dem Recht, das Wort „von" ihrem Namen voranzustellen. Gleichzeitig forderte man sie auf, den Entwurf eines diesem Rang entsprechenden Wappens einzureichen. Hier traf nun der erwähnte Brief beim Wappen-Inspektorat ein, der mit mehr begeistertem Schwung als Verständnis für die Situation die Vorstellung der jungen Herren dartat:

„Erstes Feld: Durchschnittenes rotes und gelbes Feld, halber schwarzer Adler in gelbem Felde. Anspielung auf das K. K. österreichische Wappen.
Zweites Feld: Schreitender Leopard in rotem Feld; Anspielung auf das königlich englische Wappen.
Drittes Feld: Stehender Löwe; Anspielung auf das kurfürstlich hessische Wappen.
Viertes Feld: Arm mit fünf Pfeilen in blauem Felde; Symbol der Einigkeit unter den fünf Brüdern."

Der Wappeninspektor konnte sich von dem Schock schwer erholen. Leute, denen noch kaum das „von" zustand, forderten für sich ein Wappen, das einem Herzogshaus angemessen gewesen wäre. Dabei schreckten sie nicht davor zurück, ihr Gesuch in folgender Weise zu beschließen:

„Rotes Schild in der Mitte des Wappens. Das Wappen wird zur Rechten von einem Jagdhunde, dem Symbol der Treue, und zur Linken von einem Storche, dem Symbol der Frömmigkeit und der Zufriedenheit, gehalten. Über dem Wappen befindet sich eine Krone, aus der sich der hessische Löwe erhebt."

Das mußte man sich von Leuten vorschlagen lassen, die gerade eben zum niedersten Adel zugelassen worden waren. Mit einem tiefen Seufzer tauchte der Inspektor seinen Federkiel ein und schrieb ein Gutachten, in dem es hieß:

„. . . Was das Wappen anlangt, so verlangen sie eine Krone, Herzschild, Schildhalter, den englischen Leopard und den hessischen Löwen. Dem Adel gebührt nach heraldischen Vorschriften nur ein Helm, und ist ihr Ansinnen in keinem Falle zulässig, weil sonst alle Auszeichnungen der höheren Stände aufhören würden, da Kronen, Schildhalter und Herzschilde nur den Herrenstand ansprechen kann. Auch gibt keine Regierung die Symbole anderer Regierungen, da der Adel nur wegen Verdienst für Fürst und Vaterland, nicht aber wegen Verdienst anderer Länder erteilt wird, wie überhaupt Löwen nur die Tapferkeit bezeugen, in welchem Falle sich die Petenten nicht befinden."

Der Inspektor setzte nun seine Schere an, um den Hochfahrenden

ihre Ansprüche gehörig zu beschneiden. Da fiel zunächst die sieben-
zackige Krone – die mindestens die Ernennung zu Freiherren zur
Voraussetzung gehabt hätte. Sie wurde in einen kleinen Helm umgewandelt. Und fast der gesamte erbetene heraldische Zoo wurde da-
hingeschlachtet: der fromme Storch, der treue Jagdhund, die verschiedenen Löwen usw.

Nur ein gespaltener Vogel blieb übrig: der halbe österreichische
Adler. Übrig blieb auch der Arm, der die Pfeile hielt, wobei freilich
wiederum einer dem pedantischen Inspektor zum Opfer fiel, so daß
nur vier übrigblieben, denn der fünfte Bruder, Nathan, hatte offiziell
mit der Geldtransaktion nichts zu tun gehabt. Dieses stark beschnit-
tene Wappenschild wurde den Rothschilds amtlich am 25. März 1817
zuerkannt.

Dabei sollte es freilich nicht lange bleiben. Denn es folgte der
Kongreß von Aachen, und bald danach wurde dem Fürsten Metternich, Seiner Majestät allmächtigem Staatskanzler, vom Hause Rothschild ein persönliches Darlehen in Höhe von 900.000 Gulden gewährt. Dies war, einerseits, ein völlig korrektes Geschäft, und die
geliehene Summe wurde sogar sieben Jahre vor Fälligkeit voll zurück-
gezahlt. Andererseits wollte der Zufall, daß der Darlehensvertrag am
23. September 1822 geschlossen wurde und daß schon sechs Tage
später ein kaiserlicher Erlaß erging, dem zufolge alle fünf Brüder und
alle ihre ehelichen Nachkommen beiden Geschlechts zu Baronen
erhoben wurden.

Im Wappen-Inspektorat knirschten sie nunmehr mit den Zähnen
– beißen durften sie nicht. Das Wappen der Rothschilds bekam nun
doch jene Krone, die von den Brüdern vorgeschlagen worden war,
und dazu drei gefiederte, höchst eindrucksvolle Helme. Das rote
Herzschild war jetzt auch da, und die Wappentiere marschierten noch
pompöser und anspielungsreicher auf, als es anfangs erbeten worden
war. Anstelle des treuen Windhunds reckte sich nun der tapfere Löwe
Hessens empor, und der fromme Storch verwandelte sich sogar in ein
stolz paradierendes Einhorn. Der halbe Adler hatte sich zu einem
ganzen ausgewachsen, und ein zweiter der königlichen Vögel spreizte
seine Schwingen auf dem mittleren Helm. Und „Concordia, Integri-
tas, Industria" stand auf dem Schriftband unterhalb all dieser Herr-
lichkeiten.

Aber das, worauf die Familie wohl am meisten stolz war, erblickte
man links unten und rechts oben auf dem Wappenbild. Dort erschien

jeweils das volle Symbol der Familieneinheit: eine Hand, die *fünf* und nicht nur vier Pfeile hielt!

3. Die fünf Stammhalter

a) Mr. Nathan

Es erscheint paradox, daß gerade jener Nathan Rothschild, in dessen Interesse die Familie den zusätzlichen Pfeil in das Wappenschild eingefügt hatte, dieses Wappen nie benutzte, niemals einen Adelstitel in Anspruch nahm und ebensowenig je einen der vielen Orden anlegte, die ihm im Lauf seines Lebens verliehen wurden.

Dieses Verhalten entsprang jedoch vollkommen der dynastischen Logik der Familie. Jeder Bruder ließ sich in dem Land nieder, das seinem Charakter am meisten entsprach, oder er glich sein Temperament dem von ihm gewählten Land an. Nathan wußte instinktiv, daß das liberale England sich wenig für einen Baron begeistern würde, der seinen Titel dem absolutistischen Österreich verdankte. Als naturalisierter britischer Bürger verhielt er sich zurückhaltend gegen ausländische Ehrungen. Mehr noch – er haßte Prahlerei, Pomp und Protzentum. Er legte weniger Wert auf äußere Erscheinung als auf Macht und Einfluß. Genau nach Art der Engländer, dieses Meistervolks der Kaufleute, das in aller Stille ganze Erdteile erwarb, brachte er es fertig, Riesengeschäfte abzuschließen, während er sich anscheinend über das Wetter unterhielt.

Naturgemäß hatte er noch den Ghetto-Akzent. Dies hinderte ihn aber nicht im geringsten daran, der größte und phlegmatischste unter den Führern der liberalen Whig-Partei zu werden. Er wußte es schon, bevor es Heinrich Heine in Worte faßte: daß die Hauptarmee der Feinde Rothschilds aus allen besteht, die Habenichtse sind; sie sagen alle: „Was wir nicht haben, das hat Rothschild!"

Nathan wußte, daß der Neid, den ein so gewaltiger Reichtum wie seiner hervorrief, nicht mit freundlichem Lächeln oder verbindlichen Verbeugungen aus der Welt geschafft werden konnte. Ihm schien die geladene Pistole, die stets schußbereit unter seinem Kissen lag, verläßlicher. Seine wirkungsvolle Methode war seine mürrische und unverblümte Art. Als das Kaiserreich Österreich sich dazu entschloß, ihn zum Generalkonsul in London zu ernennen, da geschah dies nicht, weil man von ihm diplomatischen Takt erwartete, sondern

72

lediglich, weil man sich seines außerordentlichen Einflusses versichern wollte.

Leute, die milde Gaben sammelten, und besonders die, die es für die jüdischen Armen in London taten, wußten zu berichten, daß es zwar nicht schwer war, Tausende, ja sogar Hunderttausende Pfund Sterling von Mr. Rothschild zu erhalten, aber kaum je ein freundliches Wort von ihm hörten. Andere reiche Leute konnten ihrer Wohltätigkeit froh werden: Es gereicht einem schließlich zur Ehre und bringt Ansehen, großzügig zu spenden. Für Nathan Rothschild lagen die Dinge grundlegend anders, denn von ihm war allgemein bekannt, wie groß sein Reichtum war: Was immer er gab, es konnte nie genug sein.

An den Bettlern, die ihm so viel zusetzten, revanchierte er sich in einer für ihn charakteristischen Weise. Seinem Freund und Intimus Sir Thomas Buxton, dem Führer der Bewegung gegen die Sklaverei, gestand er: „Ab und zu gebe ich einem Bettler eine ganze Gold-Guinee. Dann denkt er, daß ich mich geirrt habe, und in seiner Angst, daß ich das entdecken könne, rennt er davon, so rasch er nur kann. Ich kann dir nur raten, gelegentlich auch dieses amüsante Experiment zu machen."

Aber Nathan Rothschild verstreute nicht wahllos Goldmünzen unter denen, die wußten, wer er war. Er ärgerte sich, daß Diener und Portiers ein erwartungsvolles Lächeln aufsetzten, wenn sie schon von weitem die gedrungene Gestalt des berühmten Rothschild erkannten. Einem Schuhputzer, der es einst wagte, zu fragen, warum er als Trinkgeld nur einen Penny gebe, wo doch sein Sohn regelmäßig einen Shilling spende, antwortete er kurz und bündig: „Der Junge hat einen Millionär zum Vater. Ich nicht." Die Art, wie Rothschild Pennies als Trinkgeld gab, war die gleiche wie hundert Jahre später die eines Rockefeller mit seinen Zehncentstücken.

Die Kunsthändler mochten noch so große Geschäfte mit Millionären machen, die sich mit Mr. Rothschild bei weitem nicht vergleichen konnten – in seinem Haus hatten sie kein Glück. „Ich kann mein Geld nicht für Bilder vergeuden", sagte er. Und gegen eine derartige Bemerkung Nathans gab es weder snobistische noch ästhetische Argumente. Die Welt des Schönen war ihm gleichgültig. Und Snobismus, jene feine Kunst nachgemachter Selbstachtung derjenigen, die sie nicht wirklich besitzen, existierte nicht für einen Mann, der nicht einmal von seinem eigenen Adelstitel Notiz nahm. Eines Tages aber gelang es einem Kunsthändler, der mit einem Empfehlungsschreiben des Oberrabbiners von England kam, doch einen gewissen Eindruck zu machen. Mit einem abrupten „All right" schloß Nathan die Unterredung: „Schicken Sie mir ein Gemälde, das dreißig Pfund kostet. Welches, ist mir egal. Good-bye."

In seinen Beziehungen zu den Spitzen der Gesellschaft war Höflichkeit nicht seine starke Seite. Wilhelm von Humboldt schrieb in einem Brief: „Gestern aß Rothschild bei mir, der ein ganz roher und ganz ungebildeter Mensch ist, aber sehr viel Verstand und für das Geld wirklich Genie hat. Den Major Martens, der auch hier aß und immer alles Französische lobte, hat er einige Male himmlisch abgeführt. Unter anderem apitoyierte sich Martens auf eine albern sentimentale Weise über das Unglück der Kriege und die vielen Gebliebenen. ‚Ach', sagte Rothschild, ‚wenn die Leute nicht alle gestorben wären, Herr Major, wären Sie vermutlich noch Tambour.'"

Der Herzog von Wellington war regelmäßig Gast im Hause Rothschild, und Seine Gnaden, so herrlich grob er selbst sein konnte, brachte stets einige der erlesensten Damen und Herren der englischen Gesellschaft mit sich. Nathan aber war durch nichts und niemanden zu beeindrucken, durch Wellingtons Grobheit nicht und durch die vornehmen Gäste schon gar nicht. Auch der Botschafter Frankreichs am Hofe von St. James, Talleyrand, besuchte die Rothschilds häufig, entzückte Nathans Gattin mit den charmanten Manieren des Ancien régime und begeisterte die Kinderschar mit winzigen Figürchen, die er aus Brotstückchen knetete. Dies alles ließ Nathan kalt.

Auf einem Festball, den der Herzog von Wellington veranstaltete, verwandte der Herzog von Montmorency viel Mühe darauf, von seiner langen Reihe von Ahnen zu sprechen. „Dann sind Sie also der erste Baron, dessen sich die Christenheit rühmen durfte. Ich dagegen", fuhr Nathan Rothschild laut und allgemein vernehmlich fort, „ich bin der erste jüdische Baron. Das ist weit interessanter, aber ich mache davon weit weniger Aufhebens." Die Damen erbleichten. Das Orchester ließ rasch ein Menuett erklingen, und der Gastgeber – den man den Eisernen Herzog zu nennen pflegte – freute sich.

Wenn sich Nathan aber einmal dazu entschloß, Krach zu schlagen, dann erzitterte selbst die unerschütterliche Bank von England. Eines Tages legte er dort einen Wechsel vor, den er von seinem Bruder Amschel erhalten hatte. Die Bank sandte ihn mit dem Bemerken zurück, daß sie keine Papiere von Privatpersonen honoriere.

„Privatpersonen! Ich werde den Herren Direktoren zeigen, ob die

Rothschilds Privatpersonen sind!" ließ sich Nathan drohend vernehmen; von seiner Revanche sprach die ganze Bankwelt. Schon am nächsten Morgen war er in der Bank von England in der Threadneedle Street und ersuchte, ihm einen Zehnpfundschein in Gold umzuwechseln. Der erstaunte Schalterbeamte kam der Bitte nach. Den ganzen Morgen wiederholte Rothschild sein Ersuchen, den ganzen Tag. Aber nicht er allein tat dies, sondern mit ihm neun Angestellte, die mit gleich vollen Geldtaschen an neun anderen Schaltern standen! In einem einzigen Tag verminderte er die Goldreserven der Bank von England um über 100.000 Pfund . . .

Als die Bank am nächsten Tag ihre Schalter öffnete, war der unnachgiebige Herr bereits wieder zur Stelle, und mit ihm seine Leute, alle beladen mit Banknoten. Einer der Direktoren nahte und fragte, nervös lächelnd, wie lange denn dieser Scherz weitergetrieben werden solle.

„Rothschild wird den Banknoten der Bank von England so lange Mißtrauen entgegenbringen, als diese den Rothschilds nicht vertraut!" erwiderte Nathan.

Rasch wurde eine Sondersitzung der Direktoren in die Threadneedle Street einberufen, und diese beschloß, in Zukunft werde die Bank alle Schecks der fünf Brüder einlösen.

Um diese Zeit hatte Nathan den Sitz seiner Familie nach dem hochherrschaftlichen Palais Piccadilly Nr. 107 verlegt, weil das alte Haus in New Court, St. Swithin's Lane, nun bereits ganz von seinen Büros in Anspruch genommen wurde. Als sich herausstellte, daß seine jüngere Tochter Hannah musikalisch begabt war, schenkte er ihr eine Harfe aus purem Gold, und keine Geringeren als Rossini und Mendelssohn unterrichteten sie. Die Gattin füllte die Hallen mit Kunstschätzen und prominenten Gästen. Jeder kam, schon um diesen phänomenalen Mann kennenzulernen, der aus dem Frankfurter Ghetto zu den höchsten Höhen des britischen Weltreichs aufgestiegen war. Manche kamen als Bewunderer, andere als Schmeichler, aber nicht wenige wurden wahre und aufrichtige Freunde.

Es war ja gar nicht zu vermeiden, daß sich hinter manchem einschmeichelnden Lächeln ein mißgünstiges und verächtliches Grinsen verbarg. Der Problematik seines Ansehens war sich Nathan denn auch immer wohl bewußt. Ein berühmter Violinist gab einmal eine Soiree im Hause Piccadilly Nr. 107, und als Gastgeber mußte Nathan zum Schluß einige Worte des Dankes sagen. „Wunderbare Musik

haben Sie gemacht", meinte er, kurz angebunden wie immer. Aber
hörte er da nicht ein nur schlecht unterdrücktes Kichern? Nathan
blickte sich um. Dann klimperte er mit ein paar Münzen in seiner
Tasche. „Das ist meine Musik", schloß er resigniert. „Die Leute
lauschen ihr genauso aufmerksam wie der Ihrigen, aber nicht mit dem
gleichen Respekt. "

Wenn man von der praktischen Wirkung in der Nachwelt her
urteilt, dann befand sich Nathan im Irrtum; denn die nachhaltigste
Form des Respekts ist die Erinnerung. Jenes Violinkünstlers geden-
ken wir heute nur noch als einer Rahmenfigur für eine Rothschild-
Anekdote, während sich nicht nur Nathans Worte, sondern auch seine
Taten als dauerhaft erwiesen haben. Seine britischen Staatsanleihen in
Höhe von zwölf Millionen Pfund verbanden die englische Regierung
mit seinem Haus, und zwar für Generationen, so sehr, daß das Bankhaus auch heute noch für die Bank von England der einzige Goldmakler für An- und Verkäufe ist. Nathan war auch Gründer der
Alliance Insurance Corporation, einer enormen Versicherungsgesell-
schaft. Jene Drei-Millionen-Pfund-Anleihe für Brasilien, die einst
dieses Land finanziell rettete, führte dazu, daß New Court mehr mit
südamerikanischen Anleihen zu tun hatte als jede andere Privatbank.

Kühles Selbstvertrauen und blitzschnell handelnder Scharfsinn
haben alle Unternehmungen Nathans ausgezeichnet. „Ich bin ein
Mann rascher Entschlüsse", sagte er zu Buxton, „und ich habe nie Zeit
verschwendet. Ich komme stets auf alles vorbereitet und pflege ein
gutes Geschäft auf der Stelle abzuschließen, denn ich habe mir immer
vor Augen gehalten, was ein anderer tun kann, das kann ich auch."

Tatsache ist freilich, daß kein anderer so leicht zu tun vermochte,
was er konnte. Die Börse hat nie vor oder nach ihm einen ihm
ebenbürtigen Mann gekannt. Er war unerschöpflich in seinen Einfällen und Manövern. Wir wissen kaum, wie er das alles geschafft hat.
Aber wir wissen, wie er im Fall der Schlacht von Waterloo seiner
Konkurrenz ein gigantisches Schnippchen schlug, und wir wissen,
daß er oft ähnliche Einfälle hatte.

Nehmen wir an, daß ihm durch die Kuriere seiner Brüder eine
Information zuging, nach der eine Wertsteigerung der Aktie X zu
erwarten war. Unauffällig kaufte er dann eine bescheidene Anzahl
dieser Aktien an und ließ gleichzeitig einer Reihe von Agenten, die
insgeheim für ihn arbeiteten, das Stichwort zugehen, ebenfalls von
dem Papier je eine gewisse Menge zu kaufen. Dann schlug Nathan

plötzlich alles auf einmal los, was er von diesem Wertpapier erworben hatte. Die Masse der Spekulanten, die sich zumeist nach einem Großen der Börse zu richten pflegt, konzentrierte nun ihr nervöses Interesse auf die X-Aktie. Jetzt stießen, auf seine Instruktion hin, auch alle Rothschild-Agenten die in ihren Händen befindlichen X-Papiere ab. Panik ergriff die Spekulanten. Aber auch bei den Kennern, die vorher noch skeptisch gewesen waren, machte wieder einmal das Wort die Runde: „Nathan Rothschild hatte doch recht gehabt, als er als erster verkaufte." Alle verkauften nun ihre gesamten X-Aktien. Gleichzeitig stand eine Reihe anderer Rothschild-Mittelsmänner bereit und kaufte alle angebotenen X-Aktien zu dem außerordentlich niedrigen Preis, den sie nun hatten – und rechtzeitig vor Bekanntwerden jener Neuigkeit, die Nathan als erster kannte und die den Wert des Papiers höher denn je zuvor steigen ließ.

Das nächste Mal war die Konkurrenz gewitzigt und auf diese Taktik Nathans vorbereitet – nur um daraufhin abermals hereinzufallen, weil Nathan diesmal genau umgekehrt vorging. Man konnte Rothschild weder aufhalten noch verstehen, ja nicht einmal die Gründe begreifen, warum er, der soviel besaß, noch mehr haben wollte. Mußte vielleicht die Frage lauten: Wie viele gelbe Judenflecke auf wie vielen Kaftanen seiner Ahnen, wie viele Erniedrigungen und Demütigungen in den winkeligen Gassen des Frankfurter Ghetto gedachte jener Mann, der soeben vom New Court zur Börse fuhr, auf seine Weise auszulöschen?

Napoleon auf dem Schlachtfeld war keine rätselhaftere Figur als Nathan Rothschild auf der Königlichen Börse. Gleich Napoleon stand er immer unbeweglich in der gleichen unwandelbaren Pose: Er lehnte gegen die „Rothschild-Säule" (die erste rechts, wenn man von Cornhill eintrat), hatte seine schweren Hände tief in die Taschen versenkt – ein Bild schweigender und unbeweglicher Gewißheit unschlagbarer Geschäftstüchtigkeit. Ein anonymer Zeitgenosse hat diese Erscheinung gut beschrieben:

„Man sagt, daß die Augen die Fenster der Seele seien. Im Falle Rothschilds muß man zu dem Schluß kommen, daß entweder keine Scheiben da sind oder daß dahinter keine Seele wohnt, die herausschauen könnte. Da dringt kein Lichtstrahl von innen nach außen, noch kann man den Reflex dessen wahrnehmen, was von außen nach innen dringen könnte. Man kan sich dem Eindruck nicht entziehen, daß es sich hier um einen leeren Popanz handelt, und man fragt sich, wie er denn aufrecht stehen kann, wenn er leer ist. Von Zeit zu Zeit naht irgendeine Gestalt. Er tritt dann zwei Schritte zur Seite, und der neugierige Blick, mehr wissensdurstig, als man sich je einen Blick vorstellen kann, entströmt plötzlich den vorher so starren und bleischweren Augen, ganz so, als ob man ein Schwert aus der Scheide fahren ließe. Die ankommende Gestalt, die so wirkt, als ob sie zufällig und nicht verabredet gekommen sei, verharrt einen oder zwei Augenblicke, Blicke werden ausgetauscht, die man nicht zu deuten vermag, deren gewaltige Bedeutung man jedoch spürt. Dann fällt wiederum die Schutzdecke über die Augen, und er verharrt aufs neue wie ein Steinblock.

Während des Börsenvormittags erscheint eine Reihe solcher Besucher, die alle in gleicher Weise empfangen werden und ebenso verschwinden. Am Schluß verschwindet die unbewegliche Gestalt selbst und läßt den Zuschauer in fassungslosem Staunen zurück ..."

Diese überlegene Ruhe gab Nathan niemals auf. Sie war sein Panzer gegen jene herrschende Schicht, über die er zwar Macht ausübte, der er aber nie als gleichwertig anerkannt angehört hat. Man erzählt sich die Geschichte, daß eines Tages ein aufgeblasener Herzog in Nathans Londoner Bankhaus stürmte, so voller Wut, daß kein Angestellter ihn aufzuhalten wagte. Der hohe Herr drang bis in das Privatbüro Nathans vor und brüllte seine Beschwerde heraus. Nathan, ohne von seinen Geschäftsbüchern aufzublicken, sagte nur: „Nehmen Sie einen Stuhl und setzen Sie sich!"

Der hochgestellte Herr, mit hochrotem Kopf, ließ seine ganze Ahnen- und Urahnenreihe aufmarschieren, pochte auf seine glänzenden Verbindungen und schleuderte schließlich seine mit einer Goldkrone verzierte Visitenkarte auf Nathans Schreibtisch. Dieser warf nur einen kurzen Blick darauf, sagte: „Nehmen Sie sich *zwei* Stühle!" – und arbeitete weiter in seinen Papieren.

b) Beau James

Wenn der typische Hintergrund für das Geschehen im England des 19. Jahrhunderts ein Kontor war, dann war dies für Frankreich der Salon. Wie Nathan Rothschild in England die eindrucksvollste Verkörperung des Wirtschaftslebens wurde, so wuchs der grazile, rothaarige Bruder James zur unübersehbaren Gestalt in der eleganten Gesellschaft Frankreichs heran.

Der jüngste Sohn Mayers war so früh nach Paris gekommen, daß er die Sprache perfekt beherrschte, ja in ihr brillierte. Rasch entwikkelte er sich zu einer eigenartigen, aber höchst erfolgreichen Mischung von Beau und Geschäftsmann. Sein rotes Haar war stets kokett gelockt, so wie es die neueste Mode vorschrieb. Im Jahr 1817, als er noch keine 26 Jahre alt war und die Goldgeschäfte für Wellington erst wenige Jahre hinter sich hatte, gab er bereits ein Galadiner, unter dessen Gästen man den Botschafter Seiner Majestät des Kaisers und Königs von Österreich und Ungarn ebenso bemerkte wie den Prinzen Paul von Württemberg, einen der großen Lebemänner seiner Zeit. Und vier Jahre später – er war gerade 29 Jahre alt geworden – zog man ihn schon in Betracht für die Würde des österreichischen Generalkonsuls in Paris – ein Amt, das auch einige hochgestellte Herren von altem Adel sehr gern für sich reserviert hätten.

Ein Geheimbericht an den österreichischen Kaiser gab den Ausschlag:

„Seine Majestät haben zwar in der über die Ernennung des Londoner Rothschild zum Konsul erlassenen Höchsten Entschließung ausdrücklich festgesetzt, daß es als Regel zu verbleiben habe, daß keinem Israeliten ein Konsulat verliehen werde; allein wenn die von Seiner Majestät zugunsten des Londoner Rothschild gestattete Ausnahme im höchsten Grade zweckmäßig war, so dürfte es dieselbe nicht minder in Hinsicht der Pariser Rothschilds sein. . . . James von Rothschild ist ein vielseitig gebildeter junger Mann, steht mit vielen Gliedern des Pariser Polytechnischen Instituts und des Conservatoire des Arts et des Métiers, sowie mit vielen der vorzüglichsten gebildeten französischen Fabrikanten und Handelsleute in engster Verbindung.“

Ritter von Stahl, der namens der Commerzhofkommission dieses Gutachten verfaßt hatte, kam zu dem Schluß:

„In kommerzieller und industrieller Beziehung bin ich eben außer Stande, Seiner Majestät ein zweckmäßigeres Individuum . . . vorzuschlagen.“

Damit hatte es unser „vielseitig gebildeter junger Mann . . ., der Chef des Pariser Hauses, James von Rothschild“ geschafft: Er wurde am 11. August 1821 zum österreichischen Generalkonsul ernannt. Um standesgemäß zu repräsentieren, erwarb er das prächtige Palais Fouché in der rue Laffitte. Dort, wo einst Napoleons Polizeichef residiert hatte, derselbe, der ihn seinerzeit verhaften lassen wollte, öffneten sich nun die weiten Portale für die kostbarsten Gemälde, die feinsten Skulpturen, die schönsten Möbel und die vornehmsten Gäste. Und der junge Baron konnte sich sogar den Luxus leisten, einen Mann zu engagieren, den König Georg IV. von England ihm vergeblich hatte abspenstig machen wollen: den unübertrefflichen, einmaligen, für gewöhnliche Millionäre unerschwinglichen Meisterkoch Carême.

Aber James hielt erst dann wirklich hof in seinem Palais, als er die ihm würdige Gattin gefunden hatte. Er heiratete seine Nichte Betty Rothschild. Sie wurde der strahlende Mittelpunkt des gesellschaftlichen Lebens im Palais Rothschild. Schwarzhaarig und schwarzäugig, war sie eine Dame großen Stils. In einem berühmten Gemälde hat Ingres ihre Schönheit verewigt. Sie entzückte so grundverschiedene Persönlichkeiten wie Heinrich Heine – der sie mit dem Gedicht *Der Engel* unsterblich gemacht hat – und General Théodule Changarnier, den Chef der Nationalgarde, dessen Entflammtheit für die Baronin zu einigem boshaften Klatsch Anlaß gab.

Heine und der Oberkommandierende der Nationalgarde waren nur Glieder in einer nie abreißenden Kette illustrer Gäste bei den Empfängen, Banketten und Bällen, die der gutaussehende James und die schöne Betty in der rue Laffitte gaben. Rossini erschien fast täglich und komponierte Musikstücke eigens für die Festlichkeiten der Rothschilds. Auch Giacomo Meyerbeer war ein intimer Freund des Hauses, und Honoré de Balzac genoß Rothschilds Kaffee in gewaltigen Mengen; der Dichter hatte Rothschild in Aachen kennengelernt und sofort begonnen, sich von ihm Geld zu leihen. Die Rückzahlung erfolgte auf Balzacsche Art: mit einer amüsanten Bankiersgeschichte, *Roueries d'un Créancier*, die er James widmete, während er eine andere Geschichte, *L'Enfant Maudit*, Betty zueignete. Bei der Beisetzung des großen Romanciers schritt James unmittelbar hinter dem Sarg.

Die Beziehungen zu George Sand waren eher süß-säuerlich. Bei einem Wohlfahrtsbazar mied James den Stand, an dem die Schriftstellerin – wie immer in Hosen – Parfüm feilbot. Schließlich lief sie ihm nach und erklärte, Baron James müsse einfach eine Flasche Parfüm für 5000 Francs erstehen.

Lächelnd erwiderte der Baron: „Was soll ich denn damit anfangen? Geben Sie mir Ihr Autogramm. Das verkaufe ich, und wir teilen den Erlös!"

George Sand schrieb ein paar Worte auf ein Blatt Papier, das sie James überreichte: „Ich bestätige, vom Baron Rothschild 10.000 Francs erhalten zu haben zugunsten der armen, unterdrückten Polen." Darunter fand sich ihr Namenszug.

Heine, der Zeuge dieser Szene war, betrachtete interessiert den Gesichtsausdruck des in die Enge getriebenen Barons. Mit ironischem Mitgefühl legte er dem Freund die Hand auf die Schulter und meinte, daß man am besten schweige, wenn man großen Kummer habe.

Betty de Rothschild (1805–1886), die Tochter Salomons, im Jahr ihrer Hochzeit mit ihrem Onkel James (1824). Rechts: James de Rothschild, der elegante Begründer des französischen Familienzweiges.

Der Pariser Familiensitz in der rue Laffitte.

Das berühmte Porträt Betty de Rothschilds von Jean Auguste Dominique Ingres (1848).

In Wirklichkeit war James gar nicht bekümmert, und er zahlte sogar gern. Denn sein gesellschaftliches Ansehen stieg ja nur, wenn er interessante Beträge interessanten Leuten bei interessanten Gelegenheiten opferte. Er legte es bewußt darauf an, in charmanten Anekdoten genannt zu werden, die in der Welt der Künstler und Dichter spielten. Als Eugène Delacroix ihn einmal fragte, ob er ihn als Bettler porträtieren dürfe, sagte er sofort begeistert zu. Am darauffolgenden Morgen läutete ein in Lumpen gekleideter Mann am Atelier von Delacroix. Ein Schüler öffnete, ließ den bejammernswert Aussehenden erst gar nicht ein, sondern gab ihm mitleidig einen Franken und schickte ihn weg. Er vergaß den Vorfall sofort – bis am nächsten Tag ein livrierter Diener des Barons ihm folgenden Brief überbrachte:

> „Verehrter Herr!
> Inliegend gebe ich Ihnen das Kapital, das Sie mir an der Tür von M. Delacroix' Atelier aushändigten, mit Zins und Zinseszinsen zurück, insgesamt 10.000 Francs. Der Scheck kann jederzeit in meiner Bank eingelöst werden.
> James de Rothschild"

Diese Geschichte steigerte natürlich seine Popularität, und er schadete seinem Prestige nicht, als er die großen Weingüter von Lafite für vier Millionen Gold-Francs erwarb – eigentlich nur, weil ihr Name an seine Pariser Adresse – rue Laffitte – erinnerte.

Bei all seinen Scherzen vergaß James jedoch nie, daß er der reichste Mann Frankreichs war. Seine Bank, de Rothschild Frères, ließ die gesamte Konkurrenz hinter sich. Sein Vermögen wurde auf 600 Millionen Gold-Francs geschätzt, 150 Millionen Francs höher als das, was alle anderen französischen Bankiers zusammen besaßen. Dem König von Portugal lieh er 25 Millionen Francs, und die fünf Millionen Francs, die der König der Belgier ihm zur Anlage vertraut hatte, verdoppelten und vervierfachten sich. Er war einer der Hauptgläubiger des französischen Staates.

Heine schrieb:

> „Ich besuche ihn am liebsten in den Bureaus seines Comptoirs, wo ich als Philosoph beobachten kann, wie sich das Volk und nicht bloß das Volk Gottes, sondern auch alle andern Völker vor ihm beugen und bücken. Das ist ein Krümmen und Winden des Rückgrats, wie es selbst dem besten Akrobaten schwer fiele. Ich sah Leute, die, wenn sie sich dem großen Baron nahten, zusammenzuckten, als berührten sie eine voltaische Säule. Schon vor der Tür seines Kabinetts ergreift viele ein Schauer der Ehrfurcht, wie ihn einst Moses auf dem Horeb empfand, als er merkte, daß er auf dem heiligen Boden stand. Ganz so wie Moses alsbald

seine Schuhe auszog, so würde gewiß mancher Mäkler oder Agent de Change, der das Privatkabinett des Herrn von Rothschild zu betreten wagt, vorher seine Stiefel ausziehen, wenn er nicht fürchtete, daß alsdann seine Füße noch übler riechen und den Herrn Baron dieser Mistduft inkommodieren dürfte. Jenes Privatkabinett ist in der Tat ein merkwürdiger Ort, welcher erhabene Gedanken und Gefühle erregt, wie der Anblick des Weltmeeres oder des gestirnten Himmels: wir sehen hier, wie klein der Mensch und wie groß Gott ist! Denn das Geld ist der Gott unserer Zeit und Rothschild ist sein Prophet."

Heines Worte belegen, wie gegensätzlich die Gedanken und Gefühle des Dichters seinem großzügigen Freund und Gönner gegenüber waren. Er war sich eben bewußt, daß auch er nur eine der Raritäten im Kuriositätenkabinett des großen Rothschild war. Eines Tages, als James ein Festmahl für eine erlesene Auswahl von Finanzmagnaten gab, war er nur zum Dessert eingeladen, weil man sich von seinem Witz einen amüsanten Ausklang versprach. Die Nachspeise wurde serviert, aber Heine kam nicht. Ein Bote wurde in seine Wohnung geschickt. Er brachte vom gekränkten Dichter folgende Zeilen: „Herr Baron! Ich pflege meinen Kaffee dort zu trinken, wo ich auch meine Mahlzeit einnehme." In der gleichen Stimmung hatte er auch geschrieben: „Vor mehreren Jahren, als ich mich einmal zu Herrn von Rothschild begeben wollte, trug eben ein galonierter Bedienter das Nachtgeschirr desselben über den Korridor, und ein Börsenspekulant, der in demselben Augenblick vorbeiging, zog ehrfurchtsvoll seinen Hut ab vor dem mächtigen Topfe . . . Ich merkte mir den Namen jenes devoten Mannes, und ich bin überzeugt, daß er mit der Zeit ein Millionär sein wird."

Es gab noch schärfere Kritiker: Ludwig Börne, Sproß des Frankfurter Ghettos gleich den Rothschilds, weilte wie Heine als politischer Flüchtling in Paris. Beißend und ironisch schrieb er über die „Emporkömmlinge", die in ihrer Jugend wie er die dumpfe Luft der Frankfurter Judengasse hatte atmen müssen:

„Wäre es nicht das größte Glück für die Welt, wenn man alle Könige wegjagte und die Familie Rothschild auf deren Thron setzte? Man bedenke die Vorteile. Die neue Dynastie würde keine Anleihen machen; denn sie wüßte am besten, wie teuer ihnen das zu stehen käme, und schon dadurch allein würde die Abgabenlast der Untertanen jährlich um viele Millionen erleichtert werden. Die Bestechungen der Minister müßten aufhören, die aktiven wie die passiven; denn womit sollten sie, wofür sollte man sie bestechen? Das wird dann alte Regel. Dadurch würde die Moral sehr in Flor kommen."

Nein – so ganz gefehlt hatte Börne mit seiner Satire nicht. Denn tatsächlich sind ja mit Ausnahme von Ludwig XVIII. alle französischen Herrscher nach Napoleon I. von ihren Thronen vertrieben worden. James spielte in ihrer Regierungszeit eine entscheidende Rolle. Aber wann immer einer von ihnen stürzte, berührte es seine Position nicht. Der Salon, den er und Frau Betty unterhielten, war immer *dernier cri*, gleichgültig, wer gerade an der Macht war oder wer danach an die Macht kam.

So fand die Herrschaft Karls X. am 31. Juli 1830 ein jähes Ende, und niemand hätte sich gewundert, wenn es nun auch mit Baron James zu Ende gewesen wäre. War er doch immer wieder der finanzielle Helfer und Berater des gestürzten Monarchen gewesen. Die Bourbonen hatten ihm die Umwandlung einer Reihe von fünfprozentigen Staatsanleihen in dreiprozentige anvertraut, eine Riesentransaktion. Ihm oblag auch die Finanzierung der bourbonischen Partei im spanischen Bürgerkrieg während der zwanziger Jahre. Die Rosette der Ehrenlegion hatte ihm ein Bourbonen-König angeheftet. Warum sollte er also nicht mit dieser Landplage identifiziert werden?

Alles sah so aus, als sei Rothschild auf den Wechsel des Regimes im Juli 1830 völlig unvorbereitet gewesen. Während seine Konkurrenz ihre Vorsichtsmaßnahmen ergriff, veranstaltete er Bälle, auf denen nach wie vor die Vertreter des Ancien régime, wie die Herzöge von Chartres und von Braunschweig, seine Gäste waren. Und in jenen Sommermorgenstunden, als in den Straßen von Paris die Barrikaden errichtet wurden, der alte König die Flucht ergriff und das Volk dem neuen König zujubelte, schien Rothschild zu schlafen. Der neue König: das war Louis-Philippe, der Sohn des berühmten Philippe Égalité der Großen Revolution. Wie sein Vater schien er ein begeisterter Vertreter liberaler Ideen zu sein, er, ein „Roi bourgeois", ein Bürgerkönig! Das konnte für den konservativen Rothschild ein böses Erwachen werden!

Aber es kam anders. Einen Monat nach dem Umsturz fand sich eine Abordnung beim „Bürgerkönig" ein, um ihn zur Thronbesteigung zu beglückwünschen. Und wer befand sich – zu allgemeiner Überraschung – unter den Gratulanten? Baron Rothschild. Man bedeutete ihm, nach dem offiziellen Empfang doch noch dazubleiben, und gewährte ihm die Ehre einer langen und vertraulichen Privataudienz. James, der als eingeschworener Anhänger der Bourbonen gegolten hatte, entpuppte sich als langjähriger Freund, als Tischgenosse und Finanzberater der neuen Majestät . . .

Das Regime des „Roi bourgeois" entwickelte sich zu einem Paradies des Großbürgertums. Die Sterne des Barons erglänzten heller denn je. Die Bankfirma de Rothschild Frères hatte praktisch ein Monopol auf alle Staatsanleihen wie auf die Betreuung der privaten Investitionen Louis-Philippes. Man hörte auch in Fragen der Außenpolitik auf die Ratschläge der Hofbankiers, und Seine Majestät waren oft und gern Gast bei den Gesellschaften, die Betty mit so unnachahmlichem Geschick zu veranstalten wußte. Ihrem Gatten aber wurde nun bald auch noch das Großkreuz der Ehrenlegion verliehen.

Achtzehn Jahre später stieg das Volk von Paris abermals auf die Barrikaden. Und während schon die ersten Schüsse der Revolution krachten, hatte Rothschild anscheinend nichts Besseres im Sinn, als Feste zu feiern: Am 23. Februar 1848 war er Gast auf einem Ball, den der österreichische Botschafter veranstaltete. Tags darauf floh der Bürgerkönig. Der Mob plünderte das Palais Royal. Schon schickten sich die Revolutionäre an, das Königsschloß in Neuilly zu zerstören, und Stätten „kapitalistischer Völlerei" wie die Rothschild-Villa in Suresnes waren von Brandstiftern bedroht.

James schickte Gattin und Tochter zur Sicherheit nach London. Gleichzeitig spendete er dem Innenminister der Revolution, Monsieur Ledru-Rollin, 250.000 Francs „für patriotische Zwecke". Außerdem schrieb er einen offenen Brief an die provisorische Regierung, mit dem er 50.000 Francs für die in den Straßenkämpfen Verwundeten aussetzte. Der Brief stammt vom 25. Februar 1848, dem ersten Tag des neuen Regimes. Ja, er war der alte Zauberer wie eh und je. Er hatte nichts eingebüßt von jener Wendigkeit, Ruhe und Zielsicherheit, mit der er in den Tagen Wellingtons das Gold für Englands Truppen nach Portugal geleitet hatte. Wieder meisterte er die Situation. Nur wenige Wochen gingen ins Land, und Baron James schien selbst den fanatischesten Republikanern unentbehrlich.

Der Redakteur des radikalen *Tocsin des Travailleurs* apostrophiert ihn im August 1848 in einer Mischung von Respekt und Ironie:

„Mein Herr, Sie sind ein Zauberkünstler! Louis-Philippe stürzte . . ., die konstitutionelle Monarchie und die parlamentarischen Methoden mußten weichen . . . Sie aber sind geblieben! Die Bankfürsten liquidieren, ihre Firmen und Kontore schließen. Selbst die großen Kapitäne der Industrie und die Leiter der Eisenbahngesellschaften wackeln. Aktionäre, Händler, Fabrikanten und Bankiers sind in Massen ruiniert. Große wie Kleine sind zugrunde gerichtet. Nur Sie allein sind von all dem unberührt . . . Reichtum schwindet dahin, Ruhm ist erniedrigt, und die alte Herrschaft fällt, aber . . . der unserer Zeit gemäße König hat seinen

Thron behalten. Damit nicht genug. Sie hätten aus diesem Land fliehen können, in dem nach der Sprache Ihrer Bibel die Berge wie die Widder zittern. Sie bleiben, weil Sie feststellen, daß Ihre Position unabhängig ist von den alten Dynastien, und mutig bieten Sie Ihre Hilfe der jungen Republik ... Unerschrocken halten Sie zu Frankreich. Sie sind mehr als ein Staatsmann, Sie sind ein Symbol der Kreditwürdigkeit. Ist es da nicht Zeit, daß die Bank, das mächtige Instrument der Mittelklassen, bei der Gestaltung der Geschicke des Volkes auch offiziell mitwirkt? Sie sind der große Geschäftsmann unserer Zeit ... Reizt Sie nach der Krone des Geldes nun nicht auch die politische Apotheose?"

Nein, diese Einladung, eine politische Führerrolle zu spielen und Minister zu werden, konnte James aus guten Gründen nicht reizen. Die Minister, und James hätte ohne weiteres einer werden können, sollten nicht lange in Amt und Würden bleiben. Louis Napoleon, der Neffe Napoleons I., jagte sie davon, nachdem er im Dezember 1848 zum französischen Präsidenten gewählt worden war. Vier Jahre später war er bereits Napoleon III., Kaiser der Franzosen, von Gottes Gnaden und nach dem Willen des Volkes.

Diesmal schien James tatsächlich den Anschluß verpaßt zu haben. Mit diesem neuen Herrn verband ihn nichts. Im Gegenteil: Jedermann wußte, wie er und seine Brüder groß geworden waren durch die Niederlage Napoleons I. Und die Bankiers, mit denen sich Louis Napoleon umgab, waren die Rivalen des Baron James.

Der Baron jedoch gab sich nicht geschlagen. Als der Bankier Achille Fould, sein Erzfeind, zum Finanzminister des neuen Napoleon ernannt wurde, soll James lächelnd nur gesagt haben: „Ach, mir scheint, ich wittere ein neues Waterloo."

Diese Bemerkung war sehr verfrüht. Denn der Kampf, auf den er sich nun einließ, dauerte so lange und war so heftig, daß ihm ein eigenes Kapitel gewidmet werden muß. Am Ende sollte James freilich doch recht behalten: Die Geschichte der Rothschilds bleibt die Geschichte der Waterloos ihrer Gegner.

c) König Salomon

Schon recht früh im 19. Jahrhundert hatte Clemens Fürst Metternich, der Staatskanzler Österreichs, öffentlich seine Bedenken über Bankiers geäußert, die sich in politische Angelegenheiten einmischten. Er meinte: „Das Haus Rothschild spielt in Frankreich eine größere Rolle als irgendeine fremde Regierung. Dafür gibt es natürlich Gründe, aber sie erscheinen mir weder gut noch befriedigend.

Das Geld ist die große Triebkraft in Frankreich, und mit der Korruption muß man daher dort ganz offen rechnen. Bei uns findet dies wenig Anklang."

Diese Worte verhießen für die Familie Rothschild wenig Gutes. Österreich huldigte noch immer einem traditionellen Antisemitismus. Im Gegensatz zu England und Frankreich durften die Juden im Herrschaftsgebiet der Habsburger nirgends Land besitzen; sie konnten weder Anwälte noch Richter, weder Beamte noch Lehrer werden. Heiraten von Juden, in ihrer Zahl ohnehin begrenzt, bedurften behördlicher Erlaubnis. Die Juden mußten eine besondere Kopfsteuer zahlen und sich regelmäßig auf einer eigens für sie bestimmten Amtsstelle melden. Wenn der Jude obendrein Ausländer war, wurde ihm nur eine kurzfristige Aufenthaltserlaubnis erteilt. Die österreichische Fremdenpolizei interessierte sich so intensiv für Juden, die nicht Österreicher waren, daß die Familie Rothschild es nicht gewagt hatte, einen Vertreter zum Wiener Kongreß zu entsenden. Die Schlacht von Waterloo war geschlagen worden. Aber immer noch gab es keinen Kontakt zwischen einem Rothschild und einem Mitglied des österreichischen Kabinetts.

Aber nach den aufsehenerregenden Ereignissen in Aachen begann sich auch an der Donau das Klima zu ändern. Die Familie manövrierte mit jener klugen Zurückhaltung, die für sie charakteristisch war. Der taktvollste der Brüder, nämlich Salomon, hatte für sich die schwierige Aufgabe reserviert, mit Österreich in Verbindung zu kommen. Er war nicht ein so undurchdringlicher, übellauniger Choleriker wie Nathan, auch nicht ein so den Luxus liebender und aufsehenerregender Beau wie James. Keiner der beiden hätte so wie Salomon im erhabenen Schatten der Hofburg Erfolge erringen können. Von den fünf Söhnen Mayers hatte er am meisten von des Vaters Art. Als ein geborener Höfling brauchte er sich nicht anzustrengen oder zu verstellen, um einschmeichelnde Töne zu finden. Mit den hochmütigsten österreichischen Adeligen verstand er sich so gut, als ob sie und er sich in einem wundersamen Wald von Stammbäumen zusammengefunden hätten. Er war ein Diplomat von Natur.

Kein Außenminister von Beruf hätte seinen ersten Schritt zur Aufnahme neuer Beziehungen besser planen können. Ganz beiläufig gab Salomon einem österreichischen Diplomaten zu verstehen, das Haus Rothschild gehe mit dem Gedanken um, die Zentrale seiner weltumspannenden Interessen von Frankfurt fort an einen günstigeren Ort zu verlegen. Dies gab Anlaß zu einem Geheimbericht, der bald darauf in Wien an höchster Stelle vorgelegt wurde. Der österreichische Finanzminister bat seinen Kollegen im Innenministerium um Stellungnahme. Der antwortete am 26. September 1819, Seine Exzellenz seien sich zweifellos bewußt, daß ausländische Juden sich in Wien nur niederlassen dürften, wenn sie eine besondere befristete Genehmigung erlangten, und daß Ausnahmen nur in Frage kämen, wenn Seine Majestät allerhöchstpersönlich dies wünschten. Andererseits dürften Exzellenz versichert sein, daß man sich nur allzu gut der Vorteile bewußt sei, die sich aus der Ansiedlung einer so hervorragenden Firma innerhalb des Staatsgebietes ergeben würden. Deswegen werde man auch nicht zögern, Seiner Majestät aufs eindringlichste zu empfehlen, die allergnädigste Zustimmung zu erteilen, wenn ein diesbezüglicher Antrag in aller Form gestellt werde.

Die Firma als solche verlegte nicht ihren Sitz. Salomon trat die Reise nach Wien zunächst allein an, wo man ihm die Aufenthaltserlaubnis erteilte in der Hoffnung, daß das gesamte Haus nachfolgen werde. Und obwohl Salomon lediglich eine Einzelfirma für sich allein eröffnete, fand sich doch nie ein Anlaß, über das Ausbleiben der anderen Rothschilds enttäuscht zu sein. Denn Salomon wußte, wie man solchen Enttäuschungen zuvorkam, noch ehe sie sich recht entwickeln konnten. Und bevor die Regierung sich noch darüber klarwerden konnte, was eigentlich vor sich ging, hatte er schon eine österreichische Staatsanleihe in der Höhe von 55 Millionen Gulden herausgebracht, und zwar in einer Weise, wie es noch nie zuvor in Österreich geschehen war.

Die Anleihe wurde in Form einer Lotterie durchgeführt, was ebenso ungewöhnlich wie attraktiv war. Doch dies war erst der Anfang einer ganzen Reihe kluger Schachzüge. Salomon legte zunächst nur einen Teil der Anleihe auf. Von der Höhe des Gesamtbetrages war in der Öffentlichkeit mit keinem Wort die Rede. Ihm lag daran, den Appetit des investierenden Publikums in Wien zu wecken und es nicht von Anfang an zu überfüttern. Darum wandte er Propagandamittel an, die heute noch den Neid jedes Werbefachmanns erwecken könnten. In der Presse erschienen allerorts, unauffälig und doch klug lanciert, Artikel über die Vorteile der Sparsamkeit, über die beste Art, sein Geld sicher anzulegen, und über die hohe Rendite, die man bei neuzeitlichen Geldanlagen erzielen könne. Die Obligationen wurden rasch gezeichnet. Und als Salomon den ersten 20 Millionen eine weitere Emission in Höhe von 35 Millionen Gulden folgen ließ, da war man zunächst überrascht und eigentlich ärgerlich – aber schließlich stürzte man sich auch auf die neue Tranche.

Jeder, der diese Staatspapiere gekauft hatte, profitierte davon, nicht zuletzt Salomon selbst. Wie er später einmal angab, hatte er an der Transaktion sechs Millionen Gulden verdient.

Derartige Gewinne mußten notwendigerweise einiges Mißfallen erregen, aber schließlich konnte man diesem Mann auf die Dauer einfach nicht böse sein. Er war so einfach und bescheiden. Da er in Wien kein Haus erwerben durfte, nahm er sich zunächst ein Zimmer im „Römischen Kaiser", einem der guten Hotels in der Kaiserstadt. Dann mietete er noch ein Zimmer dazu, wieder eins, noch eins, eine ganze Etage, und schließlich – eigentlich fast zufällig – fand er sich als Mieter des ganzen Hauses. Die Gesellschaften, die er dort gab, waren höchst unterhaltsam, und die erlesenen Gäste, die sich dort versammelten, fanden den Gastgeber höchst sympathisch; bald zählte auch der Fürst Metternich dazu.

In seiner unaufdringlichen Weise sorgte Salomon Rothschild dafür, daß es in seinem Hotel für jeden Unterhaltung, gute Ratschläge und, wenn nötig, auch praktische Hilfe gab. Der Bankier Moritz von Bethmann, der Konkurrent aus den frühen Frankfurter Tagen, kam in den zwanziger Jahren nach Wien und sagte, als er nach Erledigung seiner Geschäfte wieder abreiste, voll Staunen: „Salomon hat die Zuneigung des Volkes hier errungen, zum Teil durch seine bescheidene Art und zum Teil dadurch, daß er bestrebt ist, überall von Nutzen zu sein. Niemand verläßt ihn, ohne daß er ihm mit Rat oder Tat geholfen hat."

Die Leute, die Salomon sich so verpflichtete, stellten sich als immer wichtiger und einflußreicher heraus. Im Jahr 1825 trat man an ihn heran, in der delikatesten Liebesaffäre Europas seine Dienste zur Verfügung zu stellen. Es handelte sich um keine Geringere als die Erzherzogin Marie Louise, die Tochter des österreichischen Kaisers und Gattin des nach St. Helena verbannten Napoleon. Vom Wiener Kongreß waren ihr die Herzogtümer Parma, Piacenza und Guastalla zugesprochen worden, und als weiteren Trost hatte Fürst Metternich den höchst charmanten General Adam Albert von Neipperg für den Dienst als Kammerherr ausgewählt. Der General trug eine schwarze Binde über der rechten Augenhöhle, da er im Krieg durch einen Säbelhieb das Auge verloren hatte. Er war ein attraktiver Mann von besten Umgangsformen, und die Erzherzogin freundete sich so sehr mit ihm an, daß am 1. Mai 1817 und dann am 8. August 1819 jeweils ein freudiges Ereignis zu registrieren war.

Die Existenz beider Kinder mußte selbstverständlich geheimgehalten werden, da Napoleon noch immer auf St. Helena lebte, wo er erst am 5. Mai 1821 die Augen schloß.

Sie mußten viele Monate warten, ehe man offiziell überhaupt von ihnen Kenntnis nahm: Geburtsurkunden wurden nicht ausgefertigt, und ihre Ammen betreuten sie in abgelegenen Räumen des Schlosses. Bis zum September 1821, als Marie Louise in aller Heimlichkeit die morganatische Ehe mit dem General schloß, benahm sie sich sogar ihrem kaiserlichen Vater gegenüber so, als gebe es die kleine Albertine und den kleinen Wilhelm Albert überhaupt nicht.

Die beiden waren zwar die illegitimen Kinder einer ehebrecherischen Beziehung, sie waren aber zugleich auch die Enkel Seiner Majestät, des Kaisers von Österreich, und so entschloß sich dieser allergnädigst, für sie den Grafentitel „von Montenuovo" zu schaffen, was nichts anderes ist als die italienische Übersetzung des Namens Neipperg (Neuberg). Aber außer einem Namen brauchten der kleine Graf und die kleine Comtesse von Montenuovo ja auch eine standesgemäße Versorgung, denn das Herzogtum ihrer Mutter, das nicht mehr als eine Art Ehrensold bedeutete, war nicht erblich. Es mußte also etwas geschehen, das ebenso diskret wie unanfechtbar sein sollte.

Dank Salomon Rothschild wurde eine solche Lösung gefunden. Er verstand es, für die Montenuovos ein sicheres, erhebliches und legales Erbe herbeizuzaubern, ohne etwas von dem Landbesitz der Mutter zu verkaufen, ohne die Bevölkerung von Parma durch eine Steuererhöhung zu erbittern und ohne die Öffentlichkeit zu alarmieren.

Der prominente Mieter des Hotels „Zum Römischen Kaiser" war mit seiner Armee von Angestellten sofort in Aktion getreten, und er hatte, wie es nun einmal bei ihm üblich war, einen ebenso genialen wie befriedigenden Ausweg gefunden: Marie Louise gab die Erklärung ab, daß sie einen erheblichen Teil ihres Privateinkommens für eine genau aufgeführte Anzahl öffentlicher Baulichkeiten in Parma ausgegeben habe und daß das Land ihr als Entschädigung dafür etwa zehn Millionen Francs aus staatlichen Geldern schulde – eine Summe, die Rothschild sofort gegen Schatzanweisungen zur Verfügung stellte, die er an einen großen Kreis seiner Kunden in verschiedenen Ländern verkaufte. Er sorgte dafür, daß etwa vier von den zehn Millionen wiederum für öffentliche Zwecke verwendet wurden, und er konnte deshalb ohne weiteres feststellen, „daß durch die gemeinnützigen, das Wohl des Landes befördernden Zwecke, denen diese vier Millionen zugeführt wurden, nach außen jeder schlechte Eindruck vermieden wurde". Der Rest der Gelder würde den kleinen Montenuovos von ihrer Mutter als Legat zufließen, absolut gesichert gegen jeden, der etwa die Frage nach ihrem Rechtsanspruch oder ihrer etwas heiklen Herkunft aufwerfen sollte.

Salomon schrieb an Metternich:

„. . . Es ist für die Erzherzogin von entscheidender Bedeutung, sich des Kapitals auf eine solche Weise zu versichern, daß nach ihrem Ableben dasselbe ihren rechtmäßigen gesetzlichen Erben nicht streitig gemacht werden kann. Darum stelle ich ihr den Erlös von Inhaberpapieren zur Verfügung, die, von meinem Haus emittiert, ständig den Besitzer wechseln."

Eine Waffe, die moderner und schlagkräftiger war als die Gewehre einer großen Armee, würde für immer verhindern, daß die Staatspapiere oder das dafür erhaltene Geld je von irgendeiner Seite beschlagnahmt werden könnten. Diese Geheimwaffe Rothschilds war das internationale Prestige, das er für die von ihm aufgelegten Staatspapiere geschaffen hatte; in ihrem eigenen Interesse würde es keine Regierung antasten lassen. Denn, so fuhr Rothschild fort, alle Regierungen, die an einem unverletzlichen Kreditsystem um ihrer selbst willen interessiert seien, würden ihren Einfluß stets dahingehend geltend machen, jeden Eingriff zu verhindern, und er schloß mit den Worten: „Ich hege die angenehme Zuversicht: die bewußte Angelegenheit zur vollen Zufriedenheit Ihrer Majestät, der Großherzogin, sowie Seiner Majestät, des Kaisers und Königs, in Ordnung gebracht und zum erwünschten Ziel geführt zu haben."

Als es dazu kam, die so erhaltene Barsumme anzulegen, versicherte Metternich der Erzherzogin, er könne garantieren, daß „die Majestät nichts Besseres tun könne, als den Ratschlägen Rothschilds auch darin zu folgen".

War das derselbe unnahbare Fürst, der einst die Nase gerümpft hatte über die Einmischung der Rothschilds in die politischen Angelegenheiten Frankreichs? Jetzt bemühte sich der Kanzler, der mächtigste Mann des Kontinents, außerordentlich, dem Herrn aus der Judengasse offiziell nach Möglichkeit nichts mehr abzuschlagen. In demselben Jahr, in dem die Affäre der Marie Louise so zufriedenstellend erledigt worden war, gab Salomon zu verstehen, daß er es gern sehen würde, wenn sein Bevollmächtigter, Leopold Edler von Wertheimstein – jüdischer Abkunft wie er selbst –, einen Orden bekäme. Ein diplomatischer Vorstoß seitens einer Großmacht hätte keine komplizierteren diplomatischen Ausflüchte Metternichs hervorgerufen.

An den Gatten der Marie Louise, den General Neipperg, schrieb er wie folgt:

> „Herr von Rothschild wünscht für seinen ersten Commis einen kleinen ‚Sankt Georg' (des Konstantin-Ordens) . . . Ich finde es eine Taktlosigkeit, für einen Commis einen solchen Orden zu verlangen. Ich rate Ihnen, auf das Ansuchen zu antworten, daß der Konstantin-Orden ein Ritterorden ist; da er eine wahre religiöse Ordensbruderschaft darstellt und nicht nur eine einfache Auszeichnung, und da die (jüdische) Religion Rothschilds Schützling verbietet, den von den Statuten geforderten Eid zu leisten, so könne der Ordenskanzler kein Kreuz verleihen. Versüßen Sie diese Absage mit zahlreichen Ausdrücken des Bedauerns, und die Sache wird erledigt sein. Wenn Sie in diesem Sinne an Herrn Salomon schreiben, bitte ich Sie, mich nicht zu erwähnen, da er sich nicht über Statuten aufregen kann, wohl aber über mich, und ich habe ihn schon früher beleidigt, als ich der Familie Rothschild eine österreichische Ordensauszeichnung abgelehnt habe. Er würde mich für eine Art Kannibalen halten, wenn er dächte, ich stecke wieder dahinter."

Die Zusammenarbeit zwischen Metternich und Rothschild dauerte fort. Eine Intrige am Totenbett des Kaisers Franz im Jahre 1835 sollte die Bande noch enger knüpfen. Ende Februar dieses Jahres mußte der alte Kaiser drei Aderlässe über sich ergehen lassen; dennoch stieg das Fieber, und seine Lungenentzündung wurde immer bedrohlicher. Nicht nur das Leben eines Mannes, sondern die Zukunft des Kaiserreiches stand während jener Stunden in den dunklen Sälen der Wiener Hofburg auf dem Spiel.

Fürst Metternich war die rechte Hand des sterbenden Kaisers Franz gewesen. Der Thronfolger, Erzherzog Ferdinand, war etwas geistesschwach, und man mußte damit rechnen, daß er unter den Einfluß seiner Onkel, der Erzherzöge Josef, Karl und Johann, geraten würde; alle drei Hoheiten aber waren Metternich keineswegs wohlgesinnt. Schon sah es so aus, als würde Graf Kolowrat, der Gegenspieler des Kanzlers, aus dem Geschehen im Sterbezimmer des Kaisers als Sieger hervorgehen. An der Börse ließ die plötzliche Unsicherheit über die Nachfolge im Kanzleramt eine Panik entstehen, die die wirtschaftlichen Grundlagen des Metternich-Regimes gefährdete.

Der Kanzler und der Hofbankier konferierten miteinander. Nach dieser Besprechung berief Metternich den Beichtvater des Kaisers, Bischof Wagner, in seine Amtsräume. Hier formulierte man ein Testament, in das der folgende Satz eingefügt wurde: „Als den Mann, welchen Ich Meinem Sohn als treuen, seines vollsten Vertrauens würdigen Ratgeber dringend empfehle, bezeichne Ich . . ." Der Bischof überbrachte das Dokument dem immer schwächer werdenden Kaiser, der in die Lücke mit eigener Hand den Namen Metternichs einsetzte, bevor er in der Nacht des 2. März 1835 verstarb. Aber nicht nur dies hatte arrangiert werden können. Im Testament war außerdem angeordnet, daß der Thronfolger Ferdinand nicht auf die Erzherzöge Josef, Karl und Johann hören, sondern sich vielmehr an seinen jüngsten Onkel, Erzherzog Ludwig, halten solle, der fast genauso schwach, weich und beeinflußbar war wie Ferdinand selbst.

Während Metternich auf diese Weise die Dinge in der Hofburg für sich in Ordnung brachte, eilte Salomon, den man über die jüngsten Entwicklungen informiert hielt, zur Börse, um dort zu verkünden, daß er vollstes Vertrauen in die Fortdauer und Solidität der Regierung habe. Er ging sogar einen Schritt weiter und spannte auch seinen Bruder James in Paris ein. Beide machten ein beispielloses Angebot im Interesse Metternichs, nämlich alle österreichischen Effekten, die irgend jemand abzustoßen beabsichtigte, zu den höchsten Tageskursen aufzukaufen. Die Börse verstand, daß die Rothschilds an der Fortsetzung der Regierung Metternich unter dem neuen Kaiser nicht zweifelten, und in der Hofburg verstand man, daß Metternich unentbehrlich war.

Metternichs Botschafter berichtete dem Staatskanzler aus Paris, er müsse zugeben, daß der außerordentliche Einfluß des Hauses Rothschild sofort erreicht habe, die Panikstimmung zu beseitigen, in die nervöse Gemüter bereits geraten waren.

Freilich, einige Leute blieben nach wie vor nervös. Ein hoher Regierungsbeamter notierte in seinem Tagebuch: „Der neue Kaiser ist, wie bekannt, durch Krankheit schwachsinnig und immer bereit, zu unterschreiben, was man ihm vorlegt. Wir haben daher jetzt eine absolute Monarchie ohne Monarchen."

Aber man hatte einen absoluten Kanzler, und der hieß Fürst Metternich, und sein absoluter Bankier war Rothschild. Niemand konnte ihm den Rang streitig machen. David Parish, der Mode-Bankier Mitteleuropas, auf den die Familie noch in Aachen vor einigen

Jahren so sehr gesetzt hatte, ging in Konkurs und ertränkte sich in der Donau. Andere Wiener Bankhäuser, darunter Geymüller & Co., brachen ebenfalls zusammen. Salomon jedoch überlebte sie alle und reüssierte um so mehr.

Eine komplizierte Reihe von Transaktionen hatte ihn in die Lage versetzt, die österreichischen Quecksilber-Bergwerke in Idria zu pachten. Das einzige andere Vorkommen von Quecksilber befand sich in Spanien. War es Zufall, daß Nathan gerade jetzt mit der dortigen Regierung verhandelte? Kuriere eilten hin und her zwischen den Brüdern, und es dauerte nicht lange, bis das Haus Rothschild auch mit Spanien einig war und ein Weltmonopol über ein damals entscheidend wichtiges Metall ausübte.

Salomon war auch der Bankier, der hinter dem Österreichischen Lloyd stand, der großen Dampfschiffahrtsgesellschaft der Donaumonarchie. Er finanzierte die erste große mitteleuropäische Eisenbahnlinie, ein ebenso interessantes wie wichtiges Ereignis, von dem ein besonderes Kapitel berichten wird. Bald war er ebenso berühmt wie James und Nathan. Die Initialen seiner Vornamen – S. M. – waren die gleichen wie die Buchstaben der in Österreich üblichen Abkürzung für „Seine Majestät", und im Volksmund hieß es, daß es nun in Wien zwei regierende Fürsten gebe, Kaiser Ferdinand und König Salomon. Und das war in der Tat mehr als ein Scherzwort, denn unter den Leuten, die das Büro Salomons umlagerten, befand sich so mancher, der von ihm ein gleichsam königliches Handauflegen erbat: „König Salomon" brauchte nur mit seiner Hand ein Wertpapier zu berühren, und schon ging sein Inhaber frohgemut hinweg in der Überzeugung, daß der Wert nun unaufhaltsam steigen werde.

Aber Salomon war noch nicht zufrieden. Schließlich war er eben doch nur ein Jude in einem außerordentlich christlichen Österreich; schließlich mußte er immer noch in einem Hotel wohnen, wenn er dort auch der einzige Gast war. Seine Brüder lebten längst im Luxus eigener Schlösser, und er, der ebenso reich war wie sie – sollte er zusehen, daß auch seine Nachkommen noch als Gäste eines Hotels auf Zimmerkellner angewiesen waren?

Durch fast grenzenlose Wohltätigkeit, von der Stiftung ganzer Krankenhäuser bis zur Subventionierung der städtischen Wasserversorgung, aber auch durch Anwendung jeder Pression zwang er schließlich Wien dazu, ihm das Bürgerrecht zu verleihen und ihm damit die gleiche Rechtsstellung zu geben, die sein Kammerdiener von Geburt an hatte. Endlich konnte er nun das Hotel „Zum Römischen Kaiser" käuflich erwerben. Aber er war ein Rothschild, und sein Reich hatte keinen Platz mehr in einem einzigen Gebäude. Er hatte die Mittel, sich ein Domizil zu eigen zu machen, das es mit dem Schloß jedes Herzogs, Fürsten oder Grafen des Kaiserreichs aufnehmen konnte. Doch zunächst beteiligte er sich an der Pacht des riesigen Bergbau- und Eisenhüttenunternehmens von Witkowitz im österreichischen Schlesien, und dann, mit allerhöchster Genehmigung, kaufte er es. Unter Hitler und noch nach dem Zweiten Weltkrieg sollte diese Transaktion zu dramatischen Konsequenzen führen. Aber damals, im zweiten Viertel des 18. Jahrhunderts, hatte S. M. sich mit Witkowitz einen wahrhaft fürstlichen Industriebesitz geschaffen, der fast so groß war, aber eben doch nicht so nobel wie die Latifundien der österreichischen Aristokratie.

Und gerade danach stand sein Sinn, nämlich Großgrundbesitz zu haben wie der Adel. Eines Tages lag auf dem Schreibtisch des Kaisers ein Gesuch Salomon Rothschilds mit der Bitte, ihm den Ankauf eines Rittergutes wenigstens in dem abgelegenen Mähren zu genehmigen. Die Adligen auf den angrenzenden Gütern gerieten außer sich. Sie protestierten wütend: Ihre uralten, ihre ureigensten Privilegien als Grundbesitzer seien entwertet, wenn sie sie mit einem Juden teilen müßten.

Salomon seufzte nur leise. Es blieb ihm nichts anderes übrig – er mußte wieder Umwege gehen wie im Fall des Hotels „Römischer Kaiser". Den Unwillen der blaublütigen Nachbarn vermochte er nach und nach dadurch zu besänftigen, daß er in ihre wohlgepflegten Hände willkommene Gaben fallen ließ. Vom Fürsten Esterházy abwärts bediente sich fast jeder Aristokrat seiner Darlehen. Seinem alten Freund Metternich erwies er sich als nützlicher denn je zuvor. Als dieser zum dritten Male heiratete, führte er in der lebenslustigen Gräfin Melanie Zichy-Ferraris eine dem Bankhaus Rothschild sehr verpflichtete Kundin zum Altar. So entwickelte sich bald ein reger gesellschaftlicher Verkehr zwischen dem Schloß Johannisberg des Fürsten Metternich und Salomons Haus in Wien, und Fürstin Melanie sprach überall nur von „unserem Salomon", selbst vor des Kaisers Majestät. Die Baronin James de Rothschild sandte der Fürstin Melanie die neuesten Pariser Moden; die Baronin Carl in Neapel schickte wunderbare italienische Stolen, und aus London kamen Aufmerksamkeiten der Rothschilds in Form kostbarer Pflanzen. Vor allem aber waren da die unvergleichlich großzügigen philanthropischen Unternehmungen Salomons, über die zum Beispiel die Behörden aus Schlesien berichteten, daß die Einrichtungen in Witkowitz „ein Segen und ein Vorbild für das ganze Land" seien. Unaufdringlich, aber doch unübersehbar war Salomon am Werk, an allen Fronten.

Im Jahre 1843 war es dann endlich erreicht: Die letzte Zitadelle der Vorrechte und der Vorurteile fiel. Salomon erhielt die Genehmigung, ländlichen Grundbesitz zu kaufen und seinen Kindern zu vererben. Fast unverzüglich erwarb er vier große Herrensitze in Mähren und Schlesien mit Schlössern, Wall und Graben, mit Seen, Parks und Wäldern, mit Schwänen und Pfauen, mit Grotten und Wasserfällen, mit Hundezwingern, Ställen, Gestüten und Wildgehegen. Mit einem Schlag war er einer der größten unter den Großgrundbesitzern des Reiches.

Damit aber war der Höhepunkt noch nicht erreicht. Salomon befand sich im Oktober 1845 auf einem Familientag in Frankfurt, als es in Wien zu einem plötzlichen Rückschlag an der Börse kam. Eine Eilnachricht, überbracht durch den österreichischen Gesandten, beschwor ihn, sofort heimzukehren: Der Kanzler halte es im Interesse der Staatsfinanzen für unerläßlich, daß entweder Salomon oder ein Stellvertreter, der ein Angehöriger der Familie Rothschild sein müsse, ständig in Wien anwesend sei. Die persönliche Gegenwart Salomons war für Österreich unentbehrlich geworden!

Zumindest für das Österreich Metternichs. Was sollte jedoch geschehen, wenn einmal die Zeit des absoluten Kanzlers zu Ende ginge? Was würde dann aus dem absoluten Bankier werden?

Im Februar 1848 mußte Louis-Philippe I. den Thron Frankreichs aufgeben, was seinem Freund James de Rothschild – wenn auch nur vorübergehend – einiges Unbehagen bereitete. Auch Salomon war über diese Vorgänge nicht glücklich. Der Lärm auf den Barrikaden von Paris hallte durch ganz Europa, so laut, daß er selbst in den vornehmsten Salons von Wien nicht überhört werden konnte. Der Kanzler Seiner Majestät war zwar jetzt 76 Jahre alt, aber an politischer Schwerhörigkeit litt er nicht, und so sagte er zu dem alten Salomon: „Wenn mich der Teufel holt, holt er auch Sie."

Am 13. März, abends um acht Uhr, war es für Seine Durchlaucht fast soweit. Den ganzen Tag waren die Bürger und Studenten durch die Straßen gezogen und hatten Strohpuppen verbrannt, die den Kanzler darstellen sollten. Metternich trat zurück. Zwanzig Stunden später befand er sich auf der Flucht nach Frankfurt, mit tausend Dukaten bar in der Tasche, die Salomon ihm geliehen, und mit einem Kreditbrief, den Rothschild ihm ausgestellt hatte.

Wenige Monate später schlug auch die Schicksalsstunde für den Bankier. Am 6. Oktober drangen Aufständische in das Hotel „Römischer Kaiser" ein, um das nahe gelegene Arsenal zu belagern. Salomon floh nach Deutschland. Er ist nie mehr nach Wien zurückgekehrt, auch nicht, als dort die Waffen der kaiserlichen Armee der Revolution ein Ende bereitet hatten.

Aber der Teufel hätte ihn nur als Einzelperson erwischen können, nicht aber als Repräsentanten der Familie Rothschild, die er von Anfang bis Ende verkörperte. Denn sie existierte in Wien weiter, in der eindrucksvollen Gestalt seines Sohnes Anselm. Große Familien gehen nicht so rasch unter wie große Persönlichkeiten. Auch der absolute Kanzler hatte Nachkommen; und in den sechziger Jahren unseres Jahrhunderts schickten die Fürsten Metternich immer noch alljährlich eine Kiste Schloß Johannisberger, dieser Spitzenmarke unter den Rheinweinen, an Baron Élie de Rothschild in Paris, und jedes Jahr revanchierte dieser sich mit einer erlesenen Sendung Château Lafite, eines der großen Bordeaux-Weine: Die gegenseitige Freundschaft erwies sich als dauerhafter als die gegenseitigen Vorteile.

d) Carl, der Mesusah-Baron

„Rothschild ist eben beim Papst zum Handkuß zugelassen worden und hat sich bei seinem Abschied über den Nachfolger St. Petri mit großem Wohlwollen und liebenswürdiger Dankbarkeit geäußert ... Andere müssen sich zur Zehe des Heiligen Vaters neigen, aber Rothschild reichte man den Finger." So schrieb im Jahre 1832 eine boshafte Feder aus Rom.

Das Interessante an diesem Ereignis ist nicht so sehr die Tatsache, daß ein Rothschild selbst beim Papst besser behandelt wurde als andere Sterbliche, sondern daß es sich dabei um Carl von Rothschild handelte, der bis dahin noch kaum eine Rolle unter den Brüdern gespielt hatte.

Carl (wir sind ihm bisher unter dem Namen Kalmann begegnet) hatte nur langsam zu der Weltgewandtheit, der Entschiedenheit und dem Tempo von Nathan, James oder Salomon gefunden. Ein stiller Mann, von umständlicher Sprechweise und noch korpulenter, als die

Rothschilds ohnehin im allgemeinen waren, hing er mehr als die anderen Brüder an den Bräuchen seines Glaubens. Im Familienkreis nannte man ihn den „Mesusah-Jungen". Die Mesusah ist eine kleine Metallhülse, in der ein Pergamentröllchen mit Bibelzitaten und Gebeten steckt. Sie befindet sich an den Türpfosten vieler jüdischer Häuser; jeder fromme Jude pflegt die Mesusah beim Verlassen des Hauses zu küssen, wenn er sich auf Reisen begibt. Und Carl hatte viel Gelegenheit zu dieser Handlung, da er anfangs viel reisen mußte, war er doch lange Zeit der wichtigste Kurier seiner Brüder. So hatte er bis zum Jahre 1821 keinen festen Sitz und keinen eigenen Aufgabenbereich. Aber dann, als die Familie in ihrer Expansion über immer mehr Korporale verfügte, aber nicht genügend Generale hatte, griffen die Brüder auf ihn zurück.

Diese Entwicklung begann mit dem Kongreß von Laibach, einem hochpolitischen Treffen ganz im Stil jener Epoche. Alle großen Herren Europas waren anwesend. Es ging darum, in Neapel die absolutistische und deshalb „legitime" Königsherrschaft der Bourbonen wiedereinzusetzen. Die versammelten Monarchen waren sich darüber einig, daß es dazu des Eingreifens einer österreichischen Armee bedurfte, und es verstand sich schon ganz von selbst, daß den Rothschilds die finanzielle Versorgung dieser militärischen Intervention übertragen wurde.

Aber welcher Rothschild sollte mit dieser Aufgabe betraut werden? Der in London ansässige Nathan zeigte wenig Neigung für ein so antiliberales Unternehmen. Außerdem verhandelte er gerade intensiv über Anleihen in Höhe von einigen Millionen Pfund Sterling. James in Paris hatte alle Hände voll zu tun, die französischen Bourbonen mit Unsummen von Francs zu stützen. Amschel in Frankfurt war mit der Finanzierung des Wiederaufbaus der deutschen Länder nach den Wirren der Napoleonischen Kriege beschäftigt, und Salomon in Wien steckte mitten in der wichtigen Arbeit, seine Lotterieanleihe unterzubringen, wobei ohnehin alle öffentliche Aufmerksamkeit auf ihn gerichtet war.

Er gab Metternich zu verstehen: „Ich halte es für meine Pflicht, alles zu vermeiden, was noch mehr Aufmerksamkeit auf mich lenken könnte, und wenn ich jetzt nach Laibach reise, würde das unnötiges Aufsehen erregen."

So blieb nur noch ein Bruder, von dem niemand viel wußte und um den sich niemand groß kümmerte. Der österreichische Finanzminister sprach von ihm als einem *„petit frère Rothschild"*, obwohl Carl tatsächlich vier Jahre älter war als James. War sich die Familie schon damals bewußt, daß sie ihn mit dieser Aufgabe zur wichtigsten finanziellen Kraft der italienischen Halbinsel machte? Denn dazu entwickelte er sich tatsächlich. Auch der Mesusah-Junge war ein echter Rothschild. Sobald er sich einer Herausforderung gegenübersah, die eines Rothschilds würdig war, lieferte er auch eine Rothschildsche Leistung im besten Sinne der Tradition. In Laibach vereinbarte er schnell und geschickt die wesentlichen Bedingungen der Finanzhilfe: Wien sollte Neapel ein Darlehen gewähren, durch das die Kosten der österreichischen Besatzung bezahlt würden. Er tat damit das, was nun in seiner Familie schon üblich war: eine Krisensituation mit Hilfe von Staatsanleihen zu meistern. Denn Wien würde die für das Darlehen an Neapel nötigen Mittel gegen Obligationen von den Rothschilds bekommen. Aber dieses Mal sollte Carl der Mann für die Aufsicht am Ort des Geschehens sein. Er leitete die nötigen Maßnahmen ein, schloß aber noch ein kleines Nebengeschäft ab: Bevor der König von Neapel abreiste, mußte er sich vom Kaiser von Österreich ein paar tausend Gulden leihen – eine delikate Transaktion, die Carl bewerkstelligte. Damit war er, genau wie seine Brüder, zum Bankier der Monarchen geworden.

Und er war ebenso erstaunlich agil wie sie. Unmittelbar nach dem Kongreß von Laibach brach in Norditalien ein Aufruhr los. Das konnten nur Jakobiner sein! Ängstlich unterbrach Seine Neapolitanische Majestät in Florenz die Reise nach Süden. Carl eilte zu ihm. Für einen Mann seines Umfangs war Carl immer erstaunlich behende und beweglich gewesen. Jetzt aber lösten die Aufregungen, die seine neuen Aufgaben mit sich brachten, seine bis dahin so ungewandte Zunge. Mit neu gewonnener Beredsamkeit versicherte er, daß schon bald österreichische Dragoner den Aufstand niederwerfen würden – was auch bald geschah. Und er sorgte mit höflicher Bestimmtheit dafür, daß der zögernde Bourbone sich wieder südwärts bewegte.

Carl war dieselbe Entschlossenheit, als er selbst in Neapel eintraf. Die Situation dort verlangte eine solche Haltung. Jetzt plötzlich hatte sich ein italienisches Finanzkonsortium gebildet, das sich erbot, die Militäranleihe für das Königreich Neapel billiger zu beschaffen. Carl, der bis dahin alle Vorarbeit geleistet hatte, intervenierte beim kommandierenden General der österreichischen Hilfstruppen. Wie in Laibach vereinbart, blieb es dabei, daß er allein für die Anleihe sorgen würde.

Im Jahre 1827 war die von Carl in Neapel gegründete Bank fest etabliert und sorgte regelmäßig für die Zahlungen an die Truppen, die den König an der Macht hielten. Darüber hinaus war er nach innen zum Ratgeber, nach außen zum Sprecher für den neuen Königshof geworden. Hatte er in Neapel ursprünglich als der finanzielle Vertreter der Österreicher gewirkt, so war er nun zum besten Sachwalter und Verteidiger der finanziellen Interessen Neapels in Wien geworden. Nachdem die Herrschaft des Königs erst einmal ausreichend gefestigt war, brachte er den Fürsten Metternich dazu, die österreichischen Besatzungstruppen aus dem Königreich Neapel abzurufen.

So war es selbstverständlich, daß Carls Bank die bedeutendste im Lande wurde. Jetzt konnte er seine traditionelle Mesusah am Tor eines prächtigen Palastes in der Hafenstadt unterhalb des Vesuvs anbringen. Dort traf sich der Adel des Königreichs bei fürstlicher Bewirtung. Der Herzog von Lucca, Leopold von Sachsen-Coburg (später der erste König von Belgien), aber auch jeder andere in Neapel auf Besuch weilende große Herr kam, um mit dem italienischen Rothschild zu tafeln, der nun schon mit den Finanzministerien der meisten italienischen Staaten in Geschäftsverbindung stand – sei es, daß der Großherzog von Toscana Geld für die Trockenlegung der Sümpfe seines Landes brauchte, sei es, daß das Königreich Sardinien Staatsanleihen ausgab – insgesamt dreizehn für über 22 Millionen Pfund Sterling –, sei es, daß der Papst finanzielle Hilfe nötig hatte.

Im letzten Fall bestand Carl sogar darauf, daß ihm vom Vatikan eine Änderung der antijüdischen Haltung zugesagt wurde. In den von ihm abgeschlossenen Anleiheverträgen sprach er nicht vom „Heiligen Stuhl", sondern nur vom „Römischen Staat". Aber man nahm seine Dukaten trotzdem gern, und am 10. Januar 1832 fand das Ereignis statt, von dem zu Anfang dieses Kapitels erzählt wurde: Papst Gregor XVI. empfing Carl Rothschild in Audienz, reichte ihm die Hand zum Kuß und verlieh ihm den Orden des Heiligen Georg.

e) Amschel und die Blumen

Die vier bisher geschilderten Brüder hatten gewisse Eigenschaften gemeinsam: eine wahre Leidenschaft für ihre finanziellen Unternehmungen und eine sprunghafte, zupackende Lebendigkeit. Bis zu ihrem Tode besaßen sie die Energie junger Männer – vielmehr: Sie waren von ihr besessen. Amschel war anders, schon äußerlich: Er war sehr schlank. Seine Lebensgeschichte läßt an die eines Hohenpriesters alter Zeiten denken.

Als der Vater Mayer starb, übernahm Amschel als ältester Sohn nicht nur das Stammhaus in Frankfurt und die Stellung als Familienoberhaupt, sondern es schienen in ihm auch manche der Eigenarten des Verblichenen hervorzutreten. Und er erwies sich dieses Erbes in jeder Beziehung als würdig.

Er harrte in seiner Geburtsstadt aus, obwohl sie bald an Bedeutung durch die großen Residenzstädte übertroffen wurde, in denen seine Brüder sich niedergelassen hatten, und obwohl die Nachwirkungen der mittelalterlichen und neuzeitlichen Judenverfolgungen immer noch und immer wieder in Frankfurt zu spüren waren. Amschel hätte nur einen Finger zu rühren brauchen, und es hätten ihm Paläste in freundlicherer Atmosphäre zur Verfügung gestanden. Aber er blieb, wo er war, und beugte sich geduldig, um die Steine aufzuheben, die man in seine Fenster geschleudert hatte.

Eines Tages tobte eine judenfeindliche Menge vor seinem großen Haus, das nun nicht mehr in der Judengasse stand. Amschel trat auf den Balkon hinaus: „Liebe Freunde", so sagte er, „ihr wollt Geld vom reichen Juden. Es gibt vierzig Millionen Deutsche. Ich besitze etwa die gleiche Anzahl Dukaten. Es kommt also auf jeden von euch einer, und den werd' ich jedem runterwerfen. Dann geht heim!" Der Pöbel reckte die Hände hoch, um die Dukaten aufzufangen, die Amschel vom Balkon warf, und bald zerstreute sich die Menge.

In einem gewissen Sinne verbrachte Amschel den Rest seines Lebens damit, den Leuten anzuraten, sie sollten friedlich heimgehen. Er wurde ein großer Philanthrop und der Beschützer der deutschen Juden. Er trug dazu bei, daß die Ketten von den Toren des Ghettos verschwanden, und ihm ist es zu danken, daß schließlich die Juden freie Bürger der Freien Reichsstadt Frankfurt wurden, unbehindert von den diskriminierenden Erschwerungen, unter denen sie so lange zu leiden gehabt hatten.

Amschel als Ältester war und blieb der erste unter den Rothschilds. Seine Aufgabe war es, um Ehrungen und Ernennungen für seine Brüder einzukommen, dem Kaiser und den Königen zu gratulieren und zu kondolieren, er war es, der das Wort ergriff, wenn einer für alle fünf zu sprechen hatte. Es liegt eine fast poetische Gerechtigkeit darin, daß der älteste Sohn die Tradition der Familie am echtesten verkörperte. Amschel hat nie daran gedacht, seinen Vornamen zu ändern, wie es Jakob getan hatte, als er sich in einen James verwandelte, und Kalmann, als er Carl wurde. In ihm war die mittelalterliche Überlieferung und der Stolz des Ghettos am stärksten lebendig. Auch als er schon über eine ganze Reihe wohlgeschulter Sekretäre verfügte, ließ er es sich nicht nehmen, selbst Briefe zu schreiben, in denen sich auf liebenswürdige Weise die altmodisch verschnörkelte Ausdrucksweise seines Vaters mit der fehlerhaften Orthographie des Ghettos verband. Er beharrte darauf, den „British Commissary General" als den „most High Herr Comishair" anzureden, was sowohl seine Brüder als auch den „Comishair" weidlich amüsierte. Aber trotz aller Höflichkeiten blieb er auch im Formellen sich selbst treu. Später, als er mit Kaisern und Königen zu korrespondieren hatte, mußte er sich natürlich der „Schönschreiberlinge" bedienen. Aber als er dem Fürsten Metternich zur Genesung des Kaisers Franz von einer Erkrankung gratulierte, da schloß er: „... und möge es doch auf immer mein Glück sein, in tiefster Ergebenheit mich Euer Hoheit demütigsten und ergebensten Diener nennen zu dürfen" – was sowohl an den Stil wie an die Selbstironie des alten Mayer erinnert.

Amschel setzte auch eine andere Tradition aus der Zeit des Vaters fort: die Verbindung mit dem Hause Hessen. Einst hatte diese darin bestanden, daß der Kurfürst Wilhelm dem alten Mayer seine Gelder anvertraute. Jetzt ging das Geld in der anderen Richtung, und der Sohn Mayers finanzierte den Sohn Wilhelms. Und Seine Hoheit waren gar nicht überrascht, wenn Amschel unangemeldet im Schloß erschien, in einer feierlichen Kleidung, die noch an das Ghetto erinnerte. Am kurfürstlichen Hofe war man immer darauf vorbereitet, ihn dann zum Essen einzuladen und ihm Gerichte vorzusetzen, die nach den jüdischen Speisegesetzen zubereitet waren; und sehr verwundert berichtet uns ein Chronist, daß der Kurfürst sein Mittagsmahl ganz *en famille* mit dem Geschäftsfreund einnahm.

Auch andere deutsche Fürsten streckten Amschel ihre Hand zu freundschaftlicher und geschäftlicher Verbindung entgegen. Er wurde auf der ersten Tagung in Frankfurt Schatzmeister des Deutschen Bundes. Als der hervorragendste unter allen deutschen Bankiers war er an jeder wichtigen Investition östlich des Rheins und nördlich der Donau irgendwie beteiligt. Der Bau vieler Fabriken, Eisenbahnen und Landstraßen in Deutschland begann mit einem Konto im Hauptbuch Amschel Rothschilds, in seinem Kontor an der Fahrgasse zu Frankfurt am Main.

Wie es ihm zukam, lebte er in fürstlichem Stil. Er war mit einer Vielzahl von Titeln und Orden geehrt worden, trug aber in der Regel nur das Ordensband des Hauses Hessen und hörte es am liebsten, wenn man ihn mit „Herr Baron" anredete. Alle prominenten ausländischen Besucher Frankfurts und vor allem die dort akkreditierten Diplomaten behandelten ihn mit Verehrung und Respekt. Sie strömten zu den Galadiners, die er veranstaltete, und revanchierten sich ihrerseits mit großen Banketten. Aber Amschel aß nur Koscheres und hatte ohnehin an gesellschaftlichen Veranstaltungen wenig Gefallen. Einer seiner Bekannten beschreibt ihn folgendermaßen: „. . . ein seltsamer Mann, eine Persönlichkeit von ausgesprochen jüdischem Aussehen mit alttestamentarischen Manieren und Gebräuchen. Seinen Hut trägt er zumeist tief zurückgeschoben, und seine Jacke ist offen und hängt nachlässig über seine Schultern . . . Wie ein Wüstenscheich sitzt er auf erhöhtem Podium im Kreis seiner Büroangestellten, wobei seine Sekretäre zu seinen Füßen ihre Pulte haben und seine Agenten ruhelos hin- und herlaufen . . . Niemand ist es gestattet, unter vier Augen mit ihm über geschäftliche Dinge zu sprechen; alles wird offen im Büro erörtert, ganz so, wie die Fürsten am Rhein in alten Zeiten Hof zu halten pflegten."

Amschel war der erste und der letzte im Büro; Freizeit kannte er kaum. Selbst wenn er ins Theater ging, wurde er häufig herausgerufen, um den Bericht eines soeben eingetroffenen Kuriers entgegenzunehmen. Und oft weckte man ihn nachts, weil Depeschen aus Wien, Paris, London oder Neapel eingelaufen waren, die einer eiligen Antwort bedurften. Für diesen Zweck hatte er unmittelbar neben seinem Bett einen Schreibtisch. Ein Genie in allen geschäftlichen Dingen, reagierte er auf jedes ihm mündlich oder schriftlich zugehende Angebot ohne Zögern und formulierte seine Entscheidung kurz und präzis. War die Entscheidung getroffen, so interessierte ihn die Sache nicht mehr, und er kam nie mehr darauf zurück.

Ganz anders als seine Brüder konnte Amschel seines Reichtums und seiner Macht nicht froh werden. Einer seiner Zeitgenossen berichtet: „Nie habe ich noch einen Mann so niedergeschlagen gesehen, der sich so aufrichtig an die Brust schlug und so inständig die Gnade des Himmels herabflehte, als es Baron Rothschild am Versöhnungstag in der Synagoge zu tun pflegte. Nicht selten wurde er ohnmächtig im Laufe der langen, inbrünstigen Gebete. Dann brachte man wohlriechende Pflanzen aus seinem Garten, um ihn wieder zu beleben.

Jahrelang hat er sich kasteit in der Hoffnung, daß der Himmel ihm Kinder schenken würde. Aber diese Erwartung sollte enttäuscht werden."

Und hier lag die Quelle seiner Trauer und seiner Melancholie. Seine an Liebe arme und kinderlose Ehe machte Amschel unglücklich. Von den fünf Zweigen der Rothschilds sollte das Stammhaus in Frankfurt ohne direkte Nachkommenschaft bleiben.

Verzweifelt kämpfte Amschel gegen das Schicksal der Kinderlosigkeit an. Er versuchte es mit Gebeten, und er versuchte es mit Wohltätigkeit. Seine offiziellen Spenden für wohltätige Zwecke – über 20.000 Gulden im Jahr – stellten das Neunfache dessen dar, was das gesamte jährliche Einkommen der sehr wohlhabenden Familie Goethe war. Das Jüdische Krankenhaus in Frankfurt lebte von seinen Spenden ebenso wie die Mehrzahl der armen Familien in der Judengasse.

Aber unabhängig von seinen regelmäßigen Spenden für gute Zwecke gab er unablässig Tag für Tag und Stunde für Stunde Geschenke an Notleidende, besonders, wenn er durch die Stadt spazierenging oder ausritt. Selbst bei Tisch war es nicht anders. Wir haben zahlreiche Berichte seiner Gäste, wie es dabei zuging: Ein Bettelbrief wurde durch das Fenster geworfen. Amschel las ihn, wickelte fast automatisch ein Goldstück in das Papier und warf den Brief mit geübter Hand wieder hinaus. Ein Diener mußte nachsehen, ob das wohltätige Wurfgeschoß den Bittsteller auch richtig erreicht hatte.

Keine der unzähligen milden Gaben vermochte jedoch seine kinderlose Gattin zur Mutter zu machen. Um sich von seinem Kummer abzulenken, versuchte Amschel die fremden Sprachen zu erlernen, die seine Brüder sprachen, aber in seinem Gedächtnis blieben nur die altehrwürdigen Gebete der Synagoge haften und die Zahlen in seinen Geschäftsbüchern. Schließlich bemühte er sich, Entspannung beim Reiten zu finden. Aber er mußte feststellen, daß die Leute das Lachen kaum unterdrücken konnten, wenn sie den Baron im altmodischen Kaftan auf einem edlen Vollblut erblickten. So gab er auch diesen Sport wieder auf. Schließlich blieben ihm nur die Synagoge und, als die einzige große weltliche Freude, seine Blumen. Er sorgte dafür, daß sein Garten voll der schönsten und seltensten Pflanzen war und sich darin zierliche Tiere zwischen Bäumen und Sträuchern bewegten. Hier wenigstens konnte er etwas zum Leben und Wachsen bringen, konnte sich am Beobachten von Pflanze und Tier erfreuen. In diesem

Garten empfing er auch jenen jungen Preußen, der zwei Jahrzehnte darauf der erste Kanzler eines neuen Deutschlands werden sollte, Otto von Bismarck.

Preußen ernannte Bismarck im Jahr 1851 zum Vertreter beim Deutschen Bundestag in Frankfurt. Der scharfsichtige und hellhörige Amschel brauchte nicht lange, um ein vielversprechendes Talent zu erkennen. Dieser junge Mann hatte ungefähr das Alter, in dem sein Sohn hätte sein können, wäre ihm vom Himmel ein Kind beschert worden. Bald erhielt der Abgeordnete Preußens eine Einladung. Aber da die Tage des Barons sehr mit Arbeit ausgefüllt waren, wurden solche Einladungen immer für ein beträchtlich späteres Datum ausgesprochen. Schnoddrig antwortete Bismarck, er werde gern kommen, wenn er dann noch am Leben sei. Ein Brief an seine Frau beweist aber, wie ihn die Reaktion des berühmten alten Juden freute:

„Diese meine Antwort hat ihn erschüttert, so daß er sie allen Leuten erzählte: ‚Was soll er nich leben, was soll er doch leben der Mann, ist er doch jung und stark!‘ ... Amschel Rothschild..., der mir gefällt, weil er eben ganz Schacherjude ist und nichts anderes vorstellen will, dabei aber ein streng orthodoxer Jude, der bei seinen Diners nichts anrührt und nur gekauschertes [Koscheres] ißt. ‚Johann, nimm mit dir epps Brot, vor die Rehcher‘, sagte er zu seinem Diener, als er ging, mir seinen Garten zu zeigen, in dem zahmes Damwild ist. ‚Herr Baron, die Pflanze koscht mich 2000 Gülden, uf Ehre 2000 baare Gülden, lass se Ihne für 1000, oder wolle Se se habe geschenkt, so soll er se Ihne bringe in Ihr Haus, waiß Gott, ich schätze Se aufrichtig. Herr Baron, Se sind e scheener Mann, e braver Mann.‘ Dabei ist er ein kleines, magres, eisgraues Männchen..., ein armer Mann in seinem Palast, kinderlos ...“

Bismarck war auf seine Bekanntschaft mit dieser ihm so seltsam erscheinenden jüdischen Persönlichkeit recht stolz; er fügte dem erwähnten Brief an seine Frau zwei Blätter bei, die er im Garten des Barons gepflückt hatte, und bat, sie sorgfältig aufzubewahren.

Es gab natürlich andere junge Leute, denen Amschel weit größere Aufmerksamkeit schenkte. Mit etwas Trauer, weil ihm der Kindersegen versagt war, und mit viel Liebe sah er die Kinder seiner Brüder heranwachsen. Besonders interessierte er sich für die jungen Rothschilds in dem für die Zukunft der Familie entscheidenden Moment: wenn sie heirateten. Dabei überwachte er genau die Wahrung der Rothschildschen Heiratspolitik: Die Jungen sollten womöglich andere Rothschilds, auf jeden Fall aber jüdische Bräute ehelichen. Den Mädchen hingegen wurde es zuweilen gestattet, christliche Aristokraten zu heiraten. So nahm Nathans Tochter Hannah (gegen anfänglichen Widerstand der Familie) die Werbung des Honourable Henry Fitzroy an, der ein Sohn des Barons Southampton war. Von den Nichten Hannahs heiratete die gleichnamige Hannah Rothschild den späteren Premierminister Earl of Rosebery, Annie Rothschild wurde die Schwiegertochter des Lord Hardwicke, Constance Rothschild heiratete Lord Battersea. Auf dem Kontinent wurde eine von Carls Enkelinnen Herzogin von Gramont, ihre Schwester Fürstin Wagram.

Bis zum Ende seines 81 Jahre währenden Lebens bestand Amschel darauf, daß alle Hochzeiten in Frankfurt zu feiern seien. Es gelang ihm nicht in allen Fällen, das zu erreichen. Eines aber setzte er durch: Alle neuvermählten Rothschilds, aber auch alle nichtjüdischen Aristokraten, die eine Rothschild-Tochter geheiratet hatten, wurden einem eigenartigen Brauch unterworfen. Auch wenn die Hochzeit nicht in Frankfurt gefeiert worden war, mußte das junge Paar unverzüglich dorthin kommen, möglichst noch in der vollen Pracht der Hochzeitsgewänder. Nach kurzem Aufenthalt im Hause Amschels ging es weiter, zum Ghetto hin, Amschel an der Spitze im besten Kaftan. Die Straßen dort waren zu eng für die riesigen Kutschen. Man mußte aussteigen und über das holprige Pflaster zu einem alten verwitterten Haus gehen; den Damen in ihren vornehmen Toiletten fiel es oft schwer, sich durch den engen Eingang zu zwängen.

In diesem schmalen Ghettohaus lebte nämlich noch immer Gudula Rothschild. Es war, als werde sie ewig leben. (Sie starb mit 96 Jahren, als Amschel bereits 75 war.) Niemand, wenn auch noch so vornehmen Geblüts, konnte in die Familie aufgenommen werden, hatte Frau Gudula ihn oder sie nicht gesehen, geprüft und gebilligt. Hier im Hause „Zum Grünen Schild" mußte das neue Familienmitglied ihr seine Aufwartung machen.

Hier hatte sie einst als junge Frau eines mit Münzen handelnden Kaufmanns gekocht, Fußböden gescheuert und Hemden gewaschen, während ihr Mann und ihre fünf Söhne anfingen, legendären Ruhm zu erwerben. Von hier wollte sie nicht fort. Hier, in der mittelalterlichen Dunkelheit des alten Hauses, sanken Herzoginnen vor ihr in den Hofknicks, beugten sich die großen Herren im Schmuck ihrer bunten Ordensbänder über die pergamenten welke Hand. Und pflichtschuldig bewunderten sie Frau Gudulas Brautkranz, der nun schon über ein halbes Jahrhundert unter einem Glassturz aufbewahrt wurde.

Die alte Dame in ihrem steifen Spitzengewand bewegte sich nur wenig. Ihr Gesicht unter dem „Scheitel" (wie man noch heute die

Perücke nennt, die fromme jüdische Frauen tragen) zeigte nur selten ein Lächeln, aber ihre Zunge war flink geblieben, ihr Geist rege und voll Humor. Als ein Kavalier einst bemerkte, daß Frau Rothschild wahrscheinlich alle ihre Gäste überleben werde, da antwortete sie, die Börsensprache ihrer Söhne imitierend: „Warum soll Gott mich mit hundert nehmen, wenn er mich schon mit vierundneunzig haben kann?" Und als eine andere Hoheit ihren Leibarzt anbot, einen Wundermann, der seine Patienten um zwanzig Jahre verjüngen könne, da erwiderte Frau Gudula: „Die Leute denken immer, daß ich jünger werden will. Das stimmt nicht: Ich möchte älter werden."

Sobald Amschel dann ein Zeichen gab, entfernte sich die Prozession der Besucher wieder. Frau Gudulas goldene Worte aber erzählte man sich allenthalben in den Salons der großen Welt weiter. Ihr berühmtestes Bonmot fiel jedoch eines Tages, nachdem gerade eine solche glanzvolle Gesellschaft in ihren Kutschen abgefahren war. Eine Nachbarin aus dem Ghetto kam atemlos ins Haus gerannt, besorgt über das Schicksal ihrer Söhne, die das Militärdienstalter erreicht hatten. Sie fragte Frau Rothschild, ob sie von den hohen Herren irgendwelche Neuigkeiten erfahren hätte, ob der Frieden erhalten bleibe oder ob es zu einem Krieg kommen werde. Schlicht und einfach antwortete Gudula: „Es kommt nicht zum Krieg – meine Söhne geben kein Geld dafür her."

Wie gewöhnlich behielt sie recht. „Meine Söhne geben kein Geld dafür her" – dieses Wort brachte die unsichtbare Finanzpolitik des 19. Jahrhunderts, auch wenn sie nicht immer den erhofften Erfolg zeitigte, auf die kürzeste Formel.

VI

AUFBAU UND KAMPF

1. Friedensfürsten

Der Aufstieg der Rothschilds hatte mit dem Krieg eingesetzt. Nun aber, nachdem sie durch das Wüten des reißenden Tieres zu Reichtum und Ruhm gelangt waren, wollten sie die Bestie gern wieder an der Kette sehen. Krieg und Kriegsgeschrei mochte für junge Hitzköpfe seinen Reiz haben, aber nicht mehr für reife Männer. Das Haus Rothschild war der Bankier von Kaisern und Königen – aller maßgebenden Staaten der Alten Welt einschließlich Rußlands und Indiens ebenso wie der Länder in der Neuen Welt. Man hat geschätzt, daß allein das Haus in London während der ersten neunzig Jahre seines Bestehens ausländische Anleihen im Wert von 400 Millionen Pfund Sterling plaziert hat. Und in Paris, Wien, Frankfurt und Neapel war man nicht weniger aktiv. Das Kreditwesen der gesamten westlichen Welt hatte sein Zentrum in den Gewölben der Rothschilds.

So verstand es sich von selbst, daß die Investitionen der Söhne Gudulas von der Stabilität der Nationen abhängig waren. Im Jahre 1830 schrieb James an Salomon: „Wir haben in französischen Staatspapieren 18 Millionen Francs investiert. Wenn der Frieden erhalten bleibt, dann wird ihr Wert 75% sein, im Kriegsfall jedoch auf 45% fallen…"

Mit solchen Erkenntnissen wurden und blieben die Brüder konsequenteste Pazifisten. Selbstverständlich ist ungleich mehr Einfluß, Einfallsreichtum und staatsmännisches Talent erforderlich, um den Frieden zu sichern, als zum Krieg zu hetzen. Für diese Friedensmission brauchte die Familie alle verfügbaren Kräfte. Während die Damen sich in den Gärten und Parks der Landsitze vergnügten, während die Söhne mit der Aristokratie Europas auf die Jagd ritten, setzten die Männer und Väter alles daran, immer wieder die Wetterwolken drohender Kriege zu zerstreuen, die sich in den Staatskanzleien zusammenbrauten.

In ihrem Bestreben, den Frieden um jeden Preis zu bewahren, half ihnen ihre durch keine Interessengegensätze zu erschütternde Solidarität. Jener Familien-Code in deutsch-jüdischem Dialekt, den sie als junge Leute, als sie noch dem Vater halfen, benutzt hatten, wurde noch immer in der Korrespondenz zwischen den fünf Bankhäusern in fünf Ländern benutzt. Wie einst der Landgraf Wilhelm von Hessen „Herr Goldstein" genannt worden war, so hieß nun der Fürst Metternich schlicht und einfach „Onkel". Aus dem Kurierdienst war ein weitgespanntes Netz der Nachrichtenübermittlung geworden, das auf der Erde, zur See und sogar in der Luft gleich gut funktionierte. Waterloo war nur der erste große Erfolg dieses Systems gewesen.

Am 13. Februar 1820 wurde vor der Pariser Oper der Herzog von Berry, Sohn des späteren Königs Charles X. und Thronerbe Louis' XVIII., ermordet. Unverzüglich übermittelte James die Nachricht nach London, Wien und Frankfurt. Lange bevor es die Regierungen oder die Konkurrenten an der Börse wußten, hatte das Haus Rothschild davon Kenntnis, daß die Hoffnung der Bourbonen zunichte war. Im Jahr 1830 waren es die Brieftauben von James, die früher als alle Zeitungen den Ausbruch der Juli-Revolution meldeten, und Nathan scheint der erste Mann in London gewesen zu sein, der davon Kunde hatte, daß König Louis-Philippe an die Macht gelangt war.

Und wie der Wind Brieftauben der Rothschilds trug, so beschwingte er die Segel ihrer Schiffe. Talleyrand schrieb der Schwester des Königs Louis-Philippe: „Das Ministerium in England weiß durch die Rothschilds immer alles zehn bis zwölf Stunden vor Eintreffen der Depeschen des britischen Botschafters. Das kann auch nicht anders sein, weil die Schiffe, welche die Rothschildschen Kuriere benutzen, dieser Firma gehören, weil sie keine Passagiere befördern und weil sie ohne Rücksicht auf die Wetterverhältnisse segeln."

Die von den Rothschilds aufgebaute Nachrichtenorganisation war aber auch weit zuverlässiger als die der großen Mächte. Deshalb bedienten sich verschiedene Länder allmählich der Rothschildschen Kuriere für staatliche Zwecke. Dabei entwickelte sich eine delikate Situation. Schon im 19. Jahrhundert wurde die Post nicht nur dazu benutzt, Briefe zu befördern, sondern auch dazu, sie zu zensieren. Besonders neugierig war die österreichische Post. Ein detektivisch begabter Postmeister schrieb nach Wien: „Oft bemerke ich, daß die Rothschildschen Kuriere, die von Neapel nach Paris reisen, . . . alle Depeschen der französischen, englischen und spanischen Botschafter, die in Neapel, Rom und Florenz akkreditiert sind, mit sich nehmen. Außerdem befördern sie Nachrichten, die zwischen den Höfen von Neapel und Rom und deren Gesandtschaften in Europa ausgetauscht werden ... Diese Kuriere Rothschilds nehmen ihren Weg über Piacenza. Da sich dort eine österreichische Garnison befindet ... könnte es möglich sein, den einen oder anderen dieser Boten zu veranlassen, ihre Depeschen uns zur Durchsicht zu überlassen ..."

Die Angelegenheit erschien wichtig genug, dem Kanzler unterbreitet zu werden, der sich dadurch einem äußerst heiklen Dilemma gegenübersah. Einerseits wäre es ja großartig, nicht nur fremde Diplomatenpost, sondern vor allem auch die vertraulichen Meinungsäußerungen seiner lieben undurchdringlichen Freunde zu lesen. Andererseits benutzte der Kanzler oft selbst die Rothschildschen Eilkuriere in ihren blau-gelben Uniformen. So könnten im Fall einer Zensur seine eigenen Geheimnisse einem untergeordneten Postbeamten bekannt werden ...

Nicht umsonst stand Metternich in dem Ruf, der gewitzteste Diplomat Europas zu sein. Er erließ eine Anordnung, daß die Kuriere des Hauses Rothschild, die durch die Lombardei auf dem Weg von Neapel nach Paris reisten, als österreichische Kuriere zu betrachten und zu behandeln seien, wenn sie Depeschen beförderten, die das K. K. Siegel trugen. Soweit sie jedoch Briefschaften bei sich trügen, die nicht als offizielle Post gekennzeichnet wären, seien diese den üblichen Bestimmungen zu unterwerfen.

Aber wenn Metternich auch ein schlauer Fuchs war, die fünf Brüder waren ihm gewachsen. Sie wußten sehr wohl, daß ihre Post zuweilen abgefangen wurde, und sie konnten sich auch sehr gut vorstellen, daß Metternich gewisse Mitteilungen, die an sich schwer glaubhaft waren, akzeptieren würde, wenn er meinte, daß sie nicht für seine Augen bestimmt seien. Als es wieder einmal darum ging, den Frieden zu erhalten, in diesem Fall zwischen Österreich und Frankreich, wurde ein „streng geheimer" Familienbrief von Paris nach Wien geschickt, in dem des langen und breiten von den Lobeshymnen die Rede war, die der französische König auf den österreichischen Staatskanzler gesungen habe. Für die Beförderung aber hatte man einige Boten, die besonders begabt darin waren, sich mitsamt ihrer Post abfangen zu lassen.

Wenn die Situation es gebot, konnte die Familie aber auch sonderbar schwerfällig sein. Die Kurierpost verband zwar die fünf Brüder aufs engste. Ging ihnen aber eine Forderung zu, die ihnen unangenehm war, wollte etwa ein Staat von ihnen eine Rüstungsanleihe, so wurde aus den sonst so eng zusammenarbeitenden Brüdern eine nur sehr schwer zusammenzubringende Gruppe ganz weit entfernter Verwandter mit unbegreiflich schlecht organisierten Verbindungen. So erwiderte Amschel, als Sprecher des Hauses, auf ein derartiges Ersuchen beispielsweise: „Euer Exzellenz werden sich gütigst bewußt sein, daß ich in dieser Sache nur im Einvernehmen mit meinen Brüdern handeln kann, und ich werde mich darum bemühen, sie von Ihrem Auftrag zu informieren." Unglücklicherweise stellte sich dann freilich heraus, daß Salomon praktisch unerreichbar war, weil er sich irgendwo einer Kur unterzog, daß Carl keine Nachricht erhalten konnte, da in Italien ein Aufruhr ausgebrochen war, daß James sich auf Reisen befand und daß Nathan mit einem Anfall von Grippe bettlägerig war . . .

Die fünf wußten diese ihre Wandelbarkeit immer wieder mit Erfolg anzuwenden. Ein kleines Beispiel für viele: Bismarck entdeckte, daß sein friedlicher, der Gartenpflege hingegebener Freund Amschel es wagte, Österreich finanziell gegen Preußen zu unterstützen. Er legte scharfen Protest ein. Schon wurde ihm gemeldet, Amschel sei krank – und deshalb nicht zu sprechen. Bismarck gab nicht auf. Er intervenierte bei den anderen Rothschilds. Diese beteuerten, wie sehr sie überrascht, verwirrt, ja vor den Kopf geschlagen seien durch das, was der wohl nicht mehr ganz zurechnungsfähige und senile Amschel angerichtet habe.

Ein anderes Mal schäumte Metternich vor Wut, als er herausbekam, daß Nathan die liberale – also metternichfeindliche – Partei im spanischen Bürgerkrieg unterstützte. James führte darüber Klage in einem an Salomon gerichteten Schreiben (von dem man wußte, daß es abgefangen würde): Nathan sei offensichtlich durch seine allzu radikale Gattin und deren Vater beeinflußt worden; solche Fehlgriffe müßten in Zukunft unterbleiben. Der daraufhin wieder beruhigte Metternich geruhte zu vergeben.

Im Interesse des Friedens war der Familie kein Manöver zu kompliziert. Als sich eine Krise in den Beziehungen zwischen dem halbliberalen Frankreich und dem erzreaktionären Österreich anbahnte, intervenierten die Rothschilds an den meisten europäischen Regierungssitzen für die Aufrechterhaltung des Friedens. Überall hatten sie ja ihre Querverbindungen. Nathan in London stand dem Herzog von Wellington und den maßgeblichen Regierungskreisen nahe. Salomon konnte der Aufmerksamkeit und des Wohlwollens Metternichs sicher sein. James war fast täglicher Gast des französischen Königs, während Carl sich mit den Herrscherhäusern Italiens aufs beste verstand. Recht oft geschah es, daß die politische Schlüsselfigur dieses oder jenes Landes seinen Kontrahenten jenseits der Grenze wichtige Gedankengänge vortragen lassen wollte, jedoch ohne sich offiziell geäußert zu haben. In solchen Situationen erwiesen sich die Brüder als geradezu ideale Übermittler, freilich nur, wenn die betreffenden Ideen ihren eigenen friedliebenden Gedanken und Absichten entsprachen. Nach einem Gespräch mit Freunden in Downing Street pflegte Nathan seinem Bruder James gewisse Eindrücke mitzuteilen, die dieser in St-Cloud wiedergeben würde, ganz wie Salomon dafür sorgte, daß auch die Hofburg dasselbe erfuhr... Was bei oberflächlicher Betrachtung wie unverbindlicher familiärer Briefwechsel der Rothschilds untereinander aussah, war in Wahrheit Geheimkorrespondenz der Regierungen.

So gab eines Tages Nathan seiner Überzeugung Ausdruck, „wenn Frankreich Schritte gegen Österreich unternehmen sollte, würden wir hier in England uns wohl auf die österreichische Seite schlagen. Wenn aber die Österreicher losschlagen sollten, dann würden wir uns mit den Franzosen verbünden." Im Plauderton vorgetragen, machte der kleine politische Gedankenaustausch der Brüder an der Seine wie an der Donau gleichermaßen tiefen Eindruck und sorgte dafür, daß die Machthaber da wie dort es sich wenigstens auf einige Zeit noch einmal überlegten.

Schließlich wußten die Brüder auch, daß es mit Diplomatie allein nicht immer geschafft werden konnte, sondern daß zuweilen unverhohlen Macht demonstriert werden mußte. Im Jahre 1831 hatte es sich der Bürgerkönig Louis-Philippe aus liberalistisch-freiheitlichen Ideen heraus in den Kopf gesetzt, den neuen, halbrevolutionären Staaten Italiens Hilfe gegen das Habsburger-Reich leisten zu wollen. Österreich verkündete daraufhin, daß es das Prinzip der Legitimität bis zum letzten verteidigen werde, während Frankreich ebenso überzeugend beteuerte, daß es nichts Heiligeres als die Freiheit der Völker kenne, für die es zu sterben gelte. James in Paris versuchte das einzige, was den Frieden noch retten konnte: Casimir Perier, gleich ihm ein kluger Bankier, mußte Ministerpräsident werden! Er schrieb dem Bruder Salomon: „Ich gab Seiner Majestät zu verstehen, daß, wenn er Perier in das Ministerium beruft, sein Kredit wachsen würde..."

Perier wurde zwar ernannt. Aber österreichische Truppen marschierten in Bologna ein. Die französische Regierung schickte sich unter dem Druck der aufs höchste erregten öffentlichen Meinung an, ihre Entrüstung in sehr gefährlichen Worten zu formulieren. Jetzt mußte James Frankreichs Kredit direkt in die Waagschale werfen. „Gestern", so schrieb er an Salomon, „wurde die Note entworfen, die Frankreich nunmehr absenden wird. Im Entwurf enthielt sie den Passus ‚*évacuez immédiatement Bologne*', . . . doch werde ich dafür sorgen, daß dieser Satz entfällt."

In der Tat kam es nicht zu diesem heiklen Ultimatum. Frankreich begnügte sich mit einer platonischen Demonstration seiner Empörung, und der Krieg war vermieden.

Bei anderen Gelegenheiten gingen die Rothschilds noch schärfer vor. Im Jahre 1839 wollte Leopold von Belgien für sein eben erst geschaffenes Königreich auch noch die Provinzen Luxemburg und Limburg den Niederlanden mit Gewalt entreißen. Die Brüder waren gewillt, dies um jeden Preis zu verhüten.

„Das belgische Gouvernement", so erklärte Salomon ganz offen, „erhält von uns keinen Groschen, obschon die Anleihe-Verhandlungen seit Monaten schweben. So schwer es mir ankam, fortwährend zu refusieren, so entschädigt mich dafür der Gedanke, dazu beizutragen, daß Belgien nachgibt und der Friede erhalten bleibt."

Belgien gab nach, und Rothschild gewährte die Anleihe.

Einem seiner Adjutanten, der sich um die Finanzierung preußischer Rüstungsausgaben bemühte, erklärte Bismarck, daß das Haus Rothschild stets alles in seiner Macht Stehende tun werde, um den Ausbruch eines Krieges zu verhindern. Diese Tatsache zeige, wie vorsichtig man bei den Verhandlungen mit der Familie sein müsse, wenn man an Aufrüstung denke.

2. Lang- und kurzfristig

Bismarck, durchaus nicht ein Mann übertriebener Vorsicht, vermochte schließlich seine Kriege gegen Österreich und Frankreich zu entfesseln. Aber letzten Endes waren es doch – wie eines der nächsten Kapitel zeigen wird – die Rothschilds, die ihm in dem ihnen eigenen Stil eine Lektion zu erteilen wußten.

Immerhin – Bismarck war den von ihm gewählten Weg von Blut

Amschel Mayer Rothschild, der Blumenfreund.
Er starb kinderlos, wodurch der Frankfurter Familienzweig erlosch.

Salomon, der Begründer des Wiener Zweiges der Familie Rothschild.

und Eisen gegangen, nicht zuletzt deswegen, weil die Macht der Familie, in solchen Situationen ein wirksames Veto einzulegen, sich in der zweiten Hälfte des 19. Jahrhunderts merklich vermindert hatte. Es klingt absurd, aber zum Teil ist auch dies als Konsequenz ihrer Erfolge zu werten. Denn sie hatte es fertiggebracht, die Wirtschaft der verschiedenen Staaten durch ihre Friedens- und Finanzpolitik so wirksam anzuregen, zu stärken und zu festigen, daß diese Staaten in ihrer neu gewonnenen wirtschaftlichen Selbständigkeit und Prosperität nun nicht mehr auf die Hilfe irgendwelcher Bankiers, auch nicht der einflußreichsten, angewiesen waren und darum auch nicht auf sie zu hören brauchten.

Die eigentümliche historische Leistung der Brüder bewies, was jeder Kenner der Börse weiß: Kurzfristig bewirkten Rothschildsche Maßnahmen häufig das genaue Gegenteil dessen, was auf lange Sicht dabei herauskam. In der Regel war die unmittelbare Wirkung ihrer Handlungen weder angenehm noch erfreulich und für ihre Gegner oft schlechthin katastrophal. Man kann auch nicht behaupten, daß den fünf Brüdern das allgemeine Wohl besonders am Herzen lag. Sie wurden als „Hofjuden der Bourbonen", als „Schatzmeister der Reaktion" und „Wucherer Metternichs" geschmäht, und nicht immer ohne Grund. Dennoch läßt sich nicht bestreiten, daß ihre beispiellose Entschlossenheit und Geschicklichkeit letzten Endes doch sehr positive Ergebnisse zeitigte.

Jene Geschäftstüchtigkeit, die die Triebkraft von Mayers Söhnen war, hatte die Wirkung eines großen Reinemachens. Veraltete fiskalische Traditionen wurden für immer hinweggefegt, mit überholten Methoden des Kredits wurde Schluß gemacht, neue, zeitgemäße Maßnahmen traten an ihre Stelle. Mit der Tatsache, daß fünf verschiedene Bankhäuser der Familie Rothschild in fünf verschiedenen Ländern existierten, war die Grundlage gelegt für neuartige Methoden eines internationalen Geldaustauschs mit Hilfe des Clearing-House-Systems. Der altmodische, umständliche Versand von Goldbarren hin und her wurde durch ein umfassendes System von Gutschriften und Belastungen ersetzt – nicht nur bei den Rothschilds, sondern auch bei allen Konkurrenten, die Schritt halten wollten.

Den größten Beitrag zu einer gesünderen internationalen Wirtschaft stelle Nathans neue Methode dar, Anleihen in England aufzulegen. Bis dahin hatten die englischen Kapitalisten gezögert, sich an ausländischen Projekten zu beteiligen, denn man konnte sich nicht dafür erwärmen, seine Dividenden in fremden und unbekannten, möglicherweise auch unsicheren Währungen zu erhalten. Jetzt machte Nathan dem englischen Publikum – der stärksten Geldquelle für Investitionen im 19. Jahrhundert – ausländische Papiere dadurch attraktiv, daß er die ausländischen Schuldner verpflichtete, Zinsen und Dividenden in einheimischer Pfund-Sterling-Währung zu bezahlen.

Im großen gesehen haben die Rothschilds (neben Napoleon, der ja der größte Selfmademan seiner Zeit war) entscheidend dazu beigetragen, daß das feudalistische Zeitalter, die Ära von Titeln und Privilegien, abgelöst wurde durch die neue Epoche des Geldes und der Fähigkeit des einzelnen. Als Heinrich Heine durch die Qualität von Küche und Keller in der rue Laffitte einmal besonders in Hochstimmung gekommen war, feierte er die fünf Brüder als große Revolutionäre: Hatten sie nicht die letzten Zitadellen der Vorrechte und Vorurteile des Feudalwesens erobert? Hatten sie nicht die erstarrte Vorherrschaft des adeligen Großgrundbesitzes gebrochen? Hatten sie nicht an seiner Stelle das Reich der Investoren errichtet, wo Geld, Kapital und Staatspapiere jederzeit für jeden erreichbar waren? Waren dies nicht die elastischsten, schöpferischsten und noch dazu fairsten Machtmittel, die bislang erfunden worden waren? Und erwiesen sich damit die Rothschilds nicht überhaupt als die führenden Kräfte des Fortschritts in Europa?

Wir brauchen uns nicht von Heines Begeisterung mitreißen zu lassen, um doch eines anzuerkennen: Die Rothschilds leisteten wertvolle Hilfe bei der Abschaffung jenes Absolutismus, der sie ursprünglich als sein Werkzeug benutzt hatte. Wahrscheinlich ohne es zu wollen, haben diese fünf Brüder mehr zum Aufblühen der bürgerlichen Demokratie in Europa beigetragen als irgendwelche anderen fünf Persönlichkeiten ihrer Zeit.

Am Beispiel der Eisenbahnen kann dies leicht bewiesen werden: Vor allen anderen etablierte diese Familie die Lokomotive in Europa. Natürlich war ihr Hauptmotiv dabei die Chance großer Gewinne, die die blanken Schienenstränge ihren Eigentümern zu bringen versprachen. Aber diese Gleise bildeten auch das Adernetz des internationalen Handels und der erstarkenden Industrie. Bis dahin war das Reisen fast ausschließlich den Aristokraten und ihren Soldaten vorbehalten gewesen. Jetzt konnten sich auch Bürger, Arbeiter und Bauern mit einer bis dahin völlig unbekannten Freizügigkeit von Ort zu Ort bewegen.

Aber es bedurfte fast übermenschlicher Anstrengungen der Rothschilds, die Eisenbahnen gegen die Vorurteile, das Mißtrauen und den Argwohn des Kontinents durchzusetzen. Kein Unternehmen in der gesamten Geschichte der Familie Rothschild fand so viel Gegnerschaft von so viel Seiten.

3. Im Wettkampf um die Eisenbahnen
a) Österreich

Die Eisenbahn ist zuerst in England eingeführt worden. George Stephensons erste „Dampfwagen" qualmten sozusagen unmittelbar unter der Nase Nathan Rothschilds. Aber als der zu begreifen begann, daß sich unter ihrem Ruß Gold verbarg, waren sie nicht mehr zu haben, denn andere Finanziers hatten sich dieses Geschäft schon gesichert. Natürlich war es unter seiner Würde, sich mit einer Minoritätsbeteiligung und einer Minoritätsrolle zu begnügen. So alarmierte er wenigstens die Brüder auf dem Kontinent.

Salomon in Wien verstand sofort die Zeichen der neuen Zeit. Er ging wagemutig ans Werk. Aber in Österreich – gewiß das am wenigsten fortschrittliche Regime jener Tage – war man davon überzeugt, daß Wagen, die nicht von Pferden gezogen wurden, ebenso ins Reich der Utopie gehörten wie der Sozialismus. Um die öffentliche Meinung umzustimmen, entsandte Salomon eine Studienkommission nach England, die aus dem Edlen von Wertheimstein, seinem Prokuristen und Generalbevollmächtigten, und dem Professor Franz Xaver Riepel vom Wiener Polytechnikum bestand, einem der ersten Verteidiger der Eisenbahn in Österreich.

Die beiden kehrten mit einem Bericht zurück, der in technischer wie finanzieller Hinsicht optimistisch, ja begeistert war. Freilich konnten auch sie weder übersehen noch verschweigen, daß es selbst im liberalen England Widerstand gegen die rauchenden Ungetüme gab. In einigen britischen Grafschaften mußte ein Postillon stets fünfzig Meter vor der Lokomotive herreiten, um die ländliche Bevölkerung mit Rufen und Trompetensignalen vor dem nahenden Scheusal zu warnen. Der Landadel, der seine Pferde so liebte, hielt natürlich die Neuerung für eine schreckliche Plage. Und einer der besten Freunde Nathans, der Herzog von Wellington, meinte lapidar, daß die Eisenbahnen lediglich die niedrigen Klassen ermutigen würden, unnütz herumzureisen.

Salomon las den Studienbericht höchst aufmerksam, mußte aber das Projekt zunächst zurückstellen. Denn die Pariser Juli-Revolution des Jahres 1830 hatte eine wirtschaftliche Krise zur Folge, die seine volle Aufmerksamkeit beanspruchte. Aber er wurde sich mehr und mehr klar, daß große Gewinne zu erwarten waren, wenn erst einmal eine österreichische Nordbahn Salz aus Galizien und Kohle aus Schlesien mit geringen Kosten nach Wien bringen würde.

1832 hatte sich die Wirtschaftslage wieder beruhigt. Jetzt konnte Salomon losschlagen, mit Macht und im stillen, wie es seine Art war. Zunächst erwarb er überall im Land die Pferdebahnen (die übrigens ausgerechnet dem Vater von Émile Zola gehörten), um so erst einmal Zugang zum Beförderungswesen zu finden. Dann stellte er zahlreiche Ingenieure an und ließ die gesamte vorgesehene Strecke genau vermessen.

Nicht viel später, im April 1835, lag auf dem Schreibtisch des Kaisers Ferdinand II. in der Hofburg ein schwungvolles, poetisches und um das Gemeinwohl höchst besorgtes Dokument. Mit der Anrede „Allerdurchlauchtester Großmächtigster Kaiser! Allergnädigster Kaiser und Herr!" beginnend, pries es „so unzählige und so augenfällige Vorteile in Bezug auf die hierdurch beabsichtigte Steigerung des öffentlichen Wohlstandes, Wohlbehagens, Handelsaufschwungs, des Staatseinkommens, Grundeigenthums und der innigen Verbindung so entfernter Provinzen, die eine Eisenbahnverbindung von Wien nach Galizien mit sich bringen würde", und erbat für ihre Errichtung das „Allerhöchste Wohlgefallen". Die Petition schloß im Stil der Zeit: „Es erstirbt in tiefster Unterwürfigkeit / Eurer Majestät / aller unterthänigster / treu gehorsamster / *S. M. von Rothschild.*"

Fürst Metternich befürwortete das Gesuch, und da sein Großmächtigster Kaiser nicht viel anderes zu tun hatte, als zu unterschreiben, was der Kanzler für richtig hielt, wurde die Petition huldvoll genehmigt. Am 11. November 1835 erhielt Rothschild die Konzession für den Bau der ersten Eisenbahnlinie von europäischer Bedeutung – von Wien nach Bochnia in Galizien, eine Strecke von fast 400 Kilometern. (Die K. K. Postverwaltung hatte allerdings noch durchgedrückt, daß der Baron ihr eine Entschädigung würde zahlen müssen, falls die eisernen Ungeheuer einen zu großen Teil des Postgeschäfts an sich reißen sollten.)

Man schätzte die Kosten des Unternehmens auf 12 Millionen Gulden, die Salomon finanzierte. Er legte 12.000 Aktien zu je

1000 Gulden auf, wobei er 8000 für sich zeichnete und 4000 zum öffentlichen Verkauf freigab, wobei streng der Reihe nach bedient wurde, wer sich meldete. Die faszinierende Kombination der zwei Zauberworte „Rothschild" und „Eisenbahn" sorgte dafür, daß man sich in Finanzkreisen um die Aktien riß.

Anders reagierte die breite Öffentlichkeit. Wenn die Eisenbahn schon in dem fortschrittlichen England auf Widerstand gestoßen war, dann verursachte sie im rückschrittlichen K. und K. Österreich wahre Ausbrüche von Empörung. Man verdammte Salomon in Grund und Boden dafür, daß er mit den Teufeleien, die ins zwanzigste Jahrhundert passen mochten, in den Frieden eines Staates einbrechen wollte, dessen Ideal das achtzehnte war. Die Wiener Presse prophezeite Fürchterliches, und Sachverständige bewiesen unwiderlegbar, daß Rothschilds Projekt eine Ausgeburt des Wahnwitzes sei. Denn die Atmungsorgane des menschlichen Körpers könnten eine Geschwindigkeit von mehr als 25 Kilometern in der Stunde nicht ertragen. Die Lungen würden bersten, die großen Adern verhängnisvoll verlagert werden. Den Reisenden werde das Blut aus Augen und Nase, Ohren und Mund fließen. In jedem Tunnel von mehr als 50 Metern Länge müßten die Reisenden in allen Wagen ersticken, und der Zug werde am Ausgang herausrasen wie eine Kutsche, der die Pferde durchgegangen sind. Niemand sollte einen Dampfwagen besteigen, ohne sich von seinem Hausarzt begleiten zu lassen, der notfalls beim Lokomotivführer eine sorgende Hand an die Bremse legen könne.

Auch eine Vielzahl von Ärzten warnte mit Nachdruck, zumeist auf den Titelseiten der Zeitungen. Neurologische „Sachverständige" ließen Kassandrarufe ertönen: Das menschliche Nervensystem, ohnehin durch neumodische Reize überbeansprucht, müsse vollkommen zusammenbrechen, wenn man es noch der Anspannung einer Reise in der Eisenbahn unterwerfe. Die Menschen würden Amok laufen. Es sei anzunehmen, daß die Geschwindigkeit dieser Maschinen die Männer zum Selbstmord treiben werde und die Frauen zu sexueller Raserei. Aus England, so hieß es, habe man Berichte, nach denen ahnungslose Zuschauer durch den Anblick dieser dahinjagenden rauchenden Eisenschlangen unrettbar dem Wahnsinn verfallen seien. Sollte es wirklich Rothschild gestattet werden, solche Greuel im lebensfrohen Wien zu entfesseln?

Es gelangten aber auch noch andere Berichte aus England nach Wien, Berichte finanzieller Natur. Sie stammten von den ersten Eisenbahn-Gesellschaften und stellten eine keineswegs unangenehme Lektüre dar. Salomons Konkurrenz in Österreich, insbesondere das Bankhaus Sina, fand diese Geschäftsberichte sogar ungemein appetitanregend. Deshalb sah Sina es nur allzu gern, daß in der öffentlichen Diskussion Rothschild als Prügelknabe herhalten mußte, während er in aller Stille eine Konzession auf eine Südbahn von Wien zur Adria beantragte und diese auch erhielt.

So sah sich Salomon von zwei verschiedenen Seiten her angegriffen, und seine Situation war recht schwierig. Die sonst so guten Beziehungen, die er zur Wiener Presse unterhielt, nützten dieses Mal gar nichts, denn seine journalistischen Freunde wagten es einfach nicht, sich gegen den Volkszorn zu stellen. Und bei Fürst Metternich fand Salomon zwar die denkbar beste Unterstützung, aber Sina repräsentierte ebenfalls Macht und Einfluß, und es gab keine Möglichkeit, eine der Konkurrenz auf dem ordentlichen Verwaltungsweg erteilte Lizenz aufzuheben. Mehr noch: Als Salomon eine Konzession für eine nordöstlich verlaufende Anschlußstrecke seiner eigenen Linie beantragte, sah er sich gezwungen, mit Sina in regelrechten Wettbewerb zu treten. Aber ein Rothschild verfügte meistens nicht nur über mehr Geld als die Konkurrenz, sondern auch über mehr Einfälle und Ideen. Um aus der Sackgasse herauszukommen, sorgte Salomon dafür, daß wieder eines seiner schwungvollen Gesuche auf dem Schreibtisch des kaiserlichen Herrn landete. Abgefaßt in der Form eines vorläufigen, aber zu den schönsten Hoffnungen Anlaß gebenden Berichts über die Fortschritte „des großen Nationalwerkes, nämlich der Wien-Bochnia-Eisenbahn", gipfelte es in einer meisterhaft formulierten Bitte:

„Der unterthänigst treu gehorsamst Gefertigte glaubt nun noch einen ehrerbietigen Schritt wagen zu müssen, welcher darin besteht: Euer Majestät ehrfurchtvollst zu bitten, daß Aller-Höchst Dieselbe zu erlauben geruhen mögen, der Wien-Bochnia-Eisenbahn den denkwürdigen Namen Kaiser-Ferdinand-Nordbahn beilegen zu dürfen."

Gleichzeitig erhielt Fürst Metternich einen Brief: Gemeinsam mit Seiner Durchlaucht dem Fürsten selbst und unter seiner Führung mögen, so bat Rothschild, Seine Exzellenz der Finanzminister Graf von Mittrowsky und Seine Exzellenz der Staats- und Conferenz-Minister Graf von Kolowrat das Protektorat über die Eisenbahn übernehmen.

Wie stets, so konnte man auch dieses Mal auf Metternich bauen: Der Staatskanzler und die übrigen Exzellenzen übernahmen das Protektorat „über die großartige und wichtige Unternehmung", und der Finanzminister empfahl dem Kaiser sehr nachdrücklich, Rothschilds Gesuch zu bewilligen, wobei er wie folgt argumentierte: „Dieses Werk von einer Großartigkeit, wie kein anderes bisher in Europa – mit allem, was sich noch weiter daraus entwickeln wird –, bleibt ein ewiges Denkmal des ersten Jahres der Regierung Eurer Majestät."

Am 9. April 1836 erging ein kaiserlicher Erlaß, durch den huldvollst verkündet wurde, Rothschilds Linie dürfe von nun an den Namen „Kaiser-Ferdinand-Nordbahn" tragen. Rothschild war es gelungen, zwei Fliegen mit einer Klappe zu schlagen: Die österreichische Regierung hatte sich mit dem Schicksal und dem Wohlergehen seines Projekts – und nicht mit dem Sinas – identifiziert, und das ruhmreiche Haus der Habsburger hatte geruht, den „Wahnwitz" der Eisenbahn mit dem ganzen Gewicht seines Namens gutzuheißen. Angesichts dieser überwältigend günstigen Auspizien brach die Opposition zusammen. Die Schlacht schien gewonnen; es blieb die Aufgabe, den Bau durchzuführen.

Dieser Sache widmete sich Salomon nun selbst. Zwei Wochen nachdem der Kaiser der Bahn seinen Namen gegeben hatte, berief Rothschild die erste Generalversammlung der Aktionäre ein. Er erklärte sich bereit, die ihm persönlich erteilte Konzession uneingeschränkt an die Gesellschaft abzutreten. Es wurde ein provisorischer Aufsichtsrat gebildet, man genehmigte Voranschläge, Pläne und dergleichen mehr. Aber dann hieß es plötzlich, Rothschild sei ein Schwindler und Hochstapler.

Inner- und außerhalb der Gesellschaft machte sich neue, unerwartete Gegnerschaft bemerkbar. Insgeheim von Sina geschürt, arbeitete sie mit einer Denkschrift, die von Hand zu Hand ging. Jetzt griff man nicht die Idee der Eisenbahn als solche an (schließlich wollte ja Sina selbst eine Linie bauen), aber es wurde unterstellt, daß hier Mißbrauch getrieben werde mit erlauchten Namen. Vor allem wurden massive Vorwürfe gegen alle erhoben, die mit der Planung der Nordbahn zu tun hatten. Es seien dabei schwerste Fehler unterlaufen, wie man in höchst wissenschaftlich-technischer Formulierung nachzuweisen suchte: Eindrucksvoll klingende Bedenken über zu hohe Steigungen, über die Beziehung zwischen der Krümmung der Kurven und der Zugleistung der Lokomotive wurden vorgebracht. Die Denkschrift

119

schloß mit der Behauptung, es sei ein Skandal, daß Rothschild völlig
unfähige Leute beauftragt habe, derlei Probleme zu lösen. Insbesondere aber wartete man mit Zahlen auf, die beweisen sollten, daß die
wirtschaftliche Zukunft einer *Nord*bahn nur katastrophal sein könne.

Die Denkschrift erregte so viel unliebsames Aufsehen, daß selbst
der Hof sie nicht zu ignorieren vermochte. Der sonst so passive
Monarch wurde unruhig. Er richtete ein „Allerhöchstes Reskript" an
Metternich: Was denn an den vielfachen nachteiligen Gerüchten über
die Wien-Bochnia-Eisenbahn, die seinen Namen trage, sei. Der Kanzler solle ihm berichten, ob es Schwierigkeiten beim Fortschritt der
Bauarbeiten gegeben habe und welcher Art diese seien.

Jetzt bewies Salomon Rothschild, daß er wie eh und je seinen
Gegnern nicht nur gewachsen, sondern überlegen war. Unverzüglich
gewann er Franz Xaver Riepel, Professor am Polytechnischen Insti-
tut, der sich ja in England persönlich über Werden und Wesen der
Eisenbahnen informiert hatte, für ein umfassendes Gegengutachten.
Riepel unterzog sich dieser Aufgabe gern und widerlegte schlagend
alle technischen und wirtschaftlichen Einwände Punkt für Punkt.
Dann holte der siegesgewisse Rothschild zu einem Meisterschlag aus.
Er bot allen Aktionären an, ihre Aktien zum vollen Preis zurückzukaufen und damit wieder all jene Rechte, die er freiwillig aufgegeben
hatte, mit seinem Namen zu verknüpfen. Denn er sei bereit, als
Alleinbesitzer und einziger Aufsichtsrat das Unternehmen fortzufüh-
ren, falls ihm die Generalversammlung nicht ihr volles Vertrauen
aussprechen und die Genehmigung zum sofortigen Bau der Bahn
erteilen sollte.

Die Schlacht wurde gewonnen. Man sprach ihm das Vertrauen
aus, und man erteilte ihm die Genehmigung. Von 83 stimmberechtig-
ten Aktionären gaben 76 ihr Votum für Rothschild ab. Die Opponen-
ten mußten aus dem provisorischen Aufsichtsrat ausscheiden. Salomon, der sich in diesen Kämpfen als meisterhafter Stratege und
glänzender Diplomat erwies, konnte schließlich noch den besorgten
Brief Seiner Allerhöchsten Majestät in einen Pluspunkt für die Nordbahn umbuchen und ihn der Öffentlichkeit als ein Zeichen besonders
warmer Anteilnahme des Landesvaters für die Eisenbahn präsentieren, die er mit seinem Namen ausgezeichnet hatte. Das Haus Rothschild dankte ganz offiziell für diesen weiteren Beweis Seiner Majestät
allerhöchster Sorge um das Gedeihen der Kaiser-Ferdinand-Nordbahn.

So hatte Salomon die öffentliche Meinung gewonnen. Die bedeutendsten Ingenieure im Staatsdienst – darunter der Hofbaurat Francesconi – wurden beurlaubt, um an dem so lange hinausgezögerten Bau mitwirken zu können. Mit beachtlicher Geschwindigkeit wurde die Strecke fertiggestellt, wenn sich auch die ursprünglichen Voranschläge – wie das bei derartigen Berechnungen oft der Fall ist – als zu niedrig erwiesen. Österreich war zum Pionier des Eisenbahnbaus auf dem europäischen Festland geworden: Am 7. Juli 1839 konnte die erste Teilstrecke der Bahn – von Wien nach Brünn – in Betrieb genommen werden. Vielleicht wäre der Jubel der festlichen Menge etwas gedämpft worden, hätte sie geahnt, daß der nächste Tag schon einen Zusammenstoß bringen würde, erfreulicherweise nur unbedeutend, aber immerhin das erste Eisenbahnunglück auf dem Kontinent.

Die Eisenbahnpassagiere wurden – entgegen allen Prognosen der ärztlichen Sachverständigen – keine Amokläufer, wohl aber die Eisenbahnaktien: Ihr Kurs schoß, nach einigem anfänglichen Schwanken, rapid in die Höhe.

b) Frankreich

Der österreichische Sproß des Hauses Rothschild hatte mit dem Bau der Kaiser-Ferdinand-Nordbahn einen wichtigen Beitrag zum allgemeinen Fortschritt und zu seinem eigenen Wohlstand geleistet. Sein Bruder in Frankreich wollte ihm darin nicht nachstehen. James Rothschild baute schon im Jahre 1837 die Eisenbahn von Paris nach St-Germain und im Jahre 1839 die Strecke von der Hauptstadt nach Versailles. Nach diesen ersten beiden Erfolgen machte er sich daran, die „Chemin de Fer du Nord" ins Leben zu rufen, die Paris mit den Industriegebieten im Norden des Landes verbinden sollte – ein für jene Zeit gigantisches Vorhaben.

Es begann ganz ähnlich wie in der Donaumonarchie. Auch in Frankreich gab es „Experten", die mit Gutachten und Schlagzeilen voller pessimistischer Voraussagen aufwarten konnten. Sie prophezeiten nicht nur all die gesundheitlichen Schäden, vor denen man in England und Österreich gewarnt hatte, sondern malten weitere Greuel aus: Glühende Funken werden Wälder und Felder in Brand stecken. Der Lärm wird die Bauern aus dem Frieden ihrer Häuser vertreiben. Das Vieh wird toll werden. Rauch und Ruß werden Wiesen, Blumen und Gebüsch vernichten. Kurz: Die Eisenbahn wird – so behaupteten die „Sachverständigen" – Frankreich in eine Wüstenei verwandeln.

In Österreich hatte schließlich die Regierung gegen dieses Geschrei Stellung genommen. In Frankreich war es anders. Schon im Jahre 1835 war dem französischen Parlament der Vorschlag unterbreitet worden, eine staatseigene „Dampfwagenbahn" zu bauen; man hatte die Anregung als utopisch, ja lächerlich, verworfen. Doch nun drang Rothschild mit Nachdruck auf Genehmigung einer Konzession für ein privates Eisenbahn-Unternehmen. Der Ministerpräsident des Königs, Monsieur Thiers, gab zwar nach, aber er war kein Metternich. Er sagte: „Man muß diese Bahn den Parisern wie ein Spielzeug geben. Aber sie wird niemals einen Reisenden oder auch nur ein Gepäckstück transportieren."

Da waren aber noch andere Kräfte, mit denen sich James auseinanderzusetzen hatte. Zwar nicht so hochgestellte Persönlichkeiten, aber darum nicht minder gefährliche, zum Beispiel ein gewisser Jules Mires, ein Mann ganz besonderer Begabung. Seine Karriere begann in Bordeaux, wo er ein Skandalblatt herausgab, dessen Sensation die zahlreichen Todesanzeigen waren. Das wäre noch nichts Besonderes gewesen. Aber bei jeder Todesanzeige veröffentlichte Mires auch den Namen des behandelnden Arztes, dem es nicht gelungen war, seinen Patienten zu heilen. Was blieb den Medizinern von Bordeaux anderes übrig, als Mires den Mund zu stopfen? Als reicher Mann kam Mires nach Paris. Wieder gab er ein Skandalblatt heraus. Doch jetzt nahm er sich die Eisenbahn vor. Das *Journal des Chemins de Fer* brachte nichts als wüste Geschichten von Eisenbahnunfällen, Eisenbahnbetrügereien und Eisenbahngreueln. Und je wilder sich sein Blatt gebärdete, desto reicher wurde Mires, der sich von Fall zu Fall sein Stillschweigen abkaufen ließ.

„Beau James" ließ sich weder durch die Nadelstiche noch durch das Geschrei stören. Er arbeitete in jenem großen Stil, der für ihn charakteristisch war. Die Aktien der „Chemin de Fer du Nord" im Wert von 150 Millionen Francs wurden in Umlauf gebracht. Minister, Abgeordnete und Journalisten erhielten Aktien für insgesamt 7,5 Millionen Francs kostenlos und ohne jedes Aufsehen. Schlagartig gingen diesen Repräsentanten der öffentlichen Wohlfahrt die Augen auf – jetzt erkannten sie die Segnung, welche die Rothschildschen Eisenbahnen bringen würden. Der Bau ging schnell voran, und am 15. Juni 1846 versammelten sich die Vertreter der Krone, des Parlaments und auch der Presse, um Baron James zur Eröffnung *seiner* Nordbahn zu beglückwünschen.

Doch damit waren die Schwierigkeiten noch lange nicht zu Ende. Die Lokomotivführer, Pioniere dieses neuen Berufs, machten Fehler. Drei Wochen nach der Einweihung der Eisenbahn nahm ein Zug eine Kurve zu schnell: 37 Menschen fielen diesem ersten großen Eisenbahnunglück zum Opfer. Die Katastrophe erregte größtes Aufsehen. Gegen Rothschild, als den Präsidenten der Bahn, brach ein antisemitischer Verleumdungsfeldzug los. Eines der giftigsten Geschosse war eine Broschüre, die unter dem Titel „Die Geschichte Rothschilds I., Königs der Juden" weite Verbreitung fand. Ihr folgte ein Gegenpamphlet mit dem Titel „Antwort von Rothschild dem Ersten, König der Juden, an Satan den Letzten, König der Verleumder".

Das Interessante an der letztgenannten Veröffentlichung ist, daß sie ohne James Rothschilds Auftrag und Kenntnis in der Hoffnung auf seine Dankbarkeit geschrieben war. Als aber der Autor an ihn herantrat, zahlte er ihm keinen Sou. Denn wenn er schon bestechen oder seine Interessen in anderer Weise fördern wollte, dann tat er dies, seines Status eingedenk, in großem Stil. Kleinliche Verleumdungen und Gegenverleumdungen dieser Art widerten ihn an. Außerdem lagen die Schienen, und die Ursachen für die Schwierigkeiten wurden eine nach der anderen behoben. Die Nordbahn konnte sich auf Grund ihrer Leistungen dem Urteil der Öffentlichkeit stellen.

Das große Experiment wurde zum großen Erfolg. Die „Chemin de Fer du Nord" stärkte den Nationalstolz und das Nationalvermögen in Frankreich nicht weniger als jene Nordbahn in Österreich, die den Namen des Kaisers Ferdinand trug. Genau wie sein österreichischer Bruder hatte der französische Rothschild sich durch die Eisenbahn eine große neue Einnahmequelle gesichert und gleichzeitig der industriellen Revolution einen gewaltigen Auftrieb verschafft.

Aber es gab schließlich nicht nur die Möglichkeit, Eisenbahnen in *nördlicher* Richtung laufen zu lassen. Es gab noch drei andere Himmelsrichtungen – und eine ganze Reihe von Leuten, die sich für intelligent und wagemutig genug hielten, es mit den Rothschilds aufzunehmen. Als Ergebnis des erbitterten Wettbewerbs auf dem Gebiet des Eisenbahnbaus entstand ein internationales Konkurrenz-Kartell, das fast überall den Rothschild-Banken in den verschiedenen Ländern den Krieg erklärte. Dieser mächtige neue Feind bedeutete eine ernste Gefährdung für die bisher unbesiegbaren Rothschilds.

Und ein anderer, noch rascher zupackender Feind hatte inzwischen bewiesen, daß sie sich von anderen Sterblichen nicht unterschieden: Als der internationale Finanzangriff begann, war der größte der Rothschilds nicht mehr unter den Lebenden, um Seite an Seite mit den Brüdern dem neuen Feind entgegenzutreten.

4. Er ist tot

Mitte Juni 1836 wurden die Bürger von Frankfurt Zeuge eines Festes, wie man es bis dahin nicht erlebt hatte: Die größte Familie der Stadt feierte ihre großartigste Hochzeit. Lionel Rothschild, der älteste Sohn Nathans, ging den Bund der Ehe mit Charlotte Rothschild ein, der ältesten Tochter seines Onkels Carl.

Aus London und Neapel trafen Kolonnen von Kutschen und Karossen ein, die kein Ende nehmen wollten. Sie brachten die Eltern der Brautleute, brachten die Aussteuer und Berge von Geschenken. Aus Paris kam James mit einem Prunk und Pomp wie bisher nur regierende Fürsten. Rossini gehörte zu seinem „Gefolge". Die Kutsche, die Salomon aus Wien nach Frankfurt brachte, glich mehr einem Schloß als einem Verkehrsmittel. Amschel präsidierte, und Gudula – die nun 83jährige Stammutter, die noch lange nicht das Ende ihres Erdendaseins erreicht hatte – verließ ausnahmsweise ihr schmales Ghettohaus, um die Feierlichkeit durch ihre Anwesenheit zu krönen. Es ist fraglich, ob ein Kaiser oder Kanzler jener Tage vermocht hätte, den Reichtum und den Glanz der hier versammelten Familie in den Schatten zu stellen.

Aber selbst diese Familie mußte sich einer höheren Macht beugen, die mitten während der Feierlichkeiten Nathan, dem wichtigsten aller Rothschilds, gebot, von dieser Erde abzutreten. Mit einem Furunkel begann es. Am Hochzeitstag wurde die Entzündung beunruhigend. Nathan verbat sich nachdrücklich jede Hilfeleistung; er bestand darauf, bei der Trauung an der Seite seines Sohnes zu stehen, während der Rabbiner das junge Paar segnete. Beim Festmahl bemerkte Lionel, wie der hoch fiebernde Vater in heftigem Schüttelfrost erschauerte. Rasch wurde der Leidende zu Bett gebracht. Am nächsten Tag lag er in Fieberphantasien und delirierte. Frankfurter Ärzte wurden konsultiert. Kuriere eilten nach England, um Nathans Hausarzt zu holen, den berühmten Benjamin Travers. Er kam – aber zu spät. Die Sepsis hatte sich bereits im ganzen Körper ausgebreitet. Als die Stunde des Todes nahte, erwachte Nathan noch einmal zu voller Klarheit. Er versammelte seine Kinder um sein Lager und gab seine letzten Anweisungen in dem gleichen, kühlen Selbstvertrauen, das ihn ein Leben lang ausgezeichnet hatte. Salomon berichtete am 10. August 1836 an Metternich – zwei Wochen danach –, sein seliger Bruder habe seinen Söhnen gesagt, die Welt werde jetzt versuchen, ihnen ihr Geld abzunehmen, und daher sei es notwendig, vorsichtiger zu sein als bisher. Er habe dabei bemerkt, ob ein Sohn 50.000 Pfund mehr oder weniger besitze, sei gleichgültig. Nicht gleichgültig aber sei es, sondern entscheidend, daß alle einig seien und zusammenhielten: „Als er die letzten religiösen Zeremonien, wie bei uns üblich, empfing, sagte er: ‚Ich habe es eigentlich nicht nötig, so viel zu beten: glaubt mir, ich habe nach meiner Überzeugung gehandelt und nicht gesündigt.‘ Als Salomons Tochter Betty Abschied von ihm nahm, sagte er zu ihr in echt britischer Art: ‚Good night for ever.‘"

So starb Nathan Rothschild in den Nachmittagsstunden des 28. Juli 1836, noch nicht sechzig Jahre alt. Gegen Mitternacht wurden die Brieftauben aufgelassen, die in alle Kontore und zu den Agenten der Rothschilds in allen Ländern die knappe Kunde trugen: Il est mort – Er ist tot ...

Diese drei Worte ließen ganz Europa aufhorchen. Selbst die altehrwürdige *Times* von London schrieb in Superlativen:

„Der Tod des Nathan Mayer Rothschild ist seit langer Zeit eines der wichtigsten Ereignisse für unsere Stadt, vielleicht für ganz Europa ... Unternehmungen wie die seinen hat es bisher in Europa noch nie gegeben ... Wie alle seine Brüder war Mr. Rothschild geadelt worden und hätte sich gleich ihnen Baron nennen können. Dies tat er nicht. Er führte bis zum Ende mit berechtigtem Stolz den Namen, unter dem er eine Position errungen hatte, die ihm kein Titel hätte verschaffen können ..."

Die Beerdigungsfeierlichkeiten in London waren königlich in Stil und Ausmaß. Ein Sonderschiff brachte die Leiche die Themse herauf. Es war typisch, daß der Tote nicht in seinem Wohnhaus aufgebahrt wurde, sondern in New Court, in der Bank. Bei dem Leichenzug von der orthodoxen Synagoge zum East-End-Friedhof waren die Straßen schwarz von Menschen. Noch nie hatten so viele Menschen und darunter so viele Prominente am Leichenbegängnis einer Privatperson teilgenommen. Psalmensingende Kinder aus einem jüdischen Waisenhaus, das der Verblichene reich beschenkt hatte, gingen vor dem Sarg her. Hinter diesem schritten die Söhne und Brüder, während die Frauen nach jüdischem Brauch im verdunkelten Haus warteten. Der Familie folgten die führenden Persönlichkeiten der Weltstadt, der Lord-Mayor, die Sheriffs und Aldermen, viele Angehörige des Adels und die diplomatischen Vertreter von Österreich, Preußen, Rußland, Neapel sowie all der anderen Staaten des Kontinents, mit denen das Haus Rothschild in Verbindung stand.

Sein Grabstein kündet nichts von Reichtum, Ehrungen oder Titeln. Die Inschrift lautet:

> Nathan Mayer Rothschild, geboren in Frankfurt am Main am 16. September 5537 [diese Jahreszahl des hebräischen Kalenders entspricht dem Jahre 1777] als dritter Sohn des Mayer Amschel Rothschild, eines in ganz Europa bekannten und verehrten Mannes, dessen Vorbild er nachstrebte.

Wie im Leben, so war dieser größte aller Rothschilds auch im Tode nicht mehr als ein Glied der Familie. Im Leben wie im Tod blieb er Diener jenes dynastischen Prinzips, das sein Vater, der Patriarch, aufgestellt hatte. Gleich ihm hatte auch er testamentarisch verfügt, daß die Söhne als Partner zusammenhalten und um jeden Preis und mit allen Mitteln die Einheit bewahren sollten. Und wie es im Letzten Willen Mayers bestimmt worden war, so legte auch er fest, daß allein seine Söhne Erben der Firma sein und daß die Töchter und Schwiegersöhne keinerlei Anteil an den Geschäften der Söhne haben sollten. Doch hatte Nathan jeder seiner Töchter, die schon zu seinen Lebzeiten ihre Mitgift und stattliche Geldgeschenke erhalten hatten, testamentarisch 100.000 Pfund vermacht.

Ganz wie der Vater Mayer, so vermied es Nathan, im Testament Angaben über die Einzelheiten seines Vermögens zu machen. Nicht nur die Fortdauer des Familienvermögens, sondern auch der private Charakter dieses Vermögens sollte gewahrt bleiben. Deshalb bestimmte er:

> „... Die Testamentsvollstrecker sowie alle namentlich nicht genannten Verwandten in London oder Frankfurt ersuche ich, sich einzig und allein auf die Ausführung meines Letzten Willens zu beschränken und – da es nicht ihres Amtes ist – keine Auskünfte und keine Vorlegung von Geschäftsbüchern oder Berichten irgendwelcher Art zu begehren."

In einem Brief berichtet Salomon, wie sich Nathans Söhne geschworen haben, das Vorbild der Zusammengehörigkeit und Zuneigung, das ihnen vom Vater und dessen Brüdern gegeben worden war, lebendig zu erhalten: „. . . es wird in keinerlei Beziehung irgendeine Änderung erfolgen."

Manche Änderung erwies sich freilich als unvermeidlich. Wenn auch die Familienbande womöglich noch enger geknüpft wurden, so unterlagen doch die Ziele dem natürlichen Wandel. In den ersten vierzig Jahren des 19. Jahrhunderts waren die Rothschilds die großen Eroberer gewesen. Von da an sind sie große Herren gewesen und geblieben. Drei der Brüder Nathans gehörten zu den Eroberern. Ihre Stärke lag mehr im Erringen als im Bewahren des Besitzes. James, der vierte und jüngste Bruder, erwies sich als Brücke zwischen den Generationen. Er, nur zehn Jahre älter als sein ältester Neffe, war beides: Eroberer sowohl als Bewahrer. Stillschweigend, aber wohl kaum zufällig, fiel nun ihm die führende Rolle innerhalb der Familienrunde zu.

Der Zufall wollte, daß er kurz vor Nathans Tod in Paris einen Palast errichtet hatte, der seiner neuen Rolle, die Familie Rothschild zu repräsentieren, würdig war. Dazu schrieb Heinrich Heine am 1. März 1836:

„Für die schöne Welt von Paris war gestern ein merkwürdiger Tag: die erste Vorstellung von Meyerbeers langersehnten ,Hugenotten' gab man in der Oper, und Rothschild gab seinen ersten großen Ball in seinem neuen Hotel . . . Da ich ihn erst um vier Uhr diesen Morgen verlassen und noch nicht geschlafen habe, bin ich zu sehr ermüdet, als daß ich Ihnen von dem Schauplatze des Festes, dem neuen, ganz im Geschmack der Renaissance erbauten Palaste, und von dem Publikum, das mit Erstaunen darin umherwandelte, einen Bericht abstatten könnte. Dieses Publikum bestand, wie bei allen Rothschildschen Soireen, in einer strengen Auswahl aristokratischer Illustrationen, die durch große Namen oder hohen Rang, die Frauen aber mehr durch Schönheit und Putz, imponieren könnten. Was jenen Palast mit seinen Dekorationen betrifft, so ist hier alles vereinigt, was nur der Geist des 16ten Jahrhunderts ersinnen und das Geld des 19ten Jahrhunderts bezahlen konnte . . . Seit zwei Jahren ward an diesem Palast und seiner Dekoration beständig gearbeitet . . . Es ist das Versailles der absoluten Geldherrschaft."

Doch hätte der Baron in all der Pracht seine Herkunft aus dem Ghetto je vergessen wollen – die Außenwelt war da, um ihn daran zu erinnern. Ihre Härte und Kälte, ihre Angriffslust – Kräfte, die auf ihn eingewirkt, seinen Aufstieg mitgeformt hatten – waren durchaus noch vorhanden und personifizierten sich in anderen Menschen. Und wie um zu beweisen, daß sogar für einen Rothschild das Leben kein sorgenfreies Fest ist, kam die stärkste Bedrohung aus seiner unmittelbaren Umgebung.

5. Raub ohnegleichen

Es ist eine alte Erfahrung, daß große Kämpfer stets auch große Widersacher auf den Plan rufen. James aber schuf sich diese Feinde nicht nur – er beschäftigte sie sogar. Der Chef des französischen Hauses hatte, wie Heine einmal richtig bemerkte, die hohe Begabung, Talente zu entdecken und zu nutzen. Aber wie es manchem geht, der es trefflich versteht, andere für sich einzuspannen, übersah Rothschild eine entscheidende Tatsache: daß es weit einfacher ist, die Fähigkeiten eines anderen zu kaufen als dessen Loyalität. Denn dieser mag insgeheim eigene, dem Zweck seiner Anstellung entgegengesetzte Ziele verfolgen und sich schließlich als gefährlichster, weil mit den inneren Strukturen aufs genaueste vertrauter Feind entpuppen. Und in der Tat: Innerhalb eines Jahrzehnts wurde James mit gleich zwei solcher hochgradigen Renegaten konfrontiert.

Der eine bedeutete für den Fortbestand des Hauses insgesamt zwar eine geringere Bedrohung, setzte aber seinen Schlag um so gezielter unter die Gürtellinie. Unter James' Schützlingen befand sich ein schlanker junger Mann namens Carpentier, den er besonders protegierte. Sein Zahlengedächtnis war schlechthin phänomenal, er war ebenso liebenswürdig wie humorvoll und tüchtig, so daß er bald zum Chefbuchhalter der „Chemin de Fer du Nord" aufrückte und zum engeren Kreis des Barons gehörte. James nahm den hoffnungsvollen jungen Mann auch auf seinen Reisen mit und lud ihn gelegentlich ins Palais Rothschild ein. Überall – sei es am Schreibtisch, im Salon oder während einer langweiligen Reise – bewährte Carpentier sich, gleich glänzend in Erscheinung wie Leistung. Nichts machte ihm Mühe: das Erstellen einer Bilanz so wenig wie das brillante Erzählen einer Anekdote.

Im September 1856 erbat er eines Nachmittags vier Tage Urlaub, die ihm von James sofort gewährt wurden. Sie verabschiedeten sich in einer freundschaftlichen Unterhaltung, deren Inhalt überliefert wurde, weil sie nur allzu rasch historische Bedeutung gewinnen sollte.

In bester Stimmung erwähnte James, es sei ihm soeben gelungen, die Konzession für eine Zweiglinie seiner Eisenbahn zu erhalten, und fuhr scherzend fort: „Wenn diese Nachricht morgen bekannt wird, wird jeder sagen, daß Rothschild schon wieder um hundert Millionen reicher geworden ist."

„Herr Baron", meinte Carpentier daraufhin in der für ihn so

*Anselm (1803–1874), der Sohn Salomons, heiratete am 11. September 1826 seine
Cousine Charlotte (1807–1859), die älteste Tochter Nathans (Bildmitte).
Links Carl und Salomon, rechts Nathan, sein ältester Sohn Lionel und seine Töchter
Louise und Hannah.*

Anselm Freiherr von Rothschild in höherem Alter.

charakteristischen Weise, auf Scherze des Chefs respektvoll einzugehen, „ich mache Ihnen einen Vorschlag: Geben Sie mir von diesen einhundert Phantasie-Millionen dreißig richtige."

James lachte und schenkte ihm spontan seine schwergoldene Uhrkette als Andenken an diesen Tag. Carpentier bedankte sich überschwenglich und ging auf Urlaub.

Aber er kam nicht zurück. Zunächst fiel es kaum auf. Dann kam jedoch der Zahltag. Schon fanden sich die Angestellten des Hauses ein, um ihr Gehalt entgegenzunehmen. Da erst dachte man daran, daß Carpentier ja der einzige Angestellte der Firma war, der die Schlüssel zum Kassenschrank besaß. Man schickte einen Boten in die Wohnung des Chefbuchhalters. Doch diese war leer. Dann wandte man sich an den Bruder des Verschwundenen. Dieser wußte von nichts, erzählte aber, sein Bruder habe ihm mit der Post eine goldene Uhrkette geschickt. Es war die Uhrkette des Barons – ein sinniges Abschiedsgeschenk!

Jetzt mußte man den Baron selbst in Kenntnis setzen, denn nur er besaß die Duplikatschlüssel. James kam und öffnete den Tresor bereits in böser Ahnung: Der gesamte Kassenbestand der Firma – etwa sechs Millionen Francs – war verschwunden.

James, so berichteten später seine Angestellten, erbleichte, faßte sich aber schnell. Er diktierte eine kurze Mitteilung für die Öffentlichkeit, zwei Zeilen nur – die Firma sei bestohlen worden –, und ordnete an, daß die Presse darüber hinaus keinerlei weitere Informationen erhalten solle.

Doch das Schlimmste kam erst. James ließ alle Angestellten zusammenrufen. Dabei stellte sich heraus, daß fünf weitere Buchhalter ebenfalls verschwunden waren. Und mit ihnen eine Fülle von Dokumenten. Jetzt wurde dem Baron klar, daß er es hier mit einem von langer Hand vorbereiteten Plan zu tun hatte. Die Beute der Flüchtigen mußte weit über die vermißten sechs Millionen hinausgehen. Tagelange Nachforschungen ergaben, daß Carpentier ein wahrer Meister der Buchfälschung und der Unterschlagung war. Der Schützling des Barons hatte sich nicht mit den sechs Millionen Bargeld begnügt, sondern auf raffinierteste Weise Aktien gestohlen!

Die Aktien wurden in Paketen zu je tausend Stück aufbewahrt. Carpentier und seine Komplizen hatten aus jedem Bündel zwei- bis dreihundert Aktien entfernt, und zwar jeweils aus der Mitte des Pakets, so daß die Anfangs- und Endnummern unberührt blieben und ein Fehlen nur durch Nachzählen entdeckt werden konnte. Nachdem alle Pakete auf diese Weise dünner geworden waren, hatte die Bande über eine lange Zeit hinweg die gestohlenen Papiere in kleinen Mengen abgestoßen – mit dem Erfolg, daß keinerlei Aufsehen erregt und keinerlei Druck auf die Preise ausgeübt wurde.

Der Schaden war gigantisch: Aktien im Wert von etwa 25 Millionen Francs waren den Defraudanten in die Hände gefallen. Rechnete man die sechs Millionen bares Geld hinzu, so hatte Carpentier insgesamt gut und gern die 30 Millionen beiseite gebracht, die er in seinem letzten Gespräch mit James scheinbar scherzend gefordert hatte. Der liebenswürdige, anstellige junge Mann stellte damit alle anderen Diebe und Schwindler seiner Zeit weit in den Schatten.

Was sollte James tun? Ihm blieb nur ein Weg: parallel zur Polizei eine ganze Armee von Privatdetektiven auf die Verbrecherjagd zu schicken. Kosten spielten keine Rolle. Aber Carpentier hatte seine Flucht genauso scharfsinnig und sorgfältig vorbereitet wie den Raubzug selbst. Ein Jahr zuvor schon hatte er alle Vorbereitungen getroffen, natürlich wiederum mit Geldern der Firma Rothschild. Zunächst war von der Bande für zwei Millionen Francs ein Ozeandampfer angekauft worden, dann unter Decknamen ein Haus irgendwo in den Vereinigten Staaten. Als die Zeit reif war – im September 1856 – kam Carpentier um seinen „viertägigen Urlaub" ein. Er nahm das Bargeld mit und reiste nach Liverpool. Hier warteten bereits seine Komplizen mit dem für die Flucht erworbenen Schiff. Die Maschinen liefen auf vollen Touren, und von der Reling lächelte ihm schon seine Geliebte zu, eine gewisse Mademoiselle Georgette. Carpentier zog sich in seine Luxuskabine zurück – Champagner auf dem Tisch und Georgette auf dem Schoß. Der Dampfer legte ab – man hat von Carpentier nie wieder gehört.

James trug den gesamten finanziellen Schaden aus eigenen Mitteln. Kein zweiter Mann in ganz Frankreich hätte mit gleicher Nonchalance den Verlust von 30 Millionen Francs verwinden können, ohne seine Reserven ernstlich anzugreifen. Was für den Baron schlimmer war als die Höhe des Verlustes, war der Zeitpunkt des Ereignisses. Denn gerade damals sah sich das Haus Rothschild in einen verzweifelten Kampf verwickelt – wiederum mit einem Gegner, den sich James selbst herangezogen hatte. Zum ersten Mal in der Geschichte des Hauses Rothschild ging es dabei um Leben und Tod. Die Existenz der Pariser Firma stand auf dem Spiel.

6. Duell der Titanen

Der zweite Gegenspieler war weit ehrgeiziger und weit gefährlicher als Carpentier. Zunächst hatte auch er sich als sehr nützlich erwiesen. Jacob Émile Pereire war ein Jude portugiesischer Herkunft, der gemeinsam mit seinem Bruder Isaac seine Laufbahn als Journalist begonnen hatte. In den frühen dreißiger Jahren schrieb er eine Reihe von Artikeln über soziale Reformen, über neue Entwicklungen in der Technik, wie es die Eisenbahnen waren, und über Finanzprobleme. Das erste Eisenbahnprojekt des Barons war ja Gegenstand heftiger reaktionärer Angriffe gewesen. Deshalb stellte „Beau James" jeden in seine Dienste, der ihm bei der Abwehr dieser Angriffe helfen konnte, allen voran Monsieur Pereire, der nicht nur ein unerschöpflicher journalistischer Quell fortschrittlicher Ideen zu sein schien: Während des Baues der Strecke Paris–St-Germain bewies er darüber hinaus, daß er von der geschäftlichen Seite der Sache ebenfalls viel verstand.

So kam es, daß James ihm die gesamte Leitung des Baus anvertraute, als er die Strecke Paris–Versailles in Angriff nahm. Die Linie, die auf dem rechten Seine-Ufer lag, wurde wiederum ein eindrucksvoller Erfolg. Aber inzwischen waren die Tage des Monopols vorbei. Achille Fould, ebenfalls ein großer Finanzier, baute ebenfalls eine Eisenbahn von Paris nach Versailles – auf dem linken Seine-Ufer, weshalb Spötter Heinrich Heine von Rothschild als dem „Oberrabbiner des rechten Ufers" und von Monsieur Fould als dem des „linken Ufers" sprach, als sich die Öffentlichkeit mit dem Wettstreit der Titanen befaßte. Aber auch Émile Pereire, der jetzt als Generalbevollmächtigter des Barons James beim Bau der großen Nordbahn fungierte, hielt die Zeit für gekommen, mit der Konkurrenz auf dem linken Ufer der Seine zu liebäugeln.

Es lohnte sich schon, dorthinüber zu schielen, besonders, wenn man auf lange Sicht die veränderte politische Situation ins Kalkül zu ziehen wußte. Die dreißiger Jahre gehörten der Vergangenheit an, und die vierziger gingen zu Ende, und mit ihnen die Tage König Louis-Philippes, der mit Rothschild so intim war. Immer mächtiger wuchs am politischen Horizont die Gestalt Louis Napoleons empor. Nach der Flucht des Bürgerkönigs im Jahre 1848 wurde er Staatspräsident. Mit Louis Napoleon war aber nicht Rothschild gut Freund, sondern Achille Fould. Rothschilds Rivale hatte auf den neuen Herrscher Frankreichs schon in den Jahren des Abenteuers, des Abwartens und des Aufstiegs gesetzt und ihm immer wieder mit Geld ausgeholfen. Jetzt war er sein engster finanzieller Berater. Und am 31. Oktober 1849 ernannte der Präsident ihn zum Finanzminister der Republik.

Nicht lange danach saßen Louis Napoleon, James Rothschild und Émile Pereire in ein und demselben blumengeschmückten Eisenbahnzug beieinander, anläßlich der feierlichen Eröffnung der Nebenstrecke der Nordbahn nach St-Quentin. „Vive l'empereur!" rief das Volk (und in der Tat sollte der Präsident sich bald zum Kaiser machen), manche riefen auch: „Vive Rothschild!" Aber nur Napoleon und Pereire lächelten. James blickte verschlossen, ja grimmig vor sich hin, denn er wußte inzwischen, daß sein Vertrauensmann, sein Generalbevollmächtigter, der da mit Napoleon so frohgemut dem Volk zuwinkte, Verrat im Herzen trug. Pereire war zum Feind übergelaufen.

Genauer gesagt: Pereire *war* der Feind, der bösartigste, der entschlossenste und der mächtigste, mit dem sich die Familie seit ihren Anfängen bis zu Hitlers Zeiten auseinanderzusetzen hatte. Pereire war alles andere denn ein Meisterdieb wie Carpentier, und er begnügte sich auch keinesfalls damit, lediglich seine Chefs zu wechseln. Er wurde Foulds gleichberechtigter Partner und bald noch mehr. Als erstes gründeten beide eine neue, mächtige Gesellschaft, deren eindeutiger Zweck es war, den Riesen Rothschild niederzuwerfen. Fould brachte in die Firma seinen Reichtum und seine Stellung als Finanzminister ein, Pereire, unterstützt von seinem Bruder, sein unerschöpfliches Reservoir an Ideen und seine zielbewußte Energie. Seine reichen Erfahrungen – von den fortschrittlichen Thesen seiner journalistischen Zeit bis zu den Kenntnissen, die er sich als gelehriger Schüler bei James angeeignet hatte – wußte er jetzt trefflich zu nutzen.

Sein Meisterplan – die neue Firma – war eine raffinierte Synthese von sozialistischen Reformabsichten und kapitalistischer Finanzgebarung. Warum, so tönte Foulds Propaganda, sollten nur einige wenige der Nation Kredit geben? Warum sollte hier keine Demokratisierung stattfinden? Hatten nicht auch der Bäcker oder der Schuster an der Ecke das gute Recht, dem Vaterland einige tausend Francs zu leihen, ganz so wie Rothschild mit seinen Millionen? Warum sollte man nicht eine große Volksbank ins Leben rufen, die in der Lage wäre, eine Unzahl kleiner Rinnsale zusammenfließen zu lassen in ein riesiges Reservoir, dessen gewaltige Kräfte und Gewinne dann dem Allgemeinwohl und nicht mehr allein einem eigensüchtigen einzelnen dienen würden?

Am 2. Dezember 1852 wurde Louis Napoleon Kaiser. Etwa gleichzeitig wurde Pereires Idee einer Volksbank Wirklichkeit. Wie ein Blitz schlug die Nachricht von der Gründung ein: Dieses Unternehmen – es nannte sich Crédit Mobilier – legte nicht weniger als 120.000 Anteile auf, jeder zu nur 500 Francs, so daß nicht nur der Bäcker sie erwerben konnte, sondern auch sein Austräger, wenn er nur sparsam genug war. Das war die demokratische Seite des Projekts. Um es auch für die Aristokraten schmackhaft zu machen, schmückten Namen wie die der Fürstin von Leuchtenberg und des Herzogs von Galliera die Liste der Gründer. Da Fould Finanzminister war, konnte er selbst nicht mit unterzeichnen, aber er stand mit seiner ganzen Macht hinter dem Projekt. Pereire saß am Steuer. Er konnte sich rühmen, eine politisch und geschäftlich höchst attraktive Profitmaschine in Gang gesetzt zu haben.

Die Aktien des Crédit Mobilier hielten nur eine knappe halbe Stunde lang ihren Emissionspreis von 500 Francs. Dann begannen sie zu steigen, und am Ende des ersten Verkaufstages waren sie auf 1100 geklettert; am Ende der ersten Woche stand ihr Kurs auf 1600. In der Geschichte der Pariser Börse hatte es seit den Tagen des Aufstiegs von James Rothschild eine solche Sensation nicht mehr gegeben. In die Bank strömte das Geld aus den Sparstrümpfen der Nation, und über ihr strahlte die Huld Napoleons III.

James wußte, daß es nun galt, schnell zu handeln. Er fuhr nach Wien, wo Salomon sich beeilte, ihm eine Audienz bei Kaiser Franz Joseph zu verschaffen. Der Monarch übergab ihm, seinem Generalkonsul in Paris, einen sehr liebenswürdigen Brief an Louis Napoleon. Zwischen den Zeilen konnte man lesen, daß Rothschild – im Gegensatz zu Pereire – eine europäische Wirtschaftsmacht ersten Ranges sei, die sich vor allem des Wohlwollens der großen *legitimen* Herrscher erfreue, und daß man dieser Zusammenhänge eingedenk sein solle, wenn man selbst als Kaiser sich auf das Legitimitätsprinzip stütze.

Dieser Hinweis, so deutlich er war, blieb wirkungslos. Immer mehr flossen alle Finanzgeschäfte des Staates dem Crédit Mobilier zu. Baron James versuchte, weitere Trümpfe auszuspielen. Die Salons wurden zum Kriegsschauplatz.

Eine junge Andalusierin, Eugénie de Montijo, war jetzt immer häufiger auf den Empfängen und Soireen im Palais Rothschild zu sehen. Zunächst begriff niemand, warum und weshalb. Gewiß – sie war sehr schön, und in der Gesellschaft wollte man wissen, Napoleon habe sich erfolglos bemüht, sie zu erobern. Aber mit ihrer Vergangenheit war nicht viel Staat zu machen. Die Mutter hatte sich bei einer Palastintrige in Madrid auf die falsche Seite geschlagen und ihre Stellung als Hofdame der spanischen Königin verloren. Eugénie selbst war erst im Jahr 1850 in Paris aufgetaucht; man konnte kaum behaupten, daß ihr gesellschaftlicher Ruhm vorausgeeilt wäre. Warum also hatte es sich dann Baron Rothschild in den Kopf gesetzt, sie zum Mittelpunkt seiner Gesellschaften zu machen?

Die Antwort ließ nicht lange auf sich warten: In einer geheimen Kabinettsitzung gab Napoleon III. am 31. Dezember 1852 bekannt, er beabsichtige, Eugénie de Montijo zu heiraten. Denn er hatte keine Lust, sich von den alten *legitimen* Herrscherhäusern, die es ihm unmöglich machten, eine standesgemäße Prinzessin heimzuführen, wie ein Parvenü behandeln zu lassen. Er schloß: „Wenn ich schon keine ‚politische Heirat' eingehen kann, so will ich mir wenigstens das Vergnügen einer *mariage d'inclination* leisten können."

Eine Liebesheirat also? Etliche Minister wollten es nicht glauben. Diese Ankündigung konnte nichts anderes sein als ein Schreckschuß, gerichtet gegen jene ausländischen Diplomaten, die seine dynastischen Heiratspläne durchkreuzt hatten. Diese Eugénie Wie-hieß-sie-nur, diese Aufsteigerin zweifelhafter Herkunft sollte Kaiserin werden?! Einfach lächerlich! Und wie bezeichnend, daß ausgerechnet Rothschild, dieser Inbegriff eines Parvenü, sie unter seine Fittiche genommen hatte. Nein – „Tout-Paris" war überzeugt: Das konnte nur eine Finte sein! Denn anders war es gar nicht zu verstehen, daß Seine Majestät in der Öffentlichkeit nicht das geringste über seine angeblichen Absichten verlauten ließ.

Von Pereire gefördert und finanziert, bildete sich vor allem aus den älteren Familien der Gesellschaft eine scharf gegen Eugénie gerichtete Partei. James Rothschild stand an der Spitze derjenigen, die sich für Eugénie engagierten. Die Front des Krieges zwischen Rothschild und dem Crédit Mobilier verlief nunmehr mitten durch die Salons des Zweiten Kaiserreichs. Zur offenen Feldschlacht kam es auf dem Ball in den Tuilerien am 12. Januar 1853.

Im Marschallsaal, der nur der höchsten Prominenz vorbehalten war, geschah es. Wie man es bereits gewohnt war, geleitete Baron James das Fräulein von Montijo in den Saal, einer seiner Söhne hatte ihrer Mutter den Arm gereicht. Der junge Rothschild bemühte sich, für beide Damen noch freie Plätze zu finden. So kam es, daß zur gleichen Zeit Eugénie und die Gattin eines ihr feindlichen Ministers demselben Sofa zustrebten.

Während friedliche Walzertöne durch den Saal schwebten, entluden sich jäh die angesammelten Explosivstoffe. Eugénie war ein klein wenig schneller gewesen. Schon wollte sie sich niederlassen, als die Frau des Ministers laut und scharf verkündete, diese Plätze hier seien nur Damen ihres Standes vorbehalten. Die Spanierin errötete, während die Frau Minister sich schadenfroh niederließ. Sogar die Rothschilds wußten nicht, was sie gegen soviel brüskierende Unhöflichkeit tun sollten.

Doch nun erfolgte das Unerwartete: Kaiser Napoleon hatte den Vorfall aus der Ferne beobachtet. Sofort verließ er die Gruppe, deren Mittelpunkt er gewesen war. Ohne sich um Protokoll und Hofzeremoniell zu kümmern, eilte er dorthin, wo die Schlacht entbrannt war, und geleitete die Damen Montijo zu jenen Taburetts, die für die Angehörigen der Allerhöchsten Familie reserviert waren. Immer noch erklang der Walzer. Aber die Tänzer hielten inne. Und als die Konversation wieder stockend in Fluß kam, wußte die Welt, wer die Schlacht der Kabalen gewonnen hatte.

Schon kurze Zeit später erließ der Kaiser eine Botschaft an das französische Volk, daß er Eugénie als die Frau erwählt habe, „die ich liebe und verehre".

Doch Rothschilds Sieg war ein Pyrrhussieg. James mochte gedacht haben, daß er die Börsenattacken des Crédit Mobilier mit seinem Gegenangriff in Salon und Boudoir abgefangen hatte. Es kam anders. Gerade jener 30. Januar 1853, an dem die Verlobung des Kaisers mit Eugénie in aller Feierlichkeit begangen wurde, brachte dem Baron eine besonders schwere Demütigung.

Abermals bewährten sich Rothschilds Feinde als Meister in der Kunst der Intrige. Pereire beobachtete nicht nur die Börse sehr genau, sondern gleich aufmerksam selbst die kleinsten Kleinigkeiten innerhalb der großen Gesellschaft von Paris. Mit besonderem Interesse hatte er das Geplänkel verfolgt, das sich zwischen James Rothschild und dem neuen österreichischen Gesandten, Graf Hübner, entwickelt hatte. Der Graf verfügte nicht über die Mittel seines Vorgängers; Baron James, nach wie vor österreichischer Generalkonsul in Paris, führte ein unvergleichlich glanzvolleres Haus als der Graf. Hübner versuchte vergeblich, Rothschild als einen Untergebenen zu behandeln. Unmißverständlich gab James zu verstehen, es sei doch wohl an der Zeit, daß Österreich durch einen Grandseigneur in Paris vertreten werde und nicht durch einen aufgeblasenen kleinen Mann, der nicht einmal standesgemäß zu repräsentieren vermochte. Hübner schäumte vor Wut.

Jetzt war Pereires Stunde gekommen. Er goß Öl ins Feuer. Auf der Liste der Gäste für die feierliche Verlobung Napoleons mit Eugénie in der Kathedrale von Notre-Dame stand selbstverständlich auch der Name des Barons Rothschild. Die Einladung ging, wie das Protokoll es vorschrieb, der österreichischen Botschaft zu. Doch diese unterließ es, sie an Baron James weiterzuleiten. Alles, was Rang und Namen hatte, darunter das gesamte diplomatische Korps, war bei der Zeremonie anwesend, mit einer einzigen und ganz ungewöhnlich auffallenden Ausnahme: Baron James de Rothschild fehlte!

Blitzschnell führte Pereire einen Streich nach dem anderen. Der eben errungene Triumph sollte sogleich den nächsten Sieg nach sich ziehen. Schon sah er sich als maßgebliche Finanzmacht Frankreichs, vom Rhein bis zu den Pyrenäen. Doch er war zu klug, um nicht zu wissen, daß man zwar James' Pläne durchkreuzen konnte, daß man ihn damit aber noch lange nicht am Boden hatte. Das Haus Rothschild war ein Riesenbau, tief verankert in fünf Ländern. Wenn man es vernichten wollte, dann mußte der Angriff international vorgetrieben werden.

Daß Baron James de Rothschild bei der Feierlichkeit in Notre-Dame gefehlt hatte, war international kommentiert worden. Die Botschafter, Minister und Konsuln stutzten. Sollten die Rothschilds doch nicht so unangreifbar und unbesiegbar sein? In dieser Atmosphäre hielt Pereire die Zeit für gekommen, auch jenseits der Grenzen zuzuschlagen.

Begonnen hatte der Feldzug in eben demselben Januar 1853 der kaiserlichen Verlobung, als der Crédit Mobilier, kaum zwei Monate alt, den Hebel ansetzte, um zunächst dem italienischen Außenposten der Rothschilds den Garaus zu machen. Das aufsteigende Königreich Sardinien hatte bereits eine Anleihe von James erhalten und schickte sich an, eine zweite aufzunehmen. Jetzt brachte Pereire einige bösartige Andeutungen über den Niedergang der Familie in Umlauf, und das Debakel von Notre-Dame schien bald schon diese Gerüchte zu bestätigen. Zugleich unterbreitete der jugendfrische Crédit Mobilier in aller Stille dem Königreich seine Angebote. Möglicherweise hätte er Erfolg gehabt. Aber Fould war so unvorsichtig gewesen, in einer persönlichen Auseinandersetzung mit Rothschild zu prahlen, daß sich am Mittelmeer große Dinge anbahnten.

James war sehr hellhörig geworden. Nun eilte sein Sohn Alphonse nach Italien, und der Kampf ging im hellen Licht des Tages weiter. Der junge Rothschild verließ die Walstatt als Sieger, hatte sich diesen Sieg aber etwas kosten lassen müssen. Der Ministerpräsident Graf Camillo Cavour schrieb am 2. März 1853 einem Freund: „Sie werden zu schätzen wissen, daß uns die Rivalität einige Millionen eingebracht hat."

Sardinien war jedoch nur die Probe aufs Exempel gewesen. Ja, alle Staaten Italiens zusammen waren kleine Fische im Vergleich zu dem, worum es nunmehr im Ringen zwischen Pereire und Rothschild ging. Der nächste Schlag, zu dem der Crédit Mobilier ausholte, zielte auf Österreich.

Wieder einmal war der Zeitpunkt vortrefflich gewählt. Mit dem Sturz von Metternich hatte die Familie ihren mächtigsten Freund verloren. Der alte Salomon war nun schon 79 Jahre alt und ließ die Zügel schleifen. Da es ihm nicht behagte, nach Wien, das er in den Revolutionswirren verlassen hatte, zurückzukehren, glaubte er, das Wiener Haus von Frankfurt und Paris aus leiten zu können. Vor allem aber: Die Wut, die der österreichische Gesandte in Paris, jener Graf Hübner, auf Baron James de Rothschild hatte, war durch einen neuen Affront zu Siedehitze gesteigert worden. Und diese Situation verstand Pereire für sich zu nutzen.

Was war geschehen? Am Hof Napoleons III. hatte James direkten Einfluß noch nicht gewinnen können. Aber er fand wenigstens Gehör bei Eugénie. So berichtete sie dem Kaiser von der Intrige, deren Opfer Baron Rothschild bei den Verlobungsfeierlichkeiten in Notre-Dame geworden war. Schon beim nächsten Hofball, am 3. März, ging der Kaiser auf James zu und sagte ihm, wie leid es ihm getan habe, daß dieser bei der Zeremonie in Notre-Dame nicht zugegen gewesen sei. Er plauderte sehr angeregt mit ihm und übersah dabei unmißverständlich den österreichischen Gesandten Graf Hübner – eine unerhörte öffentliche Beleidigung. Und Wasser auf Pereires Mühle! Der wußte zwar sehr genau, daß der arme, aber adelsstolze Herr solche Geldleute, wie Pereire selbst einer war, zutiefst verachtete. Bisher hatte man ja auch nur gelegentlich gegen Rothschild zusammengearbeitet. Nach dem aber, was man ihm jetzt angetan hatte, war der Graf zu allem bereit. Jetzt war die Zeit gekommen, ein festes Bündnis zu schließen gegen diese Erzkapitalisten, diese Rothschilds!

Pereire und Hübner führten lange vertrauliche, für beide zufriedenstellende Gespräche. Pereire erfuhr dabei, was er schon vermutet hatte: In Wien sollte ein ganz großes Eisenbahngeschäft zum Abschluß kommen. Österreich besaß nun bereits ein großes Netz von Bahnen, das sich – mit Ausnahme der Nordbahn Salomons und der südlichen Linie Sinas – in den Händen des Staates befand. Aber die Regierung hatte wieder einmal Finanzsorgen, und um sie zu beheben, dachte man daran, die Staatsbahnen zu verkaufen. Wer diese Bahnen in die Hand bekam, konnte unter Umständen den Verkehr und dann vielleicht auch den Handel in ganz Mitteleuropa beherrschen. Pereire hatte aber auch Neuigkeiten für Hübner: Sein Crédit Mobilier war nicht abgeneigt, der Sina-Gruppe hilfreich zur Seite zu stehen, wenn diese die österreichischen Bahnen erwerben wollte.

Fieberhaft wurde zwischen Pereire in Paris und Sina in Wien verhandelt. Die Rothschilds waren sich der Bedrohung sehr wohl bewußt. Sie versuchten, mit eigenen Angeboten der Gefahr entgegenzuarbeiten. Sie wiesen darauf hin, daß Österreich schließlich ihnen die erste Bahn verdankte. Umsonst. Metternich, der alte Rothschild-Protektor, war zwar nach Wien zurückgekehrt, aber nicht zur Macht, und es stand ihm kein willenloser Kaiser mehr zu Diensten. Die Gruppe Pereire-Hübner-Sina drängte energisch nach vorn. Unter der Anleitung des Grafen Hübner nahm ein wichtiger Bevollmächtigter der Sina-Gruppe seine Tätigkeit in Paris auf, so geheim, daß nicht einmal James etwas merkte, und so tüchtig, daß sogar das Kaiserhaus in das feingesponnene Netz verstrickt wurde. Im Verwaltungsrat des Unternehmens, das die Angebote auf die österreichischen Bahnen machte, saß neben den Brüdern Pereire, Achille Fould und Baron Georg Sina auch der Herzog von Morny, Halbbruder Seiner Majestät des Kaisers von Frankreich.

Der Neujahrstag 1855 wurde für Pereire zum Tag des Triumphs. Seine Gruppe kaufte einen großen Teil der Staatsbahnen für eine sehr hohe, aber doch noch günstige Summe. Der Geldgeber, der Crédit Mobilier, hatte damit einen wertvollen Stützpunkt in Österreich erobert.

Pereire versäumte auch nicht eine Sekunde, diesen Stützpunkt weiter zur Alleinherrschaft auszubauen. Er leitete Verhandlungen ein, um auch die restlichen vom Staat kontrollierten Linien an sich zu reißen – die Südbahn, die von Wien nach Triest führte, und die Lombardisch-Venetische Bahn. Und an der Börse ging er mit massiven Angriffen gegen die Rothschildschen Bahnen vor. Getrennt kauften seine Mittelsmänner große Mengen der gegnerischen Papiere auf, um sie dann gemeinsam zu veräußern, wodurch schlagartig der Preis sinken mußte. Das war eine alte und erprobte Methode der Rothschilds. Aber diesmal schienen sich aller Scharfsinn und alle Schlagkraft auf der Gegenseite zu konzentrieren.

Es wurde ein schwarzes Jahr, dieses Jahr 1855. Es bewies wieder, daß die Rothschilds nicht nur genauso verwundbar waren wie andere Menschen, sondern auch ebenso sterblich: Während der bitteren zwölf Monate folgten drei Brüder Nathan ins Grab. Carl starb in Neapel, dann Salomon, der Chef des heiß umkämpften Wiener Hauses, und schließlich Amschel in Frankfurt. Die Brüder, die zusammen gearbeitet und gekämpft hatten, sanken fast wie ein Mann dahin. Die Kantoren rezitierten den Kaddisch, und die Witwen verhängten nach altem Brauch die Spiegel – während der Monate, in denen der Feind an allen Fronten siegreich voranschritt.

Allein übrig blieb James in Paris – und eine Schar von Erben. Das Jahr 1855 ist in der Familiengeschichte ein Jahr der Totenfeiern, aber auch ein Jahr der Erneuerung. Denn es bewies, was die Welt fast schon vergessen hatte: daß die größte Stärke und Kraftquelle der Rothschilds nicht so sehr ihre Brillanz war, sondern ihre eherne Kontinuität. Der Patriarch Mayer hatte sich eine großartige Waffe geschmiedet: seine Söhne, die fünf Brüder. Auch die Brüder konnten nun diese Waffe weitergeben, die sich nach ihrem Tod als die schlagkräftigste erweisen sollte – diese Waffe: *ihre* Söhne.

Pereire verstand sehr viel von den Praktiken und Methoden der Rothschilds, hatte sie ihnen abgeschaut und vorzüglich kopiert. Aber er hatte die Söhne vergessen. Insbesondere hatte er Anselm, den Sohn Salomons, unterschätzt. War es vielleicht gar Tarnung, wenn Anselm einen so wenig überzeugenden Eindruck machte? Als er das Haus in Wien übernahm, war er schon über fünfzig Jahre alt. Er hatte bis dahin ein Kronprinzendasein geführt und in Wien, Paris, Kopenhagen und Berlin sein Leben reichlich genossen, bis sich schließlich in Frankfurt der alte strenggläubige Onkel Amschel seiner annahm und Anselm, nun zum österreichischen Konsul ernannt, wenigstens etwas zu tun bekam. Wie aber sollte ein derart unbedeutender Mann sich dem unaufhaltsam scheinenden Vormarsch eines Pereire in den Weg stellen können?

Pereire war mit seinem Crédit Mobilier zum vorherrschenden

Finanzier des französischen Kaiserreiches geworden, der damals, in den fünfziger Jahren, stärksten Macht des europäischen Festlands. Pereire hatte James in die Enge getrieben, er hatte die Konzession für den Bau von Eisenbahnen in Rußland erhalten, hatte die meisten Bahnen in Österreich erworben, und es sah ganz so aus, als würden ihm die restlichen ebenfalls wie reife Früchte in den Schoß fallen. Um seinen Triumph zu krönen, ging Pereire nun daran, eine eigene Bank in Wien zu eröffnen, ganz nach dem erfolgreichen Vorbild des Crédit Mobilier. Hatte er richtig kalkuliert?

Gerade in Wien sollte er seine erste schwere Enttäuschung erleben. Als das Projekt der Bankgründung den zuständigen Wiener Ministerien unterbreitet wurde, gaben sie zu verstehen, daß ein solches Unternehmen in Österreich bereits existiere: Es gab in Wien schon eine „Volksbank"! Und diese Bank konnte sich ebenfalls höchst prominenter Förderer erfreuen, darunter die Fürsten Auersperg, Schwarzenberg und Fürstenberg. Ihr Name erinnerte sogar deutlich an den der Pariser Konkurrenz: „Creditanstalt für Handel und Gewerbe". Ins Leben gerufen und hauptsächlich finanziert hatte diese Creditanstalt derselbe Mann, der sie nun leitete – Anselm von Rothschild.

Unversehens hatte dieser bis dahin von niemandem beachtete Sproß der Rothschilds zugeschlagen, so klug berechnend, so rasch und so hart wie jeder seiner Ahnen. Seine Creditanstalt hatte nicht weniger als 500.000 Aktien aufgelegt (Pereires Crédit Mobilier seinerzeit nur 120.000), jede zu 200 Gulden. Die Creditanstalt war an der Börse nicht weniger erfolgreich, als es der Crédit Mobilier gewesen war – in kurzer Zeit verdoppelte sich der Wert der Aktien –, aber sie wurde sehr viel klüger und vorsichtiger geführt. Nie war sie, wie Pereires Gründung, auf Gedeih und Verderb den Spekulanten ausgeliefert.

Im Augenblick schien sich Pereire allerdings weniger für die Börse als für Eisenbahnen zu interessieren. Plötzlich ging Rothschild aber auch hier zum Gegenangriff über. Rothschild – das hieß jetzt aber nicht mehr nur Anselm. Die Söhne traten in Aktion! Lionel hatte die Nachfolge Nathans angetreten, und der älteste Sohn von James, Alphonse, hatte die Zügel in Frankreich ergriffen. Die drei Vettern hielten so fest zusammen wie einst die fünf Brüder, und alle drei spielten sie ihre Rolle bei der Leitung der Creditanstalt. Anfang 1856 unterbreitete das neue Triumvirat dem Hof ein derartig lukratives

Angebot, daß der Finanzminister nicht widerstehen konnte: Für insgesamt einhundert Millionen Lire (nach heutigem Geld etwa 3,3 Milliarden Schilling oder 470 Millionen DM) kauften sie die Lombardisch-Venetische Eisenbahn.

Mit diesem Schlag hatten die Rothschilds gleichgezogen. Aber es ging weiter: Jetzt begannen ihre Vertrauensleute an allen wichtigen Börsen Europas den Angriff auf den Crédit Mobilier. Während Pereire alle Hände voll zu tun hatte, um die Position an der Börse zu verteidigen, versetzten ihm die drei völlig überraschend bereits den nächsten Schlag: Anselm, Lionel und Alphonse erwarben die Konzession für die österreichische Südbahn, die mit den alten Rothschildschen Eisenbahnen und der Lombardisch-Venetischen Bahn zu einem imponierenden Verkehrsnetz zusammengefaßt wurde.

Aber auch Pereire war noch nicht am Ende seiner Möglichkeiten. Der Crédit Mobilier verfügte nach wie vor über erhebliche Reserven. Im internationalen Kreditgeschäft vermochte er die Familie noch immer zu unterbieten, wie sich im Jahre 1859 zeigte, als die Rothschilds nahe daran waren, eine Staatsanleihe für Sardinien zu plazieren. Aber der Crédit Mobilier kam ihnen mit Hilfe seiner Angebote und diverser Schachzüge zuvor. Der Premierminister Sardiniens, Cavour, sagte damals: „Wenn wir uns nach der Scheidung von Rothschild mit den Herren Pereire verheiraten, werden wir, glaube ich, sehr gut miteinander auskommen." Wie sich dann herausstellte, war die Anleihe von Sardinien selbst aufgelegt worden, ohne Bankiers. Noch einmal hatte der Crédit Mobilier den Rothschilds in Italien einen Riegel vorschieben können.

Doch Pereires Kräfte und Reserven schwanden dahin. Diese verwünschten Rothschild-Söhne feuerten ganze Salven gegen ihn ab. Ihre Kanonen donnerten an der finanziellen und an der industriellen Front. Aber sie betätigten sich auch als Scharfschützen auf dem Gebiet der Diplomatie: 1859 wurde Graf Hübner plötzlich abgelöst. Neuer österreichischer Botschafter in Paris wurde Fürst Richard Metternich, der Sohn des großen Freundes der Familie Rothschild.

Der Crédit Mobilier mußte sich von den Fronten in Österreich und Italien auf sein Hauptquartier in Frankreich zurückziehen. Die Rothschilds stießen hart nach. Unerbittlich lockten sie ihn auf gefährliches Gelände, und zwar mit überlegener Taktik: In erbittertem Ringen drückten sie durch niedrige Angebote die Kurse solider Investitionen. Wenn es sich aber um problematische Papiere handelte, dann machten sie ihrem Konkurrenten durch geschickte Scheinmanöver Appetit und zogen sich erst im letzten Augenblick zurück. Die Finanzierung des von vornherein zum Untergang verurteilten Kaiserreichs Mexiko unter Maximilian war einer dieser giftigen Brokken, die man in den Mund des Gegners fallen ließ. Pereire schluckte, fluchte, mußte ihn aber hinunterwürgen.

Im Jahr 1860 standen die Aktien des Crédit Mobilier auf 800, was sich recht kümmerlich ausnahm gegenüber den 1600, zu denen sie einst notiert worden waren; immerhin lag der Kurs noch über dem der Emission. Um das Vertrauen nicht zu erschüttern, zahlte man hohe Dividenden – aber aus den Kapitalreserven und nicht aus laufenden Gewinnen. Die Rothschilds stießen weiter nach.

1861 zeigten sich die Vorboten von Pereires endgültigem Zusammenbruch. Sein Verbündeter, Jules Mires, stürzte. Dieser hochbegabte Schwindler, reich geworden mit seinen Skandalblättern über Ärzte und Eisenbahnen, war im Lauf der Zeit über Mätzchen dieser Art hinausgewachsen. Er gehörte nun zu den Beratern des Kaisers Napoleon III., und durch eine klug arrangierte Heirat seiner Tochter war er zum Schwiegervater des Fürsten Polignac geworden. Er stand mit dem Herzog von Morny, Napoleons Halbbruder, und durch diesen mit dem Crédit Mobilier in enger geschäftlicher Verbindung. Die Rothschilds beschlossen, zunächst den Fall Mires zu bereinigen. Die Pariser Sensationspresse, deren sich Mires noch zu bedienen suchte, konnte nichts für ihn und seine höchst zweifelhaften Kapitalanlagen tun, als die Börse mißtrauisch und nervös wurde und Aktionäre mit insgesamt einer Milliarde Francs aus seinen Aktien aussteigen wollten. Wegen Betrugs wurde Mires von der Polizei verhaftet.

Der Mires-Skandal bedeutete eine schwere Schädigung für die Kreditwürdigkeit des französischen Kaisertums, die ohnehin seit Jahren zu wünschen übrig ließ – eigentlich seit dem Tag, an dem man es für richtig gehalten hatte, Baron James auszuschalten. Napoleon III. begann, sich seine Finanzberater sehr genau anzusehen, mit dem Erfolg, daß Achille Fould, sein Finanzminister und die Hauptstütze des Crédit Mobilier in der Regierung, zurücktreten mußte.

Ein Jahr darauf saß er allerdings schon wieder im Ministerium. Pereire eilte in der Hoffnung zu ihm, daß seine Glückstage aufs neue angebrochen seien. Er verlangte von seinem Freund ein Monopol auf alle Staatskreditgeschäfte. Doch nur allzu rasch mußte er feststellen, daß Fould nicht mehr sein Freund war. Der Herr Minister gab sich sehr kühl, sehr zugeknöpft und war sehr beschäftigt. Und genau in diesem Augenblick stieg der Kurs der Staatsanleihen, der bisher betrüblich schlecht gewesen war, plötzlich, und zwar durch anonyme Käufe. Aber es gab in Frankreich nur eine Macht, die ein darniederliegendes Papier wieder hochbringen konnte: die Rothschilds.

Sollte es wirklich möglich sein, daß die Rothschilds halfen? Daß sie mit Fould konspirierten? Zwölf Jahre waren vergangen, seit Pereire die Familie verraten hatte und zu Fould übergelaufen war. Ließ jetzt Fould ihn fallen? War jetzt er von Pereire zu den Rothschilds übergelaufen? Und konnte es sein, daß der Kaiser selbst, der so lange Pereires Alliierter gewesen war, zu den Feinden hinüberwechselte?

Er tat es, und zwar mit Pauken und Trompeten. Am 17. Februar 1862 stattete Kaiser Napoleon III. dem Baron de Rothschild seinen „Staatsbesuch" ab. Das spektakuläre Ereignis spielte sich auf Schloß Ferrières ab, dem neuen formidablen Herrensitz von James.

Als der Kaiser eintraf, hißte man auf den vier Türmen des Schlosses seine Standarten gemeinsam mit den Farben der Familie. Umgeben von einer Schar livrierter Lakaien stand der alte James de Rothschild auf einem schweren grünen Teppich, in den goldene Bienen eingewebt waren, und begrüßte den Monarchen. Dann führte er Seine Majestät durch die Renaissance-Galerien mit den herrlichen van Dycks, Velasquez', Giorgiones, Rubens' und all den anderen Schätzen.

Einem Brauch des Hauses Rothschild folgend, wurde Napoleon, wie jedes Staatsoberhaupt, das Gast der Familie war, gebeten, im Garten eine junge Zeder zu pflanzen. Nachdem der Kaiser dies getan hatte, speiste er von Sèvres-Porzellan, das von Boucher bemalt war, und lauschte Kompositionen, die Rossini eigens für diesen Festtag geschaffen hatte. Dann begab man sich in die weiten Wälder der Rothschilds auf die Jagd. Allein im Laufe dieses einen Nachmittags wurden 1231 Stück Wild erlegt. Als die Gäste in das Château zurückkehrten, empfing sie der Chor der Pariser Oper mit einem Jagdlied Rossinis, dem ironisch zweideutigen *Chœur des chasseurs démocrates*, dem „Chor der demokratischen Jäger" also. Ein Büfett bot erlesenste Genüsse. Als der Kaiser am späten Abend Abschied nahm, fuhr er bis zu den Grenzen des Besitzes durch ein Spalier von Fackelträgern.

An der Festlichkeit hatten auch der britische und der österreichische Botschafter teilgenommen, der Innen- und der Außenminister des Kaisers sowie sein Finanzminister Achille Fould.

Pereire hingegen stand um diese Zeit schon vor dem Untersuchungsrichter. Die Bäcker, Metzger und Schuster und all die anderen kleinen Leute, für deren Tausendfrancsscheine die Bank gegründet worden war, hatten das Vertrauen verloren. Sie riefen nach dem Kadi. Die Katastrophe der mexikanischen Anleihe war nun mit ihren ganzen Auswirkungen in Frankreich spürbar geworden. Aber noch schien eine letzte Rettungsmöglichkeit zu existieren: Pereire und sein Bruder richteten einen verzweifelten Hilferuf an ihren früheren Freund und Protektor, an Kaiser Napoleon.

„Ich werde", so ließ sich das kaiserliche Orakel vernehmen, „alles Mir mögliche tun, um Ihnen zu helfen, denn das Reich ist Ihnen zutiefst verpflichtet. Aber Ich kann Mich weder dem Lauf der Gerechtigkeit in den Weg stellen noch mit ihr selbst in Konflikt geraten."

Das war eine wenig tröstliche Nachricht. Im Dezember 1866 standen die Aktien des Crédit Mobilier auf 600. Als die Gesellschaft im April 1867 einen Verlust von acht Millionen Francs zugeben mußte, fielen sie auf 350, und im Oktober stürzten sie auf den Tiefpunkt von 140. Damit war der endgültige Zusammenbruch des Crédit Mobilier nicht mehr aufzuhalten.

Émile Pereire, der große Stern am Firmament der Börse, sank wieder in das Dunkel, aus dem er aufgetaucht war. Er war nicht weniger tüchtig gewesen als die Familie Rothschild, und er hatte ebenso gute Verbindungen wie sie. Aber ihm standen weder ihre großen Reserven zur Verfügung, noch besaß er ihren untrüglichen Instinkt, der es ihr möglich machte, sehr genau zu unterscheiden zwischen einem vorsichtig kalkulierten Risiko und einer unverantwortlich gewagten Spekulation. Wieder einmal mußte Achille Fould zurücktreten, diesmal endgültig, im Januar 1867; im Oktober desselben Jahres starb er.

Was Napoleon III. betraf, so gab er bald darauf wieder einmal einen Ball in den Tuilerien. James sagte nachdenklich: „Ihr könnt mir glauben!", während wieder einmal das Orchester einen schicksalsträchtigen Walzer spielte – „Ohne Frieden kein Kaiserreich."

Sein *„Pas de paix, pas d'empire"*, dieser berühmt gewordene Ausspruch, sollte sich als richtige Voraussage erweisen. James allerdings, der am 15. November 1868 als 76jähriger starb, hat nicht mehr erlebt, wie sich die Prophezeiung erfüllte: Zwei Jahre später ließ sich Napoleon auf das unglückselige Abenteuer des Krieges mit Bismarcks Preußen ein und wurde bei Sedan gefangengenommen. Die Franzosen setzten ihren Kaiser ab. Als Gefangener bewohnte Napoleon nun Schloß Wilhelmshöhe – eben jenes, von dem der kometenhafte Aufstieg Mayer Rothschilds und seiner Söhne seinen Ausgang genommen hatte. Ihr Erfolg aber erwies sich als dauerhafter als der des Kaisers und seines Bankiers Pereire.

VII

DIE NÄCHSTE GENERATION

1. In der großen Gesellschaft

a) Anselm

Der lange sich hinziehende Kampf gegen den Crédit Mobilier hatte eine andere Entwicklung innerhalb der Familie in den Hintergrund treten lassen: Die Rothschilds waren allmählich in Palästen heimisch geworden. Die fünf Gründer waren (wie es oft bei Gründern der Fall ist) wilde Draufgänger gewesen. Auch ihre Söhne konnten, wenn man sie herausforderte, wacker zuschlagen. Aber dies war weniger typisch für sie als die Tatsache, daß jeder von ihnen ein Mann von Welt war. Jede Generation der Rothschilds verfolgte ihre jeweiligen Ziele kompromißlos. Die Junioren der Familie erreichten – ebenso wie die ihnen folgende dritte Generation – ein Höchstmaß an gesellschaftlicher Stellung mit der gleichen Schwungkraft, mit der die Dynastie ihren Reichtum erworben hatte.

In Österreich, wo die „große Gesellschaft" sich noch immer am schroffsten gegen die Juden abschloß, war der gesellschaftliche Aufstieg der Rothschilds am auffallendsten. Salomons Sohn Anselm wurde im Jahre 1855 Chef des Wiener Zweiges – sieben Jahre nachdem Franz Joseph die Herrschaft über das Reich der Habsburger übernommen hatte. Der junge Kaiser, eine starke, sehr auf ihr Gottesgnadentum bedachte Persönlichkeit, war niemandes Unterschriftenautomat. Weder wollte er einen absoluten Kanzler à la Metternich, noch einen absoluten Bankier, wie der alte Salomon Rothschild einer gewesen war.

Anselms Kontor konnte deshalb nicht mehr an all den Drähten ziehen, deren sein Vater sich so gut zu bedienen verstanden hatte, wenn es um eine Verbindung mit der Hofburg ging. Aber Anselm fand seine eigenen Mittel und Wege. Sein Stil war weniger direkt, er hielt die Zügel mit leichter Hand, jedoch mit nicht geringerem Erfolg. Sein Vater war noch ein Hofjude gewesen; er war ein jüdischer Hofmann geworden. In einem Brief, den Anselm gelegentlich der

146

Rückkehr des Kaisers Franz Joseph von einer langen Reise dem Innenminister schrieb, zeigte er mit großer und eleganter Geste, daß er wie ein Edelmann mit dem anderen zu verkehren wußte: „Nach längerer Abwesenheit . . . zieht der allverehrte Landesvater in seine Residenz ein, alle Herzen schlagen ihm entgegen . . . An dem allgemeinen Jubel den tiefgefühltesten Antheil nehmend, wünsche ich, . . . mein Scherflein beizutragen zur Linderung der Noth von Wien's Hülfsbedürftigen und bitte, Euer Exellenz zu diesem Zweck anliegende 5000 Gulden überreichen zu dürfen, die Euer Exzellenz nach dero Gutachten verteilen mögen."

Man spürt deutlich den ganzen Unterschied zwischen der Unterwürfigkeit des Vaters und der leicht hingeworfenen Eleganz der Sätze im Schreiben des Sohnes. Der alte Salomon mußte sich trotz all seines Reichtums und all seines Einflusses sehr anstrengen, um das Bürgerrecht der Stadt Wien zu erhalten. Sein Sohn Anselm war im Goldenen Buch der Stadt als Ehrenbürger verzeichnet und wurde 1861 Mitglied des österreichischen Reichsrats. Der Jargon des Ghettos war bei ihm noch nicht in Vergessenheit geraten, aber seine Umgangssprache war das „Schönbrunner Deutsch", jenes leichte, musikalische, tänzerisch beschwingte Wienerisch, das vom österreichischen Adel gepflegt wurde und das sich von den anderen deutschen Idiomen unterscheidet wie Seide von Leinen.

Anselms Paläste waren ebenso großartig wie seine Stiftungen für wohltätige Zwecke. Doch verstand er auch, ebenso scharf wie witzig Vergeltung zu üben, wenn Standesdünkel ihm die Anerkennung versagen wollte. Ein Klub in der Nähe von Wien hatte ihm auf Grund antisemitischer Ressentiments die Aufnahme verweigert. Anselms Reaktion war verblüffend: Er ließ für das nahe gelegene Dorf eine moderne Abwasser-Kläranlage anlegen, und zwar so, daß sie mit Sicherheit Augen und Nasen der Herren des Klubs stark beeindrucken mußte. Prompt sandte man ihm eine Mitgliedskarte. Aber der Ausbau der so störenden Anlage wurde unermüdlich fortgesetzt, die Mitgliedskarte ebenso prompt zurückgegeben – jedoch nicht ohne vorher mit Pariser Parfüm ebenfalls in eine Geruchsdemonstration verwandelt worden zu sein.

b) Lionel und seine Brüder

Am temperamentvollsten und zugleich auf völlig andere Weise gelang in England der Einbruch in den Jahrmarkt der Eitelkeiten namens „High-Society". Freilich ging es auch dort nicht über Nacht. Nathan war so plötzlich gestorben und außerdem so verhältnismäßig früh im Zuge des Aufstiegs der Familie, daß die Erben in London zunächst einmal ihre geschäftlichen Fähigkeiten unter Beweis zu stellen hatten, bevor sie an die Tore des Tempels der großen Gesellschaft klopfen konnten.

Als Nathans ältester Sohn übernahm Lionel die Führung am New Court. Aber an der Börse sah man eher seine Agenten als den jungen Rothschild selbst. Die „Rothschild-Säule" stand einsam und verlassen. Deshalb und weil er sich, wie die meisten hochgestellten Engländer seiner Zeit, in einem gewissen Maße (und zwar an der Universität Göttingen) Bildung erworben hatte, weil er sich außerdem sehr englisch und sehr vornehm gab, faßte die Konkurrenz Mut. Der gefürchtete Nathan hatte sich von derlei Dingen niemals ablenken lassen. Man begann zu hoffen, daß die wilden Rothschilds nunmehr zahm geworden waren. Mußte dies nicht eine Chance für die Konkurrenz bedeuten?

Auf diese Frage gab es sehr bald eine schlüssige Antwort. Unter den Aufgaben, die Lionel als dem Erben zugefallen waren, befand sich der Abschluß einer geplanten Regierungsanleihe in Höhe von 20 Millionen Pfund; der Betrag sollte in den britischen Kolonien an die bisherigen Besitzer der eben befreiten Sklaven als Entschädigung gezahlt werden. Der neue Herr am New Court erledigte diese Angelegenheit mit vollendetem Geschick. Mit gleicher Eleganz brachte er die acht Millionen Pfund auf, welche die britische Regierung 1847 zur Bekämpfung der Hungersnot in Irland benötigte. Und im Jahr 1854 legte er jene Anleihe im Wert von 16 Millionen Pfund auf, die Großbritannien gestattete, den Krimkrieg zu führen.

Alle diese Transaktionen hatten einen gewissen politischen Beigeschmack, und Lionel bewies, daß er ein ebenso feines politisches Fingerspitzengefühl besaß wie sein Vater. Im ersten Fall lag der Nachdruck auf dem „eindeutig liberalen, sklavereifeindlichen Standpunkt" des Parlaments. Die Anleihe zugunsten des hungernden Irland konnte als große karitative Maßnahme gelten, und das um so mehr, als Lionel hierbei auf jeden Gewinn seines Hauses verzichtete.

Und die Anleihe zur Finanzierung des Krimkriegs schließlich bedeutete eine ganz bewußte und einmalige Abweichung von der traditionell kriegsfeindlichen Einstellung des Hauses Rothschild. Da es gegen das antisemitische Regime des Zaren ging, ließen die Rothschilds zeitweilig ihre pazifistischen Bedenken fallen.

Es gab selbstverständlich auch andere Geschäfte, die lediglich um des Verdienstes willen getätigt wurden. Zahlreiche der achtzehn Regierungsanleihen (im Gesamtwert von 1600 Millionen Pfund Sterling!), mit deren Emission Lionel im Laufe der Zeit beauftragt wurde, fallen in diese Kategorie. Das Haus am New Court spielte auch eine entscheidende Rolle bei der Festigung des Einflusses der Rothschilds auf die europäischen Quecksilberminen. Es griff nach Südafrika, wo Cecil Rhodes die Grundsteine für ein Königreich der Diamanten zu legen begann, und investierte erhebliche Gelder in überseeischen Kupferhütten und Nitrat-Unternehmen.

Die neue Generation wandte sich immer mehr von der Methode ab, Gewinne aus Geschäften in der Arena der Politik zu ziehen; die Entwicklung zielte statt dessen auf eine rein wirtschaftliche und daher weniger exponierte Betätigung. In den besten Kreisen der Gesellschaft machte man Geschichte nicht dadurch, daß man sich selbst engagierte, sondern ließ dies andere für sich tun und vergnügte sich selbst auf der Jagd.

Alles dies wußte Lionel sehr genau. Er verstand es, Herrschen durch Würde zu mildern. Sein jüngerer Bruder Anthony galt als einer der tollsten Herrenreiter Englands; er wurde von der Königin geadelt. Der jüngste der Brüder, der wiederum den Namen Mayer trug, züchtete Vollblut, war prominentes Mitglied des Jockey-Clubs und der erste Rothschild, der im Derby siegte. Und um die ganze Skala aristokratischer Lebensweise abzudecken, trat zu den drei Brüdern – dem Patrizier-Bankier, dem Baronet und dem Sportsmann – noch ein vierter, Nathaniel: Körperlich durch die Folgen eines Jagdunfalls behindert, lebte er als Ästhet und Freund der schönen Künste in Paris. Hier sammelte er Kunstschätze, war Hausherr eines führenden Salons, und da es ihm Spaß machte, über eine eigene Weinmarke zu verfügen, erwarb er die berühmten Weinberge von Mouton, in der Nähe von Bordeaux.

Jeder der drei in England ansässigen Brüder spielte seine eigene Rolle im Gepränge des Englands der Königin Victoria. Um mit Lionel zu beginnen, muß zunächst Gunnersbury Park erwähnt werden.

Nathan Rothschild hatte das vor den Toren der Großstadt gelegene Gut im Jahre 1835, noch kurz vor seinem Tode, als eine Stätte der Erholung gekauft; es war früher Wohnsitz von Prinzessin Amelia gewesen, der Tochter Georges II. Aber berühmt wurde der Landsitz erst, nachdem ihn Lionel, der ihn geerbt hatte, im Laufe der Jahre so glanzvoll ausbaute, daß es – sah man einmal von den Besitzungen der Königin ab – nichts Vergleichbares in England gab. Gunnersbury hatte Seen mit vielen Schwänen, hier stand eine herrliche italienische Villa inmitten von Pergolen und Blütenspalieren. Wundervoll beleuchtete Spazierwege führten durch riesige Blumenbeete, angelegt in Form großer Körbe und eingefaßt mit Heliotrop und Kletterrosen. Außerdem konnte man einen ausgedehnten japanischen Garten durchwandern, mit Riesenbambus, kleinen Bächen, Steinbrücken, Palmen und Tempeln. Als der Botschafter des Mikado seinen ersten Besuch dort abstattete, soll er gesagt haben: „Wunderbar! In ganz Japan haben wir nichts dergleichen."

Die Empfänge und Diners, die Lionel zu geben pflegte, entsprachen dem äußeren Rahmen. Nach einem dieser Essen schrieb Disraeli: „Das Bankett konnte an Großartigkeit und Geschmack von niemandem übertroffen werden, auch nicht in Windsor oder im Buckingham Palace."

Eine ländliche *fête champêtre,* im Juni 1845 zu Ehren des Herzogs und der Herzogin von Cambridge sowie der Herzogin von Gloucester begangen, war der unbestrittene Höhepunkt der Saison. Königliche und andere Prinzen, Herzöge, Fürsten, Diplomaten und die Notabeln der City waren erschienen, außerdem weitere fünfhundert prominente Gäste. Man speiste in Zelten, die überall im riesigen Park errichtet waren, lustwandelte im Schein von Tausenden bunter Lampions und lauschte den Primadonnen, Virtuosen und Orchestern, die die schönste Musik aus fünf Hauptstädten Europas darboten.

Nach der Revolution von 1848 ließen sich die höchsten Spitzen der französischen Aristokratie, so die Herzogin von Orléans, der Herzog von Chartres und der Graf von Paris, die Bitternis des Exils in Gunnersbury Park versüßen. Auch der Kardinal Wiseman folgte gern Lionels Einladungen nach Gunnersbury, um damit, wie es hieß, zu demonstrieren, daß er nicht die Praxis des Kirchenstaates billige, der noch immer die Juden in Ghettos einsperrte. Anläßlich eines Besuchs in Gunnersbury wurde der Kardinal zum Anlaß des einzigen Ausbruchs religiöser Vorurteile, der sich je auf diesem jüdischen

Besitz ereignete: Ein protestantischer Gast weigerte sich, an der Tafel Platz zu nehmen, an der auch der katholische Würdenträger saß.

1857 wurde auf Gunnersbury die Hochzeit von Lionels ältester Tochter, Leonora, gefeiert. Ein Zeitgenosse berichtet, daß die Braut „wunderschöne, feucht schimmernde, mandelförmige Augen und einen Teint wie eine Teerose" hatte. Man verglich Leonora mit den berühmtesten Schönheiten des Königreichs, mit der Herzogin von Manchester, mit Lady Constance Grosvenor und Mrs. Bulkeley. Vom Standpunkt der Familie aus war der Bräutigam der einzige Mann, der würdig war, ihren Brautschleier zu lüften: ihr Cousin Alphonse, Sohn ihres Großonkels und zukünftiger Chef des französischen Zweigs der Familie. Beim Frühstück am Hochzeitstag spielte die Kapelle des Leibgarderegiments auf. Alles, was zur High-Society gehörte, nahm an der Trauungszeremonie teil. Unter dem traditionellen Trauhimmel, den die Brüder der Braut hielten, wurde Leonora de Rothschild Baronin Alphonse de Rothschild. Als erster erhob der französische Botschafter sein Glas zum Toast auf die junge Frau, und nach ihm taten das gleiche ein ehemaliger und ein zukünftiger Premierminister des britischen Empires: Lord John Russell und Benjamin Disraeli.

Mit der ihm eigenen poetischen Beredsamkeit sagte Disraeli: „Unter diesem Dach sind die Spitzen des Hauses Rothschild vereint. Ein Name, der Weltruhm in jeder Hauptstadt Europas, ja in jedem Winkel des Erdballs genießt, eine Familie, die nicht so sehr ihres Wohlstandes wegen geachtet wird als vielmehr wegen ihrer Ehre, ihrer Lauterkeit und ihres Gemeinsinns."

Acht Jahre später heiratete Lionels zweite Tochter, Evelina. Wiederum hatte der Vater den einzig möglichen jungen Mann als Partner erkoren, ihren Vetter Ferdinand von Rothschild, Sohn des Chefs der Firma in Österreich. Unter den vierzehn Brautjungfern sah man junge Damen aus den erlauchtesten Familien: eine Montgomery, eine Lennox, eine Beauclerk. Der Erste Lord der Admiralität brachte den ersten Toast auf die Rothschilds aus, und wie Jahre vorher pries Disraeli, wie immer geistreich, die gastgebende Familie.

Diese Hochzeit zeichnete sich durch einige pikante Details aus. Nathans älteste Tochter, die Mutter des Bräutigams Ferdinand, war für immer in ihre englische Heimat zurückgekehrt, denn Anselm, ihr Mann, der Chef des österreichischen Hauses, war nicht nur auf neue Eisenbahnlinien aus, sondern auch auf immer neue Freundinnen. Das eheliche Zerwürfnis vermochte jedoch nicht, die Geschlossenheit der

Familie zu beeinträchtigen, wofür die Anwesenheit aller österreichischen Rothschilds Zeugnis ablegte. Aber auch der österreichische Botschafter war erschienen.

Ein weiteres Beispiel für die Unbekümmertheit der Familie lieferte ein Vorfall, der noch von Generationen britischer Juden mit Schmunzeln nacherzählt wurde: Benjamin Disraeli, der spätere Lord Beaconsfield, war ein getaufter Jude, und so konnte der Vater der Braut es sich nicht verkneifen, den prominenten Gast aufzuziehen, als der Kantor die Segenssprüche anstimmen sollte. So laut, daß die ganze Hochzeitsrunde es hören mußte, fragte der Schwiegervater den künftigen Premierminister: „Ben, hier sind so viele Christen anwesend, daß der Kantor gern wissen möchte, ob er die Gebete nur lesen oder sie singen soll wie in der Synagoge." – „Ach", antwortete Disraeli, „laß sie ihn doch bitte singen. Ich hör' so gern die alten Melodien."

Nicht minder bemerkenswert an dieser zweiten Hochzeit war aber auch ihr Schauplatz: Sie fand nicht in Gunnersbury Park statt, sondern im Haus Piccadilly Nr. 148. Hier hatte Lionel sich ein neues Palais errichtet. Es lag in unmittelbarer Nachbarschaft von Apsley House, wo der Herzog von Wellington residierte, und war bald ebenso berühmt. Sechs Stockwerke hoch, war es ein Wunderbau der Viktorianischen Zeit: herrlich das Treppenhaus aus weißem Marmor, überwältigend groß der Ballsaal, riesenhaft die kostbaren bestickten Atlasvorhänge, in Marmor, Gold und Purpur strahlend die Salons und Speiseräume. Jeder Stuhl demonstrierte, wie ein Witzwort der Zeit es sagte, „goldechte Sicherheit". Die Einrichtung war unbeschreiblich luxuriös. Da gab es ein silbernes Tafelservice von Garrard, das insgesamt an die 300 Kilo wog, da gab es das berühmte apfelgrüne Service aus Sèvres-Porzellan, zum Teil von le Bel bemalt (ein gleiches Service war das Hochzeitsgeschenk der Familie Rothschild für die jetzige Königin Elizabeth). Vom obersten Stockwerk hatte man einen einzigartigen Ausblick auf den Hyde Park und den Green Park sowie auf den eisernen Gartenstuhl des Herzogs von Wellington, den dieser auf das Dach seines Hauses hatte stellen lassen, um von dort aus zusehen zu können, wenn die Truppen vorbeimarschierten, ohne selbst gesehen zu werden.

Disraeli hat einmal gemeint, „nirgends in London ißt man so gut" wie im gastfreien Hause Lionels. Und dort haben sich auch einige der Ereignisse im Leben dieses Genies abgespielt, die entscheidende Bedeutung erlangten.

Eines Abends bat ihn die Baronin Rothschild: „Mr. Disraeli,

möchten Sie bitte so nett sein, Mrs. Wyndham Lewis zu Tisch zu führen?" Worauf sie zur Antwort bekam: „Ach, jede andere lieber als diese unerträgliche Person!" Aber er gehorchte, nicht nur bei dieser Gesellschaft, sondern bei vielen folgenden im Haus Rothschild, und als Mrs. Lewis frei wurde, heiratete er sie und gewann in ihr die unentbehrliche Stütze für seine lange und zu den höchsten Höhen führende Karriere.

Einen denkwürdigen Höhepunkt erreichte diese Karriere während einer seiner zahlreichen Mahlzeiten im Hause Rothschild. Es war am Sonntag, dem 14. November 1875. Damals war er bereits einige Jahre englischer Regierungschef. Während des Essens brachte ein livrierter Diener auf silbernem Tablett ein Telegramm für Lionel. Als Lionel den Brieföffner in die Hand nahm, begann ein Geschehen von ähnlicher Dramatik wie jenes Kapitel der Familiengeschichte, das die Überschrift „Waterloo" trägt.

Die Nachricht stammte von einem Pariser Vertrauten des Barons. Rothschild überflog sie und faßte dann den Inhalt mit wenigen Worten zusammen: Der nahezu bankrotte Khedive von Ägypten habe seine Suezkanal-Aktien der französischen Regierung angeboten, sich jedoch mit ihr bisher noch nicht über den Preis einigen können.

Rothschild und Disraeli blickten einander an. Jeder wußte vom anderen, daß er das gleiche dachte: Der Suezkanal – das war der strategische Schlüssel für den Weg nach Indien und zu den Reichtümern der Welt. Schon seit langem hatte Großbritannien die Hand auf ihn legen wollen, aber nie war es der Regierung Ihrer Majestät gelungen, den Khediven auch nur verhandlungswillig zu machen. Jetzt aber war er offensichtlich in so verzweifelter Situation, daß er bereit war, seine 177.000 Anteile an denjenigen zu veräußern, der als erster den geforderten Preis zahlen würde.

Schließlich fragte der Premierminister lediglich: „Wieviel?"

Diese Frage leitete Lionel sofort telegrafisch nach Paris weiter. Der Braten wurde kalt, denn keiner der Herren zeigte Appetit. Auch das Dessert ging unberührt zurück, obwohl Lionel süße Früchte sonst überaus gern aß. Mit dem Kognak endlich kam die Antwort: 100 Millionen Francs oder vier Millionen Pfund in Gold.

„Wir akzeptieren", sagte der Premierminister.

Baron Lionel reagierte nur mit einem langgezogenen „Ah!" Für ihn war die Spannung, die für die Welt erst beginnen sollte, bereits vorbei.

Am darauffolgenden Montagmorgen wurde in Downing Street die Information, die man am Tag zuvor durch Rothschild erhalten hatte, aus anderer Quelle bestätigt. Disraeli war sich mit seinem Kabinett darüber einig, daß England das Eisen schmieden mußte, solange es heiß war. Es galt die Chance wahrzunehmen, bevor andere Länder auch nur Kenntnis von ihr erhielten. Größte Geschwindigkeit war genauso wichtig wie strikteste Geheimhaltung. Aber die Sache hatte ihre Schwierigkeiten: Das Unterhaus befand sich in Ferien und konnte deswegen die Summe nicht bewilligen. Auch an die Bank von England konnte sich Disraeli nicht wenden, um von ihr in aller Eile das Geld zu bekommen, denn es war der Bank gesetzlich untersagt, der Regierung während der Parlamentsferien Anleihen zu gewähren. Die Bank von England wäre zudem gar nicht in der Lage gewesen, eine so gewaltige Summe flüssigzumachen, ohne damit den gesamten Geldmarkt in Unordnung zu bringen. Und die übrigen Großbanken hätten ihre Präsidenten frühestens erst dann zu so gigantischen Zahlungen ermächtigen können, wenn sich ihre Aufsichtsräte in umständlichen Sitzungen dazu geäußert hatten.

In einem Brief an die Königin Victoria gestand Disraeli: „Es bleibt uns kaum noch Zeit zum Atmen!"

Aus all dem ergab sich notwendigerweise jener einzige Schritt, der sich in Baron Lionels erwartungsvollem „Ah!" angedeutet hatte. Disraeli berief nochmals sein Kabinett ein, erhielt dessen Zustimmung, öffnete rasch die Tür, sprach nur das eine, vorher vereinbarte Wort „Yes", und schon sprang sein Sekretär in eine bereitstehende Kutsche und eilte in das Büro am New Court. Dort wartete Lionel und aß mit Behagen süße Muskateller-Trauben. Er ließ sich dabei auch nicht dadurch stören, daß man ihm mitteilte, die britische Regierung benötige bis spätestens morgen vier Millionen Pfund.

Lionel brauchte zwei Sekunden, um noch schnell eine Beere zu verzehren, und erwiderte kurz: „Soll sie haben", und damit war die Geschichte für ihn erledigt.

Achtundvierzig Stunden später konnte die erstaunte Welt in der Londoner *Times* lesen, daß die Firma N. M. Rothschild & Sons dem Khediven vier Millionen Pfund gutgeschrieben habe und daß dafür alle seine Suezkanal-Aktien in den Besitz der Regierung Ihrer Majestät übergegangen waren. Damit hatte England, bisher Eigner nur eines kleinen Teils der Aktien, die bestimmende Majorität erworben. Jetzt kontrollierte Großbritannien die Schlagader des Welthandels.

Jubelnd berichtete Disraeli am 24. November 1875 der Königin: „Alles ist erledigt. Der Kanal gehört Ihnen, Majestät. Wir sind der französischen Regierung zuvorgekommen. Vier Millionen Pfund! Und bar auf den Tisch! Nur eine einzige Firma konnte das leisten – die Rothschilds."

Der Wert der Anteile, die für jene vier Millionen erworben worden waren, wurde 1935 auf 93 Millionen Pfund geschätzt, und die Dividenden, die England erhielt, waren fast von Anbeginn an wesentlich höher als die drei Prozent Zinsen, die Lionel berechnete. Im Geschäftsjahr 1936/37 verdiente England am Suezkanal 2,248.437 Pfund; das stellt eine Verzinsung von über 56 Prozent des ursprünglichen Kaufpreises dar! Disraeli zeigte sich auf seine Art erkenntlich. Schon vor jenem Ereignis hatte er sich bei der Familie so revanchiert, wie nur er es konnte: In seinem erfolgreichsten Roman, *Coningsby*, zeichnete er mit den „Sidonias" das Bild einer reichen, mächtigen, bewunderten, intelligenten und – leicht zu identifizierenden jüdischen Familie. Und als größtes Kompliment stattete der Autor ihre Mitglieder gar mit Wesenszügen seiner eigenen Person aus.

c) *Landsitze*

Lionels Haus Piccadilly Nr. 148 war nicht der einzige Rothschild-Besitz, wo ein Premierminister dinieren konnte. Ganz in der Nähe, am Piccadilly 143, besaß Ferdinand Rothschild sein Palais im Louis-seize-Stil mit einem herrlichen weißen Ballsaal, und auf Nummer 142 residierte nicht minder großartig seine Schwester. Mayer hatte das Haus Nr. 107 bezogen, jenes alte Westendgebäude, das noch vom Stammvater Nathan erworben und bewohnt worden war. Nicht weit entfernt, am Grosvenor Place, hatte Nathans zweiter Sohn Anthony seine fürstlichen Gemächer, und ganz in der Nähe, am Seamore Place und am Hamilton Place, begannen sich Lionels Söhne ebenso komfortabel einzurichten. Bald nannte man die ganze Gegend „Rothschild Row" – ein wahrhaft phantastisches Gegenstück zur Frankfurter Judengasse.

Schon Nathans Gattin hatte in der idyllischen Einsamkeit des grünen Buckinghamshire begonnen, einen Landsitz zu schaffen. Als gute jüdische Familienmutter war sie davon überzeugt, daß sich ihre armen Söhne im Ruß der City überarbeiteten, und so erwarb sie im Tal von Aylesbury Grund und Boden für eine Jagd. Ihr jüngster Sohn,

Mayer, begeisterte sich sofort für dieses Idyll und sicherte sich die Dienste des nämlichen Joseph Paxton, der für Prinz Albert den Glaspalast auf dem Londoner Ausstellungsgelände errichtet hatte. Paxton erbaute für Mayer eine Supervilla im anglonormannischen Stil, der ihr Besitzer den Namen Mentmore Towers gab. Er richtete das Schloß mit kostbaren Intarsienmöbeln, Gobelins, Vasen, Teppichen und anderen Kunstschätzen ein, die der Stolz so manchen Museums gewesen wären. Umgeben war es von Gärten, Parks, Wiesen, Weiden, Rennställen und einem Gestüt. Lady Eastlake hat von Mentmore Towers gesagt: „Selbst die Medici auf der Höhe ihres Ruhmes haben so nicht gewohnt."

So wurde Mayer eigentlich mehr auf Wunsch seiner besorgten Mutter nicht ein blasser Asphalt- und Schreibtischtyp, sondern ein lebensfroher Baron, der wie kaum ein zweiter in England Meister war in allen ritterlichen Künsten, im Jagen, Reiten und Schießen, und zudem ein denkbar gastfreies Haus führte. In Mentmore Towers brillierte Delane, der Chefredakteur der Londoner *Times*, mit seinen geistreichen Attacken gegen die eben genannte Lady Eastlake, einen der berühmtesten Blaustrümpfe ihrer Zeit, die nicht minder geistreich zu antworten wußte. Premierminister Gladstone vermittelte, der Literaturkritiker und Poet Matthew Arnold machte seine Zwischenrufe, und William Makepeace Thackeray saß meist schweigend und höflich lächelnd daneben, um nur manchmal ein Bonmot beizusteuern. Eines davon wurde so berühmt, daß man es Talleyrand zuschrieb, der es angeblich bei einem Diner der französischen Rothschilds gesagt habe. Als Eastlake sich wieder einmal über die Damenmode ausließ, bemerkte der Dichter: „Die Garderobe der Damen ähnelt allzuoft einem Wintertag. Sie fängt zu spät an und hört zu früh auf."

Auf einem anderen Landsitz der Rothschilds hat Thackeray sehr viel romantischere Worte gefunden. Mayers älterer Bruder, Baron Anthony, hatte sich ein Landhaus in Aston Clinton erbaut, nicht weit von Aylesbury, und es ebenso reich, aber weit geschmackvoller eingerichtet als sein Bruder. Hier waren die Großen der Zeit oft und gern zu Gast: Robert Browning, Lord Tennyson, Gladstone und Disraeli, die sich gegenseitig abwechselnden Premierminister, Matthew Arnold und Thackeray. So brauchten Baron Anthonys Töchter nur im Herrenzimmer ihres Vaters den klugen Gesprächen zu lauschen, um den denkbar besten Unterricht in der zeitgenössischen Literatur und Politik Englands zu genießen.

Um auf die romantischen Worte zurückzukommen: Thackerays Verehrung für die Baroness Anthony in Aston Clinton stand in nichts jener nach, die Heine für die Gattin des Barons James in Paris empfunden hatte. Thackeray hat von ihr in seinen *Pendennis* folgende berühmte Schilderung gegeben: „Gestern sah ich eine jüdische Dame mit ihrem Kind auf dem Schoß. Von ihrem Gesicht strahlte ein so liebreizender Schein auf das Kind, daß man meinen konnte, sie wären beide von einer Gloriole umstrahlt. Ich gebe gerne zu, ich hätte vor ihr niederknien und in ihr die göttliche Güte verehren mögen."

Eine Mutter zu haben, die ein Dichter besungen hat, ist für die Tochter zweifellos reizvoll. Aber einem jungen Mädchen sind Geschenke noch lieber. Doch was kann man einer Rothschild-Tochter schenken? Constance, die ältere Tochter Anthonys, spielte gern Lehrerin. Also verehrte ihr der Papa – eine Schule. Darüber vermerkte Constance, gerade sechzehn Jahre alt geworden, in ihrem Tagebuch: „Mein Vater fragte mich, was ich zu meinem Geburtstag haben wolle. Ohne Zögern antwortete ich: ‚Eine Schule.' Mein Wunsch wurde erfüllt. Ich durfte den Grundstein für das neue Schulgebäude legen."

Alle Pracht von Mentmore Towers und Aston Clinton wurde noch weit in den Schatten gestellt durch Tring Manor, Lionels Landsitz. Da er ja schon das Haus Piccadilly Nr. 148 und vor den Toren der Stadt Gunnersbury Park besaß, zog er sich erst als alter Herr aufs Land zurück. Aber als er sich dazu entschloß, geschah dies mit einer Großartigkeit, wie sie dem ältesten Sohn und Haupterben Nathans anstand. Er erwarb Tring Estate in Hertfordshire, einen Besitz von 3500 Morgen, der an die Ländereien seiner Verwandten in der Grafschaft Buckinghamshire grenzte. Dafür legte er (ohne Einrichtung und Kunstschätze!) eine Viertelmillion Pfund an, und das aus guten Gründen. Denn Tring Manor war eine der schönsten Schöpfungen des 17. Jahrhunderts; der Bau stammte von Sir Christopher Wren, dem Architekten der St.-Pauls-Kathedrale, und König Charles II. hatte das Schloß seiner Herzensdame Nell Gwynn zum Geschenk gemacht. Dort hatte sie, die einstige Orangenverkäuferin von der Drury Lane, als „Madame Pompadour" des Inselreiches hofgehalten, getanzt und getafelt.

Hier, wo noch immer das Monogramm N. G. von allen Gesimsen und Zimmerdecken herab grüßte, hielt nun Lionel seine ländlichen Feste ab. Der neue Eigentümer schätzte diese Erinnerungen an eine nicht sehr rühmliche Vergangenheit allerdings nur recht wenig. Er hatte viel Sinn für Würde; deshalb nahm er auch den Titel eines Barons an, den sein Vater abgelehnt hatte, und veranlaßte seine Brüder, das gleiche zu tun. Auch den deutschen Familiennamen *von* Rothschild verwandelte er in das noblere französische *de* Rothschild. Der alte Nathan hatte sich noch ohne jedes Adelsprädikat beerdigen lassen, aber sein Sohn fand doch eine Möglichkeit, ihn noch postum zu adeln. Auf den Grabstein seiner Mutter ließ er einmeißeln: „Baroness Hannah de Rothschild, Witwe des verstorbenen Barons Nathan Mayer de Rothschild."

Ein Mann wie Lionel pflegte, wie nicht anders zu erwarten, um seinen Kamin weniger die Künstler zu versammeln, die man in den Häusern seiner Brüder antreffen konnte, als vielmehr Persönlichkeiten von der Art eines Disraeli und Gladstone, Politiker also, und dazu die Magnaten der Industrie und der Börse. Aber zuweilen war es, als spuke immer noch etwas aus der leichtlebigen Zeit der Nell Gwynn durch den steifen Pomp der Viktorianischen Zeit. Saßen da eines Tages bei einem Herrendiner in Tring Manor zwei Minister nebeneinander. Der eine hatte eine mächtige Glatze, der andere auch, aber das sah man nicht, denn er trug eine Perücke, die üppigen Haarwuchs vortäuschte. Ein Bediensteter hatte das Pech, sich mit einem Knopf seiner Livree im Toupet zu verfangen, das daraufhin zu Boden viel. Bestürzt hob der Diener es auf, um das Haarteil auf die erstbeste Glatze zu stülpen, die er vor sich hatte – leider auf die falsche: Zum größten Vergnügen der ganzen Tischgesellschaft hatte plötzlich die kahle Exzellenz die schönsten Haare, und die andere war ebenso plötzlich glatzköpfig geworden.

Außer Tring Manor erwarb Baron Lionel auch die Landsitze Halton und Ascott Wing. Vom Leben auf all diesen Gütern erzählen heute noch viele Geschichten und Anekdoten. Unter der sorgfältigen Pflege der Rothschilds gediehen die reichen Herden besser als je zuvor, und auch das Wild erfreute sich bester Pflege. Die Rebhuhnjagden bei Anthony Rothschild wurden ebenso sprichwörtlich wie die auf Rotwild in den Wäldern von Mentmore.

Eines freilich bedrückte den altansässigen Landadel. Bestand nicht die Gefahr, daß diese Rothschilds den gut christlichen Charakter von Buckinghamshire veränderten? Sollten sich etwa die anglikanischen Gefilde in ein neues Judäa verwandeln? Aber die reichen Andersgläubigen bewiesen sehr bald, daß nichts zu befürchten war. Kirchen wurden renoviert, neue Orgeln eingebaut, und die Pfarrherren lebten besser als je zuvor unter christlichen Kirchenpatronen. Wenn der Bischof von Oxford auf seiner Firmungsreise in diese Gegend kam, verstand es sich von selbst, daß er und sein ganzes Gefolge in Anthonys Aston Clinton zu Gast waren.

Die ganze Überlegenheit der Rothschilds machte sich jedoch nicht nur in solchen noblen Gesten gegenüber der herrschenden Religion geltend, sondern im Verlauf eines faszinierenden Geschehens, bei dem sie den genau entgegengesetzten Weg beschritten: Diese Familie, die dem mosaischen Glauben ihrer Väter treu geblieben war, erklomm die höchsten Sprossen der gesellschaftlichen Stufenleiter in einer christlichen Welt, gerade weil sie jüdischer war als die meisten Juden.

2. „König der Juden"

Der gleiche Lionel, der so großen Wert darauf gelegt hatte, daß sich auch die anderen Mitglieder seines Familienzweigs Baron nannten, vergaß sofort alle angelsächsische Würde, wenn es um Dinge des Glaubens ging. Kam das Laubhüttenfest heran, dann brachte er selbst die Palmenzweige am New Court an, und wann immer ein Rabbiner in London heiratete, konnte das Hochzeitspaar mit Freuden feststellen, daß auch ein Geschenk von Rothschild eingetroffen war, meist eine ganze Wagenladung voll. Bei jedem jüdischen Neujahrsfest erhielten die Synagogen Londons große Körbe mit Blumen und Früchten, denen ein Kärtchen beilag: „Mit den besten Wünschen von N. M. Rothschild & Sons." Das Haus am New Court blieb natürlich an Samstagen geschlossen. Und immer noch benutzte man bei Depeschen gern jiddische oder hebräische Ausdrücke als eine Art Code. Als eines Tages einer der Agenten Lionels in Erfahrung gebracht hatte, daß bei einem Krieg in Südamerika der Waffenstillstand bevorstand, kabelte er: „Herr Scholem wird bald erwartet", wobei „Scholem" für das hebräische Wort „Schalom" stand, das „Friede" bedeutet. Auch die Baronin Lionel war fromm; sie gab einen Band jüdischer Gebete und Betrachtungen heraus, die sie zusammengetragen hatte.

Der Baron selbst ging noch viel weiter. Wir werden noch erfahren, wie hartnäckig er den scheinbar völlig aussichtslosen Kampf um die volle Gleichberechtigung der Juden im britischen Parlament führte. Und als er endlich allen Schwarzsehern zum Trotz im Unterhaus einen entscheidenden Sieg für die Emanzipation der Juden errungen hatte, da humpelte er, durch die Gicht schon halb verkrüppelt, auf die Tribüne der Neuen Synagoge und rief aus: „Ja, wir sind emanzipiert. Aber wenn die Emanzipation auf Kosten unseres Glaubens gehen sollte, dann wäre sie ein Fluch und nicht ein Segen!"

Damit folgte er eigentlich nur einer Tradition der Familie. Sein Onkel Salomon in Wien zum Beispiel, der noch der Generation der Gründer angehört hatte, hatte stets sehr genau gewußt, wieviel Druck man mit welchem Takt auf welche Regierungsstelle ausüben durfte. Aber wenn es sich darum handelte, seinen Glaubensgenossen zu helfen, dann war seine Hilfsbereitschaft fast ohne Maß und Ziel. So hatte eines Tages ein Jude namens Moses Roquirol eine Herde wertvoller Merinoschafe nach Wien gebracht und sich an Rothschild gewandt, wie er diese wohl am besten veräußern könne. Salomon erschien die Sache so dringend, daß er sich gar nicht erst auf branchenkundige Freunde verlassen wollte, sondern direkt an den Kanzler Metternich schrieb: „Ich nehme mir die Freiheit, Eure Durchlaucht gehorsamst zu bitten, diesem Mann Hochdero alles vermögende Fürsprache angedeihen zu lassen, wenn, wie es wohl nicht zu bezweifeln ist, sich hierzu in den Salons Eurer Durchlaucht im Verein alles dessen, was die Hauptstadt an Glanz bietet, günstige Veranlassung ergibt, denn ich bin überzeugt, daß auf diese Weise allein das Vorhaben des Herrn Roquirol mit gutem Erfolg gekrönt werden wird."

Sich vorzustellen, wie sich der Fürst in seinem Salon bei der dort versammelten Creme der Gesellschaft um den Verkauf einer Schafherde bemüht hat, ist nicht ganz leicht. Aber ebensowenig, daß Nathan mitten im kraftvollen Vorwärtsdrängen bei der Eroberung neuer Märkte plötzlich innehielt, um mit Nachdruck zu betonen, daß er keinerlei Wechsel zugunsten irgendeiner deutschen Stadt diskontieren würde, die den Juden ihre vertraglich verbürgten Rechte vorenthielt. Doch genau dies tat Nathan Mayer im Jahre 1820. Zwei Jahrzehnte später war James Rothschild in das große Eisenbahnduell mit Achille Fould verstrickt. Aber er ließ sich von diesem Streit nicht abhalten, gegen Judenverfolgungen in Syrien zu protestieren.

Heine schrieb: „Wir müssen dem Großrabbi der rive droite, dem Baron Rothschild, die Gerechtigkeit widerfahren lassen, daß er für das Haus Israel eine edlere Sympathie an den Tag legte, als sein . . . Antagonist, der Großrabbi der rive gauche, Herr Benoît Fould [Bruder des Achille], der, während in Syrien . . . seine Glaubensbrüder

160

Charlotte (1819–1884), die älteste Tochter Carls. Im Jahr 1836 heiratete sie Nathans Sohn Lionel (1808–1879).

Unter den zahlreichen Palästen, die Lionel erbauen ließ oder erwarb, war auch der Landsitz Ascott Wing. Im Bild: Detail aus der Bibliothek, mit einer großen Deckelvase aus Anthony de Rothschilds chinesischer Porzellansammlung.

*Lionel zog am 26. Juli 1858 nach langen Kämpfen
in das Unterhaus ein.*

*Eine Karikatur auf die Rothschilds und den Einfluß, den sie auf die Herrscher
Europas hatten, aus dem Jahr 1848.*

gefoltert ... wurden, mit der unerschütterlichen Seelenruhe eines Hillel, in der ... Deputiertenkammer einige schöne Reden hielt über ... den Diskonto der Bank."

Als Carl von Rothschild im Jahre 1850 mit dem Kirchenstaat eine Anleihe abschloß, so nicht ohne bei Seiner Heiligkeit darauf zu dringen, das Ghetto in Rom abzuschaffen. Und als Österreich den Juden 1853 neue Beschränkungen auferlegte, indem es ihnen den Erwerb von Grundbesitz verbot (wobei allerdings die Privilegien einiger Familien, z. B. der Rothschilds, unangetastet blieben), beschloß die Familie sofort gemeinsame Strafmaßnahmen der Häuser in Paris und London (mit stillschweigendem Einverständnis des Wiener Hauses), die den österreichischen Staat in seiner Kreditwürdigkeit treffen sollten. James begab sich persönlich in die österreichische Botschaft und wurde so massiv, daß der Vertreter Habsburgs – es war damals der nicht sonderlich judenfreundliche Graf Hübner – sich veranlaßt sah, Wien zu empfehlen, „die Kinder Israel etwas zu besänftigen", denn James sei, „mit einem Wort, außer sich".

Über die gleiche Angelegenheit berichtete Bismarck, damals noch Vertreter Preußens beim Bundestag in Frankfurt, nach Berlin:

„Daß unter Umständen auch andere als rein kaufmännische Rücksichten für das Verhalten der Herren von Rothschild bei Finanzoperationen maßgebend sind, dafür glaube ich den Beweis in dem günstigen Erfolg zu finden, mit welchem Österreich sich die Gelddienste dieses Hauses dienstbar gemacht hat, indem ich überzeugt bin, daß neben den finanziellen Vorteilen, welche die österreichischen Finanzoperationen dem Hause Rothschild bieten, auch der Einfluß, den die kaiserliche Regierung auf die Behandlung der Judenfrage in Frankfurt auszuüben imstande war, mitgewirkt hat."

Einige Zeit später beschloß man in Berlin, den Neffen Amschels und künftigen Chef des Frankfurter Hauses, Mayer Carl Rothschild, auszuzeichnen. Der König von Preußen ernannte ihn zum Hofbankier und verlieh ihm den Roten-Adler-Orden III. Klasse. Aber es war ein ganz besonderer Roter Adler, ein jüdischer sozusagen. Dieser Orden hatte nämlich nicht seine übliche Form, ein Kreuz, sondern es war eigens für den Baron Rothschild eine ovale Version entworfen worden. Anscheinend hielt es Preußen nicht für angemessen, einen Juden mit einem Kreuz zu dekorieren, selbst wenn es sich um eine Auszeichnung handelte und nicht um ein religiöses Symbol.

Der Baron machte Bismarck gegenüber aus seinen Gefühlen kein Hehl: War es nicht seltsam, einen Mann zu ehren und ihn gleichzeitig

161

zu diskriminieren? Aber in Berlin schien man nicht zu begreifen. Im Jahre 1857 verlieh die preußische Regierung dem Baron Mayer von Rothschild abermals einen Orden, diesmal den Roten Adler II. Klasse, aber wiederum in der Form eines Ovals. Es schien fast, als habe man einen neuen Orden „Zum Gelben Stern" erfunden. Offensichtlich hielt man in Berlin diesen Rothschild für eine zwar außergewöhnlich wichtige, aber doch nicht ganz gleichberechtigte Persönlichkeit.

Jetzt zeigte der Baron unverblümt, was er von diesen Ovalen hielt. Er tat einfach so, als habe er den Orden überhaupt nicht erhalten. Immer neue Ausreden fand er, jede fadenscheiniger als die vorhergegangene, um den Orden nicht anzulegen, und hielt mit seinem Unwillen nicht hinter dem Berg.

Endlich begann es Berlin zu dämmern. Bismarck erhielt Auftrag, dem Kronprinzen zu berichten, wie sich Rothschild zu den eigens für ihn umgeformten Auszeichnungen verhalte. In Bismarcks Antwortschreiben hieß es:

„Euer Exzellenz beehre ich mich auf den hohen Erlaß vom 25. des Monats ganz gehorsamst anzuzeigen, daß ich den Hofbankier Mayer Carl von Rothschild mit Ordensdekorationen noch nicht gesehen habe, da er überhaupt große Gesellschaften nicht besucht und wenn er Orden trägt, mit Vorliebe den Königlich-Griechischen Erlöser oder den Spanischen Orden Isabellas der Katholischen anlegt. Auch bei der von mir gegebenen offiziellen Soirée . . ., wo er in Uniform hätte erscheinen müssen, ließ er sich durch Krankheit entschuldigen, vielleicht gerade nur deshalb, weil ihm das Tragen der Dekoration des Roten-Adler-Ordens für Nicht-Christen, die er an diesem Tage hätte anlegen müssen, peinlich ist. Ich schließe dies auch daraus, daß er, so oft ich ihm zum Diner eingeladen habe, nur mit dem Band des Roten-Adler-Ordens im Knopfloch erscheint."

Von da an machte Preußen keinen Unterschied mehr bei der Verleihung des Roten-Adler-Ordens. Aber die Rothschilds haben die ihnen angetane Diskriminierung nie vergessen, bis zu den Tagen nicht, als Kaiser Wilhelm II. sich ebenso angestrengt wie vergeblich darum bemühte, sie zu bewegen, in Berlin ein Zweighaus zu eröffnen.

Nie haben die Rothschilds ihren Glauben aufgegeben; stets haben sie ihn mit Nachdruck bekundet und mit aller Kraft verteidigt.

Ferrières, der Landsitz des französischen Zweigs der Familie, hatte eine Privatsynagoge, und am Hauptsitz der Rothschilds in London, an Lionels Palais Piccadilly Nr. 148, befand sich ein unvollendetes Gesims, das an die Zerstörung Jerusalems gemahnen sollte. Auch im kaiserlichen Österreich wußten sie die Bräuche ihres Glaubens zu wahren. Zu den großen gesellschaftlichen Ereignissen des

Herbstes gehörte die Hirschjagd in den Wäldern der Rothschilds. Regelmäßig wurde dieses Vergnügen an einem Nachmittag für viele Stunden unterbrochen. Die Herren der christlichen Hocharistokratie mußten sich die Zeit mit Schach- und Kartenspiel vertreiben, weil sich die Gastgeber nach Wien in die Synagoge begeben hatten, wo sie den Versöhnungstag fastend und betend begingen, bevor sie zu ihren Pferden und Jagdhunden zurückkehrten.

Die besten Köche Europas mußten lernen, wie man für einen Rothschild kocht – wenn schon nicht streng koscher, so doch wenigstens ohne Schweinefleisch. Und von den Festen, die die Familie gab, breitete sich nach und nach in vielen Ländern ein neuer Brauch bei großen Empfängen aus: Nach dem Essen begaben sich die Herren nicht, wie es sonst üblich war, ins Rauchzimmer und dann zu den Damen in den Salon, sondern die Damen mußten sich bequemen, zu den Herren zu kommen. So manche Usance der Rothschilds wurde übernommen, ohne verstanden zu werden, und viele haben nie begriffen, daß dieser Brauch nichts anderes ist als Ausdruck einer patriarchalischen Lebensauffassung, die den Herrn des Hauses in den Mittelpunkt stellt.

Für die Familie war es eine Selbstverständlichkeit, jüdisches Leben und jüdische Lehre in den Herzen der Kinder zu verwurzeln. Oft wurden dazu hauptamtliche Religionslehrer angestellt. In den Kindern sollte mehr geweckt werden als eine nur formelle Achtung vor dem Glauben der Väter. Die Aufzeichnungen eines Kindes lassen uns die einzigartige Mischung aus englisch-aristokratischer Diktion, naiven orthographischen Fehlern, talmudischer Freude an Selbstanalyse, Begeisterung für hohe Ideale und ernster religiöser Hingabe erleben. So schrieb Annie, die jüngere Tochter Sir Anthonys, in ihr Tagebuch:

„Wie gerne ich doch malen würde, wie ein Genie . . . Wie gern ich doch eine angeborene Begabung haben würde und von selbst gelernt hätte, mit meinem Stift Meisterzeichnungen zu machen. Ja, das wäre schön, aber es ist gut, daß ich nicht so ein Glück habe, daß ich nur wenig natürliche Gaben besitze und daß dadurch nicht meine Hochnäsigkeit gefördert wird. Ich neige dazu, meine Übelegenheit [sic] zu zeigen, wo ich brillieren kann: meine Übelegenheit in meinem bischen Hebräisch und meine Übelegenheit in logischer Stärke bei Geometrie. Es ist ein sehr schwieriger Fehler, und so schwierig finde ich es, damit aufzuhören und nicht mit dem Bischen zu prahlen, das ich weiß . . . Aber bei all meinen Fehlern habe ich einen angeborenen Respekt für die Liebe für die Religion und eine großartige Begeisterung für den heiligen jüdischen Glauben. Möge Gott mir verzeihen, aber selbst in dieser Hinsicht will ich niemand unterlegen sein. Ich war neidisch, als ich hörte, daß meine Kusine Clemmie" (die Tochter von Mayer Carl Rothschild) „von einer plötzlichen" (religiösen) „Begeisterung erfaßt ist. Ist das die Art, wie ich meine Achtung vor dem bezeuge, der sagte, man soll seinen Nächsten lieben wie sich selbst? Oh, Allmächtiger Gott, erhöre mein Gebet, mache mein Herz sanft und liebevoll gegenüber allen, mit denen ich zusammenkomme, dann werde ich mich Deiner Wahl würdig erweisen, denn Du hast uns durch Deinen Propheten Moses aufgegeben, daß wir unsere Mitmenschen lieben sollen . . ."

Diese kleine Enthusiastin hat später gemeinsam mit ihrer Schwester Constance einen stattlichen Band mit dem Titel *The History and Literature of Israelites* geschrieben. Als 29jährige heiratete sie den Honourable Eliot Yorke, einen Parlamentsabgeordneten, Sohn des Lord Hardwicke und prominentes Mitglied der Church of England. In der vorhergehenden Generation hatte ihre Tante Hannah einen Anglikaner vornehmen Geblüts geheiratet und damit den Juden Kummer bereitet. Diesmal sahen die Christen Anlaß, sich aufzuregen, denn nun ehelichte ein britischer Aristokrat ein Mädchen, das auch nach der Trauung genau das blieb, was sie vordem gewesen war: eine fromme und praktizierende Jüdin. Ganz im Gegensatz zu dem üblichen Assimilationsprozeß hielten die Rothschilds von Generation zu Generation immer stärker an ihrem Glauben fest. Es war Lionel, der mit dem dramatischsten Abenteuer seines Lebens den alten und jungen Angehörigen der Familie ein bleibendes Vorbild dafür lieferte.

3. Lionel erobert das Parlament

Um die Mitte des 19. Jahrhunderts waren praktisch alle Beschränkungen abgeschafft, denen die britischen Juden in früherer Zeit unterworfen gewesen waren. Nur eine einzige bestand immer noch: Man gestattete ihnen zwar, den Gesetzen zu gehorchen, aber nicht, daran mitzuwirken, neue Gesetze zu schaffen – sie konnten nicht als Abgeordnete ins Parlament gewählt werden. Die führenden englischen Juden, insbesondere die Rothschilds, hatten lange gegen diese Diskriminierung angekämpft. Man hatte Petitionen eingereicht, hatte zustimmende Leitartikel veranlaßt und mit Hilfe von Presse und Flugschriften ganze Kampagnen gegen dieses Unrecht geführt. Das Parlament war durch nichts zu beeindrucken gewesen.

Da entschloß sich der Chef des englischen Zweiges der Familie persönlich, gegen dieses Vorurteil anzugehen – ein Entschluß, der einem Mann seiner steifen und ruhigen Wesensart nicht leichtgefallen sein mag. Da man ihm die gesetzlichen Voraussetzungen, sich um einen Sitz im Parlament zu bewerben, vorenthielt, war er gewillt, die Volksvertretung im Sturm zu nehmen. Im August 1847 begann Lionel Rothschild den Wahlkampf als Kandidat der Liberalen für die City of London. Die City, das Geschäfts- und Finanzzentrum der Hauptstadt, war seit jeher für die Freiheit des Handels eingetreten. Jetzt setzte sich Rothschild in kluger Parallele außerdem für die Freiheit der Religion ein.

Den Wählern rief er zu: „Meine Gegner sagen, daß ich meinen Sitz im Parlament nicht einnehmen könne. Das geht nur mich an und nicht sie. Ich habe mich von den besten Köpfen beraten lassen, und ich bin davon überzeugt, daß mir als Ihrem Abgeordneten, also dem Vertreter der wohlhabendsten, der wichtigsten und der intelligentesten Wählerschaft der Welt, die Zulassung zum Parlament nicht verweigert werden kann, indem man sich auf irgendwelche Formalitäten beruft."

Die „Formalitäten" wurden sehr bald kritisch (und sollten es noch lange Zeit bleiben), denn Lionel wurde gewählt. Überrumpelt durch die vollendete Tatsache, nahm das Unterhaus ein Gesetz an, nach dem Juden Abgeordnete sein konnten.

Aber das Oberhaus revoltierte. Viele Peers, die sich sonst nie blicken ließen, eilten nach London. Aus den abgelegensten Gütern von Cornwall und Wales kamen die Viscounts und die Earls, um ihre Stimme gegen diese jüdische Anmaßung abzugeben. In Begleitung seines Bruders Anthony stand Lionel in der Halle des Hohen Hauses, lauschte mit finsterem Blick den gehässigen Reden und zog sich auch nicht zurück, als die Abstimmung durchgeführt wurde, die ihn besiegte.

Sein Großvater, der Patriarch Mayer, der nimmermüde immer wieder an den Hof des Kurfürsten von Hessen gegangen war, konnte nicht beharrlicher gewesen sein als Lionel, der nun das Unterhaus, „die Mutter aller Volksvertretungen", regelrecht belagerte. Er gab in aller Form seinen Sitz frei; dadurch wurde eine neue Wahl in seinem Bezirk notwendig. Im Jahre 1849 gab er durch Flugblätter und Plakate bekannt, daß er abermals kandidiere.

Lionel erklärte: „Ich zögere nicht, mich wiederum um Ihre Stimme zu bewerben, weil Sie einem Prinzip zum Sieg verhelfen können, wenn Sie für mich eintreten, und ich davon überzeugt bin, daß Sie diesen großen verfassungsmäßigen Kampf mit der gleichen Kraft und mit dem gleichen Ernst führen werden, den Sie bisher bewiesen haben . . ."

Er wurde aufs neue gewählt. Wiederum ließ ihn das Oberhaus nicht zu. Da entschloß sich Lionel zu einem direkten persönlichen Vorstoß: Er wollte buchstäblich physisch den Sitz einnehmen, zu dem ihn das Vertrauen der Wähler berufen und auf den er jeglichen moralischen Anspruch hatte.

Am 26. Juli 1850 geschah es. Brodelnde Unruhe erfüllte das Unterhaus. Lionels Gattin Charlotte saß auf der Galerie und sah voll Spannung hinab auf das, was sich nun ereignete: Der Sergeant-at-Arms verkündete, ein neues Parlamentsmitglied wünsche vereidigt zu werden. Lionel schritt zu dem Tisch des Hauses. Der Schriftführer erhob sich, um den Zulassungseid in der üblichen Form ablegen zu lassen auf das dafür übliche Buch, das Neue Testament.

„Ich wünsche meinen Eid auf das Alte Testament abzulegen." Die Stimme des Baron Lionel war laut und klar.

Das Haus schien zu explodieren. Der Oppositionsführer, Robert Inglis, schrie ihm ins Gesicht: „Sir, seit Menschengedenken ist dies eine christliche Nation gewesen und dieses Haus eine christliche gesetzgebende Versammlung. Niemand – und ich darf dies sagen, ohne beleidigen zu wollen – hat sich je angemaßt, seinen Sitz hier einzunehmen, ohne bereit zu sein, vorher den feierlichen Eid auf unseren Erlöser abzulegen. Ich jedenfalls werde nie meine Einwilligung zu einer Zulassung ohne diesen Eid geben."

Nach einer langen, hitzigen Debatte, einer Vertagung und drei Abstimmungen genehmigte schließlich das Unterhaus Lionels Vereidigung auf das Alte Testament. Am nächsten Tag stand er wieder vor dem Tisch des Hauses. Aufs neue brach die Schlacht über die „Formalität" aus. Zu den Förmlichkeiten der Zulassung gehörte auch der sogenannte Abschwörungs-Eid, durch den das neue Unterhausmitglied der lange abgesetzten Dynastie der Stuarts feierlich jede Untertanentreue aufsagte. Dieser Eid, ein Relikt aus längst vergangenen Zeiten, sollte sich als Hauptwaffe der antijüdischen Partei erweisen, denn er schloß mit den Worten: „. . . auf den wahren Glauben eines Christenmenschen".

Im ganzen Haus, von der Galerie bis zur vordersten Abgeordnetenbank, hielt jeder den Atem an, als Lionel die Eidesformel nachsprach, und jeder wartete auf die letzten Worte. Da sagte Lionel: „Diese Worte lasse ich aus, da sie für mein Gewissen nicht bindend sind", und beschloß den Eid nach der Art gläubiger Juden mit hebräischen Worten und mit bedecktem Haupt. Schon beugte er sich nieder, um seinen Namen in die Liste der Abgeordneten einzutragen, als ihm eine Stimme Einhalt gebot: „Baron Lionel de Rothschild, ziehen Sie sich zurück!" Es war der Sprecher des Hauses, der dies sagte. Einen Augenblick später mußte Lionel das Hohe Haus verlassen, in dem abermals äußerste Erregung herrschte.

Aber der Baron war erst am Anfang seines Kampfes. Bei der nächsten allgemeinen Wahl 1853 wählte ihn die City of London mit der gleichen Hartnäckigkeit, mit der er wieder kandidierte, neuerlich zum Parlamentsmitglied. Das Unterhaus nahm, nach stürmischer Debatte, wiederum ein Gesetz an, durch das die Schwierigkeiten bei der Eidesleistung beseitigt wurden. Aber wiederum wandte sich das Oberhaus dagegen. Ganz England nahm lebhaftesten Anteil an den Auseinandersetzungen über den Fall des Abgeordneten Baron Lionel de Rothschild.

Drohend ließ sich der Bischof von London vernehmen: „Wenn Sie das Fundament des Christentums, auf dem diese gesetzgebende Versammlung ruht, zerstören, um einer kleinen Gruppe ehrgeiziger Männer Befriedigung zu verschaffen, dann zerstören Sie gleichzeitig das christliche England."

Ein anglikanischer Abgeordneter erwiderte, daß er „es sehr bedauern würde, wenn er von seinem Glauben eine so niedrige Auffassung hätte, daß er annehmen müsse, die Zulassung eines Juden zum Parlament könne die Grundlagen des Christentums schwächen oder sonst irgendwie beeinflussen".

Henry Drummond, der bekannte Anführer einer Sekte, wetterte gegen die Wahl eines Juden „durch den Pöbel von London, der teils aus reinem Mutwillen, teils aus Verachtung für das Unterhaus und teils in dem Wunsch handelt, dem Christentum einen Schlag zu versetzen".

Ein bösartiges Gerücht wurde in Umlauf gesetzt: Rothschild habe für die Wahl von Lord John Russell zum Premierminister Geld gezahlt, um ihn als Freund zu gewinnen. Der Bischof von Oxford und andere Kirchenfürsten fanden es nicht unter ihrer Würde, sich mit dieser Verleumdung zu identifizieren, während es erfreulicherweise auch eine große Anzahl anderer Geistlicher gab, die sich mit Würde und Energie auf die Seite Rothschilds stellten.

Einer von diesen schrieb: „Wir können uns vorstellen, wie ein großer Teil der Geistlichkeit Weihnachten verbringen wird . . ., jene heilige Zeit, so recht geeignet, gegen die Juden zu beten. Zwei Gerichte werden serviert werden, bevor man den Weihnachtsstollen auf den Tisch bringt: geröstete Ketzer und ihres Stimmrechts beraubte Juden. Von Engeln, die vom Frieden auf Erden singen, werden uns diejenigen predigen, die hienieden die Herrschaft der Zwietracht und der Verfolgung verlängern. Wessen Geburt feiert denn die Kirche? Ist es nicht die Geburt eines Juden?" Die Londoner *Times* meinte in einem Leitartikel: „Wenn schon die Qualifikation eines Kandidaten unbedingt in Zusammenhang gebracht werden muß mit den Qualitäten der Grundsätze, die dieser vertritt, dann glauben wir, daß die Prinzipien, die Baron Rothschild verteidigt, sehr wohl den Vergleich mit denen aller anderen bestehen, die sich zur Zeit um die Gunst der Wählerschaft bewerben."

Die herrschenden Kräfte waren jedoch anderer Ansicht. Insgesamt sechsmal wurde Lionel von seiner unbeirrbaren Wählerschaft ins Parlament geschickt; sechsmal schritt er zum Tisch des Hauses und forderte, daß er in Einklang mit den Geboten seines Glaubens vereidigt werde. Zehnmal brachten die Liberalen einen Gesetzentwurf zur Änderung des Abschwörungseides ein, und zehnmal stellte sich Disraeli gegen seine eigene Partei, die Konservativen, und forderte mit all seiner Beredsamkeit die Revision des Eides. Zehnmal nahm das Unterhaus dieses Gesetz an, und zehnmal wurde es daraufhin vom Oberhaus außer Kraft gesetzt.

Aber beim elften Mal gaben die Lords nach. Im Jahre 1858 stimmten sie einem Gesetzentwurf zu, nach dem jedes Haus des Parlaments die Eidesformel für seine Mitglieder nach eigenem Gutdünken formulieren konnte. Am 26. Juli 1858 unterwarf sich Lionel abermals den ihm nun schon so gewohnten Formalitäten, die diesmal endlich zu einem guten Ende führten: Das Haupt bedeckt, wie es jüdischer Brauch fordert, leistete er seinen Eid, schrieb seinen Namen in die Liste der Mitglieder ein und setzte sich auf den ihm zustehenden Sitz. Und jetzt hinderte ihn niemand mehr daran.

Elf Jahre hatte dieser Krösus auf den Frieden der Paläste verzichtet, für den ihn sein glückliches Schicksal bestimmt hatte. Elf Jahre lang stand er im Mittelpunkt hitzigster Diskussionen in der Öffentlichkeit, elf Jahre lang setzte er sich bösartigen Karikaturen, Verleumdungen und Verdächtigungen aus. Und das alles ertrug er, obwohl er wahrlich kein Märtyrer war, sondern ein von Gicht gequälter, jähzorniger und eigensinniger Multimillionär. Seine Gattin hat einmal die Situation treffend gekennzeichnet: „Elf Jahre lang schrie uns diese

Parlamentsgeschichte aus jeder Ecke unseres Hauses unentwegt an." Elf Jahre lang focht er diesen guten Kampf. Er war grimmig, fuhr nervös seine Dienerschaft an, gab Unsummen für Wahlfeldzüge aus und erweckte das Interesse des ganzen britischen Weltreichs. Nachdem aber endlich die Mauer eingerannt war, die ihn an der Wahrnehmung der Rechte und Pflichten eines Abgeordneten gehindert hatte, nachdem er schließlich Mitglied des Unterhauses geworden war – tat er überhaupt nichts mehr. Während der gesamten Dauer seiner Zugehörigkeit zum Unterhaus, in mehr als fünfzehn Jahren, hat er keine einzige Rede gehalten und keinerlei Tätigkeit im Parlament ausgeübt. Ein Paradoxon, das aber in seinem Fall vollkommen logisch erscheint. Denn er war ebensowenig ein gewöhnlicher Politiker, wie er ein durchschnittlicher Kapitalist war. Er war ein Rothschild und damit Fleisch gewordenes Prinzip. Und dieses Prinzip verlangte, wie er selbst in einem seiner Wahlaufrufe betont hatte, seine Durchsetzung. Nachdem dies erreicht war, gab er sich zufrieden. Ihm war es nur auf eines angekommen: die Tore aufzureißen, durch die dann auch andere Bekenner seines Glaubens ungehindert schreiten konnten.

Das Tor zum Unterhaus war aufgestoßen. Wie aber war es mit dem Portal zum Oberhaus? Wenn ein Jude mit Fug und Recht im Unterhaus saß – war er dann nicht auch gut genug für das Oberhaus? Der Premierminister Gladstone warf diese Frage im Jahr 1869 auf, und der Jude, den er im Auge hatte, war derselbe Baron Lionel de Rothschild, Mitglied des Unterhauses. Aber für die Berufung ins Oberhaus war nur eine einzige Instanz zuständig: die Königin. Ihre Majestät hielt es für richtig, in dieser Angelegenheit (wie in so mancher anderen) noch weit viktorianischer zu sein als ihre Zeit. An ihren Kammerherrn, Lord Granville, schrieb sie in einem Brief, dessen Unterstreichungen zeigten, wie sehr die Angelegenheit sie bewegte: „Einen *Juden zu einem Peer* machen, das wäre ein Schritt, dem die Königin *nie zustimmen könnte.* Das würde einen schlechten Eindruck machen und der Regierung außerordentlich schaden."

Auf Anraten des Premierministers arbeitete Lord Granville eine Entgegnung aus, in der er zwar Ihrer Majestät gewisse Zugeständnisse machte, im ganzen jedoch einen gegenteiligen Standpunkt vertrat: „Der Gedanke, einen Juden zum Peer zu erheben, ist zweifellos ungewöhnlich ... Aber er" (Baron Rothschild) „vertritt eine Bevölkerungsgruppe, deren Einfluß infolge ihres Vermögens, ihrer Intelligenz und ihrer literarischen Verbindungen beträchtlich ist." Und

dann ging er auf die wahren Gründe für den Vorschlag des Premierministers ein: Die Regierung sei der Ansicht, daß die Ernennung
Rothschilds jene republikanischen Tendenzen eindämmen würde, die
sich in manchen einflußreichen Finanzkreisen zu entwickeln schienen.

Ihre Majestät dagegen war nach wie vor überzeugt, daß ihre
Monarchie sehr wohl auch ohne die Hilfe des Enkels eines Hausierers
aus dem Ghetto bestehen könne.

Jetzt versuchte Gladstone selbst, seine Königin umzustimmen.
Am 28. Oktober 1869 schrieb er an sie:

> „... Weit mehr in seiner Eigenschaft als das Oberhaupt des großen europäi-
> schen Hauses Rothschild als durch seine ausgedehnten Besitzungen und seine
> führende politische Stellung ... nimmt Baron L. de Rothschild genau jene *außer-*
> *gewöhnliche* Position ein, die jede Besorgnis zerstreut und die so selten zu finden
> ist ... Meiner Ansicht nach wäre es unmöglich, einen gleichwertigen Ersatz für
> ihn zu finden. Sollte seine Religion für immer als Schranke gegen ihn wirken, dann
> würde der Eindruck erweckt werden, daß durch höchstes Vorrecht aufs neue jene
> Diskriminierung verankert werde, die früher eine gesetzliche Basis hatte, aber in
> der Zwischenzeit durch die Krone und das Parlament für abschaffenswert befun-
> den wurde.
> Mr. Gladstone hat nun Ew. Majestät so eindringlich auf diese Angelegenheit
> hingewiesen, wie es ihm im Rahmen seiner Pflichten geboten erschien, und wird
> Ew. Majestät nicht weiter behelligen über die Grenzen dessen hinaus, was das
> unvoreingenommene Urteil Ew. Majestät für richtig erachtet."

Keines dieser Argumente vermochte die Königin zu beeindruk-
ken. Erst mußte noch der Suezkanal durch Rothschildsches Geld für
England gewonnen werden; erst mußte noch Disraeli (der zwar getauft war, aber noch sehr an dem Glauben und dem Volk hing, dem
er entstammte) das Herz der Königin erobern; und erst mußte noch
Lionel im Jahre 1879 sterben, bis die Königin endlich Lionels Waffe
unterlag – der alten Waffe der Rotschilds: dem Sohn.

Am 9. Juli 1885 schritt Nathaniel Mayer de Rothschild in die
große Halle von Westminster und vollzog vor dem Oberhaus die
gleiche feierliche Handlung, die dieses Oberhaus seinem Vater einst
sogar für das Unterhaus verboten hatte.

Der neue Lord setzte die zeremonielle jüdische Kopfbedeckung
auf, den dreieckigen Hut, und schwor auf eine hebräische Bibel seinen
heiligen jüdischen Eid.

„Es geschah zum ersten Male", so schilderte ein Historiker die
Situation, „daß die Peers des Reiches Zeugen waren, wie einer von

ihnen mit bedecktem Haupt den Eid ablegte, und zwar auf ein anderes Buch, als im christlichen Brauch und in der englischen Überlieferung vorgeschrieben." Aber die Zeremonie war noch in einer anderen Hinsicht einzigartig – einzigartig wie die neue Generation von Rothschilds, die nun heraufgekommen war.

4. Drei Sonnen im Zenit

Lionels ältester Sohn, Nathaniel de Rothschild, traf einmal an der Börse einen Kollegen, der sich vor Stolz gar nicht genug tun konnte. Denn er war soeben vom König von Italien geadelt worden, als Belohnung für einen Dienst, den er dem Monarchen (wahrscheinlich in finanzieller Hinsicht) geleistet hatte. Natty hörte geduldig zu, wie der frischgebackene Adlige sich an seiner noch so jungen Würde berauschte. Dann warf er einen Blick auf den Lire-Kurs, der in dieser Woche gerade besonders niedrig stand, und meinte kühl:

„Meine Glückwünsche, Baron! Ich wußte ja, daß Sie nie eine Gelegenheit verpassen würden, etwas unter Preis zu kaufen."

Es ist bemerkenswert, daß ein Rothschild in der zweiten Hälfte des 19. Jahrhunderts seinerseits bereits Witze über Neureiche machen konnte. Noch interessanter aber ist die Tatsache, daß Lionels drei Söhne von ihrem Titel „Baron" überhaupt keinen Gebrauch machten, sondern es vorzogen, sich wieder einfach Mister zu nennen. Der Titel, den ihr Großvater noch so intensiv abgelehnt hatte und um den andererseits ihr Vater so besorgt gewesen war, hatte für sie alle Bedeutung verloren. Sie hatten bereits so viel eigenes Prestige erworben, daß sie Titel nicht mehr brauchten.

In eindrucksvoller Weise demonstrierten sie eine alte Wahrheit: Ein einzelner kann zwar im Laufe seines Lebens zu Reichtum und Ehrungen kommen; echten gesellschaftlichen Rang aber vermag – und das liegt wohl an einem sonderbaren Zug der menschlichen Natur – ein einzelner nicht zu erobern. Diese Position muß erst mehrfach vererbt werden, bevor sie selbstverständlich ist. Die Zugehörigkeit zur großen Gesellschaft kann, wie die Jungfräulichkeit, in einem einzigen Augenblick verlorengehen, und sie kann nur mit der Geburt erworben werden.

Nathaniel, Alfred und Leopold hatten ihren Rang von Geburt her. Bei anderen Familien hätte man vielleicht gefragt: „Ist das wirklich ausreichend?" Schließlich lagen nur zwei Generationen zwischen ihnen und dem Ghetto. Aber im Fall dieser drei Rothschild-Brüder fiel es niemandem ein, die Frage auch nur zu erwägen. Nicht so sehr deshalb, weil die Brüder so ungemein reich waren, sondern weil sie sich mit einer so entwaffnenden Selbstverständlichkeit zu geben wußten. Diese unvergleichliche Lebensart hat die Familie davor bewahrt, daß ihre Angehörigen als Emporkömmlinge angesehen wurden.

Ein Emporkömmling ist eine schlechte Imitation jener, die schon lange ganz oben angekommen sind. Und nichts wirkt vulgärer, als mit Gewalt den Eindruck erwecken zu wollen, daß man nicht zu den Neureichen gehört. Die Rothschilds aber, die ihre alten jüdischen Witze in makellosem Cambridge-Englisch erzählten, diese Rothschilds, die stolz den Sabbat auf ihren Landsitzen feierten, die sich nicht scheuten, die Wände ihrer Schlösser mit den Bildern ihrer aus dem Ghetto stammenden Ahnen zu schmücken – diese Rothschilds waren eben immer nichts als sie selbst. Sie haben nie versucht, einen Earl, einen Herzog oder einen Marquis zu imitieren. Sie hatten jenes Besondere, jenes selbstverständliche und fast exzentrische Bekenntnis zur eigenen Art, das für andere Familien erst natürlich wird, nachdem sie viele Generationen auf den Höhen der Gesellschaft dahingeschritten sind – vorausgesetzt, daß sie bis dahin der Degeneration entgangen sind.

Was die Rothschilds anlangt, so erwies sich diese ihre eigene Art als unwahrscheinlich robust. Aber selbst unter ihnen sticht das Trio der Söhne Lionels, diese dritte Generation in England, hervor. Von den Brüdern Lionels hatte nur noch Nathaniel, der in Paris lebte, Söhne, und diese wurden sehr bewußt französische Rothschilds, die in ihrer Art wieder einen besonderen Zweig der Familie bildeten. Die drei Söhne Lionels fanden sich deswegen nicht nur im Alleinbesitz des Londoner Bankhauses, sondern des gesamten Familienbesitzes in Großbritannien.

Zeitlich gesprochen, bedeuten sie einen Höhepunkt in doppelter Hinsicht: Vor ihnen war keiner jemals so reich gewesen, und nach ihnen konnte keiner, der so reich war, der großen Nivellierung durch die Gleichmacherei und die exorbitante Besteuerung entgehen, die das 20. Jahrhundert brachte (wobei zu bemerken ist, daß sie ihre letzten Lebensjahre in diesem unheilträchtigen Jahrhundert zu verleben hatten).

Und örtlich gesprochen waren sie ein Bestandteil des englischen

Adels – eines Adels, der den Glanz und die Position der Aristokratie selbst in das Atomzeitalter besser hinüberzuretten vermochte als der Adel irgendeines Landes auf dem Kontinent.

Vieles aus der uns heute schon so fremdartig anmutenden, prunkvollen Welt Nathaniels, Leos und Alfreds lebt in seinen Nachwirkungen fort bis in unsere Tage.

a) Nathaniel

Als die gute Königin Victoria im Jahre 1885 den ältesten Sohn Lionels zum Baron des Vereinigten Königreichs von Großbritannien und Irland erhob und ihm damit die Peerswürde verlieh, mußte sie eine Überraschung erleben. Es war ein alter Brauch, der bis heute so gut wie keine Ausnahme gestattete, daß jeder, der so geehrt wurde, seinen alten Namen aufgab und sich einen anderen zulegte, einen Adelsnamen, selbstverständlich altangelsächsischer Art. Benjamin Disraeli wurde ein Lord Beaconsfield, Marcus Samuel ein Lord Bearsted. Aber Nathaniel Mayer Rothschild hielt es für richtig, einfach Nathaniel Mayer Lord Rothschild zu werden, eine Bescheidenheit, die zugleich Ausdruck vollendeter Blasiertheit war.

Diese Entscheidung liefert uns den Schlüssel für das Verständnis seines ganzen Lebens. Er erbte nicht nur den gesammelten Reichtum dreier Generationen, sondern auch die Summe ihres Überlegenheitsgefühls. Altmodisch stolze Erhabenheit war so sehr natürliches Lebenselement für ihn, daß uns diese Haltung heute geradezu so liebenswürdig erscheint wie etwa die edle Wildheit des *Letzten Mohikaners:* Lord Rothschild trug seinen Zylinder und seine Blume im Knopfloch genauso überzeugend wie Chingachgook seinen Federschmuck und seinen Tomahawk in J. F. Coopers klassischem Indianerroman.

Nicht etwa erst seit der Nobilitierung durch Königin Victoria hatte Nathaniel sich politisch betätigt, sondern schon seit zwanzig Jahren: Bereits 1865 bewarb er sich um einen Sitz im Parlament, jedoch nicht in einem Geschäftsviertel, wie es noch sein Vater für richtig befunden hatte. Nein, er bewarb sich um die Gunst der Wähler auf dem Lande, dort, wo die vornehmsten Leute ihre Güter hatten, und zwar in Aylesbury, in der Grafschaft Buckinghamshire, wo die Familie einen Großteil ihrer Ländereien besaß.

Es ist unnötig zu betonen, daß er gewählt wurde und daß er in jedem weiteren Wahlkampf ebenfalls siegte. Die Wähler gaben ihm ihre Stimme mit der gleichen Treue, die einst die Bauern ihrem Lehnsherrn gehalten hatten. Als Peer gab er natürlich seinen Sitz im Unterhaus zugunsten des Platzes im Oberhaus auf, aber hier wie dort war er der typischste, der eindrucksvollste, ja der personifizierteste Wortführer der Reaktion. Voller Verachtung äußerte er sich über öffentliche Wohlfahrtseinrichtungen, über die Suffragetten, die für das Frauenwahlrecht kämpften, über staatliche Altersversorgung – kurz gesagt, er war gegen alles, was nur irgendwie nach Fortschritt roch. Seine Reden zeichneten sich nicht nur durch eine gestochen klare Sprache aus, sondern auch durch wohlbegründete Beweisführung und treffende Beispiele – man spürte, daß hier ein ungewöhnlich fähiger Kopf sprach.

„Wann immer ich eine geschichtliche Auskunft haben möchte, frage ich Natty", sagte Disraeli, der selbst ein Mann mit einem glänzenden Gedächtnis war.

Aber Natty konnte weit mehr als nur Reden halten. Er wußte auch höchst wirksame Opposition gegen jede politisch fortschrittliche Gesetzgebung zu machen. Im Jahre 1909 rief Lloyd George verzweifelt aus: „Ich frage Sie, sollen denn alle Wege, die zu einer wirtschaftlichen und sozialen Reform führen, gesperrt werden durch ein einfaches Schild mit der Aufschrift ‚Keine Durchfahrt auf Anordnung von Nathaniel Rothschild'?"

Sein Großvater Nathan hatte dem linken Flügel der Liberalen Partei nahegestanden, Lord Rothschild jedoch, offiziell der Liberalen Partei angehörig, war der Stolz und oft auch die treibende Kraft der Rechten. Die gleiche Entwicklung ging in der Rothschildschen Bank vor sich: Unter ihrem Gründer hatte sie zu den wagemutigsten Firmen der City gehört, unter Nathaniel aber wurde sie die konservativste, exklusivste und wählerischste aller Londoner Banken, was er sich auch leisten konnte. Die einzige Änderung, die er einführte, war eine aristokratische. Nathaniel ließ seine Besucher in verschiedenen Räumen warten. War die Zeit gekommen, ging er in das erste Zimmer, die Uhr in der Hand, und teilte dem dort Wartenden mit, wie viele Minuten er für ihn vorgesehen habe. Höflich hörte er sich an, was der Besucher vorzubringen hatte, ebenso höflich antwortete er, aber nie dauerte die Unterredung auch nur eine Sekunde länger als angekündigt. Sofort ging es dann ins nächste Zimmer. Sein eigenes Büro war nur für Besuche höchstgestellter Persönlichkeiten des Landes reserviert und hatte die Atmosphäre eines Allerheiligsten.

Er war wirklich der „König der Juden". So erzählt eine Anekdote von dem Einwanderer aus Polen, der kurz nach seiner Ankunft in London den Versöhnungstag in der Synagoge des Stadtteils East End beging. Plötzlich hielten alle Betenden inne. Eine ungewöhnliche Stille herrschte im Raum. „The Lord has come!" flüsterte ein Nachbar dem Polen zu, der sich sofort zu Boden warf, denn er glaubte, daß der Messias endlich gekommen sei. Dann aber sah er Nathaniels berühmten Zylinderhut, und nun wußte er, daß es der Lord Rothschild war, dem man so viel Ehrfurcht entgegenbrachte.

Nathaniel war der Sprecher der britischen Juden. Ebenso selbstverständlich, wie am 23. Juni 1897 der Kardinal Vaughan der Königin Victoria die Glückwünsche aller Katholiken des Reiches zu ihrem 50jährigen Regierungsjubiläum aussprach, tat dies Nathaniel für die Juden Großbritanniens. Und als er auf einer seiner großen Reisen nach Bagdad kam, empfing ihn die dortige Judenschaft mit denselben hohen Ehrungen wie einst ihre Ahnen den Exilarchen, die legendäre Gestalt des Oberhaupts aller Israeliten in der Diaspora.

In der Tat nahm Nathaniel die Interessen seiner Glaubensbrüder auf dem ganzen Erdenrund wahr. Wann und wo immer Juden unterdrückt wurden, wann und wo immer sie unter Pogromen zu leiden hatten – New Court trat energisch für die Verfolgten ein und linderte die Not der Opfer. Ein Beispiel nur für viele: Da Rußland seine jüdische Bevölkerung besonders brutal behandelte, bekam die Regierung des Zaren stets nur abschlägige Bescheide, wenn sie Anleihen haben wollte. Im Jahr 1891 jedoch war eigens eine Kommission aus St. Petersburg zu eingehenden Anleiheverhandlungen mit Bevollmächtigten vom New Court gekommen. Als jedoch eine neue Verfolgungswelle aus Rußland gemeldet wurde, wobei es klar war, daß die Exzesse von der Regierung geduldet worden waren, traf ein Bote von Nathaniel ein. Ohne auch nur ein Wort zu verlieren, brachen die Rothschildschen Beauftragten die Verhandlungen ab – die Situation, vor der sie ihre Verhandlungspartner von vornherein gewarnt hatten, war eingetreten.

Manchmal wird Prinzipientreue vom Schicksal belohnt: Als im Jahre 1917 die russische Revolution ausbrach und die zaristischen Anleihen wertlos wurden, waren die Rothschilds von allen großen englischen Banken am wenigsten geschädigt. Aber die gute Tat lohnt sich nicht immer: Als nach der Revolution die kurzlebige demokratische Regierung Rußlands unter Kerensky in nunmehr Petrograd eine

„Freiheitsanleihe" auflegte, zeichnete New Court telegrafisch eine Million Rubel. Selbstverständlich bekam die Bank nicht einen einzigen Rubel zurück, denn Lenin trat die Nachfolge Kerenskys an.

Nathaniel war da schon tot, aber wäre er noch am Leben gewesen, dann hätte er diese Million als Spende für einen guten Zweck abgeschrieben. Denn in seiner Wohltätigkeit war er nicht weniger königlich als in seinen geschäftlichen Unternehmungen, und im New Court hatte er eine eigene, großzügig aufgezogene Abteilung für Spenden eingerichtet. Er selbst war außerdem Präsident von drei Krankenhäusern in London, Schatzmeister eines vierten und zugleich Vorsitzender des Britischen Roten Kreuzes. Was er für die Juden an Wohltätigkeit geleistet hat, ist nicht zu ermessen. Eine einzige jüdische Schule zum Beispiel erhielt von ihm jährlich 15.000 Pfund Sterling.

Aber auch als Wohltäter war Nathaniel kurz angebunden. Sein Großvater hatte Bettlern einen freudigen Schreck dadurch eingejagt, daß er ihnen eine Guinee verehrte und sie dadurch meist veranlaßte, sehr schnell zu verschwinden, weil sie befürchteten, der edle Mann könne seinen kostspieligen Irrtum bereuen. Auch Nathaniel wies niemals einen Bettler ab. Aber oft war er derjenige, der die Flucht ergriff aus Angst, sich Dankesworte anhören oder gar lächeln zu müssen.

Je größer seine Wohltätigkeit war, desto schroffer gab er sich. Um die Jahrhundertwende flüchteten Tausende russischer Juden nach England, wo ihre Glaubensbrüder Mittel sammelten, um ihre Weiterreise nach den Vereinigten Staaten zu finanzieren. Nathaniel und gleichgesinnte Männer sorgten für diese entwurzelten Massen. Eines Tages wurde der Ansturm der Einwanderer so gewaltig, daß die normalen karitativen Institutionen in East End ihn nicht mehr bewältigen konnten. Hermann Landau, ein Philanthrop, der sich der jüdischen Flüchtlinge ganz besonders angenommen hatte, mußte sich durch Straßen kämpfen, die vollgestopft waren mit Obdachlosen. Sofortige Hilfe war nötig, aber dazu brauchte er Mittel, die weit über seine eigenen hinausgingen. Landau fuhr direkt nach New Court. Nathaniels Privatbüro, sonst den meisten geschäftlichen Besuchern verschlossen, öffnete sich ihm sofort. Landau erklärte, er benötige sofort 25.000 Pfund für den Bau von Baracken. Noch bevor er ausgeredet hatte, schob ihm Nathaniel einen Scheck über 30.000 Pfund zu. Verdutzt sagte Landau: „Sie haben mich nicht verstanden. Ich brauche nur 25.000 Pfund." – „Hör ihn dir an, Leo", sagte Lord Rothschild

Lionels Söhne Nathaniel (rechts, 1840–1915)
und Alfred de Rothschild (1842–1918).

Lionels älteste Tochter Leonora (1837–1911), gemalt von Hans Makart (1875).
Sie heiratete im März 1857 Mayer Alphonse (1827–1905), einen Sohn von James.

grimmig zu seinem jüngsten Bruder, „Landau hat *rachmones* mit uns!" – also Mitleid. Doch Mitleid war etwas, das ein Rothschild zu gewähren, nicht aber zu empfangen pflegte.

Landau war jedoch wesentlich besser behandelt worden als manche Leute, die gesellschaftlich auf gleicher Stufe standen wie Nathaniel. Eine Herzogin zum Beispiel, die dem Baron zutiefst unsympathisch war, pflegte er damit zu ärgern, daß er alle ihre guten Freunde zu seinen Gesellschaften einlud, nur nicht sie selbst. Als dies nicht den gewünschten Erfolg hatte, kam er auf eine Idee, die so boshaft war, daß selbst sein boshafter Großvater seine helle Freude daran gehabt hätte. Er gab ein großes Festessen in seinem Stadtpalais Piccadilly Nr. 148. Die erlauchte Dame war nicht nur eingeladen, sondern scheinbar noch dadurch ganz besonders geehrt worden, daß sie an der Tafel rechts von Premierminister Gladstone und links von Lord Nathaniel selbst saß. Auf dem rechten Ohr aber war Gladstone taub, auf dem linken Nathaniel, und so mußte die unglückselige Dame viele Stunden zwischen zwei Tischherren verbringen, die auf kein einziges Wort von ihr reagierten.

Doch nicht immer machte sich der alte Herr solche Mühe, seine Gefühle nur indirekt zu zeigen. Auf seinem Landgut Tring Manor wagte eines Tages eine nicht minder prominente Besucherin, Lady Fingall, einige Moschusrosen, über die er eifersüchtig wachte, ohne seine Erlaubnis zu pflücken. Vor allen Gästen sagte Nathaniel der Dame unverblümt seine Meinung, entschuldigte sich allerdings später für seine Ungehörigkeit dadurch, daß er einen riesigen Strauß dieser Rosen in ihre Kutsche legte. Trotzdem blieb man allgemein der Meinung, daß Lord (Nathaniel) Rothschild und Lord (Randolph) Churchill die gröbsten Männer von ganz England seien.

b) Der nette Leo

Nathaniels jüngster Bruder Leopold war dessen genaues Gegenteil. War Nathaniel ein stolzer Lord, so war Leo ein liebenswerter Leichtfuß, der aber niemals die Verpflichtungen vergaß, die ihm sein Name auferlegte. Er unterhielt nicht weniger als vier Palais. Das am Hamilton Place, unmittelbar anschließend an die „Rothschild Row" am Hyde-Park-Corner, war denkbar luxuriös. Es besaß einen so kostspieligen hydraulischen Aufzug, daß es teurer war, sich mit seiner Hilfe vom ersten zum zweiten Stock zu bewegen, als mit einer

Droschke durch ganz London zu fahren. Selbstverständlich war aber auch eine Treppe da – eine handgeschnitzte Wendeltreppe, wohl die schönste ihrer Art in ganz England. Auch die Regale und Möbel der riesigen Bibliothek waren handgeschnitzt, aus Ahorn und Mahagoni; vierzig eigens aus Italien geholte Kunsthandwerker hatten zwei Jahre für die Fertigstellung gebraucht. In der Küche konnte man einen ganzen Ochsen am Spieß braten. Unter jedem Fenster waren Heizkörper angebracht, aber auch unter den Tischen, um das Essen warm halten zu können. Man könnte viele Seiten füllen, wollte man alle die anderen Raffinessen aufzählen, mit denen dieses Haus der Wunder ausgestattet war.

Leopold besaß außerdem das berühmte Gunnersbury Park, das er von seinem Vater geerbt hatte. Er selbst kaufte das Palace House in der Nähe der Rennbahn von Newmarket, wo dann der König von England und andere hohe Herrschaften bei ihm zu Gast waren. Und schließlich gehörte ihm Ascott Wing, ein herrlicher Landsitz mit kilometerweiten Gärten und Parks.

An Ascott Wing grenzte South Court an, wo er mit größter Leidenschaft sein Gestüt hielt. Die Liebe zum Reiten hatte Leo von seinem Onkel Mayer geerbt. Er war ein hervorragender Züchter. Kosten spielten dabei keine Rolle. Und wenn seine Pferde über die Rennstrecke liefen, dann feuerte er sie mit lauten Zurufen an, ganz ohne die Zurückhaltung, die man eigentlich von einem britischen Gentleman erwartet. Manchmal wußten die Zuschauer nicht, worauf sie mehr achten sollten: auf Leopolds herrliche Vollblüter auf der Rennbahn oder auf seine überschwenglichen Temperamentsausbrüche auf der Zuschauertribüne. Leopolds Pferde siegten zweimal im Derby, 1879 und 1904; sein Onkel Mayer hatte dies nur einmal geschafft. In all diesen Jahren führte er seinem Rennstall buchstäblich Hunderte von Champions zu.

Daß er nicht dreimal Sieger im Derby wurde, ist einer Mitleidsregung ganz besonderer Art zuzuschreiben. Im Jahr 1896 beteiligte sich der Prince of Wales, ein guter Freund Leopolds, am Derby mit einem praktisch unbekannten Pferd, das den Namen Persimmon trug. Für die blau-gelben Farben Rothschilds ging St. Frusquin an den Start, wohl das berühmteste Rennpferd der Jahrhundertwende, das auf jeder Rennbahn Englands siegreich gewesen war und für das man Leo einmal 60.000 Pfund geboten hatte. Nun war das Derby 1896 da. Seine Königliche Hoheit hatten gerade jetzt besondere Aufmunterung nötig, da er mehr denn je Ärger mit seinen Freundinnen hatte. Irgendwie kam es dazu, daß Persimmon und nicht St. Frusquin als Sieger durchs Ziel ging.

Leos gutes Herz, das höchstwahrscheinlich für diese Pferdesportsensation verantwortlich war, schlug nicht nur für seine Freunde, sondern auch für den einfachsten Mann. Nicht umsonst sagte man von ihm, daß er um so mehr Geld verlor, je mehr Rennen er gewann. Wenn er einen Rennsieg feierte, dann verschenkte er nicht nur das Geld, das sein Stall für ihn gewonnen hatte, sondern das Vielfache dieser Summe für gute Zwecke: Er hatte seinen Pokal – und ein Krankenhaus bekam von ihm das Geld für einen neuen Anbau.

Aber nicht nur auf der Rennbahn erwies sich Leopold als großherziger Philanthrop. Bittsteller, die es nicht wagten, sich an Nathaniel zu wenden oder die sich durch Alfreds Eigenheiten eingeschüchtert fühlten, konnten ohne Hemmungen ihre Sorgen Leopold anvertrauen. Er wurde praktisch der Wohlfahrtsminister von New Court. Besonders Kinder hatten es ihm angetan, und die Vorstellung, sie müßten frieren, ging seinem guten Herzen besonders nahe. An einem kalten Wintersonntag, als er in Gedanken vertieft durch Nathaniels Park in Tring spazierte, sah er vor sich ein kleines, sein Mitleid erregendes Wesen. Sofort griff er automatisch zur Geldbörse. Nur das verzweifelte Eingreifen eines seiner Diener bewahrte ihn davor, einen grandiosen Fauxpas zu begehen: Er hatte eben einem der königlichen Herzöge von England eine halbe Krone in die Hand drücken wollen!

„Mr. Leo" wurde ein Synonym für Ungezwungenheit und Gutmütigkeit. Aus einer Familie, die bei all ihren bemerkenswerten Eigenschaften nicht gerade für ihr weiches Herz bekannt war, ragte er als eine Art liebenswerter Mutation hervor.

In seinem Buch *The Magnificent Rothschilds* hat ihm Cecil Roth folgenden Vierzeiler gewidmet:

Menschen wie dich
gibt's nur wenige auf der Welt:
Denn du warst ein Engel
– mit Geld!

c) Alfred, der Unvergleichliche

In Exbury, dem heute von Edmund de Rothschild bewohnten Besitz, dessen Gärten der Öffentlichkeit zugänglich sind, finden sich Hunderte von Familienandenken. Auch solche Mitglieder der Familie, die sich sonst für derlei Dinge nicht besonders interessieren, fragen bei einem Besuch in Exbury regelmäßig nach einem ganz bestimmten Stück: nach Alfreds Taktstock. Es ist dies ein mit einem Reif von Diamanten geschmückter Elfenbeinstab, der einst eine sehr konkrete Aufgabe zu erfüllen hatte: Alfred dirigierte mit ihm das Symphonieorchester, das er zu seinem Privatvergnügen unterhielt.

Dieser Dirigentenstab ist das Symbol für einen Lebensstil, der selbst unter den Rothschilds nicht seinesgleichen hatte. Alfred, der mittlere der drei Brüder, blieb sein Leben lang Junggeselle. Schon dadurch wich er von der Familientradition ab (Nathaniel hatte Emma Louisa Rothschild aus Frankfurt geheiratet und Leopold die italienisch-jüdische Schönheit Marie Perugia). Auch in der äußeren Erscheinung unterschied sich Alfred von all seinen Verwandten. Im englischen Zweig der Familie mit seinen zahlreichen Verwandtenheiraten und seiner besonderen Verbundenheit mit dem von den Ahnen Überlieferten hat jede Generation immer wieder Gestalten hervorgebracht, die in ihrer Beleibtheit und mit ihren stark entwickelten Nasen lebhaft an Mayer Amschels Söhne erinnerten. Alfred dagegen war schlank, blond und zart; seine feinen Züge umrahmte ein wohlgepflegter Backenbart.

Seine Brüder führten ein Leben in Luxus. Alfred aber lebte exzentrisch. Er hatte einen eigenen Sonderzug, der oft stundenlang unter Dampf auf ihn warten mußte. Der Konzertmeister des bereits erwähnten Orchesters legte ihm jeden Morgen eine Liste von Stücken vor, aus der Alfred die Tischmusik für den Abend auswählte. Er hatte auch seinen privaten Zirkus, in dem er zum Vergnügen seiner Freunde den Stallmeister spielte, schmuck in eine blaue Samtpekesche gekleidet, mit Peitsche und feinsten Wildlederhandschuhen. Besonders gern führte er seinen Zebra-Viererzug vor.

Kein Wunder, daß er nicht wie ein Landedelmann wohnte, sondern wie ein gekröntes Haupt. Sein Besitz Halton House war eine ungeheure Ansammlung von Kostspieligkeiten für Hunderttausende von Pfund. Die Architektur stand in schreiendem Gegensatz zu der einfachen Schönheit der weiten Buchenwälder von Buckinghamshire und erregte dadurch die Empörung (und wohl auch den Neid) der anscheinend zarter besaiteten Nachbarn. Einer sprach von einem „wilden Alptraum wüster, sinnloser Pracht und miserabel angewandtem Überfluß". Andere sagten verächtlich, es handle sich um die Kombination eines französischen Châteaus mit einer Spielhölle.

Ungeachtet dessen besaß Alfred das, was man Flair nennt. Draußen auf dem Land, wo ein exquisiter Geschmack es ohnehin schwer hat, Wurzeln zu schlagen, bemühte er sich gar nicht erst um ästhetische Harmonien. Dort mochten seine Zebras sich tummeln. In der Stadt jedoch erwies er sich als wahrer Kunstkenner. Am Seamore Place Nr. 1 erbaute er sich ein Haus, das seiner würdig war. Auch dieses einst berühmte Gebäude – es ist dem modernen Verkehr zum Opfer gefallen – wirkte zunächst wie ein riesiges Museum, vollgestopft mit Schätzen ohne Zahl. Auf einem einzigen Kaminsims standen Kunstgegenstände im Wert von Zehntausenden Pfund Sterling. Und doch hatte dieses Haus ganz und gar seinen eigenen, höchst kultivierten Stil, wenn man den zahlreichen Berichten stark beeindruckter Besucher glauben kann. Das Haus am Seamore Place bestätigte das Urteil von Lady Dorothy Neville über den Hausherrn, die meinte, daß Alfred de Rothschild „als Kunstliebhaber der beste englische Kenner der französischen Kunst des 18. Jahrhunderts sei".

Auch Lord Beaconsfield teilte diese Ansicht. Als verwitweter Ex-Premier zog er im Jahre 1880 vom Haus Downing Street Nr. 10 an den Seamore Place. Alfreds Haus hielt er für „das entzückendste Haus Londons, dessen Einrichtung in ihrer Pracht nur übertroffen wird von dem Geschmack bei ihrer Auswahl".

Alfred bewies seinen Geschmack nicht nur in seinen Liebhabereien, nicht nur in der Auswahl seiner Freunde, sondern auch in der Art, wie er diese Freunde zu beschenken und zu bewirten wußte. Besonders nahe stand ihm Lord Kitchener von Khartum. Zwei Geschenke für ihn zeigen, wie großartig Alfred zu schenken gewöhnt war: eine Kopie von Reynolds' Gemälde „Lady Bampfylde" (das Original gehörte zu Alfreds Lieblingsstücken), von einem Meisterkopisten so vorzüglich gearbeitet, daß man sie kaum vom Original unterscheiden konnte, und eine Prunkrüstung, die einst für König Philipp III. von Spanien angefertigt worden war.

Aber er verstand nicht nur mit einer Großzügigkeit sondergleichen zu schenken, sondern arrangierte auch einzigartige Feste. Seine Freunde fragten sich oft, warum er eigentlich auf eine große Loge in Covent Garden abonniert war, wo doch alle Künstler, die dort auftraten, bei den Empfängen in seinem Haus musizierten, darunter Rubinstein, Franz Liszt, die Melba (die er auch finanziell beriet) und Mischa

Elman, den er entdeckt hatte. Mit unvergleichlichem Charme wußte er den großen Musikern das Gefühl zu geben, daß sie in sein Haus nicht als Künstler von Beruf kamen, sondern als Freunde. Und er schien sich gar nicht vorstellen zu können, daß die brillantbesetzten Kleinigkeiten, die er ihnen als Ausdruck seines Dankes für ihren Besuch überreichte, weit mehr wert waren als das höchste Honorar, das sie je für ein Konzert bekamen.

So wurde er der glänzendste Gastgeber seiner Zeit: Der Gast war Majestät, alles drehte sich um sein Wohlbefinden. Cecil Roth beschreibt die Zeremonien, die man schon beim Frühstück über sich ergehen lassen mußte. Im Schlafzimmer des Gastes erschien ein livrierter Diener mit einem ungewöhnlich großen Servierwagen und fragte: „Wünschen der Herr Tee, Kaffee oder einen frischen Pfirsich?" Angenommen, der überraschte Gast wählte Tee, so kam schon die nächste Frage: „Chinesischen Tee, indischen Tee oder Tee von Ceylon?" Darauf der Gast: „Chinesischen Tee." Sofort ging es weiter: „Mit Zitrone, Milch oder Rahm, mein Herr?", und hatte sich der Gast für Milch entschieden, wurde er nach der Rinderrasse gefragt: „Jersey, Hereford oder Shorthorn, Sir?"

So ging es den ganzen Tag. Wenn die Gäste sich vor der Abendtafel in ihre Zimmer zurückzogen, fanden sie dort Körbe mit den verschiedensten Blumen zur Auswahl für den Schmuck des Knopflochs oder der Robe. Selbst für den Fall war gesorgt, daß jemandem die Wahl Kopfschmerzen machte: Auch ein Kopfwehmittel war vorhanden. Konnte man nachts nicht schlafen, fand man Zweisitzer mit Kutschern für eine romantische Fahrt im Mondschein bereitgestellt. Und fürchtete man, sich in der Morgenkühle eine Erkältung zugezogen zu haben, dann bediente man sich eines Medizinschranks, der ebenso wohlgefüllt war wie der Weinkeller. Entschlossen sich die Gäste endlich doch zur immer wieder hinausgeschobenen Heimreise, dann fanden sie in ihrem Gepäck vielerlei Abschiedsgeschenke, die Herren Kisten mit den berühmten Guinea-Zigarren des Hausherrn (die bei den Genießern unter den Rauchern so beliebt wurden, daß ein geschäftstüchtiger Fabrikant sein Produkt Alfred-de-Rothschild-Zigarren nannte), die Damen frische exotische Früchte, die schönsten Blüten der Treibhäuser oder köstliche Bonbonnieren.

Eine besondere Eigenheit Alfreds war das sogenannte „Anbetungsdiner". Es war dies ein Bankett im kleinsten Kreis, bei dem nur eine einzige Dame anwesend war – eben die, zu deren Ehren das Fest gegeben wurde – und nur drei oder vier Herren, die sie wohl gern zu treffen wünschte. So wurde um die Jahrhundertwende eine Schönheit unter den Schauspielerinnen Londons jener Tage, Lillie Langtry, auf die überschwenglichste Art und Weise „angebetet" vom Premierminister, vom größten Tenor der Welt und von einem so berühmten General wie Lord Kitchener. Die „Anbetung" fand ihren Höhepunkt darin, daß die Herren gemeinsam der Dame ein „kleines" Geschenk zu Füßen legten, dessen Auswahl man zuvor gemeinsam getroffen hatte, dessen Kauf jedoch allein dem Gastgeber vorbehalten blieb.

So formvollendet und charmant sich Alfred unter seinesgleichen bewegte – in seinen Beziehungen zu Angehörigen niedrigerer Gesellschaftsschichten wirkte er fast immer etwas gehemmt. Er vermied es, mit den Menschen zusammenzukommen, denen seine großzügigen Spenden galten (wie es Leopold gern tat), und er legte auch keinen Wert auf engen Kontakt mit den anderen Industrie- und Finanzgrößen, den Nathaniel pflegte. Dieser Abstand, den er zu wahren bestrebt war, vergrößerte nur das Ansehen, das er genoß. Es konnte gar nicht anders sein, als daß gerade er ein Lieblingsobjekt für den karikierenden Zeichenstift Max Beerbohms wurde. Und obschon er ein Dandy war, ein Snob und ein Dilettant im besten Sinne, war er und blieb er stets ein Rothschild, ein Mann, der nicht allein in leerem Nichtstun seine Tage vergeudete. Ungeachtet seiner vielen Liebhabereien und Spleens fand er doch stets ausreichend Zeit für die drei Betätigungsfelder, denen seit jeher das Hauptinteresse der Rothschilds gegolten hatte: das Geschäft, das Judentum und die Wohltätigkeit.

Natürlich betrieb er alle drei auf seine eigene Art und Weise. Selbst Nathaniel, der König der City, konnte ihn nie dazu bewegen, pünktlich im Büro am New Court zu erscheinen. Alfred kam spät und blieb lange, weshalb eine ganze Reihe von Angestellten als „Boheme-Schicht" sich auf seine Arbeitszeit einstellen mußte. Schon mit 26 Jahren wurde er zum Aufsichtsrat der Bank von England gewählt; dem ersten jüdischen dieser altehrwürdigen Institution. Und das war keineswegs nur ein Ehren- und Ruheposten. Auch als ein Rothschild brauchte man Fähigkeit und Fleiß, um 21 Jahre lang immer wieder aufs neue gewählt zu werden. Als er im Jahre 1889 etwas überstürzt diesen Posten aufgab, da war dies nicht etwa die Folge mangelnder Tüchtigkeit, sondern seiner übermäßigen Sammelleidenschaft. Er hatte eine sehr große Summe für ein Bild gezahlt, das er seit langem haben wollte. Der Kunsthändler, der es ihm verkaufte, unterhielt sein

Konto bei der Bank von England, und den Gewinn, den er bei dem Geschäft gemacht hatte, konnte man leicht aus diesem Konto eruieren. Alfred ließ sich in der Tat hinreißen, zu eruieren – und schrie auf, etwas zu laut. Der Kunsthändler verlor einen Kunden und Alfred seinen Posten als Aufsichtsrat. Aber London hatte wieder eine neue, erstklassige Rothschild-Anekdote.

Zu solchen Zwischenfällen kam es im Rahmen seiner jüdischen Interessen nicht. Er besuchte die Synagoge genauso gewissenhaft wie seine Brüder, wenn auch Nathaniel oft darauf sehen mußte, daß die Blume im Knopfloch seines Bruders dezent genug gewählt war. Und so groß Alfreds Liebe für die Malerei der Renaissance auch war – er zügelte sein Verlangen, solche Bilder zu erwerben, und zwar wegen ihrer religiösen Themen.

Als Jude ist Alfred auch in Verbindung mit einem Geheimnis um den Tod Benjamin Disraelis gebracht worden. Der große Staatsmann war als Zwölfjähriger getauft worden, hat sich aber stets mit Stolz zu seiner jüdischen Herkunft bekannt. Er behauptete, von den Marranen abzustammen, jenen geheimen Juden Spaniens, die die Inquisition des 15. Jahrhunderts in ein vorgetäuschtes Christentum gezwungen hatte, die aber in der Sterbestunde ihre Treue zum Glauben der Väter bekannten. Und nun behaupteten manche Biographen Disraelis, seine letzten Worte seien dem „Sch'ma Israel", dem heiligsten jüdischen Glaubensbekenntnis, ähnlich gewesen. Unter denen, die dem Freunde auf dem Totenbett die letzte Ehre erwiesen, befand sich auch Alfred de Rothschild. Und so mag es irgendwie zu diesem unbeweisbaren Gerücht gekommen sein.

Den größten Ruhm aber hat sich Alfred de Rothschild mit seinen großen Wohltätigkeitsfesten erworben. Auf diesem Gebiet war er unermüdlich tätig, und sein Einfallsreichtum feierte wahre Triumphe. Nur er vermochte ein so unvergleichliches Fest zu arrangieren wie jene Galanacht in Covent Garden zugunsten der Opfer des Burenkriegs. Allein ihm zuliebe ging die große Patti von ihrer sonst strikten Weigerung ab, bei Wohltätigkeitsveranstaltungen aufzutreten; mit Alvarez, den man eigens aus New York hatte kommen lassen, sang sie das große Duett aus Gounods *Romeo und Julia*. Nur Alfred brachte es fertig, die Musikkapellen der Garderegimenter, der Queen's Household Cavalry und der Brigade of the Guards, zu gewinnen. Und nur er konnte die Creme der Gesellschaft dazu veranlassen, die phantastisch teuren Eintrittskarten zu kaufen: 250 Pfund die Loge, 15 Pfund ein einzelner

Platz. Und wahrscheinlich war vor allem er, der glänzendste der drei glänzenden Brüder, verantwortlich für die erlauchte Freundschaft, auf der ein Großteil des Ansehens des Triumvirats beruhte. Von dieser Freundschaft soll nun erzählt werden.

5. In Marlborough House

Der größte gesellschaftliche Triumph der Familie war – und das wird nun wohl kaum noch überraschen – die Folge ihrer unbeirrbaren Anhänglichkeit an ihre jüdische Tradition. Bis weit ins 19. Jahrhundert hinein legten die beiden bedeutendsten britischen Universitäten keinen Wert auf Andersgläubige, sie forderten von jedem Studenten, daß er sich als treuer Anhänger der Hochkirche von England bekenne. In Oxford mußte eine solche Erklärung schon vor der Immatrikulation abgegeben werde, in Cambridge beim Schlußexamen. Das war der Grund, daß Nathaniel, Leopold und Alfred das Trinity College zu Cambridge besuchten, um dort zu studieren, auch wenn sie nicht promovieren konnten. (Auch heute noch, lange nachdem Beschränkungen religiöser Art an allen Universitäten fortgefallen sind, halten die meisten Rothschilds dem Trinity College die Treue.) Während der fünfziger Jahre lernten Natty, Leo und Alf dort einen vergnügten Studenten kennen, den seine Kommilitonen einfach „Bertie" nannten: offiziell hieß er Albert Edward, Prince of Wales.

Die Freundschaft zwischen dem zukünftigen König von England und den Urenkeln des Kaufmanns aus dem Ghetto war schnell geschlossen; sie war und blieb herzlich und von Dauer. Daß der Prince of Wales mit vier Juden – erst mit Natty, Leo und Alf und bald auch mit Ferdy (dem aus Wien stammenden Ferdinand) – so intim befreundet war, erschien unerhört und wurde zum Tagesgespräch. Die Zeitungen brachten Meldungen mit sensationellen Überschriften; bei Hof waren die Kämmerer beunruhigt und die Herren des Protokolls ratlos. Einige Minister Ihrer Majestät fürchteten sogar, der Thronfolger könne möglicherweise Staatsgeheimnisse an eine Firma ausplaudern. Tatsächlich aber war Seine Königliche Hoheit, informiert durch den Nachrichtendienst der Rothschilds, oft weit besser orientiert als die so besorgten Minister. Sonst aber wurde die Freundschaft Anlaß stets neuen Interesses in allen Gesellschaftsnachrichten und für die Juden aller Länder eine Quelle stolzer Freude.

Regelmäßig meldete das Hofbulletin, der Prince of Wales habe sich als Gast von Lord Rothschild in Tring Manor aufgehalten, sei mit Leopold in Leighton Buzzard auf der Jagd oder mit Ferdinand bei Ramsgate segeln gewesen. Weit öfter als selbst die ältesten herzoglichen Familien konnten die Rothschilds Einladungskarten mit der magischen Formel versenden: „. . . to have the honour of meeting Their Royal Highnesses, the Prince and Princess of Wales". Aber es gab auch andere Situationen: Als „Bertie" einmal in einem Scheidungsprozeß als Zeuge vor Gericht hatte erscheinen müssen, tröstete Alfred den nervösen Prinzen eine ganze schlaflose Nacht hindurch im Amphitryon-Club mit seinem Klavierspiel.

In der Regel waren die Freunde jedoch in Marlborough House zusammen, wo der junge Kronprinz ganz unviktorianisch hofhielt. Dort tanzte und trank man, wettete und spielte miteinander, lieh sich wohl gegenseitig auch manchmal Geld und feierte überhaupt die vergnügtesten Feste des Empires. Die „Marlborough Boys", unter ihnen die Rothschilds an führender Stelle, wurden tonangebend unter der Jeunesse dorée Europas. So bunt sie es auch trieben – was sie taten blieb nicht ohne gewisse geschichtliche Auswirkungen. In Marlborough House wurde ein neues Lebensgefühl geboren. Seit den Tagen Charles II. war das englische Königshaus recht altmodisch und langweilig geworden, eine Folge der teutonischen Dickblütigkeit der Hannoveraner. So sehr Königin Victoria respektiert, ja verehrt wurde – niemand konnte ihr nachsagen, daß sie in ihrer Person das verkörperte, was man auf dem Kontinent „Chic" nannte. Ihr „ungeratener" Sohn aber gab, lange bevor er als Edward VII. König wurde, seiner Dreistigkeit jenes Flair, das später als „edwardianisch" bezeichnet werden sollte. In Marlborough House hielt „Bertie" mit mehr Eleganz und mit wesentlich mehr demokratischem Snobismus hof als etwa Mrs. Astor in ihrem Palast an der Fifth Avenue in New York. Er brachte frischen Wind in die Gesellschaft. Nirgendwo auf der Welt wurde sie so gründlich ausgelüftet wie in England.

Die Höflinge mochten noch so sehr die Nase rümpfen – Fröhlichkeit stand nun höher im Kurs in London als ein alter Stammbaum. Ein guter Witz galt mehr als steife Etikette, das bunte Leben mehr als kalter Pomp. Auch hier wußten die jungen Rothschilds ihren Mann zu stehen. Und zudem waren sie immer gern bereit, einem Freund mit ein paar tausend Pfund auszuhelfen, auch wenn seine Mutter die Königin Victoria war. Natty, Leo und Alfred spielten eine wichtige

Rolle, als der Elite frische Schwungkraft, dem Land neuer Auftrieb gegeben und der Krone neuer Glanz verliehen wurde.

Selbst die Königin sollte sich dessen bewußt werden, trotz ihrer stockkonservativen früheren Meinung über die Stellung der Juden. Was drei munteren Brüdern allein nicht gelang, vermochte ein viertes Familienmitglied, das über den Kanal gekommen war: daß Ihre Majestät von sich aus öffentlich den Wandel ihrer Haltung demonstrierte.

Dieses Familienmitglied war Ferdinand aus dem österreichischen Zweig der Rothschilds. Wir müssen etwas in der Geschichte zurückgehen, um zu erklären, wie das alles vor sich ging. Ferdinand hatte 1865 eine Schwester der drei Brüder, Evelina, geheiratet, die jedoch 18 Monate später im Wochenbett starb. Ferdy, wie er bald genannt wurde, entschloß sich, in England zu bleiben und ein englischer Rothschild zu werden; seine Stadtresidenz – die mit dem berühmten weißen Ballsaal – befand sich in der „Rothschild Row". Er erwarb die britische Staatsbürgerschaft und wurde ein treuer Untertan der Königin, und als Nathaniel vom Unterhaus ins Oberhaus überwechselte, übernahm er den frei gewordenen Parlamentssitz als Abgeordneter für Aylesbury. Englisch waren auch die Wohltätigkeitsinstitutionen, die er gründete, das Evelina-de-Rothschild-Kinderkrankenhaus in London und die Evelina-de-Rothschild-Schule in Jerusalem. Zu Weihnachten bescherte er jedem Omnibuskutscher in London ein Paar Fasanen; als Zeichen der Dankbarkeit knüpften die Kutscher an ihre Peitschen die nicht nur auf der Rennbahn bekannten Farben des Hauses Rothschild, gelb und blau. Und ganz englisch war Ferdinand in seinen exzentrischen Einfällen. Einen Hausball setzte er so kurzfristig an, daß seine weiblichen Gäste keine Zeit hatten, sich mit entsprechenden Garderoben zu versehen, wofür der ungeduldige Hausherr es dann als Buße auf sich nahm, ihnen auf seine Kosten die neuesten Kreationen für den nächsten Ball schneidern zu lassen.

Eine für Ferdinand bezeichnende Laune war verantwortlich für den Bau eines der größten Schlösser in Südengland. Im Jahre 1874 begann sich Lodge Hill, ein Hügel inmitten einer trostlosen Einöde in Buckinghamshire, wie durch Zauberhand zu verwandeln. Ferdinand hatte das Ödland und die angrenzenden Ländereien, insgesamt 2700 Morgen, für rund 200.000 Pfund vom Herzog von Marlborough erworben, weil ihm die Aussicht gefiel. Um die Gegend bewohnbar zu machen, wurde zunächst der Hügel teilweise eingeebnet. Eine mehr als zwanzig Kilometer lange Wasserleitung wurde gelegt, und über eine ebenso lange Strecke schaffte eine eigene Kleinbahn die Baustoffe von der nächsten Eisenbahnstation heran. Eine Anzahl von Straßen mit bequemer Steigung wurde an dem Hang angelegt, und ganze Scharen von schweren Percheron-Pferden aus der Normandie zogen die Wagen mit den Baumaterialien hinauf.

Durch großzügige Bodenbewegungen, durch Dränage und Bewässerung sowie durch Anpflanzung von Buschwerk aller Art wurde die Einöde in einen Park verwandelt. Kilometerweite Blumenbeete entstanden. Und da Ferdinand einen Wald ganz nach seinem Geschmack haben wollte, ließ er Hunderte von Bäumen umpflanzen. Vor allem Kastanienbäume liebte er; für den Transport eines einzigen Baumes brauchte man sechzehn Pferde. Dabei erwies es sich aber als notwenig, die Telegrafendrähte an den Landstraßen zu verlegen, damit sie nicht heruntergerissen wurden. Und dann erhielt das Märchenreich seine Terrassen, Vogelhäuser, Springbrunnen und Grotten. Das Glanzstück bildeten Statuen aus dem 17. Jahrhundert, die Girardon geschaffen hatte, einer der großen Bildhauer von Versailles.

Wie aber sollte das Haus aussehen, das einen solchen Besitz würdig krönte? Ferdinand machte eine architektonische Anleihe bei seinen französischen Lieblingsschlössern. Für sein Superlandhaus übernahm er die zwei Türme des Château de Maintenon, die Dachfenster von Anet, die Kamine von Chambord, zwei etwas verkleinerte und mit Rücksicht auf das englische Klima verglaste Varianten des Treppenhauses von Blois – und all dies „geschmackvoll kombiniert und verbessert", wie ein Sachverständiger meinte.

Die Innenausstattung war entsprechend kostbar. Dort, wo so ungewöhnlich große Gemälde unterzubringen waren wie die beiden von der Meisterhand Guardis stammenden venezianischen Veduten, ließ Ferdinand die Täfelung eigens schnitzen. Sonst jedoch begnügte er sich mit Möbelstücken und Ausstattungsgegenständen, die bereits von Künstlerhand geschaffen waren, so zum Beispiel mit wundervollen Boiserien aus luxuriösen Pariser Häusern der Zeit Louis XV. und Louis XVI. Diese Täfelungen wurden kunstfertig in die verschiedenen Räumlichkeiten integriert. Die herrlichen Möbel stammten größtenteils aus dem ehemaligen Besitz der französischen Könige. Den Boden bedeckten Savonneries-Teppiche, so genannt nach der Manufaktur, die einst ausschließlich für die Bourbonen gearbeitet hatte; Ferdinand besaß von diesen Teppichen die größte Sammlung der Welt. Die getäfelten Decken, die Beauvais-Gobelins, das

Sèvres-Porzellan und viele andere Dinge (darunter ein großer Elefant mit einem Spielwerk) – alles war aufeinander abgestimmt. An den Wänden hingen zahlreiche Gemälde, Bilder von Reynolds, Gainsborough, Cuyp, Pater und van der Heyden (von den Watteaus und Rubens', die von den Erben später hinzugefügt wurden, gar nicht zu reden).

Nach mehr als zehn Jahren Bauzeit eröffnete sich mitten in der englischen Landschaft ein Anblick wie aus der französischen Renaissance, weithin leuchtend in weißem Marmor. 222 Räume hatte das Schloß. Ferdinand betrachtete sein Werk mit Wohlgefallen und nannte es Waddesdon Manor. Bis zum heutigen Tag ist es ein erstaunliches Bauwerk geblieben – und das genaue Gegenteil dessen, was man sich unter einem gemütlichen Heim vorstellt.

Jeder, der Rang und Namen hatte, kam, um Waddesdon Manor zu bewundern. Auf den Gesellschaften, die von Samstag bis Montag dauerten, empfing der Hausherr gekrönte und ungekrönte Prominenz, den Schah von Persien, den deutschen Kaiser, Henry James, Robert Browning, Guy de Maupassant. (Im Gästebuch kann man auch die Namenszüge von Aga Khan sowie vieler englischer Premierminister, von Balfour bis Winston Churchill, lesen.) Der königliche Freund „Bertie" ehrte eine der Treppen im Stil von Blois auf seine eigene Weise: Er brach sich dort den Knöchel.

Auch Königin Victoria erfuhr von dem Wunderbau. Am 14. Mai 1890 unternahm Ihre Majestät etwas, wofür es kaum einen Präzedenzfall gab: Sie besuchte eine Privatperson. Sie mußte selbst sehen, was dieser Rothschild aus einer öden Hügellandschaft gemacht hatte. Nur ein kleiner Zwischenfall warf einen Schatten auf den Empfang. Lord Hartington, der spätere Herzog von Devonshire, ließ sich den unbegreiflichen Fauxpas zuschulden kommen, die Hand von Madame zu schütteln statt sie zu küssen. Kein Wunder, daß Ihre Majestät denen, die ihr anschließend vorgestellt wurden, ihre Hand nicht mehr reichte. Aber nachdem sie in einem eigens dafür gebauten Fahrzeug, das von Ponys gezogen wurde, Park und Garten besichtigt hatte, nachdem sie durch die Hallen, Galerien und Salons geleitet worden war, konnte sie nur sagen: „Der Hausherr ist so charmant, wie sein Besitz wunderschön ist."

Von diesem Tag an hegte sie freundlichere Gefühle für die Rothschilds. Nun begann sie, wenn sie auf dem Kontinent weilte, Ferdinands Schwester Alice auf deren französischem Besitz zu besuchen.

Ja, sie benutzte sogar die Kuriere der Rothschilds, um ihre Privatpost befördern zu lassen, weil ihre Briefe dort sehr viel diskreter behandelt wurden als in den Taschen der diplomatischen Kuriere. Wie weit die Diskretion der Familie ging, zeigte sich nach ihrem Tod. Nathaniel fand als Disraelis Testamentsvollstrecker eine Anzahl „sehr privater" Briefe der Königin an den ihr besonders nahestehenden Premierminister. Er warf nur einen Blick auf die Briefe und sandte dann das ganze Bündel an König Edward, der die Briefe verbrannte.

Auch diese höchst ungewöhnliche Freundschaft, die die Rothschilds mit dem Herrscherhaus verband, hat nie ihre Treue zum Judentum beeinträchtigt. Im Gegenteil: Manchmal hätten böse Zungen behaupten können, es sehe fast so aus, als gerate die Kirche von England durch sie in Gefahr – so sehr interessierte sich Freund „Bertie" für jüdische Dinge. Am 19. Januar 1881 fuhr der Prinz von Wales trotz eines fürchterlichen Schneesturms zur Hauptsynagoge in der Great Portland Street, um bei Leos Hochzeit anwesend zu sein. Das koschere Essen, das bei dieser Gelegenheit gereicht wurde, schmeckte ihm ausgezeichnet, und die jüdischen Witze, die nach dem Empfang erzählt wurden, amüsierten ihn sehr. Für diese Witze entwickelte er bald eine besondere Vorliebe. Und da Nathaniel die gleiche Schwäche hatte, war das Haus Rothschild nicht nur ein Hauptquartier der Hochfinanz, sondern wurde auch eine Sammelstelle für jüdische Anekdoten.

Ein Biograph weiß darüber folgendes zu berichten: „Mindestens ein ausländischer Diplomat, Freiherr von Eckardstein, war von den Rothschilds gebeten worden, alle guten jüdischen Witze, die er irgendwo im Ausland hörte, insbesondere solche, die an der Berliner Börse erzählt wurden, zu sammeln und ihnen weiterzuleiten. Mehr als einmal telegrafierte er sie sogar nach New Court, von wo sie bald ihren Weg nach Marlborough House zu finden pflegten." Die Hausarchive der Rothschild-Bank in London, die so viele Geheimnisse hüten, bewahren noch heute einen Schatz jüdischer Anekdoten, die von dem preußischen Adeligen dorthin telegrafiert worden waren.

Jüdische Probleme sollten jedoch später Gegenstand sehr viel ernsterer Erörterungen auf sehr viel höherer Ebene werden, im Jahre 1908, als „Bertie" schon lange König von Großbritannien war. Die Rothschilds hatten sich schon immer mit Nachdruck für eine Verbesserung der Lage ihrer Glaubensbrüder in Rußland eingesetzt. Nun stand eine Begegnung des Königs von England mit dem Zaren in

Reval bevor. So kam es zu einem schriftlichen Meinungsaustausch zwischen den einstigen „Marlborough Boys" darüber, was gegen die Unterdrückung in Rußland getan werden könne.

Einiges wurde tatsächlich getan. Die Verfolgung der Juden wurde ein wesentlicher Punkt der Tagesordnung von Reval. Der britische Botschafter in St. Petersburg schrieb kurz darauf an Nathaniel Rothschild: „Aus meinem Bericht werden Sie ersehen, daß der russische Ministerpräsident eine Verbesserung der Lage der Juden in Rußland in Betracht zieht."

Um diese Zeit soll ein Rabbiner in London gesagt haben, daß die Juden, im Gegensatz zu den Christen, zwar noch keinen Messias hätten, aber immerhin doch schon eine heilige Familie.

Wenn man dieses Bonmot zu akzeptieren bereit ist, dann muß man es dahingehend ergänzen, daß die Juden nicht nur *eine* heilige Familie hatten, denn es gab Rothschilds in anderen Ländern, die genauso handelten. Um den Glanz der Familie um die Jahrhundertwende vollends kennenzulernen, müssen wir uns nun nach Frankreich und Österreich wenden.

6. *Der böse Bismarck*

In Frankreich haben die Rothschilds ihre führende Stellung in der Gesellschaft wohl am leichtesten erringen können. Achtzig Jahre immer neuer Revolutionen hatten die Bourbonenherrschaft beseitigt, das Haus Orléans um den Thron und die Nachfahren Bonapartes um die Kaiserkrone gebracht. Nur die Rothschilds brauchten ihr Zepter nicht aus der Hand zu geben. Als sich die Brandwolken des Aufstands der Pariser Kommune 1871 verzogen hatten, war Baron Alphonse das Oberhaupt der Familie, die am längsten auf eine ungebrochene Herrschaft zurückblicken konnte.

Vom Stammbaum her gesehen, stand der französische Zweig dem Ghetto näher als alle anderen, denn er hatte eine ganze Generation ausgelassen. James, der Gründer des Pariser Hauses, war der jüngste der fünf Brüder, und ihm waren Kinder erst verhältnismäßig spät in seinem Leben beschieden. So wurden diese die Zeitgenossen der Enkel seiner Brüder. Seine vier Söhne Alphonse, Gustave, Salomon und Edmond spielten in der Gesellschaft ihres Landes eine nicht minder glanzvolle Rolle als ihre Verwandten jenseits des Kanals.

Besonders aber ragten in diesem Quartett der älteste und der jüngste hervor.

Alphonse, klein und gedrungen von Gestalt, war ebenso klug, ebenso unnachgiebig und womöglich noch überzeugender als sein Vater und immer *comme il faut*. Man sagte ihm nach, daß er den gepflegtesten Schnurrbart in ganz Europa besäße. Alles in allem war er ein ebenso respektgebietender wie gutaussehender Repräsentant seiner Familie.

Die Anekdote von einer Eisenbahnfahrt mit einem amüsanten Zwischenfall gibt uns einen Begriff von der Aura, die sein Name in Frankreich ausstrahlte. Einer seiner prominentesten Kunden, der König von Belgien, hatte Alphonse zu einem streng privaten Diner nach Brüssel gebeten. Um jedes Aufsehen zu vermeiden, reiste dieser mit einem einfachen I.-Klasse-Billett dorthin. Aber wenige Kilometer vor der Grenze hielt man den Expreßzug an und schob ihn auf ein Nebengleis. Auf die Frage, warum man warte, erhielt er die Auskunft, daß das Hauptgleis für einen privaten Sonderzug freigegeben werden müsse. Der Baron war nicht gewohnt, sich von anderen Leuten verdrängen zu lassen, und außerdem würde er ja durch diesen unvorhergesehenen Aufenthalt zu spät nach Brüssel kommen! Wütend telegrafierte er nach Paris, bis sich zur allgemeinen Erheiterung der Grund des Zwischenfalls herausstellte. Der Kammerdiener von Baron Alphonse hatte vergessen, seinem Herrn den Abendanzug einzupacken, und so war er auf den Gedanken gekommen, kurzerhand im Namen des Barons einen Sonderzug zu bestellen und das Vergessene hinterherzuschicken. Durch seinen eigenen Frack also war der Baron auf das Nebengleis geraten!

Bei wichtigeren Gelegenheiten vermochte Alphonse immer zur rechten Zeit am rechten Ort zu sein. Sein Werdegang war eng verbunden mit einer gewaltigen Umwälzung in Frankreich: dem Sturz Napoleons III. und der Revolution, aus der die Dritte Republik entstand. Während all dieser Geschehnisse verblieb Alphonse dort, wo er auf Grund Rothschildscher Tradition zu stehen hatte: hinter den Kulissen.

Am 5. Juli 1870 wurde er von einem Adjutanten des Kaisers eiligst in den Palast nach St-Cloud gebeten. Der Kaiser befand sich in höchster Aufregung: Jetzt habe Preußen sich doch zu viel herausgenommen. Schon lange gebe es mit Preußen Ärger wegen der deutsch-französischen Grenze, und nun wolle Preußen gar noch einen Ho-

Lionels Sohn Nathaniel war der erste Lord Rothschild.
Rechts: Ferdinand (1839–1898), ein Sohn von Anselm aus der Wiener Linie.

Ferdinand heiratete im Jahr 1865 Evelina (1839–1866), eine Tochter Lionels.
Nach deren frühem Tod blieb er dennoch weiter in England,
wo er sich Waddesdon Manor erbauen ließ.

Lord Nathaniels Enkel Nathaniel Mayer Victor (1910–1990) mit seiner ersten Frau, Barbara Judith Hutchinson.

henzollern auf den spanischen Thron setzen, so daß es Frankreich auch von der anderen Seite her bedrohen könne. Wenn Preußen auf dieser unerhörten Forderung bestehe, müsse es Krieg geben. Nur England, meinte Napoleon, könne Bismarck noch zurückhalten, und deswegen müsse England aufgefordert werden, sofort zu handeln.

Napoleon wußte ganz genau, warum er sich an Baron Alphonse wandte. England hatte im Augenblick keinen Außenminister (Graf Clarendon war am 27. Juni gestorben, und sein Nachfolger Granville wurde erst am 6. Juli ernannt), und so wollte sich Napoleon der Rothschildschen Verbindungen zur englischen Regierung bedienen.

Alphonse verstand, was gemeint war: Hätte sich Frankreich offiziell um britische Vermittlung bemüht, dann hätte man dies dem Kaiser als Schwäche auslegen können. Deswegen glaubte er, daß eine diskrete Rothschild-Intervention mehr ausrichten werde als eine diplomatische Note.

Die Familie wußte aus alter Erfahrung, was in solcher Situation zu tun war. Noch am gleichen Nachmittag ging ein chiffriertes Telegramm von der rue Laffitte zum New Court. In der Nacht entschlüsselte Nathaniel das Telegramm. Am nächsten Morgen kam er gerade noch rechtzeitig zum Amtssitz des Premierministers Lord Gladstone, bevor dieser nach Windsor zur Audienz bei der Königin aufbrach. Er begleitete Gladstone zum Bahnhof und unterrichtete ihn auf dem Weg dorthin über Napoleons Wünsche. Gladstone hörte aufmerksam zu und überlegte. Schließlich meinte er, seine Regierung sei nicht in der Lage, auf Preußen Einfluß zu nehmen.

Diese kurze Unterhaltung war der Anfang vom Ende für das Reich Napoleons. New Court telegrafierte der rue Laffitte. Wenige Stunden später mußte der Kaiser erkennen, daß der Versuch, sein Prestige zu wahren und zugleich den Frieden zu retten, fehlgeschlagen war. Der Weg für Bismarck war frei. Schon zwölf Tage später, am 19. Juli, donnerten Frankreichs allzu schwache Kanonen gegen die Preußen, und am 1. September mußte sich Napoleon mit seiner Armee bei Sedan ergeben.

Innerhalb einer Woche war auch die Monarchie ausgelöscht. Die deutschen Heere schlossen Paris ein, und das Haus Rothschild bereitete sich auf das nächste Kapitel im Buch der Geschichte vor, wobei dieses eine besonders pikante Überraschung bereithielt: Den Rothschilds war es zwar nicht gelungen, den Besiegten zu retten, aber nun waren sie in der Lage, dem Sieger eins auszuwischen.

In der zweiten Septemberhälfte wurde es mit der Belagerung von Paris ernst. Am 19. September schlugen König Wilhelm I., Moltke und Bismarck ihr Hauptquartier auf dem Rothschildschen Landsitz Ferrières auf. Der König bewunderte die unermeßlichen Renaissance-Schätze in den Sälen und die herrlichen Vollblüter in den Ställen, erfreute sich an den edlen Orchideen in den Treibhäusern, kostete von den edlen Früchten. Ferrières – das war ein ganzes Reich der Parks und Gärten! Schließlich sagte er zu seinem Adjutanten: „Könige können sich so etwas nicht leisten. Dazu muß man ein Rothschild sein."

Bismarck war nicht ganz so entzückt. Es war sein Pech, daß König Wilhelm in dem Eigentümer von Ferrières so etwas wie einen machtvollen Kollegen sah. Das war wohl auch der Grund dafür, daß der König es ablehnte, im prunkvollen Schlafzimmer von Alphonse zu übernachten; er benutzte sein eigenes eisernes Feldbett, das in einer bescheidenen Kammer aufgestellt wurde. Außerdem erließ er ein striktes Verbot, die Kunstgegenstände auch nur zu berühren. Und Bismarck – Bismarck! – untersagte er, seinen waidmännischen Neigungen in dem riesigen Park nachzugehen.

Der Verwalter von Schloß Ferrières, der an diesen ärgerlichen Verboten nicht ganz unschuldig war, erregte den Unwillen des Eisernen Kanzlers auch noch auf andere Weise. Ein handschriftlicher Bericht des Verwalters hat sich erhalten, aus dem die Weigerung des tapferen Mannes hervorgeht, Bismarck ein paar Flaschen aus dem berühmten Rothschildschen Weinkeller zu servieren. Als der wütende Kanzler ihn zwang, ihm für gutes Geld eine Kiste zu verkaufen, geschah dies unter Protest; und bei Monsieur Rothschild in Paris traf ein bitterer Klagebrief über des Deutschen unziemliches Verhalten ein.

Baron Alphonse hatte seine helle Freude daran, wie der starke Mann der Preußen in Ferrières um einige Flaschen Wein kämpfen mußte, während ganz Europa ihm zu Füßen lag. Und mit seiner Laune steckte der Baron die große Gesellschaft im belagerten Paris an. Im Dezember schossen die deutschen Belagerungstruppen einen Ballon vom Himmel, in dem sich ein Brief an die Gräfin von Moustier fand, der folgende Worte enthielt: „Rothschild erzählte mir gestern, Bismarck sei mit den Fasanen in Ferrières gar nicht zufrieden gewesen, sondern habe gedroht, den Verwalter zu prügeln, weil die Fasanen nicht mit Trüffeln gefüllt herumflögen."

Dieser Brief ärgerte den Eisernen Kanzler sehr, denn er las aus ihm die Andeutung heraus, er habe sich nicht an das Verbot seines Königs gehalten. Und außerdem *hatte* er ja heimlich doch ein wenig gewildert. „Was will man mir machen? Arretieren? Nein. Denn sie haben ja niemand, der den Frieden besorgt", hat er später geschrieben.

Sie brauchten ihn in der Tat für die Friedensverhandlungen. Auf der anderen Seite, der französischen, saß der älteste Rothschild-Bruder, der auch weiterhin dem Eisernen Kanzler auf die Nerven ging. Zunächst erregt er Bismarcks Mißvergnügen dadurch, daß sein Nachrichtendienst stets schneller war als der deutsche: Brieftauben flogen zwischen der rue Laffitte und New Court hin und her, und auf diese Weise wurden die Rothschilds sogar mit der Unterbrechung des Telegrafendienstes fertig. Als dann die Verhandlungen begannen, erwies sich Rothschild als recht schwieriger Partner. Der kleine Jude ließ sich von dem großen Preußen nicht einschüchtern. Er bestand darauf, französisch zu sprechen, obwohl Bismarck ihn ärgerlich daran erinnerte, daß die Familie deutschen Ursprungs und er selbst mit dem alten Amschel in Frankfurt befreundet gewesen sei.

Alphonse blieb unnachgiebig, auch hinsichtlich der Verhandlungssprache, und er war unentbehrlich. Niemand außer Rothschild konnte eine ausreichende Nahrungsmittelversorgung für das ausgehungerte Paris garantieren – in London leiteten Alfred, Leo und Nathaniel die Hilfsmaßnahmen für Frankreich. Niemand außer Rothschild konnte auch die Kriegsentschädigung in Höhe von fünf Milliarden Francs garantieren, die Frankreich zu zahlen hatte, und niemand außer ihm, den seine ausländischen Verwandten und andere ihm befreundete europäische Bankiers unterstützten, konnte diese riesige Summe mit so wenig Nachteilen für Frankreich (wie sie Bismarck erwartet hatte) und so rasch – zwei Jahre vor Fälligkeit – an das Reich zahlen.

Mehr als alles andere, das die Pariser Rothschilds geleistet hatten, sicherte diese Tat ihnen ihre führende Stellung in der neuen Republik. Bismarck regierte und donnerte und mußte dann eines Tages doch zurücktreten. Rothschild regierte und flüsterte und – blieb.

7. Der vornehmste Pilger

In vielen großen Familien Europas blieb den jüngsten Söhnen oft nichts anderes übrig als der Dienst im Heer (wo sie es schließlich freudlos bis zum Oberst brachten) oder in der Kirche (ohne für das geistliche Amt berufen zu sein), falls sie nicht überhaupt ins Ausland abgeschoben wurden (ohne die rechte Vorbereitung dafür zu besitzen). Bei den Rothschilds gab es so etwas nicht. Auch die jüngsten Söhne hatten immer ihre große Chance beim Start, und sie wußten diese, wie das Beispiel Edmonds zeigen wird, immer zu nutzen.

Dieser jüngste Bruder von Alphonse, der erst im Jahre 1934 als 90jähriger gestorben ist, betätigte sich, wie es in der Familie üblich war. Er arbeitete in seinem Büro an der rue Laffitte (seine Spezialität waren Erdölerschließungen in aller Welt – gemeinsam mit Shell und Standard Oil). Er baute sich ein vornehmes Stadthaus und heiratete wiederum eine Rothschild, Adelheid aus dem deutschen Zweig der Familie; bei den Hochzeitsfeierlichkeiten wurden die Traditionen des väterlichen Glaubens ebenso streng gewahrt wie die Familientradition der Prachtentfaltung. An kulturellen Dingen war er lebhaft interessiert. Sein Bruder Alphonse sammelte seltene Goldschmiedearbeiten der Renaissance, sein Vetter Wilhelm in Frankfurt war ein berühmter Bibliophile, sein Vetter Nathaniel trug in Wien Schmuck des späten 18. Jahrhunderts zusammen; seine, Edmonds, Liebhaberei waren kostbare alte Stiche. Nicht weniger als 20.000 Blätter hat er dem Louvre hinterlassen.

Aber dann wandte sich Edmond einem neuen Interessengebiet zu; für das lange Leben dieses energiegeladenen Mannes sollte bestimmend werden, was als reine Wohltätigkeit begann und schließlich zur historischen Zäsur wurde. Zusammenfassen kann man es mit dem einen Wort „Palästina".

Diese lange Geschichte nahm am 28. September 1882 mit einer merkwürdigen Unterredung ihren Anfang. Der junge Baron saß in seinem Büro hinter seinem Schreibtisch, mit wohlfrisiertem Kinnbart, einer Samtschleife um den Hals und einer duftenden Blume im Knopfloch. Ihm gegenüber eine Gestalt aus einer anderen Welt, ein Mann mit wildem Prophetenbart: Als Rabbi Samuel Mohilewer war er durch den Großrabbiner von Frankreich, der in solchen Dingen über die Zeit des Barons verfügen durfte, bei ihm eingeführt worden. Der Großrabbiner hatte das Anliegen des Rabbis gutgeheißen: Er wollte Gelder sammeln für neue jüdische Kolonien in Palästina. Aber Reb Mohilewer sah wahrlich nicht aus wie jemand, der um Unterstützung bittet, und er benahm sich zweifellos auch nicht so.

Das Gespräch begann mit einer Frage. Ob der Baron etwas dagegen habe, wenn er, Reb Mohilewer, sich nicht des modernen Konversationstons bedienen, sondern eher so sprechen werde wie ein Rabbiner zu seiner Gemeinde? Baron Edmond war einverstanden. Nun denn, so wolle man zum ersten Hauptpunkt kommen: Warum hat Gott gerade Moses, der nicht wortgewandt war und sogar stotterte, auserwählt, um die Juden aus Ägypten in das Land Israel zu führen?

Nachdem er das Für und Wider nach Art der Talmudisten hin und her gewendet hatte, erklärte der Rabbiner dem überraschten Baron den Grund wie folgt: Gott habe absichtlich keinen Meisterredner für die Offenbarung Seiner Worte gewählt. Er habe absichtlich einen erkoren, der stammelte, damit jedermann klar sehen könne, daß das, was Moses redete, nicht aus seiner eigenen klugen Beredsamkeit stamme, sondern die Stimme des Herrn selbst sei.

Im Laufe einer Reihe ebenso im talmudischen Singsang vorgetragener Überlegungen kam Reb Mohilewer zu dem Schluß: Auch er sei ein unbegabter Sprecher, und gerade wegen dieser seiner Bedeutungslosigkeit sei er auserwählt, die Größe der Sache darzutun, die er vortrage, nämlich zu zeigen, daß der Boden des Heiligen Landes zur Zufluchtsstätte für die verfolgten Glaubensbrüder aus Osteuropa werden müsse. Und so sei er nach Paris gekommen, um an das Innerste im Herzen des Barons Rothschild zu appellieren.

Edmond erwiderte, daß er gern bereit sei, die notwendige Summe beizusteuern, obwohl der Besucher von Geld noch gar nicht gesprochen, sondern in talmudischer Dialektik das Gespräch wiederum auf Fragen der Seele gelenkt hatte. Der Baron, wenig geneigt, solche geistig-geistlichen Dinge zu erörtern, betonte nochmals, er wolle gern Geld geben. Der Rabbi hingegen wollte nicht darauf verzichten, von den ersten und letzten, den tiefsten und den höchsten Dingen zu sprechen, vom Innersten des Herzens. Die schwarzen Augen des alten Predigers trugen schließlich den Sieg davon: Edmond versprach, er wolle versuchen, mit seinem Innersten zu Rate zu gehen, um zu sehen, was daraus werde.

Der Großrabbiner Kahn, der den Dolmetscher gespielt hatte, wann immer der Baron das Jiddisch des Besuchers nicht verstand, hat uns diese abschließenden Worte überliefert. Sie sollten sich als weit mehr erweisen als eine höfliche Abschiedsphrase. Während der nächsten fünfzig Jahre seines Lebens stellte die Palästina-Frage den Baron immer wieder vor neue Probleme, und er versuchte immer aufs neue, sie zu meistern, mit Herz und Seele und Geld.

Er wurde die größte Triebkraft der jüdischen vorzionistischen Kolonisation in Palästina. Als erstes finanzierte er die Ansiedlung von

101 russischen Juden in er Nähe von Jaffa. Dann unterstützte er bedürftige jüdische Siedlungen und rief neue ins Leben. Seine Stiftungen machten es möglich, Sümpfe trockenzulegen, Quellen zu erschließen, Land urbar zu machen, Häuser zu errichten und Land zu bebauen. Von den sieben neuen jüdischen landwirtschaftlichen Siedlungen, die um die Mitte der achtziger Jahre in Palästina existierten, wurden drei durch Rothschild vor dem Zusammenbruch bewahrt. Eine vierte verdankte ihr Dasein allein seiner Großzügigkeit, und auch die anderen erfreuten sich, wenn auch weniger unmittelbar, seiner tatkräftigen Hilfe. Jenen ersten 101 Auswanderern, die Rothschild angesiedelt hatte, folgten bald viele Hunderte und dann Tausende.

All diese intensive nach außen gerichtete Tätigkeit Edmonds war scheinbar nur schwer in Einklang zu bringen mit seiner verwöhnten und zurückhaltenden Wesensart. Ihm wäre es ganz recht gewesen, hätten lediglich seine Schecks für ihn gesprochen, und tatsächlich war seine erste Spende mit den hebräischen Worten „Nadew Hajeduha" gekennzeichnet, auf deutsch: „anonymer Spender".

Ein eigenartiger Widerspruch wurde kennzeichnend für seine Persönlichkeit. Chaim Weizmann stellte ihn schon beim ersten Zusammentreffen fest: „Alles an ihm war Ausdruck exquisiten Geschmacks, seine Kleidung, sein Haus – oder besser gesagt, seine Häuser –, seine Möbel und Gemälde . . ." Zugleich aber war dieser reservierte Mann, dieser vollendete Gentleman tief verstrickt in die Probleme der Erschließung eines wüsten Landes, in Fragen der Bewässerung, Düngung und Bodenverbesserung.

Es war, als wirke der durchdringende Blick der schwarzen Augen des alten Rabbi Mohilewer noch immer in ihm fort und riefe das Innerste seines Herzens auf. Eine magische Kraft trieb ihn stets aufs neue hinaus aus der Ruhe des Salons in die Hitze des Kampfes um jüdische Probleme. Seine fürstliche Zurückgezogenheit, die seine Sektretäre ihm zu bewahren suchten, gab er immer wieder auf in seinem Rothschildschen Drang, all das zu meistern, was einmal zufällig berührt wurde.

Kurze Zeit war erst vergangen, seit Edmond sich dem Aufbauwerk in Palästina zugewendet hatte, und schon hatte er bei der türkischen Regierung, die damals Palästina beherrschte, Schritte im Interesse der jüdischen Siedlungsarbeit eingeleitet. Diplomatisch agierte er hinter den Kulissen, und selbst in die Streitigkeiten der

Kolonisten untereinander ließ er sich hineinziehen. So wurde der ferne Wohltäter zu einem grimmig liebenden Vater und schließlich zu einem Familientyrannen aus Zuneigung.

Sprach eine Delegation russischer Zionisten bei ihm vor, um ihm irgendeine Reform in den Siedlungen vorzuschlagen, so konnte er zornig werden wie David über den Verrat seines Sohnes Absalom: „Dies sind *meine* Kolonien, und ich tue mit ihnen, was *mir* paßt!" Seine Freunde vom Jockey-Club hätten in diesem eifernden Patriarchen wohl kaum den Gentleman und Clubkameraden wiedererkannt.

Sie war ein wüstes Schauspiel, diese eigenartige Mischung väterlicher Hingabe und Rothschildscher Herrschsucht. Mehr als einmal drohte er damit, seine riesigen Zuwendungen einzustellen – was mit einem Federstrich den Untergang des Aufbauwerkes in Palästina bedeutet hätte. Daß solche Drohungen nicht sonderlich ernst gemeint waren, das stellte sich heraus, als ein paar andere Rothschilds eines Tages ein gewisses Interesse an Palästina zu zeigen begannen.

„Was?" sagte er wütend zu Weizmann, „jetzt, nachdem ich Dutzende Millionen für dieses Werk aufgewendet habe, während sie sich über mich lustig machten, wollen sie mit ein paar lächerlichen hunderttausend Francs einspringen, um einen Anteil des Ruhms zu ernten? Wenn Sie Geld brauchen, dann kommen Sie zu mir!"

Wie sehr er am Aufbau in Palästina Anteil nahm, zeigte sich in rührender, um nicht zu sagen tragikomischer Weise im Jahre 1889. Es war dies ein sogenanntes Sabbat-Jahr, jenes siebente Jahr, in dem nach orthodoxer Auslegung gewisser Stellen des mosaischen Gesetzes in den Büchern Leviticus und Deuteronomium die Bebauung des Landes untersagt ist. Edmond war überzeugt, daß ein Brachliegen der Felder während eines ganzen Jahres für die jungen Siedlungen katastrophale Folgen haben mußte. Er stritt sich mit den Rabbinern von Jerusalem herum, die ihm in gleicher Schärfe erwiderten. Dann aber brach sein ganzer jüdischer Vaterzorn aus. Er vergaß Bankgeschäft, Pferderennen, Kunstsammeln und all seine anderen noblen Passionen. Um einen Fanatismus zu bekämpfen, wurde er selbst zum Fanatiker.

Monatelang verwickelte er sich in wilde theologische Streitigkeiten. Er hielt geheime Zusammenkünfte ab mit solchen Rabbinern, die Verständnis für seine Haltung hatten. Man wurde sich einig, daß auch während des Sabbat-Jahres die Arbeit fortgesetzt werden mußte, ohne daß man deswegen mit der orthodoxen Überlieferung zu brechen brauchte. Edmonds kluge Berater heckten eine Methode aus, die sowohl den religiösen wie den volkswirtschaftlichen Bedürfnissen Rechnung tragen sollte: Aller jüdischer Grundbesitz in Palästina sollte verkauft werden, aber nur für die Dauer eines einzigen Jahres und nur an Nichtjuden. Vor Gott würden dann die jüdischen Siedler nicht für sich, sondern für Andersgläubige arbeiten, was nach dem Gesetz statthaft war.

Die Rabbiner in Jerusalem brachen in ein großes Jammergeschrei aus über diesen blasphemischen Versuch, den Ewigen selbst zu betrügen. Sie drohten, jeden aus der Glaubensgemeinschaft auszustoßen, den man während des Sabbat-Jahres bei der Arbeit antreffen würde, und sie kündigten gleichzeitig Sammlungen zur Unterstützung all jener an, die während dieses Jahres keine Landarbeit leisten würden.

Aber sie hatten es mit einem Rothschild zu tun. Edmond richtete einen mit starken Worten formulierten Schriftsatz an Rabbi Isaak Elchanan, der in Kowno in Litauen als eine bei den orthodoxen Juden in aller Welt berühmte Autorität lebte und lehrte. Der Baron ließ alle seine Überredungskünste spielen, und der fromme Gelehrte stellte lange und tiefgründige Überlegungen an. Dann fiel Rabbi Elchanans Entscheidung: Unter den Bedingungen, die von Edmond und seinen Rabbinern vorgeschlagen worden waren, dürfte der Boden des Heiligen Landes auch während des Sabbat-Jahres bearbeitet werden.

So hatte Edmond abermals einen Sieg errungen. Aber im Innersten seines Herzens war eine schmerzende Wunde geblieben: Gerade der Mann, der damals als erster dieses Innerste angerührt hatte, Rabbi Mohilewer, war in diesem Streit nicht auf seine Seite getreten.

Ein einzigartiges Dokument aus jener Zeit ist uns erhalten geblieben, ein Brief von Edmond de Rothschild, gerichtet zwar an den Großrabbiner von Frankreich, bestimmt jedoch für Reb Mohilewer. Der Baron, zu tief verletzt, als daß er an seinen alten rabbinischen Freund direkt schreiben mochte, wandte sich an den Großrabbiner mit dem Ersuchen, den Inhalt demjenigen zur Kenntnis zu bringen, der wirklich gemeint war. In seiner Erregung schrieb er nicht in französischer Sprache, sondern wollte so schreiben, daß der Rabbi ihn verstand. So fehlt diesem Gefühlsausbruch die stilistische Glätte, wie sie sonst kennzeichnend war für die Tätigkeit des Sekretariats, das die Korrespondenz des Barons erledigte. Edmond selbst verfaßte diesen Brief im Jargon des Ghettos, und sein stockendes, fehlerhaftes Jiddisch klang gar noch seltsamer als das unbeholfene Deutsch, das einst sein Großvater gebraucht hatte, als er noch in der Judengasse wohnte. Der alte Mayer Amschel hatte mit schlechtem Deutsch um den Erfolg gerungen. Jetzt bemühte sich sein geadelter Enkel in rudimentärem Jiddisch, Kontakt zu finden mit einer Volksgruppe, deren Selbstverständnis er nicht teilen konnte. Dieses Schreiben, mühsam in hebräischen Buchstaben gekritzelt, ist der Ausdruck einer tiefen Enttäuschung, überströmend von Zorn und Liebe zugleich. Der Brief schließt mit folgenden Sätzen, aus denen seine ganze Empörung klingt: „Herr Oberrabbiner, wissen Sie, was ich meine? Ich werde Ihnen die Wahrheit sagen. Diese Kolonisten wollen das Land und die Häuser mir wegnehmen und dann mich verhöhnen. Lassen Sie den Rabbi Mohilewer wissen, daß ich die Kolonisten und alle ihre Familien zu ihm zurückschicken werde und dann sehen möchte, was er mit ihnen tun wird. Außer den Reisekosten werde ich keinen Pfennig zahlen."

Es versteht sich von selbst, daß diese Drohung nie wahr gemacht wurde. Rabbi Mohilewer konnte überzeugend nachweisen, daß er sich im Hintergrund für Edmond und gegen die ihm feindlichen Rabbiner betätigt hatte und daß es ihm zu verdanken war, wenn die höchste theologische Autorität schließlich zugunsten des Barons entschied. Die alte Freundschaft wurde erneuert. Die Ansiedler setzten ihre Arbeit während des Sabbat-Jahres fort. Und mochten sie gelegentlich ungebärdig sein – sie verehrten Edmond als ihren königlichen Schutzherrn. Sein Name wurde eins mit jenem „Nadew Hajeduha", als der er seine erste Spende geschickt hatte. Gegen Ende des Jahrhunderts kannte und liebte das jüdische Palästina den Baron Rothschild als den „anonymen Förderer".

Die Wunde heilte und vernarbte. Aber da war noch ein anderes mit Palästina verknüpftes Problem, das nie ganz gelöst worden ist. Die Rothschilds, und zwar alle Zweige der Familie, hielten bewußt Abstand von der zionistischen Bewegung. Es gehörte zur offiziellen Familienpolitik, daß sie wie ihre Glaubensbrüder in Europa gute Staatsbürger jüdischen Glaubens waren und alles zu unterlassen hatten, was die Emanzipation gefährden könnte. Die meisten Familienmitglieder vermochten aber für Edmonds Palästina-Besessenheit bestenfalls Verwunderung aufzubringen.

Theodor Herzl, der Gründer der zionistischen Bewegung, glaubte hier eine Bresche schlagen zu können. Er sah in der Familie Rothschild „die wirkungsvollste Kraft, die unser Volk seit seiner Zerstreuung besessen hat". Wenn es nur möglich wäre, diese Kraft für seine Ziele zu gewinnen! Albert von Rothschild, der Chef des Hauses in Herzls Heimatstadt Wien, weigerte sich, ihn auch nur zu empfangen. Aber vielleicht dieser Pariser Rothschild, der eine solche Schwäche für Palästina hatte!

Herzl setzte alle Hebel in Bewegung, um dem Baron seine Pläne vortragen zu können. Was für ein unerhörter Erfolg mußte es sein, diesen Mann zu gewinnen! Aber Edmond blieb abweisend. Was er in Palästina tat, war eine Angelegenheit der Philanthropie und hatte mit nationaljüdischer Politik nichts zu tun. Deshalb schrieb Herzl einen Brief an den Großrabbiner von Frankreich, in dem er erklärte, er werde sich zugunsten des Barons von der Führung der zionistischen Bewegung zurückziehen, sobald sich dieser zu ihr bekenne. Daraufhin war Edmond mit einer Unterredung einverstanden. Sie fand am 18. Juli 1896 statt, verlief aber ergebnislos. Für den Baron war Palästina eine Zufluchtsstätte für verfolgte Glaubensbrüder – nicht mehr und nicht weniger.

Bei Lord Rothschild und dessen Brüdern, an die sich Herzl später wandte, hatte er noch weniger Erfolg. Nathaniel, Leo und Alfred fanden ihn zwar recht sympathisch (und sie unterstützten auch Herzls Familie nach seinem frühen Tod), aber sie blieben den meisten seiner Ideen gegenüber verschlossen. Verzweifelt schrieb Herzl in sein Tagebuch: „Wie soll man denn mit einem solch idiotischen Pack verhandeln?"

New Court war sogar an der Gründung der ausgesprochen antizionistischen „Liga Britischer Juden" beteiligt. Nichts scheint daher verwunderlicher als die Tatsache, daß ausgerechnet ein Rothschild Empfänger des nachstehenden Briefes des britischen Außenministers wurde. Als Balfour-Deklaration ist dieser Brief in die Geschichte eingegangen.

Foreign Office
2. November 1917

Lieber Lord Rothschild,
ich habe das außerordentliche Vergnügen, Ihnen im Namen der Regierung Seiner Majestät die folgende, dem Kabinett unterbreitete und von ihm gebilligte Erklärung der Sympathie mit den jüdischen zionistischen Bestrebungen zu übermitteln:
„Seiner Majestät Regierung betrachtet mit Wohlwollen die Errichtung einer nationalen Heimstätte für das jüdische Volk in Palästina und wird die größten Anstrengungen machen, das Erreichen dieses Zieles zu erleichtern, wobei selbstverständlich nichts unternommen werden soll, was die bürgerlichen und religiösen

Rechte bestehender nichtjüdischer Gemeinschaften in Palästina oder die staatsbürgerliche Rechtsstellung der Juden in anderen Ländern präjudizieren könnte."

Ich wäre Ihnen dankbar, wenn Sie diese Erklärung der Zionistischen Vereinigung zur Kenntnis bringen wollten.

Ihr ergebener
Arthur James Balfour

Der Lord Rothschild, an den dieses Schreiben ging, war natürlich nicht mehr Nathaniel, sondern Lionel Walter, sein Erbe – in den Augen der Familie ein Sonderling wegen seiner Schwäche für Herzls Traum. Aber selbst er hat für die Wiedergeburt Israels nicht ein Zehntel dessen geleistet, was der dem Zionismus abholde Edmond getan hatte. So hängt die Balfour-Deklaration, das Fundament, auf dem letzten Endes der Staat Israel aufgebaut wurde, auf eigenartige Weise mit dem Werk des Mannes zusammen, der an alles andere dachte als an einen jüdischen Staat.

In den Memoiren, die Chaim Weizmann, der erste Präsident des neues Staates Israel, kurz vor seinem Lebensende niederschrieb, gibt er folgenden Ausspruch des großen „anonymen Spenders" wieder: „Ohne mich hätte der Zionismus keinen Erfolg gehabt, und ohne den Zionismus wäre mein Werk zum Tod verurteilt gewesen." In diesem Statement ist beides enthalten: sowohl die prinzipielle Trennung zwischen Edmonds Werk und dem Zionismus, wie auch Edmonds Verbundenheit mit einer Sache, zu der er sich selbst nie in aller Form bekannte. (Charakteristischerweise hat man Edmond das Scherzwort zugeschrieben, ein Zionist sei ein amerikanischer Jude, der einem englischen Juden Geld gibt, damit dieser die Auswanderung eines polnischen Juden nach Palästina zustande bringe.) Für Edmond de Rothschild war die jüdische Bevölkerung Palästinas nicht eine politische Gegebenheit, sondern vielmehr seine eigene, eigenwillige, aber doch innigst geliebte Familie, die als Gegenleistung für seine Liebe verpflichtet worden war, ihn zu lieben. Aber der Zionismus? Der Zionismus mit seinen nationalen Zielen, seiner Propagandaarbeit und all den Kennzeichen einer politischen Organisation machte ihm Unbehagen. Schließlich gab es doch ihn, Edmond de Rothschild, der sich um all dies in väterlicher Weise und ganz privat kümmerte.

Einst fragte er den russischen Zionistenführer Menachem Ussischkin: „Warum müssen Sie im Land herumziehen, so viele Reden halten und so viel Aufsehen erregen?" Worauf er die Antwort erhielt: „Baron Edmond, geben Sie uns die Schlüssel zu Ihrem Kassenschrank! Dann versprechen wir Ihnen, keine Reden mehr zu halten."

Tatsächlich gelang es den Zionisten, beides miteinander zu verbinden: Sie hielten weiter ihre Reden, und sie bekamen den Schlüssel zu einem der Kassenschränke des Barons, und zwar zu einem ziemlich großen. Das Geld strömte weiter ins Heilige Land, bis zum Ende von des Barons langem Leben.

Im Jahre 1931, auf dem Höhepunkt der Weltwirtschaftskrise, waren die Zionisten völlig mittellos. Man entsandte Dr. Weizmann zum Baron. Kaum war der Zionistenführer in Paris eingetroffen, erkrankte er an einer schweren Grippe. Er, der größte und wichtigste aller zionistischen Redner, lag zu Bett, als der 86jährige Baron, gefolgt von einem ganzen Schwarm von Hotelbediensteten, ihn aufsuchte. In seiner Hand trug er einen Scheck über 40.000 Pfund. „Das sollte helfen, Ihr Fieber etwas herunterzubringen", murmelte Edmond, drückte das kostbare Stück Papier in Weizmanns Hand und ging wieder davon. Niemals hat ein Mann, der sich ideologisch nicht festlegen mochte, sich großzügiger für die Sache eingesetzt, die er im Prinzip ablehnte. Hunderte von Siedlungen blühten dank seiner Hilfe auf. Sein Geld ließ eine Vielzahl neuer Pflanzungen entstehen: Mandelbäume und Maulbeerbüsche, Jasmin, Minze und Tabak. Er setzte sich nicht nur dafür ein, daß im Heiligen Land der Weinbau zu neuem Leben erweckt wurde, indem er für die Finanzierung sorgte, sondern garantierte auch den Erfolg der Aktion, indem er Jahr für Jahr die gesamte Traubenernte aller jüdischen Siedlungen kaufte, und zwar zu einem Preis, der erheblich über dem des Weltmarkts lag.

Auch die industrielle Erschließung des künftigen jüdischen Staates hat er gefördert. Seine Gelder ermöglichten die Gründung der Palestine Electric Corporation Ltd., der Portland Cement Company „Nesher Ltd.", der Palestine Salt Company und der Samarita Water Company. Aber das war noch nicht alles. Er hat an die Zukunft gedacht, indem er dafür sorgte, daß die Siedlungen, die er anlegte, in strategisch günstiger Lage über Judäa, Samaria und Galiläa verteilt wurden, um als Bollwerke der Verteidigung zu dienen, falls dies einmal nötig werden sollte. Vier Jahrzehnte später wurden diese Bollwerke lebensnotwendig. Die arabischen Truppen konnten froh sein, daß es nicht mehr Nichtzionisten seiner Art gegeben hat.

Eines Tages fragte Weizmann verwundert, warum denn Edmond solch riesige Summen für Ausgrabungen am Berge Zion ausgebe. Der

Baron antwortete, er sei daran interessiert, die Bundeslade wiederauf-
zufinden. „Ich fragte ihn ganz ernsthaft", fährt Weizmann fort, „was
er denn dann mit der Bundeslade anfangen wollte. Und der Baron
antwortete: ,*Les fouilles, je m'en fiche: c'est la possession.*'" Die Ausgrabungen waren ihm völlig egal, er war besessen von der Idee.

Zuerst war sein Geld ins Heilige Land gekommen. Dann kam
Edmond selbst. Der Baron und die Baronin begannen Palästina zu
besuchen – als die vielleicht luxuriösesten Pilger, die das Heilige Land
je sah. Sie reisten mit ihrer eigenen Jacht von Marseille nach Jaffa.

Am 5. Mai 1887 betrat der „anonyme Spender" zum erstenmal
den Boden des Heiligen Landes. Ein Zeitgenosse merkte dazu an,
dieser Tag habe „die historische Begegnung zwischen einem Fürsten
und seinem Volk" bedeutet. Umringt von einer großen Schar Gläubiger, verrichtete Edmond seine Gebete an der Klagemauer in Jerusalem
und (schließlich war er ja ein Rothschild) leitete sofort Schritte ein,
um diese den Arabern abzukaufen. Ja, er wollte noch weiter gehen:
Er beabsichtigte, die ganze Umgebung der Klagemauer in ein großes
jüdisches Heiligtum umzuwandeln. Um Bedenken der Moslems von
vornherein zu zerstreuen, erklärte er sich bereit, entsprechendes Gelände zu erwerben, auf dem die Mohammedaner, die ihr Heim verlieren würden, in weit besseren Häusern als zuvor untergebracht werden
sollten.

Edmond stellte für diesen Zweck die Summe von 750.000 Francs
bereit. Schon hatte der Pascha von Jerusalem seine Zustimmung
gegeben. Da scheiterte das ganze Projekt rätselhafterweise am Widerstand des Oberrabbiners von Jerusalem.

Dennoch wurde dieser Besuch des Barons, ebenso wie die folgen-
den, zu einer Kette glanzvoller Tage. Der Mann mit der Samtschleife
war bald überall eine bekannte Erscheinung, in Krankenhäusern,
Schulen, Fabriken, Werkstätten und landwirtschaftlichen Siedlungen.
Naturgemäß interessierte sich Edmond besonders für die Dinge, die
ihm vertraut waren: für die Weingärten, die Parfümfabriken und die
Pferdezucht, die einige junge Ansiedler betrieben. Heute führt sein
Enkel, der gegenwärtige Baron Edmond, sein Werk in Israel weiter.

Was immer er tat – nie vergaß Edmond jenes Innerste des Herzens, das der alte Rabbiner vor Jahrzehnten angerührt hatte. Bei
einem Besuch in Tel Aviv rief er einmal voll Wehmut aus: „Nie habe
ich es so bedauert wie heute, daß ich nicht die hebräische Sprache
beherrsche."

Und es war, als ruhten die schwarzen Augen des Rabbi Mohilewer, der nun schon lange dahingeschieden war, noch immer auf ihm, wenn er bei anderer Gelegenheit seinen Glaubensbrüdern das sagte, was seine tiefste Überzeugung war: „Wenn ihr das Judentum jemals aufgebt, würde unser Volk zusammenbrechen, denn ihr seid der Stolz und die Hoffnung der Judenheit."

Zwei Tage nach dieser Rede hatte er die führenden Persönlichkeiten aus den Siedlungen auf seiner Jacht zu Gast. Was gab es da alles zu bewundern! Sie fanden eine vollkommen ausgestattete koschere Küche, und ein Meisterkoch war am Werk, der koschere Gerichte zubereitete, wie sie besser auch König Salomon nicht der Königin von Saba hätte vorsetzen können. Ein mit weißer Seide ausgeschlagener Raum diente dem Gebet; er lag im ruhigsten Teil der Jacht. Und am Türpfosten jeder Kabine des Luxusschiffes fand sich eine Mesusah, wie es der Tradition eines jüdischen Haushalts entspricht.

Die Anekdote will wissen, daß einer der Siedler so eingenommen war von all den Wundern dieses Schiffes, daß er fast das Boot versäumte, das die Gäste an Land zurückbringen sollte. Scherzhaft fragte einer den Saumseligen: „Willst du nicht zurückkehren nach Zion?" Worauf er erwidert haben soll: „Geht ihr ins Gelobte Land. Ich bleibe auf der gelobten Jacht."

8. Hoffähig

In Österreich waren die Enkelkinder Salomons herangewachsen. Von dieser Generation der Jahrhundertwende kennen wir bereits Ferdinand, der als anglisierter Lord das Schloßungetüm von Waddesdon schuf und einer der „Marlborough Boys" war. Seine beiden Brüder verwalteten bis nach der Jahrhundertwende, dem Abendleuchten des Habsburgerreiches, das Familienvermögen an der Donau. Beide haben viel Gutes für Wien getan. Die Hauptstadt verdankte ihnen unter anderem ein großes Krankenhaus, ein Waisenhaus, eine Blinden- und eine Taubstummenanstalt, eine Nervenklinik mit Hospital und einen Botanischen Garten.

Beide Brüder errichteten ihre Palais im typischen Rothschild-Stil. Albert, der jüngste, den sein Vater dazu ausersehen hatte, die Bank zu übernehmen, ließ in der Prinz-Eugen-Straße ein riesiges Haus im Louis-seize-Stil erstehen. Die Innenräume waren ebenso prunkvoll wie die Fassade. Wir erwähnen lediglich den „silbernen" Speisesaal und den „goldenen" Ballsaal mit ihren Lüstern, deren jeder mehr als ein halbes Tausend Kerzen trug.

Nathaniels Palais in der Theresianumgasse enthielt eine Überfülle an Kostbarkeiten, von vier Vanloo-Gemälden, die einst Madame Pompadour in Auftrag gegeben hatte, bis zu einem Porphyr-Tisch, den Marie-Antoinette für sich hatte anfertigen lassen. Hier fand man die umfangreichste Sammlung von Gobelins aus der Zeit Louis XIV., XV. und XVI. Als das Gebäude nach dem Zweiten Weltkrieg abgerissen wurde, mußten die zwei großen Wiener Kunstmuseen ihre Sammlungen gründlich umstellen, um all die Schätze unterbringen zu können, die ihnen von der Baronin Clarice gestiftet wurden.

Die Pflege solcher Schätze verlangte ganze Heerscharen von Bediensteten. Da gab es regelrechte Erbpfründen wie die eines Silber- und Marmor-Polierers. Ihr ganzes Leben lang kannten diese Getreuen nur eines: die Geschirre und Bestecke, die Marmortische, -treppen und -kamine der Rothschilds liebevoll zu pflegen, und sie waren mit Eifersucht bedacht, dieses Privileg ihren Kindern zu vererben.

Baron Albert war ein begeisterter Bergsteiger, der als siebenter das Matterhorn bezwang. Und wie sein Bruder liebte er die aristokratischen Freuden des Lebens auf den großen Besitzungen, auf Schloß Langau, in Enzesfeld und vor allem auf den Schlössern Schillersdorf und Beneschau, wo die großen Treibjagden der Rothschilds abgehalten wurden. Alles, was Rang und Namen hatte, kam – die ärmeren Mitglieder des Hochadels oft mit Koffern voll schmutziger Wäsche. Diese sonderbare Gepflogenheit hatte zwei gute Gründe: Erstens war dadurch Umfang und Gewicht des eigenen Gepäcks vergrößert, und man erschien als genauso wichtig wie die anderen Gäste. Zweitens: Man packte seine Wäsche aus und ließ sie im Zimmer herumliegen, als sei sie erst hier gebraucht worden. Die Zimmermädchen sammelten alles ein, und in der Hauswäscherei der Rothschilds waren nicht weniger als 130 Frauen tätig, die Tausende von Wäschestücken reinigten, ohne zu fragen, warum und für wen. Schließlich kam Baron Albert dahinter. Er machte kurzen Prozeß: In die Koffer seiner Freunde ließ er vor ihrer Abfahrt Pakete mit Kernseife stecken.

In Wien war der Höhepunkt der Frühlingssaison das Derby am ersten Sonntag im Juni. (Hier wie in England stellten die Rothschilds dreimal die Sieger.) Und das große gesellschaftliche Ereignis dieses Tages war der Tee-Empfang, den die Familie nach dem Rennen gab.

Die größte Sensation für die Wiener bedeutete es jedoch, wenn die Familie über die Hauptallee fuhr, jene lange, baumbestandene Straße durch den Prater, die die Stadt mit der Rennbahn verbindet. Am meisten Aufsehen erregte dabei ein „mechanisches Wunder": das elektrische Auto der Rothschilds. So etwas gab es damals nirgendwo sonst in Österreich. Dieses geräuschlos dahingleitende Fahrzeug (in den Farben der Rothschilds: blau und gelb) wurde eines der Wahrzeichen Alt-Wiens. Immer wieder kam es auf der Hauptallee zu einem heiteren Zwischenfall: Frank, einer der berühmtesten Fiaker von Wien, pflegte das Auto hier zu überholen. Im Fiaker saßen die jüngsten Kinder der Rothschilds und jubelten, wenn die dahingaloppierenden Pferde mit der Kutsche das elektrische Monstrum der eigenen Familie weit hinter sich ließen.

Noch ein Wort über den Fiaker Frank, der die Rothschilds kutschierte. Der andere unsterbliche Fiaker Alt-Wiens hieß Bratfisch; er fuhr den Thronfolger Rudolf. Die Habsburger und die Rothschilds hatten selbstverständlich eine Menge eigener Fahrzeuge, aber außerdem mietete man sich eben noch einen eigenen Fiaker, der dann während der ganzen Saison zur Verfügung stand. Der Kronprinz pflegte sich Bratfisch zu sichern, der ihn zu seinen zahlreichen Rendezvous zu bringen hatte, denn die Kutscher des Hofes brauchten davon nichts zu wissen. (Es war auch Fiaker Bratfisch, der die Leichen Rudolfs und seiner Geliebten Mary Vetsera in Mayerling auffand.) Die Familie Rothschild, die zwar weniger von amourösen Zusammenkünften hielt, sonst aber die gleiche großzügige Art des Auftretens liebte, nahm den wegen seines schnellen Fahrens berühmten Frank in ihre Dienste.

In der Liebhaberei für das Fiakerfahren und in manch anderer Hinsicht hatten die Rothschilds und die Habsburger einiges gemeinsam. Aber kaum ein Mensch konnte sich vorstellen, daß es je einmal zu einer Begegnung zwischen den Bankiers und Seiner Apostolischen Majestät kommen könnte. Wenn die Rothschilds mit einem Kabinettsminister verhandelten, wenn sie gar einen Erzherzog zu Gast hatten – nun ja, das ließ sich nicht vermeiden. Aber daß sie mit einem Kaiser aus dem Hause Habsburg, dem erhabensten Symbol des Gottesgnadentums in Europa, bei Tisch sitzen sollten – das schien unvorstellbar.

Das Unvorstellbare wurde 1887 Wirklichkeit. Kaiser Franz Joseph setzte sich mit einem „besonderen Beweis Seiner Allerhöchsten

Ein Sohn von Anselm Salomon und Charlotte, Nathaniel Mayer Freiherr von Rothschild (1836–1905), mit Gästen auf seinem Tennisclubgelände im Wiener Prater (Bildmitte, stehend, um 1886).

Sein Bruder Salomon Albert von Rothschild (1844–1911) im Kostüm eines Renaissance-Ritters. Rechts im Bild: Adolph (1823–1900), ein Sohn von Carl und Adelheid. Er heiratete 1850 Caroline Julie (1830–1907), eine ältere Schwester Salomon Alberts.

Salomon Albert Freiherr von Rothschild, ein äußerst eleganter Eisläufer.

Huld" darüber hinweg, daß sie nicht aus reinblütigem Hochadel stammten (und obendrein nicht getauft waren!). Die Rothschilds wurden für hoffähig erklärt und hatten damit Zutritt zu allen Empfängen und Cercles der kaiserlichen Familie, zu einem Kreis, der sich einer weit älteren Tradition rühmen durfte und für Außenstehende wesentlich schwerer zugänglich war als der Hof der Königin Victoria oder der des deutschen Kaisers.

Kaiser Franz Joseph verhielt sich zu Leuten, die erst kürzlich zur Hofgesellschaft zugelassen worden waren, korrekt, nicht mehr und nicht weniger. Zu jeder Hochzeit oder Beerdigung der Familie Rothschild kam ein Allerhöchstes Telegramm. Für ein Fest der Familie stellte der Kaiser sein Hofopernballett zur Verfügung und gestattete, daß es in dem von Fackeln erleuchteten Garten des Rothschild-Palais an der Theresianumgasse tanzte. Zog der Kaiser aber einmal einen Rothschild ins Gespräch, so blieb es fast stets bei unverbindlichen Worten über das Wetter oder das Befinden.

Eine Geschichte, die vielleicht nur gut erfunden ist, mag diese Zurückhaltung erklären. Eines Tages soll sich Kaiser Franz Joseph mit Albert Rothschild länger als üblich unterhalten haben. Sofort lief in der großen Gesellschaft das Gerücht um, das Kaiserreich brauche eine neue Anleihe. Und so ist es denkbar, daß Seine Majestät den Eindruck bekam, solche vertraulich wirkenden Gespräche könnten letzten Endes dem Kredit des kaiserlichen Hauses abträglich sein.

Seine Gemahlin Elisabeth, Österreichs eigenartigste, schönste und geistreichste Kaiserin, nahm bei der Wahl ihrer Freunde auf solche Überlegungen keine Rücksicht. Sie schätzte die Damen der Familie Rothschild sehr, fühlte sie sich doch mit ihnen durch viele gemeinsame künstlerische Interessen verbunden. Besonders befreundet war sie mit Alberts Schwester Julie, einer wahrhaft kosmopolitischen Dame von Welt. Ihr luxuriöser Lebensstil war charakteristisch für die Rothschilds der Jahrhundertwende. Julie entstammte dem österreichischen Zweig, heiratete nach Neapel (ihr Gatte war Adolph von Rothschild), lebte in Paris und war oft bei ihrem Bruder Ferdinand in England zu Gast. Am liebsten aber hielt sie sich in der Schweiz auf, in ihrer märchenhaften Villa in Pregny am Ufer des Genfer Sees. Der 9. September 1898 sollte dieses Haus schicksalhaft mit einem der dunkelsten Tage in der Geschichte der Habsburger verbinden.

An diesem Tag stattete die Kaiserin von Österreich ihrer Freundin Julie einen Besuch ab. Sie kam nicht mit der Segeljacht der Rothschilds, die Julie ihr angeboten hatte, sondern mit dem gewöhnlichen Kursdampfer. Wie üblich war sie tief verschleiert, unauffällig gekleidet und wahrte strikt ihr Inkognito als angebliche Gräfin Hohenems. Nur eine einzige Hofdame begleitete sie.

Auch dieses Mal vermochte Julie ihren hohen Gast aufzuheitern. Ein vorzügliches Mahl wurde gereicht, unter genauer Berücksichtigung der Diätvorschriften, die beide Damen beachteten: Julie aß nur koscher zubereitete Speisen, während Elisabeth, die trotz ihrer sechzig Jahre überaus schlank war, nur ganz leichte, kalorienarme Kost zu sich nahm. Ein Orchester, hinter einer Hecke verborgen, spielte italienische Weisen. Die Gastgeberin lenkte das Gespräch auf Heinrich Heine, den Lieblingsdichter ihrer Freundin, und bald schon brachte die sonst so melancholische Kaiserin mit Champagner einen Toast aus.

Die Damen gingen dann in den Garten und durch die Treibhäuser. Eine Fülle von Blumen und Pflanzen war hier nach Ländern und Klimazonen geordnet – eine Anlage, wie man in der Schweiz keine zweite fand. Inmitten all der Farbenpracht und des Blütendufts wurde die Kaiserin noch heiterer. Sie war guter Laune, als die Stunde des Abschieds kam. Sie trug sich in das Gästebuch ein; noch ganz vergnügt blätterte sie einige Seiten zurück. Da erblaßte sie plötzlich. Sie hatte die Unterschrift ihres Sohnes erblickt, des Kronprinzen Rudolf, der ebenfalls in Pregny zu Gast gewesen war – kurz vor seinem Selbstmord in Mayerling.

Beim Abschied sah Julie Tränen in den Augen der Kaiserin. Die Hofdame hat später berichtet, daß sie auf dem Heimweg, der wieder mit dem gewöhnlichen Dampfer zurückgelegt wurde, nur noch vom Sterben sprach. Vielleicht ahnte sie, wie nahe der Tod ihr war: Keine fünfzehn Stunden später wurde sie vor ihrem Hotel in Genf von einem Anarchisten erstochen. Die Kaiserin von Österreich hatte den letzten Tag ihres Lebens bei Julie von Rothschild verbracht.

Doch die Freundschaften, die den österreichischen Zweig der Familie mit gekrönten Häuptern verbanden, waren ansonsten nicht so unheilträchtig, wenn es auch manchmal zu kleinen Zwischenfällen kam. Alberts und Ferdinands Schwester Mathilde, die mit Wilhelm von Rothschild in Neapel verheiratet war, wurde eines Tages vom Namensvetter ihres Gatten eingeladen, von Kaiser Wilhelm II., dem Enkel Wilhelms I., der einst die Schätze von Ferrières bewundert hatte. Am Hof zu Potsdam dachten die Herren des Protokolls noch jahrelang mit Schrecken an diesen Besuch zurück: Mathilde von Rothschild rührte keinen Bissen an der Tafel des Kaisers an, hatte doch Seine Majestät vergessen, für sie koscher kochen zu lassen.

Alberts und Ferdinands jüngste Schwester war Alice, die erst im Jahre 1922 gestorben ist. Sie und Lord Nathaniel waren zweifellos die erstaunlichsten Persönlichkeiten, die diese an bemerkenswerten Gestalten so reiche Familie hervorgebracht hat. Sie heiratete nicht, was bei den weiblichen Mitgliedern der Familie noch seltener vorkam als bei den Männern. Aber wer hätte auch eine Dame heiraten sollen, die so absolut unabhängig in geistigen und materiellen Dingen war? Welcher Mann hätte diese Frau zügeln sollen, die selbst der Königin Victoria einen Schreck einzujagen verstand?

Um auf diese Anekdote zu kommen, ist vorauszuschicken, daß Alice verschiedene Besitzungen des österreichischen Zweiges geerbt hatte, so auch Ferdinands Waddesdon Hall. Am liebsten aber hatte sie ihren großen Landsitz in Grasse in Südfrankreich. Dort frönte sie ihrer Gartenleidenschaft, aber im Gegensatz zu Julie erwies sie sich als eine der unfreundlichsten Gärtnerinnen, von denen uns die Geschichte der Gärtnerei berichtet.

Königin Victoria, die sich noch mit Vergnügen Rothschildscher Gastfreundschaft in Waddesdon erinnerte, war häufig, manchmal täglich zu Gast in Grasse, wenn sie zur Erholung in Südfrankreich weilte. Doch diese königlichen Besuche machten Alice außerordentlich nervös. Die Erinnerungen der Lady Battersea, einer geborenen Rothschild, geben uns eine lebendige Schilderung ihrer Cousine Alice: „Sie ging meilenweit die Hügel hinauf und hinunter und erteilte dem Polizeiinspektor, den Kutschern der Königin, den Arbeitern und Vorarbeitern ihre Befehle, wie ein zweiter Napoleon. Als Überraschung für die Königin ordnete sie an, eine Bergstraße zu verbreitern und flacher anzulegen, und zwar im Laufe von nur drei Tagen. Aber was war dazu alles notwendig: Kleine Stützmauern mußten errichtet, große Felsen bewegt, kleinere mit Schotter überdeckt und ein kleiner Fluß in seinem Lauf verändert werden . . .“

Stets war Alice darauf bedacht, Königin Victoria mit großer Höflichkeit willkommen zu heißen und sie mit Überraschungen zu erfreuen wie mit dieser ihr zuliebe umgestalteten Landschaft. Sie verstand es auch, ihre gekrönte Freundin zu allerlei Späßen zu veranlassen, etwa ungesehen Blumen aus einem Fenster der Villa auf Vorübergehende zu werfen. Bei Alice wurde die erhabene Monarchin fast wieder jene ausgelassene kleine Prinzessin, die sie vor einem dreiviertel Jahrhundert gewesen war. Als aber Victoria einmal unglücklicherweise auf eines der gepflegten Beete trat, da fielen alle Hemmungen guter Erziehung.

„Kommen Sie sofort herunter!" herrschte Baroness Rothschild die Königin von England und Kaiserin von Indien an.

Die Königin gehorchte sofort. Von Stund an sprach sie von Alice, vermutlich nur halb im Scherz, als von der „Allmächtigen". Die Freundschaft blieb erhalten. Und es blieb auch der Spitzname erhalten. Als „die Allmächtige" lebte sie im Kreis ihrer Familie fort.

Aber waren sie nicht eigentlich alle „allmächtig"? Die Fahnen mit den Farben der Familie wehten von den stolzesten Türmen Europas. Es schien unmöglich, daß diese Fahnen je eingeholt werden sollten.

VIII

INS NEUE JAHRHUNDERT

1. Abdankung zweier Könige

Der aufmerksame Leser mag festgestellt haben, daß in den letzten Kapiteln nur noch von drei Bankhäusern die Rede war, von denen in London, Paris und Wien. Da jedoch Mayers fünf Söhne fünf Banken errichtet hatten, müssen wir zu Beginn des 20. Jahrhunderts den Fortfall von zwei Firmen registrieren.

Ihr Verschwinden ging nicht auf gewaltsame Veränderungen im Gefüge der Familie zurück. Im Gegenteil: Die Auflösung der Bankhäuser von Neapel und Frankfurt ging in der gleichen großzügigen Art und Weise vor sich, in der die anderen drei Häuser weiter florierten. Im Jahr 1861 stürmten Garibaldis Rothemden durch Süditalien. Das Königreich beider Sizilien ging im geeinten Italien auf. Das Bankhaus Rothschild in Neapel schloß seine Tore, da dort nun nicht mehr die Bourbonen herrschten, denen man lange Zeit geschäftlich und menschlich loyal verbunden gewesen war. Mit den neuen Herren wollte Adolph, ein Sohn des Gründers Carl, nichts zu tun haben. Er kehrte zunächst nach Frankfurt zurück und siedelte dann nach Frankreich über, wohin auch sein König ins Exil gegangen war. Zwischen den beiden Exilanten bestand jedoch ein feiner Unterschied. Der König wurde ein Ex-König, Rothschild aber nicht ein Ex-Rothschild. Sein Haus in der französischen Hauptstadt blieb ein genauso glänzender Mittelpunkt gesellschaftlichen Lebens, wie es sein Palais in Neapel gewesen war. Die Kaiserin von Österreich, die später seiner Frau Julie in enger Freundschaft verbunden war, war oft bei Adolph in einer seiner Residenzen zu Gast, und mit ihr viele andere illustre Persönlichkeiten.

Adolph hatte keine Kinder. Sein Bruder Wilhelm hatte drei, und sein anderer Bruder Mayer sieben. Aber alle zehn Kinder waren Mädchen. Dieser Überschuß an Weiblichkeit war die eigentliche Ursache für den Untergang des italienischen und des deutschen Zweiges der Familie.

213

Um ganz exakt zu sein, ist festzustellen, daß der Frankfurter Zweig schon mit dem Tod Amschels erloschen war, denn Amschel starb kinderlos. Nach ihm leiteten Carls Söhne Wilhelm und Mayer, die in Neapel nicht benötigt wurden, das Stammhaus in der Stadt am Main. Aber der Strom, an dessen Ufern der alte Mayer Amschel mit fünf kräftigen Söhnen beschenkt worden war, brachte den jüngeren Rothschilds – in ihren Augen – kein Glück: Sie bekamen nur Töchter, Töchter und abermals Töchter (die ja traditionsgemäß in der Firma keine Rolle spielen durften). Mayer und Wilhelm wurden genauso verbittert wie einst Onkel Amschel. Und wie Amschel vergruben sie sich in strengste Orthodoxie (Wilhelm beispielsweise gab nie einem Menschen die Hand, ohne sich vergewissert zu haben, daß dieser an diesem Tag noch kein Schweinefleisch berührt hatte) und in emsige Sammlertätigkeit: Mayers Silbersammlung und Wilhelms Bibliothek gehörten zu den kostbarsten Privatsammlungen Frankfurts. Ihre Geschäfte betrieben sie ohne sonderliches Interesse. Warum sollten sie sich anstrengen, wenn doch kein Sohn da war, der das Erbe hätte übernehmen können?

Die Regierung in Berlin versuchte den Frankfurter Rothschilds neuen Antrieb zu geben. Das junge deutsche Kaiserreich wollte gleich den anderen großen Mächten Europas die Vorteile haben, die ein blühendes Haus Rothschild versprach. Mayer wurde zum Mitglied des preußischen Herrenhauses ernannt. Bismarck vergaß die Geschichte mit dem Kellermeister in Ferrières und gab sich wiederholt alle Mühe, zweite und dritte Rothschild-Söhne aus anderen Hauptstädten zur Übersiedlung nach Deutschland zu veranlassen. Die Familie ging darauf jedoch nicht ein. Ein altes Sprichwort sagt, daß es wenig Sinn hat, Leuten den Mond zu versprechen, die ihn bereits besitzen. Die Frankfurter Rothschilds blieben ohne Söhne, und die im Ausland blieben, wo sie waren. So kam es, wie es kommen mußte.

Am 16. Oktober 1886 fand man Mayer tot auf, den Kopf auf einem aufgeschlagenen Kontobuch. Am 25. Januar 1901 folgte ihm Wilhelm nach. Drei Monate später versandten Edmond (Wilhelms Schwiegersohn) und Nathaniel (Mayers Schwiegersohn) eine Mitteilung an alle Geschäftsfreunde des Stammhauses, in der sie sich der traurigen Pflicht unterzogen, anzeigen zu müssen, daß als Folge des Heimgangs von Baron Wilhelm Carl von Rothschild das Bankhaus M. A. von Rothschild und Söhne in Liquidation gehe. Die Liquidatoren waren The Right Honourable Nathaniel Mayer Lord Rothschild in London und Baron Edmond de Rothschild in Paris.

An dieser Stelle bedarf es zweier Anmerkungen: Bis zur Machtergreifung Hitlers lebte der Name Rothschild wenigstens noch in Verbindung mit einem anderen Frankfurter weiter. Minna, Wilhelms jüngste Tochter, heiratete den Bankier Maximilian von Goldschmidt und brachte ihm als Mitgift nicht nur ein Vermögen ein, sondern auch die zehn magischen Buchstaben: Von der Heirat an führte ihr Gatte den Namen Maximilian von Rothschild-Goldschmidt.

Die zweite Anmerkung betrifft eine Geschichte, die sich auf dem Wasser abspielte, von dem der junge Kaiser Wilhelm II. behauptete, daß auf ihm Deutschlands Zukunft liege. Nach den Tagebuchaufzeichnungen des damaligen französischen Botschafters in Berlin trug sich das unauffällige, aber doch bezeichnende Ereignis im April 1908 im Mittelmeer zu. Zwei Luxusschiffe lagen im Hafen von Palermo. Das eine war Kaiser Wilhelms feudale „Hohenzollern“, das andere die Jacht eines „jungen französischen Rothschild“ (vermutlich war es Édouard, der Sohn von Alphonse). Das Schiff des Kaisers signalisierte eine Einladung an den jungen Mann, der ihr selbstverständlich Folge leistete. Seine Majestät begrüßte den Gast sehr herzlich und kam fast unvermittelt auf das Thema zu sprechen, das ihm offenbar sehr am Herzen lag: eine Heimkehr ins Vaterland. Er sprach in höchsten Lobestönen von der Größe und dem Erfolg der Familie, versicherte, daß er keinerlei rassische oder religiöse Vorurteile hege noch solche an seinem Hofe dulden werde und verbürgte sich dafür, daß ein wiedererrichtetes deutsches Haus eine gewichtigere Stellung einnehmen könne als die Häuser in London, Paris und Wien.

So ehrenvoll und angenehm diese Konversation auf den blauen Wassern des Mittelmeeres gewesen sein mag – die herzlichen Worte des Kaisers führten ebensowenig zu konkreteren Resultaten wie Bismarcks Annäherungsversuche. Die Häuser in Paris, London und Wien lebten zu sehr ihr eigenes Leben, als daß sie ernsthaft an die Wiederrichtung eines Hauses in Deutschland dachten. Sie genossen noch den Glanz einer Sonne, die in den Augusttagen des Jahres 1914 plötzlich und endgültig untergehen sollte.

2. Der goldene Höhepunkt

Die Familie vergaß über all den Bällen und Soireen nicht, einer grundlegenden Triebkraft ihres Erwebsstrebens treu zu bleiben. Bismarck hatte sie als „den absurden Wunsch" bezeichnet, „jedem ihrer – oft zahlreichen – Kinder ebensoviel zu hinterlassen, wie sie selbst ererbt hatten".

Geschäft blieb Geschäft, und an Geschäften mangelte es den drei verbleibenden Bankhäusern nicht. Die englische Firma N. M. Rothschild & Sons investierte erhebliche Gelder in indische Bergwerke; sie finanzierte die Erschließung des von Cecil Rhodes in Besitz genommenen Diamantengebietes in Südafrika. (Noch heute unterhält die Firma enge Beziehungen zu dem Diamanten-Monopol von De Beers.) Und sie machte mit fast ganz Südamerika Bank- und Anleihegeschäfte. Das Pariser Bankhaus, de Rothschild Frères, finanzierte die aufblühende Elektroindustrie, neue Eisenbahnen am Mittelmeer, griff hinüber nach Nordafrika und hatte auf die Erdölgewinnung von Baku in Rußland einen derartigen Einfluß, daß es jahrelang der Hauptkonkurrent der amerikanischen Rockefellers war. Das Wiener Haus S. M. Rothschild und Söhne weitete seinen Wirkungskreis nach Ungarn durch die bekannte sechsprozentige Gold-Anleihe von 1881 aus; die Creditanstalt, eigentlich nur als Waffe gegen den Crédit Mobilier ins Leben gerufen, entwickelte sich zu einer riesenhaften Tochtergesellschaft der Familienbank und wurde in jedem Winkel des Kaiserreiches eine finanzielle Macht.

So behielt die Familie viel von der alten Tradition bei, gleichzeitig nach vielen Richtungen hin zu operieren. Aber mit noch weit größerer Konsequenz hielt sie an einer anderen Tradition fest. Betrachten wir etwa Anselms Testament von 1874, das Testament eines hochgebildeten kosmopolitischen Wiener Grandseigneurs. In seinen Anweisungen und im Ausdruck seiner Gefühle läßt es völlig unverändert das wiedererklingen, was der Firmengründer und Patriarch der Familie in seinem Letzten Willen hundert Jahre zuvor im dunklen Ghettohaus niedergelegt hatte.

Anselm schrieb:

„Ich ermahne meine sämtlichen lieben Kinder, stets in größter Eintracht zu leben, die Familienbande nicht lockern zu lassen, alle Streitigkeiten, mißliebige Erörterungen und Prozesse untereinander zu meiden, gegenseitig Nachsicht und Milde zu üben und sich nicht zu Heftigkeiten hinreißen zu lassen. Diese Bethätigungen . . . wie solche meine Kinder besonders an ihren trefflichen Großeltern vor sich gesehen haben, sind die sicheren Bedingungen des Glücks und der Blüthe der ganzen von Rothschildschen Familie immer gewesen, und meine lieben Kinder mögen nie und nimmer diese Familienüberlieferung außer Augen setzen.

Den Ermahnungen meines seligen Vaters, ihres sie aufrichtig liebenden Großvaters . . . folgend, mögen sie und ihre Nachkommen dem väterlichen Israelitischen Glauben stets . . . treu bleiben."

Dann folgte wiederum eine Mahnung, die seit dem Testament des alten Mayer immer wieder aus dem Mund und an das Ohr jedes Rothschild klingt:

„Ich untersage ausdrücklich und auf das Bestimmteste für alle und jede Fälle die Aufnahme eines gerichtlichen oder sonstigen öffentlichen Inventariums über meine Nachlassenschaft . . . ferner jedes gerichtliche Einschreiten und jede Veroffenbarung des Nachlaßbestandes. . . . Wer diesen Vorschriften zuwiderhandelt und in irgendeiner Form Anträge stellt, welche jenen Untersagungen widerstreiten, soll ohne weiteres so angesehen werden, als hätte er mein Testament angefochten, und soll die für diesen Fall bestimmte Verwirkung erleiden."

Auch in London nahm Nathaniel eine alte Tradition wieder auf, die sein Vater vernachlässigt hatte: Nach der Gewohnheit seines Großvaters lehnte er auf der Börse wieder an der „Rothschild-Säule". Das war reiner Ahnenkult.

Nach wie vor waren die Rothschilds eine entscheidende Macht im europäischen Finanzleben, wenn auch nicht mehr an der „Säule" gekauft und verkauft wurde; jetzt arbeitete die Familie vorwiegend mit Kurieren und Telegrammen. Der Name Rothschild hatte nichts an Magie verloren; noch immer wirkte er, wenn es sein mußte, wie ein Donnerschlag. Im Jahre 1873 überschlug sich die Börse in Wien in Spekulationen mit neuen Aktien von Gründungen, die die so erfolgreiche Creditanstalt zu imitieren suchten. Die Preise stiegen erst und fielen dann mit rasender Geschwindigkeit.

Schließlich erschien ein Vertreter Rothschilds im Tumult des Hauptsaales der Börse. Ein Makler, dem viel daran lag, zu verkaufen, eilte auf ihn zu und fragte, ob er Aktien im Wert von einer halben Million erwerben wolle. „Eine halbe Million?" sagte der Rothschild-Agent, so laut, daß es jeder hören konnte, „so viel sind alle neuen Banken heute zusammen nicht wert!"

Dieser eine Satz, hinter dem die ganze Autorität des Namens Rothschild stand, versetzte die Börse in Panik, verursachte einen weiteren Kurssturz, bedeutete den Schlußstrich unter die Existenz von einem Dutzend problematischer Pseudobanken und trug zu der Krise von 1873 bei.

Aber wie der Name Rothschild Panik auslösen konnte, so vermochte er auch Begeisterung herbeizuführen. Im Jahre 1889 legte das Londoner Haus Aktien der „Burma Ruby Mines" zur öffentlichen Zeichnung auf; diese Rubinminen hatten bis dahin der Rothschildbank selbst gehört. Am Tag nach der Ankündigung drängte sich in St. Swithin's Lane, der engen Gasse, die zum New Court führte, eine solche Menschenmenge, daß Lord Nathaniels Kutsche steckenblieb. Zum erstenmal hatte das Haus Rothschild Aktien eines Bergwerkunternehmens aufgelegt, hinter dem es selbst stand, und aus ganz London waren die Leute herbeigeströmt, um ihre Ersparnisse in einem Rothschildprojekt anzulegen.

Nathaniels Kutscher und Diener bahnten Seiner Lordschaft mühselig eine Gasse durch diese personifizierte Überfülle an Vertrauen; Lord Nathaniel folgte ihnen leise fluchend – halb verärgert über das Gedränge und halb erfreut über den riesigen Erfolg. Aber vor der Bank ging es noch schlimmer zu. Die Massen blockierten jede Tür. Es blieb nichts anderes übrig, als aus dem ersten Stock eine Leiter herabzulassen, über die dann der würdige Lord in Zylinder und Gehrock, mit goldener Uhrkette und mit einer Nelke im Knopfloch durch das Fenster seines Büros einstieg wie ein Dieb in der Nacht.

Vielleicht war es Nathaniels Abneigung gegen solche Szenen, die ihn dazu bewegte, von solchen sich an die große Masse richtenden Finanzoperationen in Zukunft zumeist abzusehen; möglicherweise war der Grund jedoch auch die Tatsache, daß die Rothschilds seit jeher große Individualisten waren, die ihre Geschäfte lieber mit wenigen Kontrahenten machten. Könige pflegen nicht in einer Gasse wie St. Swithin's Lane anzustehen, und die Familie zog immer *einen* Monarchen hunderttausend Krämern vor. Der klassische Lieblingskunde der Familie war König Leopold I. von Belgien. Im Jahr 1848 vertraute er dem französischen Haus sein Vermögen in Höhe von fünf Millionen Francs an. Als er im Jahr 1865 die Augen schloß, war es dank ihrer Investitionen – natürlich gegen entsprechende Provision – auf über 20 Millionen gewachsen.

Nun aber war das 19. Jahrhundert zu Ende gegangen: Das Zeitalter der Könige schwand dahin, die kleinen Leute wurden wirtschaftlich immer interessanter für die Großbanken und ihre Filialnetze. So wurde nun Geld im Bankgewerbe verdient. Die Familie Rothschild, deren Wiener Creditanstalt zwar ein auf viele kleine Leute abgestelltes Finanzinstitut war, vermochte sich jedoch nie für derartige Geschäfte zu erwärmen und hielt sich von dieser Entwicklung fern.

So ergab sich der Eindruck, als ziehe sich die Familie ganz bewußt und planmäßig vom Hauptschauplatz des wirtschaftlichen Geschehens in ruhigere Seitenwege zurück. Schließlich besaß man ja alles und konnte sich alles leisten, was ein Rothschild begehrte. Das Vermögen wuchs ganz von selbst, ob sie nun schliefen, tanzten oder auch einmal eine Chance verpaßten. Risiko bedeutete für sie einfach keinen Anreiz mehr. Ein paar Jahre nach Nathaniels unfreiwilliger Kletterei in New Court äußerte sich der Lord sehr philosophisch über spekulative Unternehmungen aller Art: „Wenn ich zu allem, was man mir tagsüber an Projekten oder Geschäften vorschlägt, nein sage, dann kann ich abends sorgenfrei und zufrieden nach Hause gehen."

Bei einer anderen Gelegenheit fragte ihn ein Mitglied des Königshauses, ob es ein bestimmtes Erfolgsrezept gebe, an der Börse Geld zu machen. Nathaniels überraschende Antwort lautete: „Gewiß. Es besteht darin, daß man nicht zu spät, sondern zu früh verkauft."

Albert in Wien zitierte immer wieder ein Wort des Gründers der dortigen Firma, seines Großvaters Salomon: „In die Börse muß man gehen wie in ein kaltes Brausebad – schnell hinein und schnell heraus."

Dieses Brausebad – so schien es fast – war nun für manche Rothschilds zu kalt geworden. Denn viele der jüngeren Rothschilds fanden gar keinen Geschmack mehr daran, sich überhaupt geschäftlich zu engagieren. Sie hatten alle möglichen anderen Interessen. So richtete der älteste Sohn Lord Nathaniels, Lionel Walter, auf dem Familienschloß Tring ein großes zoologisches Museum ein, das bei den Fachleuten berühmt wurde. Die Sammlungen umfaßten schließlich über eine Viertelmillion Vögel und über zwei Millionen Insekten, darunter eine ganze Anzahl von Stücken, die es in keiner anderen Sammlung gab. Walter, der in Cambridge studiert hatte, war ein hervorragender Zoologe. Er hatte die einzigartige Vogelsammlung, die der Renthendorfer Pastor Christian Ludwig Brehm (der Vater des *Tierleben*-Brehm) zusammengetragen hatte, angekauft und sie dadurch der Wissenschaft erhalten. Er hat eine ganze Reihe von Expeditionen finanziert, hat wichtige wissenschaftliche Arbeiten veröffentlicht und die *Novitates Zoologicae* herausgegeben, eine sehr angesehene Fachzeitschrift.

Besonders berühmt war die ungewöhnlich vollständige Sammlung von Flöhen aller Art, die das zoologische Museum von Tring besaß, und zwar nicht nur bei den Gelehrten. Ein Spaßvogel hat einmal behauptet, das wertvollste Stück der Sammlung habe seinen Besitzer 10.000 Pfund gekostet, jedoch sei bei näherer Untersuchung festgestellt worden, daß der Floh aus dem Bankhaus der Familie stammte.

Ein anderes, als authentisch belegtes Ereignis zeigte auf recht ärgerliche Weise, daß Insekten und Investitionen nicht immer miteinander vereinbar sind. Selbstverständlich hatte auch Walter seine Pflicht im väterlichen Bankhaus zu erfüllen. Sein Museum nahm jedoch in immer größerem Ausmaß seine Kraft, seine Zeit und schließlich auch seine Finanzen in Anspruch. Natürlich zahlte ihm sein Vater ein sehr ansehnliches Taschengeld, aber es reichte auf die Dauer doch nicht aus, um die Kosten für das Sammeln, Präparieren und sachgemäße Aufbewahren Hunderttausender von Tieren zu bestreiten. So begann Walter an der Börse zu spekulieren, aber da er sich nicht in der Kunst verstand, „zu früh" zu verkaufen, schwand auch dieses Geld dahin. So blieb ihm nur noch ein Ausweg: ein großes Darlehen aufzunehmen und es durch eine Lebensversicherung zu sichern, die er in aller Heimlichkeit auf seinen Vater abschloß; nach dessen Ableben sollte sie ihm 200.000 Pfund bringen. Betrüblicherweise verstand er von geschäftlichen Dingen weit weniger als von der Zoologie. Er hatte nicht bedacht, daß es zu der Praxis der Versicherungen gehört, bei großen Summen eine Rückversicherung einzugehen. So war es auch in diesem Fall; zur Rückversicherung wurde die Alliance Insurance Corporation herangezogen, eine Gründung N. M. Rothschilds, deren Aufsichtsratsvorsitzender Lord Rothschild war.

Eines Tages vertiefte sich Nathaniel in die neuesten Abrechnungen der Gesellschaft und mußte zu seiner Verblüffung die Police entdecken, die sein eigener Sohn auf sein Leben abgeschlossen hatte. Von diesem Tag an verzichtete man am New Court auf Walters weitere Tätigkeit. Aber schließlich hatte die Familie doch allen Grund, auf Walter stolz zu sein. Er war der erste in einer ganzen Reihe von Rothschilds, die sich in der Welt der Wissenschaft einen Namen gemacht haben.

Verschiedene Rothschilds dieser Generation fanden ein tragisches Ende. Walters Bruder Nathaniel Charles beging Selbstmord, ebenso sein Wiener Vetter Oscar, und dessen Bruder Georg Anselm mußte seine letzten Lebensjahre in geistiger Umnachtung verbringen. Die Konkurrenten und Neider der Familie horchten auf: Ließ nun doch endlich die Lebenskraft dieser Familie nach? Waren die Rothschilds, einst stark wie Löwen, müde und dekadent geworden? Man faßte Mut, man begann die Rothschilds zu provozieren – und mußte sich mit blutigen Köpfen zurückziehen. Denn nur zu rasch zeigte es sich, daß der Löwe nur schlummerte und stets bereit war, zu Sprüngen anzusetzen wie eh und je.

Der erste, der verspüren sollte, wie scharf die Familie noch immer zuzuschlagen wußte, war ein rechtsradikaler französischer Abgeordneter namens Bontoux. 1876 hatte er die Union Générale gegründet, eine raffiniert ausgeklügelte Kombination von Bankhaus und antisemitischer Hetze. Im Prospekt seiner Gründung stand zu lesen, es gelte „das Kapital der Katholiken zusammenzufassen und so einen kräftigen Hebel in die Hand zu bekommen . . .", denn es sei an der Zeit, dem Finanzsystem der Republik ein Ende zu bereiten, die sich von geldgierigen Hebräern aussaugen lasse. Die gesamte Reaktion klatschte Beifall. Alle finanzstarken Christen, denen die in prunkvollen Palästen hausenden Juden ein Greuel waren, machten begeistert bei Bontoux' Union Générale mit. So hatte er bald vier Millionen Francs beisammen – Früchte blinden Vorurteils. Die Summe reichte für den Anfang aus. Die Union Générale tat sich mit der großen Banque de Lyon et de la Loire zusammen, gab Aktien aus, die bald von 500 auf 2000 und noch weiter anstiegen, und schickte sich an, den heiligen Krieg gegen die Vormachtstellung der Familie Rothschild nun auch auf Österreich auszudehnen.

Zu diesem Zweck verbündete sich Bontoux mit der Länderbank, einer Konkurrenz der Creditanstalt. Er folgte den Pfaden, die einst der Crédit Mobilier des Monsieur Pereire gegangen war. Und wie die Rothschilds es damals mit Pereire gemacht hatten, so machten sie es auch jetzt: Sie ließen Bontoux Monate, ja Jahre lang gewähren. Geduldig warteten sie darauf, daß er sich übernehmen würde und daß seine Aktien nur noch an der Börse, nicht mehr aber in ihrer Substanz einen hohen Wert repräsentierten.

Doch dann, im Jahre 1881, vereinigten sich alle Rothschild-Banken in altbewährter Weise zum Gegenschlag. An verschiedenen Stellen erwarben sie Aktien des Gegners, um sie dann auf einmal abzustoßen und so ihren Wert auf ein möglichst tiefes Niveau zu drücken. Der erste Schlag der Rothschilds machte der Banque de Lyon den Garaus. Bontoux stimmte ein großes Wehgeschrei an. Er flehte alle Katholiken um ihr Mitleid und ihr Geld für die Auseinandersetzung mit dem bösen Feind an. Aber es nützte ihm nichts mehr. Zwischen dem 5. und dem 20. Januar 1882 stürzte der Kurs der Aktien seiner Union Générale um 2100 Punkte, von 3050 auf 950. Und am sogenannten Schwarzen Sonntag der Wiener Börse wurden Bontoux' Gründung und die meisten der Banken, die sich mit ihm zusammengetan hatten, liquidiert. Der Panikstimmung, die daraufhin auf den europäischen Geldmärkten ausbrach, konnte nur von der gleichen Macht ein Ende gesetzt werden, die sie ausgelöst hatte: von der Familie. Sie kaufte wieder. Aber Bontoux war nicht mehr dabei.

Acht Jahre später wiederholte sich das Drama, das eben auf dem Kontinent abgelaufen war, auf dem Boden der Britischen Inseln. Die große Konkurrenz der Londoner Rothschildbank war das Bankhaus Baring, die älteste und nach Rothschild größte Handelsbank des Landes. Ihr Chef, Earl Revelstoke, hatte lange auf den Augenblick gewartet, diesen Emporkömmlingen am New Court zeigen zu können, wo ihre Grenzen waren.

Der große Argentinien-Boom des Jahres 1886 schien die lang erhoffte Gelegenheit zu bieten. Von diesem Geschäft, das Riesenerfolge versprach, wollte Lord Revelstoke die Rothschilds um jeden Preis fernhalten, und so mobilisierte er alle seine Reserven, um alles allein machen zu können. Bald sollte sich jedoch herausstellen, daß er seine Mittel überschätzt hatte. Symptomatisch war das Projekt eines Hafenbaus. Zehn Millionen Pfund waren aufzubringen. Baring garantierte den ganzen Betrag, aber trotz aller Bemühungen vermochte er nicht, das Publikum für diese Investition zu interessieren, um sich wieder flüssigzumachen.

Daher hatte die Familie es gar nicht nötig zuzuschlagen. Sie brauchte nur abzuwarten. Im Herbst 1890 gingen der Bank von England Informationen zu, denen zufolge Baring Verpflichtungen in Höhe von 21 Millionen Pfund eingegangen war und keinerlei Möglichkeit sah, ihnen nachzukommen.

Die Bedeutung des Bankhauses Baring war so groß, daß sein Zusammenbruch eine Vertrauenskrise gegen alle Banken hervorgerufen und so den Kredit der City mitgefährdet hätte. Es mußte etwas geschehen. Finanzfachleute und Kaufherren der City leiteten die Gründung eines Garantiefonds für Barings Gläubiger ein; die Bank von England selbst bemühte sich um das Zustandekommen dieses Projekts. Es stand freilich fest, daß es zum Scheitern verurteilt sein mußte, wenn sich nicht die größte Privatbank des Empires beteiligte.

In der City wartete man auf die Reaktion am New Court. Würde die Familie bereit sein, ihrem ärgsten Feind und Konkurrenten Hilfe zu leisten? Sie tat es, und zwar auf zwei verschiedenen Schauplätzen. Sie stützte die Garantie nicht nur mit ihrem Namen, sondern mit einer Summe von Rothschildschen Dimensionen (die Öffentlichkeit hat nie erfahren, wie groß die Leistungen der einzelnen Beteiligten an diesem schwierigen Rettungsunternehmen waren). Die Firma Rothschild ging jedoch noch einen Schritt weiter und setzte ihre einzigartigen Auslandsverbindungen zugunsten ihres strauchelnden Konkurrenten ein. Durch Nathaniels Intervention wurde Alphonse in Paris eingeschaltet, und dieser wiederum veranlaßte, daß der Garantiefonds zusätzlich drei Millionen Pfund in Gold durch die Bank von Frankreich erhielt.

So blieben der Kredit und der gute Name Londons erhalten. Am 15. November 1890 konnte der Präsident der Bank von England verkünden, daß Baring in der Lage sei, allen seinen Verpflichtungen nachzukommen. Er sagte: „Wenn Sie der Bank von England dafür danken, dann ist es wichtig, nicht die großzügige und freudig gewährte Unterstützung zu vergessen, die uns von anderen zuteil wurde, in erster Linie von Lord Rothschild, dessen Einfluß auf die Bank von Frankreich für uns so nützlich war, denn ohne diese wäre es uns nicht möglich gewesen, die Hilfe zu leisten, die wir nun haben leisten können."

So kann man zusammenfassend sagen, daß die Bedeutung der Familie nicht nur in den Salons, sondern auch an den Börsen der Welt überragend geblieben war. Und so sollte es bleiben, bis die Schüsse von Sarajewo die Welt erschütterten.

3. Das große Haus und der große Krieg

a) Wieder einmal Friedensstifter

Es ist ein erheblicher Unterschied, ob man vornehm altmodisch oder ob man einfach verkalkt ist. Das Haus Rothschild legte zwar größten Wert darauf, seine eigene Art zu wahren. Aber es verschloß sich nicht der historischen Entwicklung. Seit 1850 hatte die Familie das Heraufkommen neuer nationaler Mächte auf dem Kontinent erkannt und versucht, sich ihnen allmählich und vielleicht oft ganz unbewußt anzupassen. Einst hatte die Familie Mitglieder nach England, Österreich und Frankreich entsandt, aber im Laufe der Zeit waren daraus sehr englische, sehr österreichische, sehr französische Rothschilds geworden.

So erbaute sich der Sohn von Alphonse, Baron Édouard, in Frankreich eine Residenz, der der steingewordene Traum eines jeden Franzosen war. War Ferrières das Versailles der Rothschilds, so wollte er nun auch ein Petit Trianon dazu, ein kleines verspieltes Landschloß. Sein Manoir Sans Souci in Chantilly hat deswegen nur zehn Gästezimmer, und es wurden nicht mehr als drei Gärtner benötigt. Aber dieses Schlößchen ist dafür der Inbegriff alles Französischen, von den *chaises percées*, den Nachtstühlen in den Toilettenzimmern, und den Zeichnungen Picassos in den Korridoren bis zu den *objets de frivolité*, etwa den Straußenvögeln mit ihren Federn aus Porzellan oder den Schildpatt-Schreibtischen mit Griffen aus Rubinen. Das plumpe Beton-Schwimmbad, das Göring während der Besatzungszeit im Garten einbauen ließ, zeigt durch seinen Kontrast zu der Eleganz des Schlosses, wie französisch dieser Landsitz ist.

Im Rothschildschen Haus in Wien huldigte man der Musik. Zu den Höhepunkten des gesellschaftlichen Lebens an der Donau gehörten die musikalischen Soireen der Familie Rothschild. Livrierte Diener mit gepuderten Perücken und Kniehosen warteten dort noch bis ins zweite Jahrzehnt unseres Jahrhunderts auf, und wir erinnern uns, daß im Rothschildschen Garten das Ballett der Wiener Hofoper tanzen durfte.

Und wie standen die Dinge in England? Constance Rothschild hatte in ihrem Butler einen Meister in der Kunst angelsächsischer Untertreibung gefunden. Während der Luftangriffe im Ersten Weltkrieg trat er nach den ersten Bombeneinschlägen in den Speisesaal und sagte mit dem gleichen gelangweilten Tonfall, mit dem er sonst vielleicht ein nicht sonderlich interessantes Herzogspaar ankündigte: „The Zeppelins, Mylady!"

Schon lange vor der Jahrhundertwende hatte sich die Familie in drei Zweige aufgeteilt. Weder in London noch in Paris oder Wien vergaß man zwar auch nur einen Augenblick das Gemeinsame, das alle Angehörigen der Familie miteinander verband. Aber zuerst galt die Treue dem Land, in dem man geboren war. Doch in der Zeit, in der die drei Zweige immer mehr national dachten und handelten, wurde auch Europa auf bedrohliche Weise immer nationalistischer.

Für die Familie war es noch immer eine Selbstverständlichkeit, alles

*Bettina Caroline (links, 1858–1892) und Charlotte Béatrix (1864–1934),
Enkelinnen von James und Betty, Töchter von Mayer Alphonse und Leonora.
Bettina heiratete im Jahr 1876 Salomon Albert aus der Wiener Linie.*

Kinder von Bettina und Salomon Albert: Louis (1882–1955), Oscar (1888–1909), Eugène (1884–1976), Alphonse (1878–1942) und Valentine (1886–1969; Reihenfolge auf dem Bild im Uhrzeigersinn). Nicht im Bild: Georg Anselm (1877–1934).

zu versuchen, um den Frieden zu erhalten oder ihn wenigstens zu finanzieren. Doch das wurde von Jahr zu Jahr schwieriger. Eine moderne Großmacht hatte es nicht mehr nötig, sich auf wenige große Finanziers verlassen zu müssen – der Kriegsminister drang einfach auf neue Steuern und finanzierte damit seine Armee. Im Jahre 1866, als der Preußisch-Österreichische Krieg drohte, hatte die Familie alle ihre Machtmittel für die Erhaltung des Friedens eingesetzt. In Paris scheuten sich die Rothschilds nicht einmal, einen vom österreichischen Botschafter ausgestellten Scheck über ganze 5000 Francs kaltlächelnd zurückgehen zu lassen mit dem Bemerken, daß das Bankguthaben Seiner Exzellenz nicht ausreiche, um den Scheck zu decken. Die große Gesellschaft in Paris erstarrte: Der Botschafter war doch ein Metternich und damit automatisch ein alter Freund der Familie! Die Ohrfeige, die die Rothschilds der Diplomatie des Habsburgerreiches hier versetzt hatten, wurde zum Tagesgespräch in Europa. Und doch gelang es den Rothschilds nicht, den Kriegsausbruch zu verhindern.

Es war ein verhältnismäßig kurzer Waffengang. Aber die Familie, die eine so tiefe Abneigung gegen den Donner der Kanonen hegte, ahnte bereits eine ungleich größere Auseinandersetzung voraus – lange vor allen anderen.

Noch im selben Jahr, am 12. September 1866, äußerte Lionels Bruder Anthony de Rothschild in London erste Besorgnisse. Das Wettrennen der Mächte um die Vergrößerung ihres Kolonialbesitzes schien ihm nichts Gutes zu verheißen: „Je früher wir alle unsere Kolonien los sind", sagte bemerkenswerterweise der Mann, der ein Riesenvermögen in Übersee angelegt hatte, „desto besser für England. Wir wollen Frieden um jeden Preis. Was kümmern uns Deutschland oder Österreich oder Belgien?"

Deutschland – das war das entscheidende Wort. Das nach dem Sieg über Napoleon III. entstandene Deutsche Reich galt in der Welt als ein ausdehnungslüsternes Großpreußen. Und in den Hauptstädten Europas vermeinte man, das Säbelrasseln aus Berlin alljährlich lauter zu vernehmen.

Im Jahre 1911 – 45 Jahre nach Anthonys Warnung – machten seine Tochter Constance, jetzt eine Lady Battersea, und seine Tochter Annie, Mrs. Yorke, eine Fahrt auf Annies Jacht „The Garland". Zufällig ergab es sich, daß sie in der Ostsee der Jacht des Kaisers, der „Hohenzollern", begegneten. Wie einst im Hafen von Palermo, so konnte sich Kaiser Wilhelm II. auch jetzt an Gastfreundschaft nicht

225

genugtun. Constance gibt in ihrem Tagebuch eine anschauliche Schilderung von dem Essen bei Seiner Majestät, der als Enkel der Königin Victoria von ihr stets nur als „Großmama" zu sprechen pflegte.

Mit wachem, ja prophetischem Blick schreibt die Rothschild-Tochter: „In der Offiziersmesse saß er auf einem erhöhten, thronartigen Sitz. Wir lauschten der Bordkapelle, die aus 40 Mann bestand . . . Von seiner ‚Großmama' sprach er voller Respekt . . . Er sagte: ‚Wir wollen Freunde bleiben, aber es paßt uns nicht, wenn man uns auf die Zehen tritt.' . . . Ich hoffe, daß wir ihn wiedersehen, aber nicht nach einem Sieg über England."

Die Gefahr lag in der Luft – und die Familie, die dem Frieden so leidenschaftlich zugetan war, war nicht gewillt, einfach stillzusitzen und bekümmert zu seufzen. Zufällige Treffen auf einer kaiserlichen Jacht konnten allerdings nicht ausreichen, einen Weltbrand im Keim zu ersticken. Und es war auch nicht mehr möglich, die Druckmittel des 19. Jahrhunderts, die oftmals so wirksam gewesen waren, anzuwenden. Aber vielleicht konnte man doch Verhandlungen in Gang bringen, um das Schlimmste zu verhüten.

Es war nur logisch, daß in England, das seit Jahrhunderten die traditionelle Rolle des Vermittlers gespielt hatte, diejenigen Rothschilds saßen, die ein besonderes Gefühl für die Zeichen der Zeit hatten. Aber es ist doch überraschend, wenn man erfährt, welches Familienmitglied sich am aktivsten und mit besonderem Einfallsreichtum für die Erhaltung des Weltfriedens eingesetzt hat. Erst nachdem alles vorbei war, erst nachdem die Memoiren und die geheimen Dokumente der Staatsmänner und Politiker gedruckt vorlagen, wurde der Öffentlichkeit klar, welcher Rothschild sich so eifrig als Vermittler zwischen den großen Mächten bemüht hatte.

Wer hätte vermutet, daß es Alfred war, dieser exzentrische und genießerische Dandy, dieser verspielte Jockey und Zebra-Kutscher, der Dompteur seines Privatzirkus, daß dieses Treibhausgewächs des *fin de siècle* sich später als der sehr stille, sehr kluge und sehr tüchtige Diplomat im Hintergrund entpuppen sollte?

Alfred war, um daran zu erinnern, kaiserlich-königlich Österreichisch-Ungarischer Generalkonsul in London. Diese Würde war nun schon seit drei Generationen in der Familie. Nathan Mayer war der erste K. u. K. Generalkonsul gewesen; er gab das Amt an seinen Sohn Lionel weiter, von dem es, nachdem er Parlamentsabgeordneter geworden war, an seinen Bruder Anthony kam; da dieser ohne Söhne starb, ging es auf Alfred über. Für diesen war das im wesentlichen ein Ehrenamt und ein eher schwacher Vorwand für seine Bemühungen, die in den letzten Jahren des 19. Jahrhunderts einsetzten. Möglicherweise benutzte er es nur als Gegengewicht für seine über jeden Zweifel erhabene Treue zur britischen Krone. Zu der großen Kunst, die Alfred mit feinem Taktgefühl beherrschte, gehörte es, einerseits unparteiisch und andererseits doch ohne Aufsehen aktiv zu sein. Das konnte er eben, weil er ein Privatmann war, der über Hilfsquellen und Verbindungen verfügte, um die ihn mancher Premierminister hätte beneiden können.

Hauptquartier seiner Bemühungen war sein großes Stadthaus am Seamore Place; dort brachte er bei raffiniert zusammengestellten Diners deutsche Würdenträger und britische Staatsmänner zusammen, ohne daß die Schranken des Protokolls zu beachten waren oder man den Äußerungen offizielles Gewicht beilegen mußte. Dort, wo es die köstlichsten Weine, die besten Zigarren und die erlesensten Speisen gab, konnte man leichte Konversation machen, über die Scherze des Kollegen lachen, den Damen seine Komplimente machen und möglicherweise auch Verständnis gewinnen für die Gesichtspunkte der Gegenseite.

Den ebenso geheimen wie erfolgreichen diplomatischen Bemühungen Alfreds war es schon zu danken, daß eine frühere englisch-deutsche Krise beigelegt werden konnte. 1898 stritten sich Berlin und London um den Besitz von Samoa in der Südsee. Als guter Freund des deutschen Botschafters, des Grafen Hatzfeldt, erfuhr er, daß der Kaiser die Absicht habe, eine sehr scharf gehaltene Note an die britische Regierung zu richten. Die Folgen eines solchen öffentlichen Schrittes waren kaum abzusehen. Alfred unternahm es, den Konflikt „privat" aus der Welt zu schaffen. Sehr bald schon saßen Graf Hatzfeldt und der englische Kolonialminister Joseph Chamberlain in großen bequemen Sesseln bei Mokka und Kognak einander gegenüber. In sehr höflichen Worten, wie sie dem eleganten Rahmen des Rothschildpalais entsprachen, informierte der deutsche Diplomat seinen englischen Gesprächspartner über die Beschwerde seines kaiserlichen Herrn, und Chamberlain übernahm es in ebenso verbindlichem Ton, die Angelegenheit dem Außenminister, Lord Salisbury, zu übermitteln. Dieser fand daraufhin einen Weg, auf die Wünsche des deutschen Kaisers einzugehen, ohne selbst auch nur das geringste an Gesicht zu verlieren.

Ebenso geschickt agierte Alfred im Jahr 1900, als es abermals darum ging, den Ton einer britisch-deutschen Auseinandersetzung zu entschärfen. Nach dem Ausbruch des Burenkrieges wurde im Januar 1900 der deutsche Dampfer „Bundesrat" von britischen Schiffen aufgebracht und aufs genaueste durchsucht, wogegen die kaiserliche Regierung aufs schärfste protestierte. Dagegen reagierte wiederum die britische Presse sehr aggressiv, insbesondere die damals wenig deutschfreundliche *Times*. Berlin war höchst erregt. Die Situation war sehr kritisch, bis sich Seamore Place vermittelnd einschaltete. Alfred Rothschild fand bei ein paar exquisiten Flaschen den richtigen Weg, um dem Stellvertreter des deutschen Botschafters – es war zufällig ein Graf von Metternich – diskret, aber überzeugend darzutun, daß der britische Premierminister die Angriffe der englischen Presse weder sich zu eigen mache noch sie gutheiße. Die Regierung Ihrer Majestät sei zwar nicht in der Lage, eine freie Presse zu beeinflussen, wünsche jedoch, die Deutschen von ihrer eigenen Haltung zu überzeugen. Im Bericht des deutschen Diplomaten nach Berlin hieß es: „Baron Rothschild hat mir vertraulich mitgeteilt, daß diese Presseangriffe dem Foreign Office unangenehm seien. Ein Kabinettsminister habe ihn dringend ersucht, sein möglichstes zu tun, um in diesem Sinne einen Druck auf die Times auszuüben. Baron Rothschild wird in nächster Zeit mit Mister Buckle, dem Chefredakteur der Times, zusammentreffen und beabsichtigt, wie er mir sagte, mit ihm sehr ernsthaft zu reden."

Als kurze Zeit darauf Königin Victoria starb, wurde Alfreds heikle Bemühung um einiges erleichtert. Denn jetzt vermochte er seine Freundschaft mit dem neuen König ins Spiel zu bringen. In einem Gespräch mit Edward VII. konnte er seinen gekrönten Freund veranlassen, sich Alfreds Wunsch anzuschließen, die Presse möge sich weniger erregt aufführen; anschließend lud er die Redakteure der *Times* zu einem Diner und gab ihnen zu verstehen, daß sein Standpunkt von einer „erlauchten Persönlichkeit" geteilt werde.

Immer wieder war Alfred um Ausgleich besorgt. Als in China der Boxeraufstand gegen die Europäer ausbrach und ein internationales Expeditionsheer ins Reich der Mitte entsandt wurde, um den Aufstand niederzuwerfen, tat Alfred, der sehr genau den militärischen Ehrgeiz des Kaisers kannte, alles, um Deutschland die Ehre zu verschaffen, den Höchstkommandierenden zu stellen.

Es ist erstaunlich, daß derjenige Rothschild, der in seiner Lebensführung am weitesten entfernt von den täglichen Sorgen war, sich gerade am meisten um die Vermeidung des Krieges kümmerte, um die größte Sorge des Tages. Einer seiner Briefe läßt erkennen, mit welcher Ausdauer, mit welchem Takt und mit welcher Hingabe sich Alfred um die Erhaltung des Friedens bemüht hat. Der Brief, gerichtet an den deutschen Botschafter Freiherr von Eckardstein, war zur Weitergabe an den Reichskanzler Graf Bülow bestimmt. Sein wesentlicher Inhalt war folgender:

„... Ihre Freunde, mein lieber Eckardstein, wissen aus Erfahrung, wie ich seit vielen, vielen Jahren das Interesse der beiden Länder am Herzen habe, und obgleich während dieser Zeit mannigfaltige Diskussionen zwischen den beiden Regierungen stattgefunden haben, hat doch im großen und ganzen in den allerhöchsten Kreisen, in den Ministerien und im Lande selbst, das beste Wohlwollen gegen Deutschland geherrscht, und sukzessive Ministerien haben immer alles getan, um den Wünschen Deutschlands entgegenzukommen; daß dieses der Fall ist, kann ich persönlich beweisen, denn ich bin in allen Fällen mehr oder weniger hinter den Kulissen gewesen, und ich habe stets mein Bestes getan, um ein befriedigendes Resultat herbeizuführen. – Fürst Bismarck wünschte seinerzeit einen Repräsentanten auf der ägyptischen Caisse de la Dette zu haben, und dieses geschah sofort, später hatte er eine Kolonialpolitik, die nach Diskussion mit Lord Derby auch von der englischen Regierung gebilligt wurde – über Samoa ist man zu einem Einverständnis im Sinne Deutschlands gekommen, und ganz kürzlich sind auf den besonderen Wunsch der deutschen Regierung die englischen Truppen in China unter den Oberbefehl des Grafen Waldersee gestellt worden – kurz und gut, soweit ich mich erinnern kann, hat die englische Regierung immer alles getan, um den Wünschen der deutschen Regierung stets entgegenzukommen.

Wie ist jetzt heutzutage die Lage, seit einigen Monaten, man könnte selbst sagen seit ein paar Jahren, hat die deutsche Presse beständig gegen England geschrieben und in einem solchen Grad, daß man in hohen Kreisen anfängt, sich zu fragen, was ist der Zweck dieser aggressiven Politik, und kann nicht Graf Bülow oder die deutsche Regierung etwas tun, um dieses zu verhindern. Ich weiß ganz gut, daß die Presse in Deutschland sowohl wie in England eine freie ist, und daß man ihr keine besondere Politik vorschreiben kann, aber wenn die Presse eines Landes Gerüchte verbreitet in betreff einer freundlichen Macht, die absolut falsch sind, so könnte die Regierung ganz gut die erste beste Gelegenheit benutzen, um zu erklären, wie sehr sie es bedauert, daß solche falschen Nachrichten verbreitet werden.

Dieses ist der Fall gewesen in betreff unserer Armee in Südafrika, und diese Gerüchte haben nicht nur die in diesem Land wohnenden Deutschen empört ... Man hätte auch gern hier gesehen, daß die Karikaturen unserer königlichen Familie, die in den öffentlichen Straßen verkauft werden, von der Polizei angehalten und konfisziert worden wären – kurz und gut, in der letzten Zeit ist die Politik Deutschlands England gegenüber eine Art ‚Pin prick'-Politik gewesen, und obgleich eine Stecknadel nicht ein sehr imponierendes Instrument ist, können doch wiederholte Stiche eine Wunde hervorbringen, und da ich von ganzem Herzen hoffe und flehe, daß keine ernste Wunde zum Vorschein kommt, so erlaube ich mir, diese Zeilen an Sie zu richten in der Hoffnung, daß Sie dem Grafen Bülow klar auseinandersetzen, wie schwierig meine Lage in dieser Angelegenheit der englischen Regierung gegenüber geworden ist, nachdem ich während so vieler Jahre alles mögliche getan habe, und daß ich jetzt spüre, daß man bei Ihnen nicht völlig anerkennt die großen Vorteile eines aufrichtigen Einverständnisses mit England. Vielleicht weiß Graf Bülow nicht, daß mehrmals verschiedene Botschafter Deutschlands in meinen Privathaus berühmte englische Staatsmänner getroffen haben, und es ist nicht sehr lange her, daß der verstorbene Graf Hatzfeldt mehreremal Mr. Chamberlain bei mir getroffen hat und daß sie beide absolut derselben Meinung waren über die allgemeine Politik beider Länder im Interesse der beiden.

Wenn ich, mein lieber Eckardstein, sehr privat diese Details erwähne, ist es, um zu beweisen, daß ich nicht sans connaissance de cause spreche, und es würde mir unendlich leid tun, wenn dies kleine refroidissement, welches jetzt herrscht und absolut keine raison d'être hat, dauern und selbst möglicherweise sich vergrößern sollte – und dieses halte ich aber für absolut unmöglich, und es würde nur sehr wenig bedürfen seitens des Grafen Bülow, um die kleine Wolke, die augenblicklich schwebt, fortzublasen. Vielleicht können Sie S. Exzellenz dazu bewegen, mir etwas in Antwort auf meine Bemerkungen zu schreiben, diese Zeilen würde ich selbstverständlich nur in den allerhöchsten Kreisen zeigen und nur davon den allerdiskretesten Gebrauch machen, ich bin überzeugt, daß ein freundliches Eclaircissement würde den allerbesten Erfolg hervorbringen – und sofort. – Wenn Sie Gelegenheit haben sollten, mein lieber Eckardstein, legen Sie mich gefälligst zu den Füßen des Kaisers, Sie wissen, welche Verehrung ich für Seine Majestät habe!
Ihr ergebener

Alfred von Rothschild."

Dieser so taktvoll formulierte Brief, der einen so delikaten Vorwurf enthielt, wurde unterstützt durch die Äußerungen Lord Nathaniels: Alfreds Bruder zeigte sein Mißvergnügen sehr viel weniger diplomatisch. Wie ernst die Meinung der Rothschilds in Berlin genommen wurde, wie nahe die Familie wenigstens in den frühen Stadien der Krise daran war, die große Katastrophe verhindern zu helfen, geht aus einer Äußerung Bülows hervor. Er schrieb dem Kaiser:

„Ob Ew. Majestät über die Mittel zur Abwendung einer etwaigen Verstimmung Rothschilds sowie über noch andere Punkte der Eckardstein'schen Darstellung bei Ew. Majestät Botschafter in London noch besonders fragen lassen wollen, darf ich ehrfurchtsvoll anheimstellen."

Doch all diese Bemühungen blieben ohne Erfolg. Die so geschickt eingefädelten und so höflich geführten Gespräche am Seamore Place; Alfreds bestes Diplomaten-Französisch; seine klugen Beschwichtigungsversuche (wobei er so weit ging, in seinem Brief an Eckardstein das Adelsprädikat „von" anstatt des „de" zu verwenden) – alles wurde durch die Schüsse von Sarajewo im Juli 1914 zunichte gemacht.

Nicht mehr seine Jacht befehligte der Kaiser, sondern seine Kriegsschiffe. Es wäre für ihn, für die Rothschilds und für die ganze Welt besser gewesen, wären Alfreds edle Bemühungen von Erfolg gekrönt worden.

b) Der Krieg

Von der österreichisch-serbischen Grenze breitete sich der mörderische Krieg über die ganze Erde aus. Seit den Napoleonischen Kriegen hatte es einen solchen Weltenbrand nicht mehr gegeben. Diesmal waren die Rothschilds unter den Verlierern. Das hatte seinen Grund zunächst darin, daß die Fronten zwischen dem österreichischen Zweig der Familie auf der einen Seite und dem englischen sowie dem französischen auf der anderen lagen; es hätte sich sehr wohl die Möglichkeit ergeben können, daß ein Wiener Rothschild in Uniform auf einen anderen Rothschild in französischer oder englischer Uniform schießen mußte.

Diese Möglichkeit existierte zwar, doch war die Wahrscheinlichkeit gering. Ernster war schon ein anderer Faktor. Vor einem Jahrhundert, als die Grundlage für den Ruhm der Familie gelegt worden war, waren die Rothschilds ein robustes, hart zupackendes Geschlecht, das die wildesten Stürme bestand. Jetzt aber hatte der Erfolg sie verweichlicht. Viele Jahrzehnte schon bewährte sich die Stärke der Rothschilds vor allem im Konferenzsaal und im Salon. Hier war ihnen kaum jemand überlegen. Jetzt aber, da Nationen einander zerfleischten und aushungerten, war das Maschinengewehr im Schützengraben zum Sprachrohr einer neuen Zeit geworden. Es war noch gar nicht so lange her, daß Alfred de Rothschild dem Herrn von Eckardstein einen Brief geschrieben hatte, der in jeder Zeile den Geist des 19. Jahrhunderts atmete. Zwischen diesem und einem anderen Brief, den derselbe Alfred etwa fünfzehn Jahre später, im Krieg, schrieb, liegen Welten. Und der spätere Brief zeigt, wie sehr sich die Realitäten gewandelt hatten.

Die harten Realitäten – das waren die Schützengräben; und für diese brauchte man verzweifelt Stützbalken und Schalbretter. Alfred, nun 75 Jahre alt, fröstelte vor seinem Kamin am Seamore Place, dachte an die wunderbaren Birken auf seinem Landsitz und hatte nur den einen Wunsch: zu helfen, so gut er konnte. Und so schrieb er einen Brief, der eigentlich an irgendeinen untergeordneten Beamten im

Kriegsministerium hätte gehen müssen, der von ihm aber direkt an den Premierminister gesandt wurde. Er war es nun einmal gewohnt, nur auf höchster Ebene zu verhandeln. Am 28. Februar 1917 schrieb er ebenso naiv wie patriotisch an Mister Asquith: „Ich bin kein Sachverständiger dafür, welche Art Bauholz für die Schützengräben geeignet ist, aber ich möchte doch annehmen, daß unter den vielen verschiedenartigen und trefflichen Holzarten in meinen Wäldern in Halton auch solche sein werden, die sich für diesen Zweck als geeignet erweisen. Dürfte ich Sie bitten, freundlichst einen Ihrer Sachverständigen dorthin zu schicken, der dann sehr leicht Ihnen Bericht erstatten könnte. Ich würde mich als glücklich schätzen, wenn dieses Angebot zu praktischen Ergebnissen führen würde."

Vor hundert Jahren war die Familie durch die Kriegswirren dahingestürmt, hatte jede Gelegenheit wahrgenommen, um groß und mächtig zu werden. Jetzt fanden sich ihre Mitglieder gehemmt, nicht nur durch ihren Reichtum, sondern auch durch ihr Gewissen: Der Krieg war eine Sache des Dienstes geworden, nicht mehr eine Sache des Verdienstes, und jeder Rothschild gab seinem Vaterland das, was er ihm zu schulden glaubte.

Alfred stiftete seine schönsten Bäume, Nathaniel opferte einige seiner liebsten Vorurteile. Ein alter politischer Feind, David Lloyd George, war bei Kriegsausbruch Schatzkanzler. Zu seinen Hauptaufgaben gehörte es, eine finanzielle Panik zu vermeiden; aber dazu brauchte er unbedingt den Rat und die Hilfe von Lord Rothschild. So wurde Seine Lordschaft in das Schatzamt gebeten. Lloyd George sah der Besprechung mit einiger Nervosität entgegen. Denn in vergangenen Tagen hatte er Nathaniel oft mit scharfen und sarkastischen Worten angegriffen und hatte dabei auch antisemitische Untertöne nicht vermieden: Einmal reihte er Nathaniel öffentlich unter „die Philister, von denen nicht alle unbeschnitten" seien. Später räumte er ein, daß seine Worte „nicht von der Art waren, wie sie der Chef des großen Hauses Rothschild gewohnt war". Die Unterredung mit diesem jüdischen Lord würde also wohl kaum eine leichte Sache werden.

Nach dem Händeschütteln sagte der Schatzkanzler zu seinem Gast: „Lord Rothschild, wir hatten in der Vergangenheit einige politische Meinungsverschiedenheiten."

Da winkte der andere schnell ab, kurz angebunden wie immer: „Es ist jetzt nicht die Zeit, solche Dinge zu erwähnen. Wie kann ich helfen?"

Lloyd George erinnerte sich später: „Ich sagte es ihm, er versprach es, und er tat es."

Aber Nathaniel tat noch mehr. Er gab seine einst durch nichts zu erschütternden Vorurteile auf, die Englands Kriegsanstrengungen im Wege stehen konnten. Er, ein Mann Mitte der Siebzig, der eingeschworene und unzugängliche Gegner aller sozialen Fürsorge, des Frauenwahlrechts und jeder anderen Art von „fortschrittlichem Mumpitz", er, der als die reinste Verkörperung der Reaktion gelten konnte – er unterstützte nun mit Nachdruck jede Maßnahme, die zum Sieg Englands beitragen konnte.

Als die Frage auftauchte, wie die Regierung Seiner Majestät die Kriegsausgaben finanzieren könnte, antwortete der Lord ohne Zögern: „Besteuert die Reichen! Und besteuert sie hart!"

Aber zum Schluß war es von den drei Brüdern doch Leo, der das größte Opfer brachte: Er gab seinen Sohn dahin. Am 17. November 1917 fiel Major Evelyn Achille de Rothschild im Kampf gegen die türkische Armee in Palästina. Leo selbst starb im selben Jahr. Und vor Kriegsende bettete man auch Nathaniel und Alfred auf dem jüdischen Friedhof von Willesden zu letzten Ruhe.

In Frankreich hatte der Patriotismus des französischen Familienzweigs ein unerwartetes Ergebnis. Nachdem Baronin Maurice de Rothschild einige Monate lang mit aller Hingabe Verwundete in dem Krankenhaus gepflegt hatte, das ihren Namen trug, wollte sie einige Tage ausspannen. Sie rief eines ihrer Lieblingshotels an, das „Palace" in St. Moritz, und fragte, ob sich dort auch deutsche Gäste befänden. Der Empfangschef schwor, daß davon nicht die Rede sein könne. Die Frau Baronin könne unbesorgt kommen. Der erste Gast jedoch, den sie sah, war ein bekannter deutscher Sektfabrikant, worauf die Baronin auf der Stelle kehrtmachte.

Wenn ein Rothschild durch einen Kurort enttäuscht wird, dann sucht er nicht einfach einen anderen auf, sondern gründet sich einen eigenen. Die Baronin Maurice nahm sich jeder Sache, die sie interessierte, mit einer Entschlossenheit an, die an die ihres Schwiegervaters Edmond bei seiner Tätigkeit in Palästina erinnert. Ganz allein machte sie aus dem Dorf Megève den elegantesten Winterkurort Frankreichs. Später war dort ihr Sohn, wiederum ein Edmond de Rothschild, die treibende Kraft.

Sieht man einmal von der Episode Megève ab, so war der Erste Weltkrieg eine bittere Angelegenheit auch für die Rothschilds. Jeder

Zweig der Familie stellte seinem Vaterland das große Vermögen und die Söhne zur Verfügung. Major Evelyn de Rothschild blieb nicht das einzige Opfer. Seinem österreichischen Vetter Eugen wurde ein Bein von einer russischen Kugel zerschmettert.

Als im Jahr 1918 die Kanonen schwiegen, war alles anders geworden, auch die Rothschilds.

4. Die Nachwirkungen

Eine mehr rührende als komische Anekdote aus den trüben Herbsttagen des Jahres 1917 berichtet von einem Gespräch zwischen einer Schloßherrin aus dem englischen Zweig und ihrem Obergärtner. Von der großen Schar seiner Untergebenen waren durch Einberufungen zum Heer nicht allzu viele übriggeblieben. Und nun wollte die Dame in aller Unschuld von ihm wissen, wie er es denn in diesem Jahr fertiggebracht habe, so viele wundervoll farbige Blätter über alle Gartenwege zu streuen.

Auch nach dem Krieg lagen im Herbst bunte Blätter auf den Wegen vieler Rothschild-Besitzungen, und es fehlte an Gärtnern, nun aber deshalb, weil die Mittel für ein so großes Personal nicht mehr recht da waren. Hier und da begannen die Gärten sogar zu verwildern. Ja – die Welt hatte sich stark verändert, und gar nicht zu ihren Gunsten: Wie einfach war es doch vordem gewesen, reich zu sein! Jetzt war es plötzlich sehr kompliziert und obendrein noch sehr kostspielig geworden. Die Steuern stiegen, und für Leute, die so reich waren, stiegen sie in ganz phantastische Höhen. Die Finanzämter hatten mit ihren Angriffen auf die Rothschildschen Kassenschränke weit mehr Erfolg als selbst die gefährlichsten Konkurrenten. Mit der Zeit wurde es immer schwieriger, als Rothschild wie ein Rothschild zu leben.

Von Nathaniel wird berichtet, er habe während seines letzten Lebensjahres grimmig versichert: „Ich muß doch weiterleben; wenn ich es nicht tue, wäre dies der schlimmste geschäftliche Fehler, den ich je gemacht habe." Das war einer seiner charakteristisch bitteren Scherze, aber es steckte eine ebenso bittere Wahrheit dahinter. Die Rothschild-Banken waren seit eh und je Familienbesitz, und ihre finanzielle Grundlage war nicht das Geld Hunderttausender von Aktionären, sondern das persönliche Vermögen der Teilhaber. Und diese Vermögen unterlagen jetzt ganz gewaltigen Erbschaftssteuern. Nathaniel beging den Fehler zu sterben, und seine zwei Brüder wiederholten, wie wir wissen, den gleichen Fehler innerhalb von zwei Jahren. Auf diese Art und Weise wurde das Vermögen der Firma durch drei riesenhafte, kurz aufeinander folgende Aderlässe zugunsten des Staates erheblich verringert.

Durch Alfreds Testament wurde der Verlust noch größer. Da er als Junggeselle starb, der zeit seines Lebens keine Verpflichtungen für Frau und Kinder gehabt hatte, war sein Vermögen noch größer gewesen als das seiner Brüder. Selbst nach Abzug der Erbschaftssteuer blieb noch sehr viel übrig. Weil aber Alfred auch nach dem Tod noch aus der Reihe tanzte, fiel der größte Teil nicht anderen Rothschilds zu, sondern der Gräfin Almina von Carnavaron. Die Gräfin finanzierte mit einem Teil dieser Erbschaft eine große archäologische Expedition ins Niltal; in Theben gelang dieser Expedition die einzigartige Entdeckung des Grabes und der Schätze des Tut-ench-Amon. So bereitete Alfred mit seinem letzten Willen gleich zwei Dynastien Schwierigkeiten: Er störte den Schlaf der Pharaonen und, schlimmer noch, schwächte die Reserven der Rothschild-Bank am New Court.

Die geschichtliche Entwicklung brachte es mit sich, daß die zwanziger und dreißiger Jahre unseres Jahrhunderts eine Periode fühlbarer Schwächung für die Familie wurden, nicht so sehr auf Grund widriger Einwirkungen von außen als vielmehr durch interne Veränderungen. Die Rothschilds hatten eine so triumphale Rolle im Idyll des *fin de siècle* gespielt, daß es schwer für sie war, sich in die völlig veränderte Zeit zu schicken. Einige ihrer besten Freunde hatten Krone und Reich verloren. Viele ihrer besten Angestellten schienen, wie dies die Bankiers sahen, vom Ungeist des Sozialismus angesteckt, viele ihrer besten Tanzveranstaltungen wurden gestört durch die schrecklichen Disharmonien einer neuen Musik, die sich Jazz nannte, und nicht zuletzt fiel der beste Teil ihres Einkommens an die Steuerämter.

Eine Zeitlang standen sie unsicher zwischen den Trümmern einer Welt, an deren Errichtung sie selbst so entscheidend mitgewirkt hatten. Mancher von ihnen besann sich auf die inneren Werte. Besonders in England zogen sich manche Rothschilds auf ihre Liebhabereien zurück. Hier waren inzwischen zwei Brüderpaare an die Stelle der drei fast gleichzeitig verstorbenen Titanen getreten; von diesen vier Nachfolgern hatte nur einer den geschäftlichen Genius seiner Vorfahren geerbt. Lord Lionel Walter, Nathaniels ältester Sohn und

Nachfolger, vergrub sich im Zoologischen Museum Tring. Mit einem Kostenaufwand von mehr als einer halben Million Pfund wurde Tring eine der großartigsten Sammlungen der Welt. Auch sein Bruder Nathaniel Charles war ein Naturforscher von Ruf, der allerdings auch pflichtbewußt, jedoch ohne Freude in der Bank arbeitete, bis er im Jahre 1923 Selbstmord beging.

Leos ältester Sohn Lionel Nathan züchtete in Exbury seine Rhododendren und seine Orchideen – „ein Gärtner von Beruf und ein Bankier aus Liebhaberei". Sein jüngerer Bruder Anthony Gustav war zwar auch ein hervorragender Gelehrter (er hatte zu den mehrfach ausgezeichneten Studierenden am Trinity College in Cambridge gehört), erwies sich aber darüber hinaus als der lebenstüchtigste und kraftvollste dieser Generation von Rothschilds. Ihm bedeutete die Arbeit im Büro am New Court mehr als ärgerliche Pflichterfüllung ohne Lust und Liebe. Aber er war nun einmal der Jüngste, und deswegen dauerte es gewisse Zeit, bis seine Stimme sich durchsetzte.

Der Zugriff der Steuerbehörden und die geschäftliche Passivität derer, die die Steuern zu zahlen hatten, hatte ein großes Dahinsterben der Paläste zur Folge. Nathans Stadthaus Piccadilly Nr. 107 wurde auf Abbruch verkauft. Das riesige Gut Gunnersbury wurde in einen öffentlichen Park umgewandelt, und Alfreds berühmtes Haus am Seamore Place mußte dem Verkehr des 20. Jahrhunderts weichen: Um die ständig verstopften Straßen in Mayfair zu entlasten, wurde das Haus abgerissen, so daß eine direkte Verbindung von der Curzon Street zum Hyde Park entstand.

Welche Werte die dahinschwindenden Besitzungen beherbergt hatten, zeigte sich auf höchst eindrucksvolle Weise beim Ende des Hauses Piccadilly Nr. 148, in dem der Baron Lionel Rothschild mit Disraeli an der Mittagstafel einst den Kauf des Suezkanals beschlossen hatte. Im Jahre 1937 wurde ein luxuriös ausgestatteter Auktionskatalog von 250 Seiten mit 64 Bildtafeln sozusagen der papierne Grabstein dieses Palastes. Ein einzigartiges Möbelstück – ein mit Sèvres-Porzellan eingelegter Sekretär aus Tulpenbaum-Holz, einst angefertigt für Ludwig XIV. – erbrachte allein über 8000 Pfund Sterling.

Die unersättlichen Steuerbehörden des Staates griffen auch nach Buckinghamshire. Im Jahre 1932 sah sich der zweite Lord Rothschild gezwungen, seine Sammlung von über 250.000 Vögeln an das New Yorker Naturhistorische Museum zu verkaufen. Nach seinem Tod ging das Museum Tring in öffentlichen Besitz über. Aston Clinton wurde ein Hotel, und in Alfreds prunkvollen Landsitz Halton zog die Royal Air Force ein, die nun hier ihren Offiziersnachwuchs ausbildete.

Die wichtigen Mitglieder der französischen Rothschilds waren vernünftig genug, nicht gleich in den ersten Jahren nach dem Weltkrieg zu sterben. So fielen hier die hohen Erbschaftssteuern weg, mit denen der Fiskus die menschliche Sterblichkeit bestraft, und die Substanz blieb erhalten. Aber geschäftlich war die Firma überaltert. Seit dem Tod seines Vaters Alphonse im Jahre 1905 war Baron Édouard Chef des Hauses. Unter seiner Leitung wurde das Familienvermögen eher phlegmatisch verwaltet als aktiv eingesetzt.

Die gleiche Erstarrung schien sich auch im gesellschaftlichen Leben der Familie auszuwirken. Es war die Zeit, da der Jazz lärmend überall auch in die Salons einbrach, da auch die große Welt im Shimmy-Takt die alten Konventionen abschüttelte, da man mit Schwung aus den Kutschen in moderne Sportwagen sprang. Wenn Scott Fitzgerald einmal geschrieben hatte: „Die sehr Reichen sind sehr verschieden von dir und mir", so schienen die Rothschilds wiederum sich sehr zu unterscheiden von den sehr Reichen. Sie repräsentierten alten Geldadel zu einer Zeit, in der Alter anscheinend gar keinen Wert mehr hatte. Sie verstanden diese Zeit nicht und hielten sich fern von den neuen Vergnügungen der anderen „sehr Reichen". Sie wirkten steif, unzeitgemäß, altmodisch.

Aber bald erinnerten sich einige aus der Familie daran, daß es auch zu ihren Traditionen gehörte, modern zu sein. Und auf einmal betätigten sich ein paar jüngere Rothschilds mit einem ebenso wilden wie kundigen Ungestüm. Henri, der Enkel des körperlich behinderten Nathaniel, machte während der zwanziger Jahre Kreuzfahrten auf seiner Jacht, die nicht zufälligerweise „Eros" hieß. In weniger ausgelassenen Stunden schrieb er geistreiche Theaterstücke unter dem Pseudonym André Pascal, erbaute das Théâtre Pigalle und gab Nachtpartys an der französischen Riviera, die selbst für diesen Landstrich ungewöhnlich waren.

James Armand taucht auf, mit Monokel und Zylinder wie eine seltsame Mischung von Fred Astaire und Charlie Chaplin wirkend – eine erregende Dissonanz wie der Jazz selbst. Einzigartig war seine Mischung schon in nationaler Hinsicht: „Jimmy" war, als Sohn von Baron Edmond, geborener Franzose. Haupterbe seiner exzentrischen Tante Alice in Wien, gehörte er sowohl dem Vermögen als auch dem

Monokel nach eigentlich zu den Österreichern, seiner Staatsangehörigkeit nach und als Mitglied des britischen Unterhauses war er jedoch Engländer. Seine Gesundheit war nicht die beste. Sein linkes Auge hatte er durch einen Golfschlag des Herzogs von Gramont verloren, und er mußte sich so vielen Bauchoperationen unterziehen, daß man in der Familie meinte, ihm wachse immer wieder eine neue Gallenblase nach, sobald die alte von Chirurgen entfernt war. Auch als Reiter war er vom Pech verfolgt, und so sagte man spöttisch: „Wenn Jimmy gerade Zeit hat zwischen seinen Operationen, bringt er es fertig, schnell noch vom Pferd zu fallen." Trotz alledem widmete er sich dem Sport, der Politik, der Philanthropie und dem Sammeln von Kunstwerken bis zu seinem 78. Lebensjahr mit großem Elan.

Und mit einem Elan voller Widersprüche. Sein Gehrock, sein steifer Kragen und sein Backenbart, sein ganzes mondänes Pariser Gehabe, und dazu ein bestes Oxford-Englisch – all das ließ ihn auf geradezu groteske Art anglo-französische Eleganz verkörpern. Aber dieser Mann war zugleich prominenter liberaler Abgeordneter im Unterhaus, war oft im vertrauten Gespräch mit Führern der Labour-Party zu sehen, so mit Aneurin Bevan, verstand aber auch in fließendem Hebräisch mit Bauern in Palästina zu sprechen, wo er die Siedlungsprojekte seines Vaters fortführte.

Auf der Rennbahn, mit weißen Gamaschen und blitzendem Monokel, sah er fast wie die Karikatur eines Dandy aus. Aber er hatte dort ungewöhnliches Glück. Typisch für ihn war, was beim Cambridgeshire Handicap im Jahr 1921 passierte: Kurz vor Rennbeginn ging er von Buchmacher zu Buchmacher und schloß 100:7-Wetten auf das praktisch unbekannte Pferd Milenko ab, bis keine Wetten von ihm mehr angenommen wurden. Auf den Tribünen wollte man sich vor Lachen ausschütten. Aber Milenko gewann mit anderthalb Längen – und Jimmy gewann an diesem Nachmittag 200.000 Pfund. Auch in seinen Beziehungen zu Frauen ging Jimmy eigenartige, aber glückhafte Wege. Mit 35 Jahren entschloß er sich plötzlich zu heiraten. Nach einer geeigneten Braut erkundigte er sich ausgerechnet im Sekretariat eines der Golfklubs, denen er angehörte. Der Sekretär warf einen Blick auf die Liste der weiblichen Mitglieder und ihrer sportlichen Leistungen. Wie wäre es denn mit Miß Dorothy Pinto, einer jungen Dame, die so gute Fortschritte im Spiel gemacht hatte? Kurz darauf konnte ein Rabbiner die Ehe der beiden segnen, die 43 glückliche Jahre währte, bis Jimmy 1956 starb. Seine Witwe betreute danach bis zu ihrem Tod im Jahr 1988 seine karitativen Institutionen in Israel weiter.

Sein Bruder Maurice war ebenfalls ein „wilder" Rothschild, wenn auch in ganz anderer Weise. Es muß ihm wohl bewußt gewesen sein, daß die Familie trotz ihrer Größe noch nie ein richtiges schwarzes Schaf hervorgebracht hatte. So machte er sich mit großer Energie und beachtlichem Talent daran, diese Lücke zu schließen. Wenn er darüber hinaus Zeit hatte, spielte er den Bankier; es bereitete ihm auch Vergnügen, Mitglied des französischen Senats zu sein. Seine Hauptaufgabe aber sah er darin, das schwarze Schaf zu sein, wobei sein Ruf sich gleichermaßen auf seine Taten wie auf seine Worte gründete. In den Lebemannskreisen der zwanziger und dreißiger Jahre hieß es, man müsse, wolle man zur „Großen Welt" zählen, als Mann Baron Maurice beleidigt und als Frau von Baron Maurice verführt oder wenigstens in den Po gekniffen worden sein. In der *chronique scandaleuse* seiner Zeit steht sein Name ganz oben.

Zu seinen Abenteuern gehört ein Vorfall im Hôtel de Paris in Monte Carlo. Mit Recht nahm die Küche dieses Hotels den Ruf in Anspruch, zu den besten der Welt zu gehören. Eines Tages jedoch mundete irgendein Gericht dem Herrn Baron nicht. Prompt mietete er daraufhin in der Stadt ein Appartement mit einer großen Küche und ließ seinen Koch aus Paris kommen. Er behielt seine Zimmerflucht im Hotel, aber begab sich zu jeder Mahlzeit sehr demonstrativ in sein eigenes „Speise-Appartement".

Seine Späße konnten sehr viel grimmiger sein, wenn er sich ernsthaft geärgert hatte. In Cannes kauft er sich einmal einen Badeanzug, mußte aber bei der ersten Benutzung feststellen, daß er ganz schrecklich kratzte. Der Baron gab es auf, darin weiterzuschwimmen, und überließ das störende Kleidungsstück den Fischen. Im Adamskostüm tauchte er aus den Fluten auf. Große Aufregung am vornehmen Badestrand! Unerschütterlich stand der Baron inmitten der Aufgeregten und teilte der Presse, der Polizei und jedem, der es hören wollte, Namen und Adresse des Geschäfts sowie seine Ansicht über die Qualität des Badeanzugs mit, die ihn gezwungen hätte, sich auf diese drastische Art zu helfen.

Berühmt und berüchtigt war er natürlich vor allem als der große Don Juan de Rothschild. Als solcher betätigte er sich zumeist in den Garderoben der Pariser Theater sowie im August in Deauville und im September in Biarritz. In letzterem mondänen Badeort hielt um die

Mitte der zwanziger Jahre eine der großen *femmes fatales* hof. Die Männer, die sich ihrer Gunst erfreuen durften, hatte sie entweder als lustige Witwe überlebt, als geschiedene Frau verlassen oder wenigstens gründlich um Hab und Gut gebracht. Dies sei, so meinte man, doch wohl die Frau, die für Maurice gewachsen sei. Man machte die beiden miteinander bekannt. Die Dame war schöner und charmanter denn je, und der Baron hatte offensichtlich sofort Feuer gefangen. Seine sprichwörtlich schlechten Manieren schmolzen dahin wie Schnee in der Sonne. Abend für Abend tanzte er mit ihr im Hôtel du Palais. Er überschüttete sie mit Rosen, und immer wieder erklärte er vor der ganzen Tafelrunde, daß er den allerschönsten Nacken Frankreichs mit dem allerschönsten Perlenkollier in Biarritz zusammenbringen müßte. Alle Anwesenden – und selbstverständlich auch die Besitzerin des allerschönsten Nackens – fanden dies Versprechen bewundernswert formuliert.

Ganz gegen ihre Gewohnheit, Zahlung im voraus zu verlangen, verbrachte die Dame auch den Rest der Nacht mit Maurice. Am Morgen darauf setzte er sie in seinen imposantesten Wagen und fuhr mit ihr zum führenden Juwelier der Stadt. Dort lag im Schaufenster ein Perlenkollier, das 300.000 Dollar kostete.

„*Voilà, ma chère*", sagte er, küßte ihre Hand, nachdem er auf diese Weise tatsächlich den schönen Nacken und das schöne Kollier immerhin ganz nahe zusammengebracht hatte, machte kehrt und fuhr allein von dannen.

Während von den Banken der Familie nicht mehr viel die Rede war, taten Henri, Jimmy und Maurice das Ihre, um der Gesellschaft immer wieder zu zeigen, daß die Familie noch da war und ihre alte Dynamik besaß, wenn sich diese auch zuweilen recht eigenartig äußerte. Vielleicht war dies ein Anzeichen dafür, daß die Familie die Fähigkeit hatte, auf ihre Weise zu überleben, komme, was da wolle. Denn für das Haus Rothschild, dessen Geschichte als Drama begonnen hatte und dann in Extravaganz fortgesetzt wurde, kündigte sich nun eine Zeit der Tragödie an.

Die schöne Baronin Kitty Schönborn-Buchheim (1885–1946)
war die erste Frau von Eugène.

Jüdische Kinder im Oktober 1945 in Ferrières, wo nach der Befreiung Frankreichs Kriegs- und KZ-Waisen aufgenommen wurden.

IX

HITLER CONTRA ROTHSCHILD

1. Die Weltwirtschaftskrise und Baron Louis

Kurz nach der Jahrhundertwende erzählte man sich in Wien folgenden Witz: Zwei Stromer schlendern durch den Stadtpark. Da hören sie plötzlich das Klappern von Hufen. „Was ist das für ein Dreikäsehoch, der so ganz allein in der riesigen Kutsche sitzt?" fragt der eine den andern. „Schau dir doch die Livree an", antwortet sein Begleiter, „der da spazierenfährt, ist kein anderer als der junge Baron Louis." – „So jung", staunt da sein Kumpan, „so jung – und schon ein Rothschild!"

Doch weder er noch irgendein anderer konnten ahnen, daß diese goldene Rothschild-Karosse auf die Weltwirtschaftskrise zurollte, auf den „Anschluß", auf den Gestapo-Kerker und den Zweiten Weltkrieg. Vorerst jedoch wuchs Baron Louis unbekümmert heran. Als er neunundzwanzig war, kurz vor dem Ersten Weltkrieg, starb sein Vater Albert. Nun war es eine Eigenheit des österreichischen Hauses, alle geschäftliche Verantwortung einem einzigen aufzuerlegen und sie nicht (wie es in New Court oder in der rue Laffitte Brauch war) auf mehrere Personen zu verteilen. Alphonse und Eugène, Louis' Brüder, widmeten sich ganz ihrer Muße, während Louis alle Belange der Firma Rothschild in Mitteleuropa vertrat. Damit war eine treffliche Entscheidung gefällt und eine gute Wahl getroffen, wie in der Familiengeschichte üblich. Denn der österreichische Zweig sollte in weit größerem Maße als die anderen von den Fieberschauern des neuen Jahrhunderts erschüttert werden. Und Louis war, mehr als jeder andere in der ganzen Familie, die scharf geschliffene Waffe gegen alles, was da an Scheußlichem heraufkam.

Louis' Wesensart offenbarte sich ziemlich früh, anläßlich eines Zwischenfalls, der sich eigenartigerweise in Manhattan zutrug. Offensichtlich waren New Yorker Agenten der Familie an der Finanzierung der New York Interborough Rapid Transit Company beteiligt.

Der junge Louis, den man, um ihn mit den amerikanischen Verhältnissen vertraut zu machen, nach New York geschickt hatte, war an dem Projekt interessiert. Anläßlich der Einweihung der Untergrundbahn nahm er an einer der ersten Fahrten teil. Betrüblicherweise endete diese jedoch mit einem Ausfall des Motors und der Lüftungsanlage. Als man die schwitzenden, fast erstickten Passagiere an die frische Luft befördert hatte, befand sich unter ihnen ein Sonderling, der nicht nur seinen Rock, sondern sogar seinen Mantel anbehalten hatte. Die Rettungsmannschaften schworen, er habe den Unglückszug verlassen ohne auch nur eine Schweißperle auf der Stirn. Das war Baron Louis Rothschild.

Andere, die es mit Louis' unerschütterlicher Gemütsruhe zu tun bekamen, wußten oft nicht, wie sie ihn beurteilen sollten. War es philosophische Gelassenheit, oder war er lediglich ein „kalter Fisch"? Auf jeden Fall entwickelte sich der führende Sproß des Wiener Hauses zu dem glänzendsten, stoischsten und unnahbarsten Grandseigneur, den die Familie hervorgebracht hat. Niemals zuvor hatte es einen Rothschild wie ihn gegeben, und man darf vermuten, daß es auch später keinen Rothschild seiner Art geben wird.

Louis selbst wollte nicht heiraten, und seine beiden verheirateten Brüder hatten keine Söhne. Louis war somit das letzte Oberhaupt des österreichischen Hauses.

Das alles verleiht dem Leben dieses Mannes, nicht zuletzt auch wegen seiner Zurückhaltung, einen ungewöhnlich romantischen Schimmer.

Der Manhattan-Unfall – dieses denkwürdige Zusammentreffen zwischen dem letzten Wiener Rothschild und dem ersten Unfall einer modernen Untergrundbahn – ließ manche seiner künftigen Reaktionen ahnen. Anderen, viel schlimmeren Launen der neuen Zeit, die noch auf ihn warteten, sollte er mit derselben fast provozierenden, jedenfalls auffälligen Unerschütterlichkeit entgegentreten.

Die Natur hatte Louis für seine Rolle gut ausgestattet. Schlank, blond, gut aussehend – gleichsam der Prototyp eines angelsächsischen Aristokraten (wenn er auch regelmäßig die Synagoge besuchte) –, verstand er es, der Knappheit seiner Sprache eine entwaffnend einfache oder aber eine gebieterisch distanzierende Nuance zu geben.

Trotz einer wenn auch geringfügigen Herzschwäche verfügte er über außerordentliche Energien. Ein leidenschaftlicher Polospieler, ein passionierter Jäger und ein Reiter in der berühmten Spanischen

Hofreitschule in Wien – auch in der Republik galt dieses Privileg nur für die besten Reiter aus den besten Kreisen –, war er außerdem ein vortrefflicher Kenner der Anatomie, der Botanik und der graphischen Künste.

Und er war ein vollendeter Liebhaber. In seinem großen Junggesellenpalast in der Prinz-Eugen-Straße und in seinem Büro in der Renngasse, dessen Räume mit dunkelroter Seide tapeziert waren, gingen Wiens liebenswerteste Damen aus und ein. Maßstab seiner Diskretion mag sein, daß sein Privatbüro drei Eingänge hatte, deren einer so gut getarnt war, daß nur der Baron, sein Sekretär und einige wenige auserlesene Besucher wußten, wo sich diese Tür befand.

Aber er empfing nicht nur schöne Frauen. Oft traten auch schlimme Nachrichten bei ihm ein.

Baron Louis lenkte sein Haus durch eine immer böser werdende Zeit. Vor 1914 war die Wiener Bank der Hauptfinanzier des gesamten Kaiserreiches, der treibende Motor im wirtschaftlichen Nervenzentrum Südosteuropas. 1918 blieb von Österreich nur ein ärmlicher Rest einstiger Größe. Die unausbleibliche Folge war, daß auch die Firma der österreichischen Rothschilds dahinschwand. Denn als die führende, nahezu „offizielle" Privatbank war S. M. Rothschild & Söhne auf Gedeih und Verderb dem jetzt kleinen, mühselig sich dahinschleppenden Vaterland verbunden.

Loyal hatte das Haus vom Staat Papiere übernommen, deren Wert in die Millionen ging. Jetzt mußte man mit ansehen, wie die Inflation diese Investitionen verschlang. In der Mitte der zwanziger Jahre konnte ein Rothschild es sich nicht leisten, wie es der Wiener Rivale Castiglione tat, die Regierung durch Spekulationen auf das Fallen der österreichischen Krone zu schwächen. Natürlich fiel die Krone; Castiglione wurde übermächtig und drohte Rothschild zu überflügeln.

Castiglione ging sogar noch weiter: Er spekulierte auf das Fallen des Franc. Seine Helfershelfer überschwemmten den Markt mit Angeboten französischer Währung; der Franc fiel, das Pfund und der Dollar schossen in die Höhe. Und Rothschild? Die Experten begannen den Vorrang der Rothschilds in Mitteleuropa abzuschreiben. Doch in aller Stille arbeitete man in dem seidentapezierten Büro in der Renngasse. Ganz unerwartet erholte sich der Franc, stieg, langsam zuerst, doch dann rasant. Castiglione war plötzlich mit enormen Verlusten aus dem Geschäft geworfen. Die Finanzwelt war verblüfft. Baron Louis fuhr kaltlächelnd nach Italien, um ein bißchen Polo zu spielen.

Was war geschehen? An sich eine ganz alte Rothschild-Geschichte, die sich 1925 erneut abspielte. Die verschiedenen Banken der Familie in England, Frankreich und Österreich hatten wieder einmal in aller Heimlichkeit ihre Fühler ausgestreckt. Unter der Führung des französischen Hauses (Baron Édouard war einer der Direktoren der Bank von Frankreich) hatten sie geräuschlos ein internationales Syndikat aufgebaut, das von J. P. Morgan in New York bis zu der von Baron Louis kontrollierten Wiener Creditanstalt reichte. Auf ein vorher vereinbartes Zeichen hin wurde von diesem Rothschild-Syndikat überall das Pfund gedrückt und der Franc gestützt. Wie schon früher, vermochte niemand einer solchen Kombination von finanzieller Stärke und minuziöser Geschicklichkeit Widerstand zu leisten. Baron Louis kehrte von seinem italienischen Poloausflug sonnengebräunt und mit verhaltenem Lächeln zurück.

Es sollten noch genügend Gelegenheiten zur weiteren Erprobung auf ihn warten. Die zwanziger Jahre waren heikel gewesen. Die Dreißiger begannen tückisch, bis sie endlich tragisch wurden. 1929 brach die Weltwirtschaftskrise herein. Die kaum lebensfähige junge Republik war am allerwenigsten gefeit, mit ihr fertig zu werden. Die Krise warf Österreichs Wirtschaft aus dem Gleis. Sie schwächte das Bankwesen. Und dann kroch sie allmählich auch auf das Familienpalais zu.

1930 war die Bodenkreditanstalt (das entscheidend wichtige Kreditinstitut für Österreichs Landwirtschaft) in einen verzweifelten Engpaß geraten. Louis, wie immer gegen Panik immun, zeigte allergrößte Ruhe: Er jagte Wild in einem seiner Reviere. Die Regierung hingegen war weit nervöser. Der Bundeskanzler fuhr persönlich auf das Gut der Rothschilds. Dort setzte er, wie er sich später geäußert hat, „dem Baron die Pistole auf die Brust". Er zwang Louis, die bankrotte Bank zu sanieren. „Ich werde es tun", sagte der Herr Baron, „jedoch – Sie werden es bedauern."

Die Creditanstalt, die größte öffentliche Bank des Landes (Louis von Rothschild war ihr Präsident), übernahm die Verbindlichkeiten der Bodenkreditanstalt. Österreich mußte es in der Tat bedauern. Denn als Folge dieser ungewöhnlich starken Anspannung mußte auch die Creditanstalt ein Jahr später ihre Zahlungen einstellen. Schon schwankte die gesamte finanzielle Struktur des Landes. Es war nun die Regierung selbst, die mit Geldmitteln aus dem Staatssäckel zu Hilfe eilen mußte. Das Haus Rothschild beteiligte sich an der Sanierung der Creditanstalt mit 30 Millionen Goldschilling.

Wenn die Rückschläge auch durch die beträchtliche – nach außen hin gar nicht sichtbare – Hilfe von seiten der französischen Rothschilds abgemildert wurden, bedeuteten diese Ereignisse doch auch eine starke Inanspruchnahme der Geldreserven der Familie. Der Baron verkaufte einiges von seinem Landbesitz und zog vom Palais in der Prinz-Eugen-Straße in ein etwas bescheideneres Haus ganz in der Nähe.

Immer noch aber war er der reichste Mann Österreichs. Seine Bank, S. M. Rothschild & Söhne, war als ein für österreichische Verhältnisse gigantisches Unternehmen noch intakt. Er blieb einer der Großgrundbesitzer Mitteleuropas, behielt die Kontrolle über immense Investitionen in der Textilindustrie, in Unternehmen des Bergbaus und der chemischen Industrie.

Im Norden rührte die SA ihre Trommeln. Louis aber diktierte seine Briefe nach wie vor in dem mit roter Seide tapezierten Büro, dem Schicksal zum Trotz.

2. Der Herzog von Windsor in Enzesfeld

Langsam, aber unaufhaltsam kamen Louis von Rothschilds letzte Jahre als Mitteleuropas letzter Gentleman großen Stils. Zwischen 1931 und 1938 entfaltete sich das Leben des Barons wie der Schlußakt eines mit allem Aufwand inszenierten Dramas, dessen Ausgang noch ungewiß ist. Der anfängliche Schock war überwunden; was kommen sollte, dämmerte noch im verborgenen. Eine kurze Ruhepause war eingetreten, verschönt und belebt durch ein glanzvolles Intermezzo.

1936 dankte Edward VIII. wegen seiner Liebe zu Mrs. Wallis Simpson ab, zu der Welt berühmtester geschiedenen Frau. Am Tage vor seiner bedeutungsvollen Entscheidung führte der König ein Ferngespräch mit Mrs. Simpson. Die britische Regierung hatte ihm in einem Zürcher Hotel ein Refugium eingerichtet, aber Wallis Simpson weigerte sich entschieden, dorthin zu kommen: Ein Hotel konnte einfach nicht der richtige Unterschlupf vor dem Ansturm der unersättlichen Presse sein. Und deshalb telefonierte Wallis von Cannes nach London mit „David", wie sie den König nannte.

„David", fragte Mrs. Simpson, auf der Hut vor Lauschern, „warum gehst du nicht wieder dorthin, wo du letztes Jahr die Erkältung hattest?"

Mit „dorthin" meinte Mrs. Simpson das Schloß Enzesfeld in der Nähe Wiens, ein Schloß, das Eugène von Rothschild gehörte, Louis' Bruder, der mit Edward und ihr befreundet war. Hier konnte sich „David" vollkommener Abgeschlossenheit erfreuen. Hier konnte er auch, auf den privaten Golfplätzen des Barons, sein geliebtes Golf spielen; hier konnte er „Wienerisch" reden, die fremde Sprache, die ihm am liebsten war. Hier, wo er erst vergangenes Jahr von seiner Erkältung genesen war, konnte er wohl am besten die Krise seines Lebens überwinden. Der König stimmte zu.

Am nächsten Tag schon, dem 11. Dezember, war er kein König mehr. Weniger als achtundvierzig Stunden danach öffneten sich die Tore des Rothschildbesitzes, um einem Herrn in einer schwarzen Limousine Einlaß zu gewähren, der zwei Tage zuvor aus der wohl romantischsten Empfindung heraus der Krone der größten Monarchie entsagt hatte. Die Neugier aller fünf Kontinente konzentrierte sich jetzt auf Eugènes Haus. Enzesfeld wurde nun in der Presse so geläufig wie einst Mayerling. Eine Vielzahl von Legenden wurde nun um Enzesfeld gesponnen, darunter einige recht amüsante. So wurde erzählt, daß der nunmehrige Herzog von Windsor unsagbar üppige Gesellschaften hinter den Mauern des Schlosses gebe, daß aber die Rechnungen für all diese Vergnügungen an den Gastgeber gingen, bis die Barone Eugène und Louis, der langen Gesichter ihrer Buchhalter überdrüssig, sich mit einem typischen Rothschildschen Einfall geholfen hätten – indem sie den Gemeinderat bewogen, den Herzog zum „Herrn von Enzesfeld" zu ernennen und alle Kaufleute instruierten, ihre Rechnungen an die auf solche Weise öffentlich geehrte Persönlichkeit zu senden.

Der Herzog spielte Golf und führte ein geruhsames Leben auf dem Besitz der Rothschilds. Nach Ablauf des Tages, gegen 18.30 Uhr, wenn die Telefonzentrale für alle anderen geschlossen war, führte der Duke of Windsor lange Ferngespräche mit Wallis in Cannes. Der Aufenthalt einer so prominenten Persönlichkeit blieb nicht ohne Auswirkung auf den gesellschaftlichen Stil Mitteleuropas. Als der Herzog wieder einmal mit den Rothschilds und ihren Gästen beim Diner saß, entdeckte man, daß er die schwarze Binde zu einem nicht gestärkten Smokinghemd trug – ein Faktum, das bei der österreichischen Gesellschaft zu einer Art Erdrutsch in der Herrenmode führte. Der Duke war auch noch für eine andere Neuerung verantwortlich: Nach den Worten von Baron Eugène erfand er den „brunch", das späte Frühstück als eine Kombination von *breakfast* und *lunch;* er bevorzugte nämlich ein spätes und umfangreiches Frühstück, was oft dazu führte, daß der Mittagstisch ausfiel. Auch diese Art von Frühstück fand Aufnahme in den Gepflogenheiten kultivierter Esser.

Zum letzten Mal verspürte Österreich etwas von jenem Glanz, den es einst ausgestrahlt hatte. Und ebenfalls zum letzten Mal gewährte ein Wiener Rothschild eine Gastfreundschaft, die seines Namens würdig war.

3. Die Iden des März

Das Enzesfelder Zwischenspiel hatte letztmalig mit aller Eindrücklichkeit nach außen hin gezeigt, welch hohen Rang die Familie in der internationalen Gesellschaft einnahm. Nur Louis änderte seinen Stil leiser Vornehmheit nicht. 1937, bald nach der Abreise des Herzogs von Windsor aus Enzesfeld, nahm der Baron am Diner im Haus eines Freundes teil. Plötzlich war durch das Fenster von draußen ein Miauen vernehmbar, und ohne daß ihn jemand hätte zurückhalten können, öffnete Rothschild das Fenster, stieg auf das Fensterbrett, turnte auf einem Mauervorsprung entlang, holte das Kätzchen und kehrte wieder ins Zimmer zurück.

Ähnliche Geschichten hatten sich schon früher ereignet, denn Baron Louis verfügte stets über einen bemerkenswerten körperlichen und seelischen Gleichgewichtssinn. Wie sein Vater Albert (der Matterhornbezwinger) hatte auch er viele Gipfel erklommen und, wenn kein Gebirge vorhanden war, mit Gebäuden vorlieb genommen. 1937 aber war der Baron schon 55 Jahre alt, die Nacht war sehr dunkel, und die Wohnung des Freundes lag immerhin im fünften Stock.

„Herr Baron", bemerkte einer der Gäste, „das ist doch eine Aufgabe für die Feuerwehr. Warum setzen Sie Ihr Leben aufs Spiel?"

Der Baron antwortete mit seinem kühlen Lächeln: „Ich glaube, das ist mir zur Gewohnheit geworden."

Jeder begriff, was er meinte. Hitlers Truppen waren an der deutsch-österreichischen Grenze aufmarschiert. Viele Leute in ähnlicher Lage wie Baron Louis hielten es für richtig, abzureisen. So war sein Bruder Eugène nach Paris gezogen. Alphonse, der älteste Bruder, passierte immer häufiger die Schweizer Grenze. Louis aber blieb in der österreichischen Hauptstadt.

247

Gelassen, fast flott trug er die Toga drohenden Unheils. Seine Sekretäre arbeiteten nach wie vor im Büro in der Renngasse. In der Tat herrschte, was ganz unerklärlich erschien, mehr Aktivität in der Bank als je zuvor. Und immer noch kam jeden Mittwoch der Kurator des Wiener Kunsthistorischen Museums zum Frühstück in das Haus des Barons und hielt mit ihm eine Art privates Kunstseminar. Jeden Freitagmorgen erschien ein Professor aus dem Botanischen Garten, um interessante Arten zu bringen und über diese mit Baron Louis zu diskutieren. Und an jedem Sonntag stellte sich der Direktor des Anatomischen Instituts mit Zeichnungen und Büchern ein. Zweimal in der Woche ritt der Baron die herrlichen Lipizzaner. Das Leben spielte sich äußerlich ab wie gewöhnlich.

Einige Freunde aus dem Jockey-Club machten aus ihrer Verwunderung darüber kein Hehl. Als der Chef des österreichischen Hauses, als leibhaftige Verkörperung des „jüdischen Kapitalismus" mußte Rothschild doch dem „Führer" als Inbegriff des Erzfeindes gelten. Warum also mußte gerade er in Wien bleiben? Warum gerade in einer äußerst gefährlichen Zeit eine Zielscheibe abgeben?

Zwei gute Gründe rechtfertigten die Unnachgiebigkeit des Barons. Beide waren dynastischer Art. Einer der Gründe blieb zunächst verborgen und wurde erst nach einigen Monaten bekannt. Der andere Grund lag auf der Hand: Als das Haupt der Familie stand Baron Louis im Rampenlicht Österreichs. Jede Bewegung, die nach Flucht aussah, würde das ohnehin schwer angeschlagene Staatsschiff noch mehr ramponieren. Das Haupt eines Rothschildhauses ist ja primär fleischgewordenes Prinzip und dann erst Mensch, wie wir schon in anderen Fällen registrieren konnten.

In dem kühlen Perfektionismus des Barons erstarrte das Prinzip zum Dogma. Als der österreichische Kanzler Schuschnigg zu Hitler nach Berchtesgaden zitiert wurde, verließ Baron Louis ebenfalls die Hauptstadt, aber nur, um in den österreichischen Alpen Ski zu laufen. Und als am 1. März 1938 ein Kurier des französischen Hauses an seine Tür in Kitzbühel klopfte und eine ernste Warnung überbrachte, dachte er immer noch nicht daran, sich über die Grenze in Sicherheit zu bringen. Er kehrte vielmehr nach Wien zurück.

Am Donnerstag, dem 10. März 1938, telegrafierte man eine letzte Warnung aus der Schweiz. Am darauffolgenden Morgen strömte schon die Deutsche Wehrmacht über die Grenze. Das österreichische Staatsschiff war zerschellt. Das Aufrechterhalten von Prinzipien allein hatte es nun doch nicht länger über Wasser halten können. Am Samstagnachmittag fuhr Baron Louis zusammen mit seinem Diener Eduard zum Wiener Flughafen; als Reiseziel war Baron Louis' Polo-platz in Italien angegeben. An der Sperre, wenige Schritte nur vom Flugzeug entfernt, erkannte ein SS-Offizier den Baron und beschlag-nahmte seinen Paß.

„Danach", berichtete der Diener, „fuhren wir nach Hause und warteten."

Sie brauchten nicht lange zu warten. Am Abend bereits erschienen vor dem Rothschild-Palais, wie vor Hunderten anderer jüdischer Wohnungen, zwei Männer mit Hakenkreuzbinde. Der Butler jedoch war keineswegs gewillt, irgendwelche Rüpeleien von Leuten ohne Manieren zu dulden, und schon gar nicht eine Festnahme. Zunächst einmal hatte er nachzusehen, ob der Herr Baron überhaupt anwesend sei. Zwei Minuten später erklärte er den Störenfrieden, der Herr Baron befinde sich nicht im Hause. Die zwei Kerle, überrumpelt durch soviel höfische Etikette, begannen zu stottern, um dann in der Nacht zu verschwinden.

Aber am Sonntag darauf waren sie wieder da, begleitet von sechs Schlägertypen im Stahlhelm, die mit gezogenen Pistolen alle weiteren Hinterhalte gesellschaftlicher Förmlichkeiten zunichte machten. Die-ses Mal empfing der Baron den Anführer und nahm die Aufforderung entgegen, mitzukommen. Aber doch wohl erst nach dem Lunch, der gleich serviert werden sollte? Unter den Stahlhelmträgern setzte ein verwirrtes Beraten ein. Das Ergebnis: „Gut, essen Sie erst!"

Der Baron aß zum letzten Male mit allem feudalen Gepränge. Während die Uniformierten zwei Schritt vom Tisch entfernt mit ihren Pistolen spielten, verbeugten sich Diener, und die Gerichte füllten den Raum mit dem Duft pikanter Saucen. Der Baron aß in Ruhe zu Ende. Er benutzte wie immer die Wasserschale, nachdem er die Früchte zu sich genommen hatte, trocknete wie gewohnt seine Finger an einer dargereichten Damastserviette, genoß seine Zigarette nach Tisch, nahm seine Herzmedizin und genehmigte das Menü des nächsten Tages. Dann nickte er den Pistolenhelden zu und ging mit ihnen.

Je länger sich die Nacht hinzog, desto klarer wurde es, daß er nicht zurückkommen würde. Und so packte in den ersten Morgenstunden der treue Diener Eduard die Bettwäsche seines Herrn, dessen Neces-saire, eine sorgfältige Auswahl von Haus- und Straßenkleidung sowie einige kunsthistorische und botanische Bücher zusammen – kurz: das übliche Gepäck für eine Wochenend-Einladung etwas lästiger Art. Bald darauf präsentierte er all diese Gegenstände auf der Hauptpolizeiwache in einem schweinsledernen Koffer. Unter höhnischem Gelächter wurde er fortgejagt.

Was der Diener in bester Absicht getan hatte, veranlaßte den Kommissar der Nazi-Polizei, sich seinen Gefangenen nur noch um so interessierter anzusehen. Die ersten Verhöre des Barons waren so angelegt, daß sie die begreifliche Neugierde befriedigen sollten:

„So, Sie sind Rothschild. Wie reich sind Sie nun eigentlich?"

Baron Louis erwiderte, falls man seinen gesamten Stab an Prokuristen und Buchhaltern zusammenriefe und ihnen die letzten Börsen- und Welthandelsberichte gebe, könnten diese vielleicht innerhalb einiger Tage zu einem einigermaßen angemessenen Ergebnis kommen.

„Gut, schon recht. Wieviel ist denn Ihr Palast wert?"

Rothschild warf dem inquisitorischen Herrn einen leicht amüsierten Blick zu: „Welchen Wert hat wohl der Wiener Stephansdom?"

„Unverschämtheit!" brüllte der Kommissar. Von seinem Standpunkt aus hatte er vielleicht sogar nicht einmal unrecht.

Die Wachen stießen den Baron in den Keller. Dort schleppte Baron Louis Sandsäcke, gemeinsam mit Führern der Kommunistischen Partei, die seine Mithäftlinge waren. „Wir kamen recht gut miteinander aus", erinnerte sich Baron Louis später. „Wir waren uns einig, daß dies der klassenloseste Keller der Welt war."

Noch weit bemerkenswertere Dinge ereigneten sich. Einige seltsame Briefe erreichten einen Rothschild-Bevollmächtigten in der Schweiz. Absender waren die drei prominentesten Prostituierten Mitteleuropas, die sich bester Beziehungen zur Wiener Gestapo erfreuten. Alle drei Damen boten ihre Vermittlung bei Verhandlungen wegen eines Lösegeldes an. Die Rothschilds, aus Tradition anpassungsfähig auch in ungewöhnlichen Verhandlungen, wären wohl selbst mit diesen Partnerinnen handelseinig geworden, wenn nicht unversehens in der Lage der Dinge ein Umschwung eingetreten wäre.

4. Hermann Göring zeigt Interesse

Ende April 1938 wurde man in Berlin auf den prominenten Häftling Wiens aufmerksam. Über Nacht wurde Baron Louis von den Kommunisten getrennt und in das Wiener Gestapo-Hauptquartier gebracht, in eine Zelle, die der des österreichischen Kanzlers benachbart lag. Baron Louis' Fall war somit von der untersten Ebene der örtlichen Polizei auf die höchste gehoben: Die Bonzen des Nazi-Reiches waren plötzlich interessiert. Jetzt hatte er nicht weniger als vierundzwanzig Wächter – eine martialische Horde, die er „meine Grenadiere" nannte und mit deren Zudringlichkeiten er dadurch fertig wurde, daß er ihnen in der Art eines gelangweilten Professors Vorlesungen über Geologie und Botanik hielt.

Als Nachfolger der drei lebenslustigen Damen erschien nun ein neuer Mittelsmann in der Schweiz: ein gewisser Otto Weber stellte sich als „Mitarbeiter" eines Dr. Gritzbach vor, der bei Hermann Göring „Chef des Stabsamts" war. Allmählich wurde es klar, wer nun den Ton angab. Langsam, nach mancherlei umständlichen Verschleierungen und Vorsichtsmaßnahmen, rückte man mit der Sprache heraus: Der Herr Baron werde freigelassen, sobald Hermann Göring 200.000 Dollar für sein Bemühen ausgehändigt bekäme; ferner aber sollte dem Deutschen Reich der gesamte zurückbleibende Besitz des österreichischen Hauses zufallen, insbesondere die Witkowitzer Werke in der Tschechoslowakei, das größte Bergbau- und Eisenhüttenunternehmen Mitteleuropas. Das war eine böse Nachricht, denn hier wurde das höchste Lösegeld der Weltgeschichte gefordert. Aber Eugène und Alphonse, die Verhandlungspartner in Zürich und Paris, hatten noch einen Trumpf in der Hinterhand. Und was für einen: Witkowitz, obwohl von den österreichischen Rothschilds kontrolliert, war plötzlich irgendwie britisches Eigentum geworden! In den Vorkriegstagen von 1938 bedeutete das Unantastbarkeit gegenüber Görings Zugriff.

Nun war es klar: Bei der ganzen ameisenhaften Geschäftigkeit in Baron Louis' Büro während der Jahre 1936 und 1937 war es um diese Übertragung gegangen. Zusammen mit einem klugen alten Bankier, Leonard Keesing, hatte Baron Louis den Engländern 21 Millionen Dollar zugeschoben. Es war ein finanzielles Meisterstück nach bester Rothschild-Tradition.

Wie hatte Louis Rothschild das bewerkstelligt? Seine Vorarbeiten im verborgenen waren von der grundlegenden Überlegung ausgegangen, daß Werke von solch enormen Ausmaßen nicht ohne die Zustimmung höchster Regierungsstellen den Eigentümer und damit ihre Nationalität wechseln könnten. Deshalb wurde dem tschechischen Ministerpräsident Hodža schon 1936 sehr diskret klargemacht, daß eine weitere österreichische Kontrolle über Witkowitz für die Tschechoslowakei eine Gefahr darstelle, und zwar vor allem dann, wenn Wien unter deutsche Herrschaft gerate. Gleichzeitig und ebenfalls streng geheim empfing der österreichische Bundeskanzler den Wink, daß die antiösterreichischen und antideutschen Tendenzen der tschechoslowakischen Behörden zu einer Enteignung von Witkowitz führen könnten, solange es österreichischer Besitz sei. So stimmten sowohl Wien als auch Prag, wenn auch aus entgegengesetzten Gründen, der Eigentumsübertragung zu.

Das nächste war diese Übereignung selbst – eine ebenso verwickelte wie vollendete Transaktion, ein Bravourstück fiskalischer und juristischer Kunstfertigkeit. Man ging von der Tatsache aus, daß die Rothschilds nicht die alleinigen Aktionäre des Unternehmens waren, sondern lediglich die Aktienmehrheit besaßen. Die Aktienminderheit war im Besitz einer anderen prominenten jüdisch-österreichischen Familie, von Gutmann, die unter den Folgen der Wirtschaftskrise litt. Um ihre Schulden zahlen zu können, mußten die Gutmanns ihren Aktienanteil verkaufen, und um das durchzuführen, war eine Revision der Struktur der Witkowitzer Aktiengesellschaft ohnehin notwendig. Unter dem Vorwand dieser Reorganisation also wurde auch die Nationalität des Multimillionen-Dollar-Unternehmens fast beiläufig geändert, weil als Käufer der gesamten Aktien eine ausländische Gruppe auftrat.

Das ganze Manöver wäre jedoch zwecklos geblieben ohne eine zusätzliche Vorsichtsmaßnahme. Hätte Baron Louis die Rothschild-Aktien unmittelbar einer englischen Holding-Gesellschaft übertragen, so wäre im Kriegsfalle das Vermögen doch jenem englischen Gesetz unterworfen gewesen, das den „Handel mit dem Feind" und damit die Beschlagnahme regelte. Baron Louis, der diese Möglichkeit schon Jahre zuvor voraussah, hatte die Weichen bereits in Richtung Schweiz und Holland gestellt. Von diesen Ländern aus – die dann ja im Zweiten Weltkrieg neutral bzw. den Alliierten verbündet waren – wurde der endgültige Transfer durchgeführt.

Witkowitz wurde schließlich eine Tochtergesellschaft der „Alliance Insurance", einer der bedeutendsten Londoner Versicherungsgesellschaften. Unter englischem Gesetz registriert, war Witkowitz nun von der Regierung Seiner Majestät geschützt, aber dennoch – und das war natürlich der Witz der ganzen Angelegenheit – weitgehend im Besitz derselben Familie Rothschild, deren österreichischer Zweig als Verkäufer desselben Witkowitz aufgetreten war.

Napoleon und Bismarck waren vergeblich gegen die Rothschilds angetreten. Göring war ganz gewiß nicht der größte, aber sicherlich der rabiateste Feind der Familie. Doch auch er scheiterte. Der Reichsmarschall mußte einen Rückzieher machen, nicht nur vor jüdischer Schlauheit, sondern auch vor einem urgermanischen Streit- und Volksgenossen – vor Heinrich Himmler.

5. Himmler schaltet sich ein

Im Frühjahr 1939 wurde Otto Weber, Görings Mann, plötzlich verhaftet. Bei den Nazis war es offenbar zu Cliquenkämpfen um die Rothschild-Schätze gekommen. Die Auftraggeber in Berlin wechselten – jetzt war es anscheinend Himmler, der die Verhandlungen über das Lösegeld führte, und nicht mehr Göring. Die Familie, unbeeindruckt von dem Kommandowechsel, hielt an ihren alten Bedingungen fest: Aller Rothschild-Besitz in Österreich sollte im Austausch gegen des Baron Louis persönliche Sicherheit und Unversehrtheit abgetreten, jedoch die Kontrolle über Witkowitz erst aufgegeben werden nach seiner Entlassung – und gegen Zahlung von drei Millionen Pfund. In Berlin schäumte man. Berlin drohte. Und nach dem Überfall auf die Tschechoslowakei besetzten deutsche Truppen Witkowitz, doch war es den deutschen Juristen wohl bekannt, daß die britische Flagge und das Völkerrecht noch zwischen ihnen und einem offiziellen Besitzwechsel standen.

So schlug man einen anderen Ton an. Während die Nazi-Zeitungen gegen Rothschild als eine Geißel der Menschheit wüteten, ereignete sich in Baron Louis' Zelle etwas Bemerkenswertes: Die Tür öffnete sich, und es erschien Heinrich Himmler. Er wünschte dem Herrn Baron einen guten Morgen, bot ihm eine Zigarette an und fragte, ob er irgendwelche Wünsche oder Beschwerden habe. Gewissermaßen von Prominenz zu Prominenz wolle er versuchen, die Differenzen – die ja sicher nur geringfügig sein könnten – zu beseitigen.

Doch der Baron, sonst ein starker Raucher, mochte gerade jetzt keine Zigarette. Die Knappheit seiner Antworten war heute womöglich noch betonter. Kühl taxierte er Himmlers gefürchtetes Gesicht. „Der Bursche", so erinnerte er sich später, „hatte ein Gerstenkorn im Auge und versuchte es zu verbergen." Als Himmler gegangen war, hatte sich Rothschilds Position hinsichtlich Witkowitz nicht im geringsten verändert.

Unmittelbar danach bearbeitete man Baron Louis mit einer ganz neuen Taktik. Himmler war noch keine Stunde fort, da schleppte eine Abteilung „Grenadiere" eine geradezu ungeheure Standuhr aus den Tagen Ludwigs XIV. in die Zelle. Dann kamen sie mit einer großen Louis-quinze-Vase, legten auf das Häftlingsbett eine dicke, orangeseidene Decke und mehrere schreiend bunte Kissen und brachten schließlich sogar ein Radio, das sie auf eine seidene Fransendecke stellten. Der Reichsführer hatte gewünscht, sein Gefangener solle sich „wie zu Hause" fühlen. Die Folgen blieben nicht aus: Viele lange Wochen war Baron Louis im Anblick scheußlicher Dinge stoisch geblieben. Jetzt aber verlor er die Ruhe: „Die Zelle sieht ja aus wie ein Krakauer Bordell!" Der ganze Plunder mit Ausnahme des Radios wurde auf Wunsch des Häftlings wieder entfernt.

Höchstwahrscheinlich ließ dieser Mißerfolg die SS resignieren. Wenige Tage später, etwa gegen elf Uhr abends, erhielt Baron Louis vom Wachhabenden die Nachricht, seine Bedingungen seien angenommen; er könne das Gefängnis verlassen.

Als Dank stiftete Baron Louis unter seinen Peinigern zum Abschied noch einige Verwirrung. Er meinte, zu dieser Stunde sei es wohl doch zu spät, als daß er einem seiner Freunde zumuten könne, ihn aufzunehmen. Außerdem seien jetzt auch die Diener zu Bett; er würde viel lieber erst morgen früh das Gefängnis verlassen.

Seitdem es eine Gestapo gab, war noch kein Fall bekannt geworden, daß ein Gefangener um Verlängerung seiner Haft und um Nachtquartier gebeten hatte. Man mußte per Ferngespräch in Berlin Rat einholen, ob man den Häftling Rothschild noch eine weitere Nacht in Haft behalten dürfe oder nicht. Baron Louis blieb über Nacht.

Einige Tage später traf er in der Schweiz ein. Zwei Monate danach, im Juli 1939, unternahm das Deutsche Reich Schritte, um Witkowitz für 2,9 Millionen Pfund Sterling zu kaufen. Da aber unmittelbar danach der Krieg ausbrach, kam ein Vertrag nie zustande; der englische Besitz blieb bestehen. Nach der Machtübernahme durch die tschechischen Kommunisten wurde Witkowitz zwar verstaatlicht, jedoch schloß London 1953 einen Handelsvertrag mit Prag ab, in dem eine Klausel die Vergütung enteigneten britischen Besitzes forderte, wobei Witkowitz an erster Stelle stand. Prag stimmte zu. Danach verabschiedete das britische Parlament ein Gesetz, das englische Beauftragte (z. B. die Alliance Insurance) bevollmächtigte, die Kompensation auch zugunsten nichtbritischer Besitzer entgegenzunehmen, wie z. B. des ehemals österreichischen, jetzt amerikanischen Zweigs der Rothschilds.

So erhielt eine der größten Kapitalistenfamilien von einer kommunistischen Regierung eine Entschädigung, deren Raten insgesamt eine Million Pfund ausmachten.

Bis an sein Ende lebte Baron Louis wie der Prinz im Märchen, nachdem der böse Drache erschlagen war. Er ließ sich in Amerika nieder. Aus dem Wiener Baron wurde ein eleganter Yankee, aus dem Junggesellen ein später, aber glücklicher Ehemann. 1946 heiratete er die Gräfin Hilda von Auersperg, eine der charmantesten Damen des österreichischen Adels.

Das Paar besuchte Österreich während der Hungerjahre, die dem Zusammenbruch von 1945 folgten. Die Nachricht von der Rückkehr des Barons verbreitete sich schnell. Vor seinem Hotel versammelte sich eine Menschenmenge, die von Rothschild Hilfe erwartete. Großzügig gab er sie: Er schenkte der Republik Österreich nahezu seinen gesamten österreichischen Besitz.

Die Regierung, die bereitwillig die mit diesem Geschenk verbundenen Bedingungen akzeptierte, verabschiedete ein neues Gesetz. Es verwandelte den Rothschild-Besitz in einen vom Staat verwalteten Pensionsfonds. So wurden jedem ehemaligen Rothschild-Angestellten die gleichen Einnahmen und die gleiche Sicherheit garantiert, die sonst nur pensionsberechtigte Beamte genießen.

Nach seinem Wiener Aufenthalt kehrte Baron Louis zu seiner großen Farm zurück, nach East Barnard in Vermont. Das Hochland von Neu-England weckte Erinnerungen an die Alpen. Die herbe Reserviertheit der Bewohner kam seiner eigenen ziemlich nahe. Die Kunst- und Biologieprofessoren von Dartmouth waren gerngesehene Gäste in seinem Haus. Sein Bruder Eugène, der den englischen Bühnenstar Jeanne Stuart geheiratet hatte, kam oft von seinem Besitz auf Long Island zu Besuch. Baronesse Hilda ließ einen prächtigen Garten anlegen und schuf etwas, was Baron Louis niemals vorher als wünschenswert empfunden hätte: ein wirkliches Heim, in dem er sich wohl fühlte. Während der letzten Jahre seines Lebens gab die Familie ihren Freunden gern Gartenfeste, und der Baron tanzte dabei die in der Gegend üblichen Volkstänze noch mit derselben Eleganz wie einst auf dem Wiener Parkett den Walzer.

Er starb, über siebzig Jahre alt, auf eine Art, wie sie ein Grand-seigneur sich wünschen mag – schwimmend in der Bucht von Montego unter dem strahlend blauen karibischen Himmel.

6. Die Rothschilds und der Krieg

Natürlich blieb der Zweite Weltkrieg auch für die Rothschilds in England und Frankreich nicht ohne Folgen. Als die deutschen Panzer 1940 in Paris einrollten, waren die französischen Rothschilds in höchster Gefahr. Doch Édouard, Robert und Maurice (alle Enkel von James, dem Begründer der Pariser Linie) konnten entkommen, auf den verschiedensten Wegen nach England und in die Vereinigten Staaten. Maurice erwies sich jetzt als ein ebenso perfekter Geschäftsmann, wie er vorher ein Privatier gewesen war. Auf seiner Flucht hatte er eine Aktentasche voll Schmuck nach England gerettet, dessen Wert, wie es hieß, eine Million Dollar betrug. Einen großen Teil verkaufte er; dann beschäftigte er sich einige Jahre lang regelmäßig mit der Anlage des Erlöses. Und als er nach dem Krieg nach Frankreich zurückkehrte, hatte er den Schmuck in ein Vermögen verwandelt, das auch für Rothschild-Verhältnisse beträchtlich war.

Die älteren Familienmitglieder versuchten aus dem Krieg das Bestmögliche zu machen. Die jüngeren, die aktiv an ihm teilnahmen, standen an der Front wie alle Soldaten. Roberts Söhne Élie und Alain gehörten zur Besatzung der Maginot-Linie und gerieten in deutsche Kriegsgefangenschaft. Wahrscheinlich wegen der trüben Erfahrungen, die die Nazis mit Baron Louis hatten machen müssen, ließ man sie unbehelligt. Während des Frankreichfeldzugs wurde Édouards Sohn Guy in Dünkirchen gefangengenommen, doch gelang es ihm zu entfliehen und 1941 New York zu erreichen. Als in England General de Gaulle die Truppen eines „Freien Frankreich" organisierte, machte Guy sich auf den Rückweg, doch wurde sein Schiff bei der Überquerung des Atlantiks torpediert. Guy schwamm drei Stunden, bis er von einem englischen Zerstörer gerettet wurde. Von London aus führte er eine Anzahl vertraulicher Missionen für de Gaulle aus (mit dem er seitdem sehr befreundet war). Nach der Invasion kämpfte er zwei Monate lang an der Front und war bei Kriegsende Adjutant des Militärgouverneurs von Paris.

Élie und Liliane de Rothschild, fotografiert von Karl Lagerfeld.

Guy de Rothschild mit seiner zweiten Frau Marie-Hélène.

Philippe und Pauline de Rothschild in ihrem Weinmuseum.

Nicht viel weniger abenteuerlich, aber bezeichnender für den Familiencharakter waren die Kriegserlebnisse der anderen Rothschilds.

„Wir verstehen den Dingen unseren Impuls zu geben", pflegte Baron Philippe von Mouton-Rothschild zu sagen, wenn man darauf zu sprechen kam. (Dieser Philippe war ein Urenkel jenes englischen Nathaniel, der nach Frankreich übersiedelt war. Daher sind dessen Nachkommen der Herkunft nach Engländer, jedoch französische Staatsbürger.) „Wir tun dies, solange wir leben, und wenn nötig, bedienen wir uns ganz unkonventioneller Mittel, was jeden Militärbürokraten verrückt macht." Diese Worte waren bezeichnend für Philippes Leben.

Als er sich 1940 von einer ernsten Skiverletzung erholte, wimmelte es in Paris von deutschen Soldaten. Er floh nach Marokko, wo ihn die Vichy-Regierung auf Verlangen der deutschen Waffenstillstandskommission festnahm. Im Gefängnis ergriff er sofort die Initiative: Er organisierte Sprachkurse und Gymnastikstunden; unter seinen Mithäftlingen, die er eifrig mit Kniebeugen traktierte, befand sich auch der spätere französische Ministerpräsident Pierre Mendès-France.

Man überführte Philippe nach Frankreich und ließ ihn frei. Er floh mit Hilfe von Schmugglern in einem 42stündigen Fußmarsch über die Pyrenäen – welche Gelegenheit er dazu benutzte, seine neuen Freunde in neuen Schmuggeltechniken zu beraten. So schlug er sich nach Spanien durch und machte dort mit mehreren Gefängnissen Bekanntschaft. Anschließend floh er nach Portugal und gelangte von dort schließlich zu Schiff nach England.

Hier schloß er sich de Gaulle an. Seine Unterkunft fand er im „Freien Französischen Offiziers-Club": Piccadilly 107 – im Haus seiner Großtante Hannah! Vertraut mit jedem Winkel des Hauses, machte er sich an eine gründliche Reform des gesamten Systems der Unterbringung. Den Kommandeur zu informieren, hielt er für unnötig. Der aber, ein französischer Stabsoffizier, war von solchen intensiven Unternehmungen gar nicht angetan; am Tage der Invasion fand sich Philippe im Hinterland auf ein Nebengleis abgeschoben und für eine höchst langweilige Aufgabe eingesetzt.

Die Engländer hingegen hatten schon immer ein Auge auf den unternehmungslustigen Baron gehabt und holten ihn sich. Während der ersten Monate nach der Invasion übertrugen sie ihm die Zivilverwaltung des sehr kritischen Abschnitts Le Havre. Er erhielt das Croix de Guerre und wurde Offizier der Ehrenlegion.

Von den englischen Rothschilds waren Edmund, ein Enkel Leos, und Lord Victor, Nattys Enkel, wehrdienstpflichtig. Beide hatten eine ganz beträchtliche Portion des Unternehmungsgeistes der Familie geerbt.

Edmund, später Chef des englischen Bankhauses, nahm an den Kämpfen gegen die Italiener in Nordafrika als Artillerie-Major teil. Von ihm erzählt man sich die für einen Rothschild, der es mit der Militärhierarchie zu tun bekommt, bezeichnendste Geschichte. „Eddy", so erinnerte sich ein Kriegskamerad Edmunds, „war einer unserer eifrigsten Offiziere, doch konnte er sich nie mit dem Dienstweg befreunden. Wann immer einer unserer Kameraden ein Anliegen hatte, sei es, daß die Mutter eines Soldaten gestorben war und er Urlaub haben wollte oder kein Geld hatte, wandte er sich nicht an seinen unmittelbaren Vorgesetzten, sondern ging mit seiner Bitte direkt zu Rothschild, selbst dann, wenn er von einer ganz anderen Einheit kam. Die Soldaten wußten, er wird sein Scheckbuch aus der Tasche ziehen oder telefonieren – notfalls direkt mit dem Buckingham-Palast. Ich sagte immer wieder zu ihm: ‚Eddy, so geht's nicht, du mußt nun mal ein Formular ausfüllen und es mit deiner Empfehlung an den Kommandeur schicken.' – ‚Was hat denn der damit zu schaffen?' war seine übliche Antwort. In dem Augenblick, in dem es um zivile Probleme ging, waren ihm Vorgesetzte völlig gleichgültig."

„Als Kommandeure wären sie hervorragend, in einem niedrigeren Rang aber können sie ein Plage sein!" meinte ein anderer, der Angehörige der Familie während des Krieges kennengelernt hatte. „Sie sind zu Feldmarschällen geboren und erzogen, und es bedeutet für sie ein wirkliches Problem, nur Majore sein zu müssen. Wir hätten uns eine Menge Kummer gespart, wenn mit diesem Namen automatisch ein genügend hoher Rang gekoppelt gewesen wäre."

Eines Tages aber stießen diese eigensinnigen „Feldmarschälle" mit ihrer eigenen Hartnäckigkeit zusammen. Der Schauplatz war Robert de Rothschilds prächtige Pariser Residenz in der avenue de Marigny 23. Im Gegensatz zu allen anderen Palästen der Familie an den Ufern der Seine überstand dieses Palais die Okkupation verhältnismäßig unbeschädigt. Göring, der schon immer darauf aus gewesen war, die Rothschilds zu vernichten, quartierte den Oberkommandierenden der in Frankreich stationierten Luftwaffe in Rothschilds Herrensitz ein. Überraschenderweise verließ dieser das Haus mehr oder weniger so, wie er es betreten hatte. Göring selbst, der sonst gern in den Palästen der Rothschilds Beute machte, war oft in der avenue de Marigny, doch ohne zu plündern. Das Haus blieb sogar während der Straßenkämpfe bei der Befreiung unbeschädigt.

Der Kummer begann etwas später.

Ein junger englischer Oberstleutnant zog in der avenue de Marigny ein und mit ihm ein nicht ungefährliches Laboratorium. In unmittelbarer Nachbarschaft kostbarer Möbel und unschätzbarer Gemälde begann der Offizier Experimente mit hochexplosiven Stoffen zu machen.

Baron Robert war noch nicht zurückgekehrt. Seine Diener gingen zitternd ihrer Arbeit nach und warteten gottergeben, was bei dem Flackern und Krachen der Versuchsapparaturen passieren würde.

Der Oberstleutnant machte seine Experimente wahrlich nicht zum Spaß, und ihn aus dem Haus zu bekommen schien kaum möglich. Er war nämlich einer der erfolgreichsten und waghalsigsten Bombenentschärfer, und seine Arbeit hatte ihm eine sehr hohe englische Auszeichnung, die George Medal, sowie die amerikanischen Orden Bronze Star und Legion of Merit eingebracht. Was aber die Dienerschaft des Barons Robert am allermeisten verstörte, war die Tatsache, daß dieser Oberstleutnant den Namen Victor Lord Rothschild führte.

Die Quartierstelle hatte es für einen besonders glücklichen Gedanken gehalten, den Oberstleutnant im Hause seines Cousins unterzubringen; nicht in Betracht gezogen hatte sie jedoch den Eifer, mit dem die Angehörigen gerade dieser Familie ihre Ziele verfolgen. Das britische Oberkommando und die Abteilung für Denkmalspflege der US Army waren jedenfalls bald darauf angestrengt damit beschäftigt, für die wissenschaftlichen Bemühungen Seiner Lordschaft ein passenderes Milieu zu finden.

7. Verschleppte Schätze

Lord Rothschilds hochbrisantes Treiben an der avenue de Marigny war nur das Nachspiel eines Dramas, wie es die Welt der Kunst nie zuvor erlebt hatte. Wie viele Juden, die nach der Niederlage Frankreichs fliehen mußten, hatte auch Robert de Rothschild praktisch seinen gesamten materiellen Besitz zurücklassen müssen. Dazu gehörte vor allem seine riesige und höchst wertvolle Kunstsammlung. Wie hätte man sie vor den Nazi-Plünderern schützen können?

Nun war aber der Schutz solcher unersetzlichen Kostbarkeiten mit typischer Rothschild-Voraussicht tatsächlich schon vor Generationen geplant und vorbereitet worden. Bereits im Jahr 1873, nach dem Aufstand der Pariser Kommune, gelangte Baron Alphonse zu der Überzeugung, sein gewaltiger Kunstbesitz brauche angemessene Vorsorge. Für jedes Gemälde, für jede Plastik und für jedes sonstige Stück der Sammlung wurden genau abgemessene, sorgfältig ausgepolsterte und leicht transportierbare Kisten gezimmert. Da jede Neuerwerbung in gleicher Weise ihr Behältnis bekam, konnte das private Rothschild-Museum sowohl während des Ersten Weltkriegs als auch während der Volksfront-Krisen in den dreißiger Jahren unauffällig und sicher verwahrt werden.

Jene Gefahrensituationen waren letztlich jedoch nur Generalproben. Als die deutschen Panzer im Sommer 1940 auf Paris zurollten, hatten sie einen planmäßig räubernden Feind im Gefolge, der seine Klauen unersättlich nach den Gemälden und Marmorstatuen in Rothschilds Besitz ausstreckte.

Manchmal gelang es, ihn irrezuführen. Eine Reihe von Gemälden konnte rechtzeitig in Botschaften neutraler Staaten geschafft werden – so in die spanische und die argentinische – und wurde dort getreulich über die Kriegsjahre bewahrt. Einige besonders wertvolle Stücke überdauerten den Krieg in einem Geheimraum des Hauses Nummer 23 der avenue de Marigny. Die Dienerschaft, die davon Kenntnis hatte, hielt dicht, und die Nazis kamen nie hinter das Geheimnis. Reichsmarschall Göring stolzierte oft an dem Bücherregal vorbei, das ihn von den Bildern trennte, nach denen seine Spürhunde in ganz Frankreich Nachforschungen anstellten.

Aber die Mehrzahl der Rothschild-Schätze konnte trotz aller Vorsichtsmaßnahmen nicht in Sicherheit gebracht werden. Eine besondere Aufstellung wichtiger Stücke hatte man dem Louvre übergeben, damit sie als Nationaleigentum geschützt würden. Aber vergeblich. Die Kunstwerke aus dem Familienbesitz der Rothschilds erfreuten sich eines solchen Weltruhms, daß der „Führer", der ja selbst in dem Wahn lebte, Künstler zu sein, einen besonderen „Führerbefehl" erließ, alle Rothschild-Kunstschätze betreffend, die man als Nationaleigentum getarnt hatte. Aus einem später erbeuteten Dokument geht hervor, daß Feldmarschall Keitel, Chef des Oberkommandos der Wehrmacht, in Ergänzung jenes Führerbefehls die Dienststellen in Frankreich anwies, die besetzten Gebiete nach allem, was für Deutschland von Wert sei, zu durchkämmen. Die Objekte mußten durch die Gestapo sichergestellt werden, denn der Führer hatte nunmehr entschieden:

„In Ergänzung des . . . Auftrages des Führers . . . in den besetzten Gebieten des Westens Logen, Bibliotheken und Archive nach für Deutschland wertvollem Material zu durchsuchen und dieses für die Gestapo sicherzustellen, hat der Führer entschieden:
Maßgebend für den Besitzstand sind die Verhältnisse vor dem Kriege, in Frankreich vor der Kriegserklärung am 1. 9. 39.
Nach diesem Stichtag vollzogene Übereignungen an den franz. Staat oder dergl. sind gegenstandslos und rechtsunwirksam (z. B. . . . . Bestände des Palais Rothschild oder sonstiger herrenloser, jüdischer Besitz). Vorbehalte bezüglich der Durchsuchung, Beschlagnahme und des Abtransports nach Deutschland auf Grund solcher Einwände werden nicht anerkannt.
Reichsleiter Rosenberg . . . hat hinsichtlich des Zugriffrechtes eindeutige Weisungen vom Führer persönlich; er ist ermächtigt, die ihm wertvoll erscheinenden Kulturgüter nach Deutschland abzutransportieren und hier sicherzustellen.
Über ihre Verwendung hat der Führer sich die Entscheidung vorbehalten."

Alfred Rosenberg – der als Hitlers Sonderbeauftragter für die Plünderung von Kunst- und Kulturschätzen in den besetzten Ost- und Westgebieten seine eigene Organisation, den „Einsatzstab Rosenberg", leitete – erfüllte den ihm erteilten Auftrag mit Hingabe. Baron Édouard hatte die meisten seiner Kunstwerke auf dem Gelände seines Gestüts Haras de Meautry in der Normandie verborgen; Baron Robert versteckte einen Großteil seiner Schätze, vor allem die aus dem Château Laversine (bei Chantilly), in Marmande, im Südwesten Frankreichs. Rosenberg aber spürte beide Verstecke und noch zahlreiche andere auf. Ganze Eisenbahnzüge, gefüllt mit Rothschild-Eigentum, rollten nach Deutschland.

Nach der Befreiung Frankreichs stellte sich heraus, daß die Rothschildschen Schlösser und Stadtpaläste – mit Ausnahme desjenigen in der avenue de Marigny – so gut wie völlig ausgeraubt worden waren. Die Jagd nach den gestohlenen Schätzen begann sofort und währte viele Jahre; der Bericht über diese Bemühungen ist spannender als mancher Kriminalroman.

Der Sherlock Holmes des Unternehmens wurde James J. Rorimer, damals der amerikanischen Siebenten Armee als Kunstexperte zugeteilt, später Direktor des Metropolitan Museum of Arts in New York. Sofort nach der Befreiung traf er in Paris ein und befragte dort eine Menge Leute über den Verbleib der geraubten Kunstwerke. Aus all denen, die behaupteten, zu wissen, wo die mehr als hundert verschwundenen Goyas hingekommen seien, griff er mit glücklicher Hand ein Mädchen heraus, Rose Valland. Sie hatte als junge Kunsthistorikerin den Nazis bei der Registrierung ihrer Beute assistieren müssen. Da sie der Untergrundbewegung, der *Résistance*, angehörte, paßte sie beim Versand auf wie ein Schießhund. Sie war der Überzeugung, daß das Schloß Neuschwanstein – in der Nähe der Stadt Füssen im Allgäu – ein Hauptsammelplatz der gestohlenen, „arisierten" Kunstwerke sei.

Etwa neun Monate später brach die „Alpenfestung" Bayern zusammen, und Mr. Rorimer jagte in einem Jeep nach Schloß Neuschwanstein. Dieses Traumschloß, vom Märchenkönig Ludwig II. in pseudogotischem Stil auf einen Felsen gebaut, lieferte den pittoresken Hintergrund für Rorimers atemberaubende Entdeckung. Er durchquerte zwei Schloßhöfe, kletterte über verwinkelte Treppen und Stiegen und langte zu guter Letzt wirklich im Hauptquartier des Hitlerschen Kunstraubs an.

Den Deutschen konnte auch ihr erbittertster Feind nie vorwerfen, daß sie nicht gründlich bis zum letzten seien. Riesige Regale, voll von methodisch geordneten Akten, starrten den ungebetenen Gast an. Die Nazis hatten mit rührender Sorgfalt auch die Kataloge der 203 Privatsammlungen mitgenommen, die von ihnen ausgeraubt worden waren. Rorimer – einer der größten Sachverständigen auf diesem Gebiet – brauchte einen vollen Tag, um auch nur abzuschätzen, was hier verzeichnet war: 8000 Negative und Einzelkarten für etwa 22.000 beschlagnahmte Objekte. An der Spitze der endlosen Liste stand – mit fast 4000 Einzelkarten – die Sammlung der Rothschilds.

Im selben Raum konnte Rorimer einen weiteren entscheidenden Fund machen: In der Asche des Kachelofens lagen Reste einer Nazi-Uniform, ein halbverbrannter Führerbefehl und einige Gummistempel. Diese Stempel lüfteten das Geheimnis, das über dem Hort des größten Kunstraubs der Weltgeschichte lag. Aus den Angaben auf den Stempeln ließen sich nämlich die weit verstreuten Aufbewahrungsorte für all die zusammengeschleppten, unermeßlich kostbaren Schätze entnehmen. Um Unberufene von diesem Raum, der so wichtige Informationen barg, fernzuhalten, versiegelte Rorimer die Tür mit einem antiken Petschaft aus einer Rothschild-Sammlung. Das Siegel trug die Worte „Semper Fidelis" . . .

Jetzt erst konnte eine wirklich systematische Bergungsaktion einsetzen. Hinter dem Herd in der Küche des Schlosses fanden sich Rubens' „Drei Grazien" und andere Meisterwerke aus der Sammlung Maurice de Rothschild. Nicht der ganze Familienbesitz war so sorgfältig verborgen worden. In einem Saal des Schlosses Neuschwanstein standen in ganzen Reihen Kaminschirme, bezogen mit seltensten Tapisserien; sie stammten aus Rothschildschen Häusern.

An anderen Stellen hatte man Rothschildsche Möbel, zumeist Louis-quinze und Louis-quatorze, bis zur Decke in eigens dafür gebauten Gerüsten aufgestapelt. Viele Kisten, gepfropft voll mit Renaissance-Schmuck und Schnupftabaksdosen aus dem 18. Jahrhundert aus Maurice Rothschilds Sammlung, wurden dort gefunden.

Im alten Kartäuserkloster von Buxheim an der Iller entdeckte man, daß die Kapelle knietief mit Teppichen, Gobelins und anderen kostbaren Geweben vollgestopft war, die größtenteils aus der Sammlung Rothschild stammten. In einem Salzbergwerk bei Altaussee im Salzkammergut fanden sich große Lager, die auf Führerbefehl angelegt worden waren und die unter anderem Skulpturen, ganze Bibliotheken und Gemäldesammlungen der Rothschilds enthielten.

Einige Verstecke freilich hatten die Nazis kurz vor dem Zusammenbruch ausgeräumt und den Inhalt weiter verschleppt. So kam es zu neuen Aktionen; einige waren außergewöhnlich schwierig, manche auch ergebnislos. Nach und nach, langsam erst, dann immer stärker, ging der Strom der Kunstschätze nun in umgekehrter Richtung: von Deutschland zurück nach Frankreich, in eine Zentralsammelstelle für wiedergefundene Kunstschätze in Paris. Dort saß eine Reihe alter treuer Diener der Rothschilds beieinander und bemühte sich wochenlang um die Identifizierung der Kunstwerke: „Gehörte dieser Watteau dem Baron Guy?" – „Hat dieser Picasso bei Baron Élie gehangen?" und „Hatte dieser Tiepolo dem Baron Philippe oder dem Baron Alain gehört?"

X

EINE DYNASTIE ERHOLT SICH

1. Niedergang und Neuaufstieg

1945 begannen sich die Dinge wieder zu normalisieren. Aber was hieß denn für diese Familie „normal"? Etwa der grandiose Abstieg in den zwanziger und dreißiger Jahren? Sollte es so kommen, daß die Rothschilds, etwa wie die Habsburger, ganz in und von der Vergangenheit leben würden?

Eine Zeitlang sah es fast so aus. Der österreichische Zweig war ausgewandert und lebte – ohne männliche Nachkommen – auf Gütern in den Vereinigten Staaten, in Long Island (Baron Eugène und die Baronin) und Vermont (Baron und Baronin Louis). Die Londoner hatten unter der Wirtschaftskrise der Nachkriegszeit zu leiden, und die französische Firma, die von den Nazis teilweise liquidiert worden war, hatte genug damit zu tun, die erlittenen Verluste auszugleichen. Überall erwies sich die Steuerlast als drückend, und ein großer Besitz der Rothschilds nach dem anderen mußte aufgegeben werden.

Das Haus am Hamilton Place, das Leo erbaut hatte, wurde einer der luxuriösesten Nightclubs in London. An dem Treppengeländer, das der spätere König Edward VII. so gern als Rutschbahn benutzt hatte, lehnten reiche Dinnergäste. Ein anderes Stadthaus der Rothschilds in Kensington Gardens war nunmehr – Witz der Weltgeschichte! – Sitz des sowjetischen Botschaft. Waddesdon Manor in Buckinghamshire, das Jimmy de Rothschild geerbt hatte, war durch die französischen Meisterwerke, die er dort zusammengetragen hatte, noch kostbarer geworden. Als er 1957 kinderlos starb, betrug die Erbschaftssteuer über sieben Millionen Pfund. Kein einziges Familienmitglied – aber auch kein anderer – war in der Lage, allein die Kosten für die Erhaltung eines derartig luxuriösen Palastes aufzubringen. So hatte Jimmy das Schloß dem National Trust hinterlassen, außerdem noch 750.000 Pfund, damit wenigstens ein Teil der Unterhaltskosten gedeckt war. Neugierige Touristen konnten nun die Trep-

pe fotografieren, auf der Edward VII. seinen Fuß gebrochen hatte.
Die Witwe Anthony de Rothschilds residierte zwar noch in Ascott
Wing, das ihr Schwiegervater Leo gekauft hatte, aber auch dieses
Gebäude mit den zahlreichen Gemälden niederländischer Meister,
mit der größten Sammlung orientalischer Keramiken (und dem Papa-
gei, der voll Würde „I am Jack O'Rothschild" plärrte) fiel nach ihrem
Ableben im Jahr 1977 dem National Trust als Vermächtnis zu.

Und in Frankreich? Das Riesenpalais rue Florentin Nr. 2, in der
Nähe der place de la Concorde, ging den Weg all solcher Paläste. Einst
hatte Talleyrand dort gelebt, später Édouard de Rothschild. Als er es
verkaufen wollte, gab es nur einen Käufer, der den Preis zahlen
konnte: die Vereinigten Staaten von Amerika. So wurde der Palast
zunächst Sitz der Zentralverwaltung für den Marshallplan, dann Unterkunft der US-Delegation bei der NATO sowie bei anderen europäischen Organisationen. Henri de Rothschilds großes Haus in der
rue du Faubourg St-Honoré wurde Domizil des „Cercle Interallié",
eines internationalen Diplomatenklubs. Und im Haus Nr. 41 in der
selben Straße, dem Haus, das einst der erste Baron Edmond de
Rothschild erbaut hatte, errichteten die Vereinigten Staaten ihre Botschaft. Die Initialen der Rothschilds kann man heute noch an den
großen Portalen beider Paläste sehen.

Schließlich Ferrières, das Kronjuwel unter den Besitzungen der
Rothschilds: Niemand war so reich, daß er es hätte kaufen können,
und der französische Zweig wollte dieses Symbol einstiger Größe
auch nicht hergeben. Die 59 Kisten voll seltener Bücher, die von den
Nazis weggeschleppt worden waren, wurden zurückgebracht, ebenso
die geraubten Gemälde und die italienischen Fayencen. Doch nichts
wurde ausgepackt, denn das Schloß blieb bis Ende der fünfziger Jahre
unbewohnt (abgesehen von einem kurzen Zwischenspiel unmittelbar
nach Kriegsende, als dort jüdische Kriegs- und KZ-Waisen betreut
wurden), weil dies eine geringere Belastung bedeutete. Im Jahre 1949
wandelte ein amerikanischer Besucher durch den vereinsamten Palast.
Zunächst gelangte er in Zimmer voll mit kostbaren alten Uhren und
meinte, dies sei ein Uhrenmuseum, bis ihm der Hausverwalter erklärte, daß es sich bloß um den Raum handle, in dem man alle Uhren des
Schlosses aufbewahrte. Dann kam er in eine Halle mit den herrlich-
sten Stühlen aus der Zeit Ludwigs XIV. und XV. Und dann in einen
Saal voller Tische. Schließlich erreichte er ein Zimmer, in dem sich
wundervoll aus Rosenholz und antikem chinesischen Porzellan mit

Blumenmustern gearbeitete Gegenstände befanden. Verwundert blickte er um sich, sah noch einmal genauer hin – und verstand das Lächeln des Kastellans: Hier waren die nobelsten Bidets aus den Badezimmern gesammelt.

Jahr um Jahr zeugte das eingemottete Schloß Ferrières nur vom erloschenen Glanz einer vergangenen Epoche. Aber wie so oft zuvor überraschte die Familie alle, die schon ihr Ende erwartet hatten. Sie bewies, daß sie noch die alte war, unzerstörbar und einfallsreich wie eh und je. Im Jahr 1949 konnte man es erkennen, an einer typischen Aktion am traditionellen Platz:

Am 30. Juni 1949 ging an der Pariser Börse Seltsames vor sich. Sobald die Glocke ertönte, die den Beginn des Börsengeschäfts ankündigte, begannen die Kurse der Royal Dutch, einer den ganzen Erdball umspannenden Ölgesellschaft, zu sinken; ein Metallkonzern, Rio Tinto, fiel noch schneller. Es gab absolut keinen Grund für diese Kursverluste, denn beide Gesellschaften waren völlig gesund und solide. Trotzdem gingen ihre Kurse immer mehr zurück. Dann trafen auch Verkaufsaufträge für andere Aktien ein. Le Nickel, eine riesige Bergwerksgesellschaft, und der Diamantentrust der De Beers sahen ihre Kurse drastisch sinken. Das anfängliche Erstaunen machte einer Nervosität Platz, die bald in Panik ausartete. Viele Aktionäre beeilten sich, ihre Papiere ebenfalls rasch loszuwerden. Die Kurse erreichten einen Tiefstand wie seit Monaten nicht.

Wenige nur erkannten, was allen vier am meisten gefallenen Aktien gemeinsam war: Die Familie besaß große Pakete dieser Papiere, und nur einige andere große Aktionäre hatten Kenntnis davon, daß an diesem Tag Édouard de Rothschild im Alter von 81 Jahren dahingegangen war. Sie waren sich bewußt, daß die enormen Erbschaftssteuern den Wert seines Nachlasses vermindern würden und damit zugleich den Rückhalt schwächen, den diese Gesellschaften an ihm gehabt hatten. Die Erbschaftssteuer durch einen niedrigen Tageskurs so gering wie möglich zu halten – das war die Forderung der Stunde.

Am nächsten Morgen konnte jedermann in den Zeitungen die Nachrufe auf den heimgegangenen Baron lesen. Im Wirtschaftsteil aber wurde auseinandergesetzt, daß sich die Erbschaftssteuer für den Aktienbesitz des Verstorbenen nach dem letzten Kurs am Tag seines Todes errechnen würde. Während noch die Vorbereitungen für seine Beisetzung im Gange waren, erhielt die Börse Aufträge, zurückzukaufen, und die Auftraggeber waren genau dieselben, die 24 Stunden vorher die Verkäufe angeordnet hatten. Die sogenannten Rothschild-Papiere stiegen genauso prompt wieder, wie sie gefallen waren.

Plötzlich und ohne jedes Aufsehen, also im Stil vieler ähnlicher Geschehnisse aus der Geschichte der Rothschilds, wurde nun die Talfahrt aufgehalten und der gewohnte Platz an der Spitze wieder erklommen. So wie die Familie 1855 alle Kräfte angespannt hatte (um ihren Todfeind, den Crédit Mobilier, aus dem Rennen zu werfen), so entschlossen machte sie sich an die hundert Jahre später erneut daran, verlorenes Terrain wiederzugewinnen – und lernte zu diesem Zweck gleichsam über Nacht, sich auch der kleinsten praktischen Vorteile zu bedienen, die von der neuen Epoche angeboten wurden. Ein Beispiel: An einem Tag des Jahres 1949 ließ sich der Chef der Londoner Bank von seinem Butler einen Plan der Londoner Untergrundbahn besorgen. Dieses ganz gewöhnliche Stück Papier wurde für Anthony de Rothschild fast so selbstverständlich wie sein Scheckbuch. Innerhalb der Stadt verzichtete er auf seinen Wagen und seinen Chauffeur, hatte keinen Ärger mehr mit dem Verkehr und den verstopften Straßen und trug außerdem sein Scherflein zu den Einnahmen der Untergrundbahn bei. Vor allem aber war er auf diese Weise schneller an Ort und Stelle als die Konkurrenz, die sich vornehm und langsam im Auto dorthin fahren ließ.

Diese alte Rothschildsche Fähigkeit, rascher zuzupacken als alle Gegenspieler, ermöglichte es Anthony auch, die Rechte auf Erschließung eines Gebiets von nahezu 130.000 Quadratkilometern in Kanada zu erwerben. Durch eine ganze Reihe von Tochtergesellschaften begann New Court nun die riesigen Holz-, Energie- und Mineral-(insbesondere Uran-)reserven dieses Gebietes auszuwerten. Der Gouverneur von Neufundland nannte diese Transaktion „das größte Immobiliengeschäft dieses Kontinents in diesem Jahrhundert", und Sir Winston Churchill, der ein Gefühl für Größe hatte, sprach voll Bewunderung von einer „großartigen, des Empires würdigen Konzeption".

Nach dem Tod von Anthony 1961 übernahmen sein Sohn Evelyn und seine beiden Neffen Edmund und Leopold die Firma. Unter diesem Triumvirat ging es noch rascher voran. Edmund, der älteste der drei, weitete seine Interessen auch auf andere Bereiche aus, zum Beispiel durch Investitionen in das kommerzielle Fernsehen. Zugleich aber festigte er die Position von New Court als dem größten Goldmakler im Britischen Commonwealth, als Inhaber und Betreiber der

Royal Mint Refinery, als dem Goldagenten der Bank von England und als maßgebendem Privatbankier des Inselreiches.

Reicher sind freilich die französischen Rothschilds. Und Baron Guy sorgte nach dem Tod seines Vaters Édouard dafür, daß sie rasch noch reicher wurden. Auch er hat den Ehrgeiz der jüngsten Generation – auch dann, wenn es sich nicht um Geschäfte, sondern um seine Pferde handelt. Mit der Diskriminierung, der sie jahrelang ausgesetzt waren, machte er ein Ende. Während der Besatzungszeit hatten die Deutschen Rothschildsche Stuten von Hengsten aus dem Stall von Marcel Boussac – dem Textilkönig Frankreichs und dem größten Widersacher Rothschilds bei den Rennen in Longchamp – decken lassen. Später erklärte Monsieur Boussac, diese Zucht sei unautorisiert und unzulässig gewesen; der alte Baron Rothschild konnte es nicht durchsetzen, daß die Fohlen aus dieser Zucht ins Zuchtbuch, den Gotha des Vollbluts, eingetragen wurden. Aber dann nahm sich Guy auch der Ställe der Familie an, und seiner Hartnäckigkeit gelang es, was sein Vater nicht erreicht hatte: Die Herren vom Zuchtbuch taten etwas, was bei ihnen sonst nur sehr selten vorkommt – sie überlegten sich ihre Entscheidung noch einmal und revidierten sie.

Ebenso hartnäckig festigte Guy die Stellung der Rothschild Frères als größter Privatbank in Frankreich. Sein Hauptinstrument war dabei die Compagnie du Nord, jenes seit seiner Finanzierung durch Ahnherr James im Familienbesitz befindliche Eisenbahnnetz. Wie alle französischen Eisenbahnen wurde auch die Compagnie du Nord im Jahre 1938 verstaatlicht. Als Entschädigung dafür erhielt Rothschild 270.000 Aktien der französischen Staatsbahnen und einen Sitz im Direktorium. Aber die Regierung übernahm nur den physischen Besitz der Eisenbahnlinien, wie z. B. die Schienen und das rollende Material. Die Hilfs- und Nebengesellschaften der Compagnie du Nord sowie der ganze Apparat der Gesellschaft verblieben in den Händen der Rothschilds. Durch ihn kontrollierten sie bis zur Besetzung Frankreichs und danach wieder erhebliche Teile der Metall-, Hütten- und chemischen Industrie.

Aber erst seit Guy die Leitung des Hauses übernommen hatte, blühte diese Wirtschaftsmacht auf. Ab 1950 war das Pariser Haus maßgeblich am europäischen Boom der Nachkriegszeit beteiligt.

Ein hochgestellter Mitarbeiter schilderte das Konzept von Baron Guy wie folgt: „Früher war Rothschild nur interessiert, wenn wir der einzige Investor eines neuen Unternehmens sein konnten, es allein entwickelten und dann erst Aktien plazierten, wobei Rothschild regelmäßig die Kontrolle behielt. Unter den heutigen Verhältnissen sind wir zwar eine größere Bank als je zuvor, aber die Mittel, die man benötigt, um eine große Gesellschaft ins Leben zu rufen, sind so immens, daß keine einzelne Privatfirma die Finanzierung allein durchführen könnte. Deswegen haben die Rothschilds sich aus manchen Neugründungen zwischen den Weltkriegen herausgehalten. Aber jetzt stehen sie mittendrin. Guy hat das Prinzip der Mitbeteiligung akzeptiert: Von Anfang an nimmt er die Beteiligung anderer Leute an. Er ist der Initiator, er ist der Organisator – und er ist der Garant. Von seinem Anteil abgesehen, investiert er das große moralische Kapital seines Namens, und natürlich bleibt ihm die Kontrolle.“

Ein weiterer aufsteigender Stern am Himmel der Rothschildschen Renaissance war Edmond, der Vetter von Guy. Sein Vater Maurice, der bekanntlich das schwarze Schaf der Familie war, hinterließ Edmond all sein Geld, seine Initiative und Nonchalance, aber nicht seine schlechten Eigenschaften. Die Erbschaft, die Edmond 1957 übernahm, war groß, und er vergrößerte sie weiter. Er erschloß der Familie Gebiete, mit denen die Rothschilds bisher kaum zu tun gehabt hatten. Man erinnert sich vielleicht, daß die Baronin Maurice sich die Entwicklung von Megève zum Hobby gemacht und ihr Ziel erreicht hatte, diesen Ort zum luxuriösesten Kurort der französischen Alpen werden zu lassen. Zu ihren Besitzungen gehörte auch das „Mont d'Arbois“, ein Hotel von Rothschildscher Eleganz. Während der fünfziger Jahre entschloß sich ihr Sohn Edmond, aus dem Hobby einen Beruf zu machen: Durch ansehnliche Ankäufe vergrößerte er den Familienbesitz an den Hängen des Mont Blanc und baute dort ein modernes Feriengelände mit Skilifts, Schwimmbädern, Tennisplätzen und Nachtklubs auf. Schon in jungen Jahren konnte Edmond für seinen Urlaub zwischen Schlössern in der Schweiz und in Frankreich wählen, und er besaß mehrere Häuser in Paris, darunter auch eines, das vorher dem dominikanischen Diplomaten und Playboy Rubirosa gehört hatte.

Überhaupt erwarb die Familie in der Zeit wieder eher neue Palais, statt alte abzustoßen. In der rue de Courcelles kaufte Guy ein Haus aus dem 18. Jahrhundert und gestaltete es zu einem Rothschild-Palais um. Auf der anderen Seite des Kanals bezog Lord Victor Rothschild ein neues Haus in Cambridge. Und das Bankhaus N. M. Rothschild & Sons verlegte die Dividenden-Abteilung in ein ganzes Stockwerk eines neuen Bürogebäudes – das alte am New Court war zu klein geworden.

Selbst die Rosenholz- und Porzellan-Bidets in Ferrières erwachten aus ihrem Dornröschenschlaf. Guy tat freilich mehr, als sie nur anschließen zu lassen. Sechs Jahre dauerten die Renovierungsarbeiten, dann war das größte aller Familienschlösser in all seiner anachronistischen Pracht wieder bewohnt. Der Besitz hatte nun wieder fast seine ursprüngliche Größe: Auf annähernd 9000 Morgen des besten Bodens in der Nähe der Hauptstadt arbeiteten 600 Angestellte in Landwirtschaft und Gartenbau. Zwölf motorisierte Gärtner sorgten für Park und Seen, fünf Förster für Wald und Wild. Der Privatzoo, aus dem die deutschen Besatzungstruppen alle Tiere entführt hatten, erstand allerdings nicht mehr wieder. Verschwunden war auch die Miniaturbahn, welche die Speisen vom Küchenbau durch einen Tunnel ins Schloß befördert hatte. In den demokratischer gewordenen Zeiten übten die Köche ihre Kunst im Hauptgebäude aus.

Das Schloß reflektierte noch ganz und gar die Atmosphäre des Zeitalters von Watteau. Wenn man durch die mit großen Landschaftsbildern geschmückten Salons wandelte, die Kronleuchter aus Kristall und goldenem Gitterwerk sah, die endlose Folge der herrlichen Gästezimmer durchschritt, die Fülle edelster Gobelins und Intarsienarbeiten mit ihrem Gold, Elfenbein und Schildpatt bewunderte, wenn man dann hinausblickte in den Garten, auf den Teich mit den Schwänen, oder wenn man in den Badezimmern die massiv silbernen Hähne sah, dann konnte man daran zweifeln, ob es Robespierre je gegeben hatte und ob die Bastille wirklich einmal gestürmt worden war.

2. Die Familie in den sechziger Jahren

Im Juni 1959 fand als erstes Ereignis der Woche, die die Franzosen „die große Woche der Saison" zu nennen pflegen, die Einweihung des renovierten Familienbesitzes in Ferrières durch Guy de Rothschild statt. Die gesamte Pariser Familie war anwesend. Nicht nur das Schloß, auch sein Besitzer ließ die charakteristischen Eigenschaften des französischen Zweigs im höchsten Maße erkennen. Noch etwas schlanker gewachsen als seine Vettern Élie, Alain und Edmond, war (und ist auch heute noch) der Chef der Familie durch jenes kühne Profil ausgezeichnet, das man unter den Nachkommen von James oft findet. Und obwohl er – ähnlich wie sein Wiener Vetter Louis – eher kühl erscheint, hat er doch, wie eine pikante Rubrik in der Familiengeschichte zeigt, eine revolutionäre Ader.

Denn es war eine Sensation, als Guy sich von seiner ersten Gattin Alix trennte, um eine ebenfalls geschiedene Frau, die Gräfin Marie-Hélène van Zuylen-Nicolai zu heiraten, die ihrerseits einer umstrittenen, eine Generation zurückliegenden Rothschild-Ehe entstammt und sich zum Katholizismus bekennt. Guy mußte sein Ehrenamt als Präsident der Jüdischen Gemeinschaft in Frankreich aufgeben, und die Gräfin Nicolai bedurfte eines besonderen päpstlichen Dispenses, der bekanntlich nur sehr selten gegeben wird, um jene Bande zu lösen, die ihrer Eheschließung mit einem Juden im Wege standen. Erstmalig in der Geschichte der französischen Rothschilds entschloß sich der Chef des Hauses, eine Frau zu ehelichen, die nicht der gleichen Glaubensgemeinschaft angehörte. Aber Édouard, der 1957 geborene Sohn aus dieser zweiten Ehe, wurde jüdisch erzogen, und sein Vater hat seine religiösen Bindungen nicht aufgegeben. Er blieb Präsident des Fonds Social Juif Unifié, der zentralen Wohlfahrtsorganisation der Juden in Frankreich. (Heute hat sein Sohn David diese Stellung inne.)

Er und seine Vettern führten in Arbeit und Vergnügen ein aristokratisches Leben. Guy selbst hielt die sportliche Tradition der Rothschilds mit seinem Gestüt in der Normandie und seinen Ställen in Chantilly aufrecht. Als Chef des Hauses hatte er mit dem Chef des französischen Staates mehr als nur Kontakt, und so machte General de Gaulle Georges Pompidou, den Direktor des Hauses Rothschild, zu seinem Berater und dann zum Ministerpräsidenten. Aber zwischen dem größten General Frankreichs und dem einflußreichsten Bankier der Fünften Republik bestanden auch starke persönliche Bande. In Guys Fotoalbum steckt eine Karte, aus der hervorgeht, daß der Baron einmal 49 Fasane in Marly-le-Roi, der Privatjagd de Gaulles, geschossen hat.

Ferne Zeiten, denkt man unwillkürlich beim Durchblättern. Die Politiker gibt es nicht mehr und nicht die Politik, die sie einmal machten. Über die französischen Rothschilds (und ihre Geschäfte) sind heftige Stürme hinweggebraust, die sie beinahe entwurzelt hätten. Guy allerdings hat diese schweren Turbulenzen überdauert und späte Triumphe genießen können. Bevor wir uns aber der Gegenwart zuwenden, lassen wir die weiteren Akteure Revue passieren, die die Familie in den sechziger Jahren ausgemacht haben, als große Verän-

271

derungen sich abzeichneten – Akteure, von denen einige heute noch auf der Bühne stehen.

Der Partner und Vetter von Guy, Élie, ist wahrscheinlich der Energischste, um nicht zu sagen Gebieterischste in der Familie seit dem ersten Lord Rothschild. Der Ausruf einer seiner Verehrerinnen aus seiner Jugendzeit: „Oh, er ist ein Berber", mag sich damals auf sein unabhängiges, dem der Wüstennomaden gleichendes Wesen bezogen haben. Aber auch darauf, daß Élie die Erdöl-Unternehmungen der Bank in der Sahara überwachte. Im Privatleben war er bis in die sechziger Jahre ein begeisterter Polospieler, der fast allwöchentlich in England oder Spanien mit seinem Team erschien, wenn er nicht in Frankreich, Österreich oder Afrika auf die Jagd ging.

Sein Bruder Alain, ein stiller, sehr kultivierter Mann, pflegte Erholung auf seiner Jacht zu suchen. Er war zugleich Präsident der Jüdischen Gemeinde von Paris und „très St-Germain" – ein Ausdruck für die reservierteste und konservativste Schicht der französischen Gesellschaft. Eine Kombination dieser zwei Rollen ist typisch für die Rothschilds. Alain starb 1982.

Das englische Haus, auch in dieser Hinsicht typisch britisch, legt Wert darauf, so farblos wie nur möglich zu erscheinen. Während die Pariser die lebensfrohe und dem Sport ergebene große Gesellschaft verkörpern, sind die Londoner offenbar der Ansicht, daß dies für sie wohl nicht das Richtige sei. Darin scheint ihre Erbmasse sie zu bestärken, denn während die Pariser Rothschilds schlank und sportlich aussehen, verkörpern die Londoner eher einen Typ, der wie eine wohlbeleibte, sehr elegant gekleidete und in Cambridge erzogene Variante eines deutschen Rabbiners wirkt (und Rabbiner hatte der alte Mayer ja einmal werden sollen).

Natürlich entgingen auch die Londoner Rothschilds nicht ganz dem Sport. Von den drei zu Beginn der sechziger Jahre für das Bankhaus in London Verantwortlichen war Senior-Chef Edmund begeisterter Sportangler; er kannte die besten Fischgewässer von vier Erdteilen. Sein Bruder Leopold segelte, und Vetter Evelyn war Kapitän seiner Polo-Mannschaft „The Centaurs", deren Spielstärke den Teams des Prinzen Philip und von Vetter Élie ebenbürtig war.

Aber selbst ihre Betätigung im Reich des Sports wie in der Gesellschaft zeichnet sich durch eine stille, fast in sich zurückgezogene Art aus. Es ist erstaunlich, daß eine so prominente Persönlichkeit wie der Chef des Hauses, Edmund, in London nur zwei Clubs („White's" und

Philippe de Rothschild auf seinem Weingut Mouton.

Éric de Rothschild vor dem benachbarten Château Lafite.

Im Jahr 1988 gestaltete Keith Haring das Etikett für Mouton-Rothschild mit zwei tanzenden moutons, *zwei Widdern.*

Philippine de Rothschild und Robert Mondavi präsentieren „Opus One".

„St. James's") angehörte und in diesen kein sehr aktives Mitglied war. Die beiden Brüder und ihr Vetter haben das gleiche Anrecht auf den Titel Baron, den ihre französischen Cousins führen, ziehen es aber vor, „Mister" genannt zu werden. In jeder Hinsicht pflegen die englischen „Bank-Rothschilds" die Kunst der Untertreibung. Sie können gut bekannt sein mit dem Aufsichtsratvorsitzenden einer großen britischen Tageszeitung, aber sie versuchen nie, davon zu profitieren, daß dieses Blatt auch Reporter hat. Sie wollten und wollen keine Publicity. Daraus erwächst eine Prominenz, die man weder hört noch sieht. Und es ist kein Zufall, daß auf Edmunds Flügel in Exbury neben ein paar anderen Aufnahmen von Gästen und Freunden auch die Fotos von Königin Elizabeth und Prinz Philip stehen.

Außer den „Bank-Rothschilds" hat das englische Haus aber auch eine ganze Reihe hervorragender und eigenwilliger Persönlichkeiten hervorgebracht – jene „Nicht-Bank-Rothschilds" mit der ganzen bunten Skala ihrer Berufe und Hobbys.

Vor allem ist hier der 1990 verstorbene Lord Victor Rothschild zu nennen, der erste dieses Titels, der sich aus der Finanzwelt zurückzog. Er gehörte im Oberhaus der Labour Party an und hatte sich vom meisterlichen Jazzpianisten Teddy Wilson im Swingstil ausbilden lassen. Hauptberuflich aber war er – wenigstens noch in den Fünfzigern – Biologe. Wo es um Angelegenheiten des Judentums ging, setzte er sich nach Familientradition ein. Im Jahre 1938 schrieb er Papst Pius XII. einen Brief in lateinischer Sprache, in dem er ihn auf das eindringlichste beschwor, seine Stimme gegen die Verfolgung der Juden durch die Nazis zu erheben. Er erhielt eine Antwort, ebenfalls in lateinischer Sprache, die ihm zusagte, daß der Papst seiner Bitte entsprechen werde. Zusammen mit Dorothy, der Witwe von James Armand „Jimmy" de Rothschild aus der französischen Linie, und dem jungen Baron Edmond schuf er die Edmond-James-Rothschild-Memorial-Group, die große Summen für das Weizmann-Forschungs-Institut und den Bau des Parlamentsgebäudes in Israel sowie für viele archäologische Expeditionen im Heiligen Land aufbrachte. Auf weitere, zum Teil recht strittige Aspekte seiner Laufbahn werden wir noch zu sprechen kommen.

Seine ältere Schwester Miriam machte ebenfalls als Naturwissenschaftlerin Karriere: Ab 1953 gab sie die Kataloge der Rothschildschen Flohsammlung für das Britische Museum heraus, gemeinsam mit Theresa Clay verfaßte sie das einschlägige Werk *Fleas, Flukes and*

Cuckoos – Flöhe, Leberegel und Kuckucksbienen –, ein wichtiges Buch über Tierparasitenkunde, das mehrere Auflagen erlebte. Die genaue Erforschung des Sprungmechanismus bei Flöhen ist ihr zu danken, und 1977 präsidierte sie der Ersten Internationalen Flohkonferenz auf ihrem Landsitz Ashton Wold in Northamptonshire.

Ihr Sohn zeigte übrigens schon als Dreizehnjähriger wissenschaftliche Neigungen: Als er einen Freund in Österreich besuchte, brachte er ein kompliziertes Gerät mit, auf dessen Spitze eine blaue Lampe saß. Er hatte es selbst erfunden, als das nach seiner Aussage wirksamste Mittel, junge Mottenweibchen zu fangen.

Seine Tante Kathleen Pannonica Rothschild de Koenigswarter, die jüngste Schwester des Lord Rothschild, hatte andere, doch nicht weniger ungewöhnliche Interessen. Sie lebte in Weehawken in New Jersey in den Vereinigten Staaten eine eher bohemehafte Existenz. Sie war mit den bedeutendsten Jazzmusikern befreundet – der große Charlie Parker, den sie todkrank bei sich aufgenommen hatte, starb am 12. März 1955 in ihrem luxuriösen Appartement im New Yorker Hotel Stanhope, Thelonious Monk widmete ihr seine Komposition „Pannonica", und auf ihren Namen beziehen sich die Titel „Nica's Dream" des Pianisten Horace Silver sowie „Nica's Tempo" des Saxophonisten Gigi Gryce. Einmal wurde sie wegen Besitzes von Marihuana im Wert von zehn Dollar verurteilt. Sie starb 1988. Einer ihrer Enkel, Steven de Koenigswarter, geboren 1965, scheint ein wenig nach ihr geraten zu sein. Er lebt als Fotograf in London in einem, wie Martin Filler schreibt, „kaum möblierten Apartment in einem schäbigen Terrassenhaus".

Einen anderen Rothschild-Sproß hielt es nicht in der neuen amerikanischen Heimat: Bettina Jemima, Tochter von Alphonse Mayer, Nichte des letzten österreichischen Bank-Rothschilds Louis Nathaniel und seit 1943 mit dem Diplomaten Matthew James Looram verheiratet, lebte in verschiedenen Teilen der Welt, bevor sie sich 1974 im österreichischen Langau am Ötscher niederließ. Bettinas Mutter Clarice, geborene Montefiore, hatte den Besitz revitalisiert und zu einer Forstwirtschaft umgewandelt (und nebenbei aus dem Gebiet einen kleinen Wintersportort gemacht). Die Loorams leben zurückgezogen in einem neuerbauten Haus. Der englische Biograph Derek Wilson besuchte sie einmal und sprach mit ihr über das Gefühl, wieder in dem Land zu leben, in dem der Name ihrer Familie einen so besonderen Klang hatte. „Die Bank ist weg", antwortete sie, „die

Eisenwerke und Kohlengruben von Witkowitz sind weg. Schillersdorf, die anderen schönen Schlösser, das Wiener Stadtpalais, alles weg. Übriggeblieben ist nur das schöne Langau, der Ort, den Großvater Albert liebte und der auch bei seinen jüngsten Nachkommen noch immer hohen Anwert findet." Obwohl Wilson die Begegnung als freundlich und angenehm beschrieb, bestärkte sie Bettina Looram in der Auffassung, daß es besser sei, mit niemandem mehr über sich und ihre Familie zu sprechen.

Ein Angehöriger des englischen Zweiges, obwohl in Frankreich 1902 geboren, war Philippe de Rothschild, ein weiterer „Nicht-Bankier". Er starb 1988. Eine Form der Unsterblichkeit allerdings sicherte er sich schon zu Lebzeiten: Er durfte sich als Eigentümer eines Himmelsgestirns betrachten. Der Planetoid „Philippa" ist ihm von einem notleidenden Astronomen, der den Himmelskörper entdeckte, „verkauft" worden.

Einer der Hunde Philippes, ein nicht sehr reinrassiges Exemplar, hörte auf den Namen Bicouille – ein in wohlerzogener französischer Gesellschaft nicht gerade üblicher Ausdruck; aber er fraß sein Futter immerhin aus silberner Schale, die ein Butler in weißen Handschuhen servierte. Philippe ließ seinen frechen kleinen Hund Zeuge vieler wichtiger Begegnungen sein. Denn der Baron spielte oft mit großem Geschick die Rolle einer grauen Eminenz. Spät in der Nacht, wenn die Diener längst verschwunden waren und die Gäste sich noch an altem Brandy erfreuten, wurde Philippes Speisezimmer in der avenue d'Iéna manchmal zu einer politischen Diskussionsarena. Hier konnte ein französischer Außenminister die Ansichten des amerikanischen Zeitungsmagnaten Henry Luce *(Time, Life)* über Algerien beeinflussen, hier begruben der Führer der Sozialisten und einer seiner Hauptgegner, ein prominenter Journalist, ihr Kriegsbeil.

Am bekanntesten aber wurde Philippe für seine Liebe zum Weinbau, die ihn mehr auf seinem Schloß Mouton und im dort von ihm geführten Weinmuseum als in Paris weilen ließ und die in den siebziger Jahren in der berühmt gewordenen oenologischen Fehde mit seinen Cousins gipfeln sollte.

Philippe hatte drei riesige, eigens für ihn angefertigte Betten, eines in seiner Pariser Wohnung, eines im Schloß Hesselager in Dänemark, das er jeden Sommer mietete, und eines im Schloß Mouton. Alles, was er tat, war großformatig und bewegte sich in der Horizontalen: Liegend, in die Kissen gelehnt, schlief und aß er nicht nur, sondern übte er auch seine Tätigkeit als Präsident und als Geschäftsmann aus, und so telefonierte und schrieb er auch.

Der englische Dichter und Dramatiker Christopher Fry bat ihn, seine fast unübersetzbaren Stücke ins Französische zu übertragen. Mit der typischen Unbekümmertheit der Rothschilds ging der Baron an diese Aufgabe, selbstverständlich im Liegen. Nach fünfjähriger Arbeit erschien 1960 der erste Band; er fand den ungeteilten Beifall der Kritiker. Aber das war nicht die einzige Beziehung, die der Baron zum Theater hatte. Er schrieb ein Märchenbuch mit dem Titel *Aile d'Argent*, das er seiner Tochter Philippine widmete; sie war damals eine bekannte Schauspielerin an der Comédie Française und heiratete 1961 ihren Regisseur, den Schauspieler Jacques Sereys. (Mit der Schilderung ihrer Hochzeit hat dieses Buch begonnen.)

Ihre Mutter, die 1976 verstorbene Baronin Philippe, bemerkte einmal: „Philippe sagt immer, daß die Frauen und das Gefängnis" (das er während der Nazijahre kennenlernte) „ihn im Leben am meisten gelehrt haben. Nun, ich bin jetzt die Frau, aber ich weiß, daß ich auch das Gefängnis bin. So ist es meine Aufgabe, ihm die Zelle so angenehm wie möglich zu machen."

Die Frauen, sagte Baron Élie, würden oft „mehr Rothschild als die Rothschilds selbst" werden. Oder, wie der Biograph Derek Wilson präzisiert: „Es liegt eine gewisse Ironie in der Tatsache, daß mehrere Rothschild-Töchter dem Familienkreis entfliehen mußten, um ihren eigenen Weg zu finden, während einige eingeheiratete Rothschildsche Frauen ihre Erfüllung in der völligen Identifizierung mit der Dynastie fanden." Sie bringen den Elan mit, den es braucht, um mehrere Haushalte in Schwung zu halten und mit Sachverstand auf zehn verschiedenen Gebieten zu Hause zu sein. Sie übernehmen den Stil, *le style* und auch *le gout Rothschild*, und führen ihn oft weiter.

Die Mouton-Rothschilds selbst waren ein gutes Beispiel: Die Baronin Philippe hieß vor ihrer Ehe Pauline Potter und stammte aus Baltimore, wuchs allerdings hauptsächlich in Paris auf; ihre Entwürfe für Hattie Carnegie waren so berühmt wie die Rolle, die sie in der New Yorker Gesellschaft spielte. Ihre Talente bewährten sich auch nach ihrem Einzug in die Welt von „Tout-Paris": Sie sorgte für ihr eigenes Appartement mit Garten in der rue Méchain und die große Wohnung ihres Mannes in der avenue d'Iéna (Philippe glaubte, daß sie zwei Wohnungen brauchten, da sie kein kein gemeinsames großes Stadthaus hatten), für das Schloß in Dänemark und das bei Pauillac. Sie arbeitete mit ihrem Mann an der Übersetzung Elisabethanischer Lyrik ins Französische. Auf dem Wohltätigkeitsgebiet arbeitete sie mit der Verwaltung des von den Eltern Philippes gegründeten und darum ihren Namen tragenden Mathilde-et-Henri-de-Rothschild-Hospitals zusammen. Da sie oft bis zu zwanzig Hausgäste hatte, konnte ein einziger Tag sie vor viele Aufgaben stellen: über die Unterbringung eines Picasso-Gemäldes im Weinmuseum zu entscheiden; ein schwieriges Sonett von John Dunne zu übersetzen; die nächsten Diners mit ihren zwei Küchenchefs zu besprechen; ihre vier Butler und die übrige Dienerschaft anzuweisen; Tischtuch und Porzellan aus zwei Musterbüchern auszuwählen, die rund sechzig verschiedene Tafelleinen und siebzig verschiedene Tischgedecke zeigen; die Tischordnung nach Politik, Kunst, Sport und Finanz so gemischt festzulegen, daß kein Gast sich langweilte; das eigene Kleid (Balenciaga oder Dior?) auszuwählen – kurz gesagt, sie verkörperte eine moderne Mischung all dessen, was der Madame Pompadour und der Madame de Staël zu Glanz und Ruhm verholfen hatte. Und am Abend mußte sie repräsentieren, als ob sie tagsüber nichts zu tun gehabt hätte.

Ähnlich rührig hielt Baronin Liliane, die 1916 geborene Frau von Élie, den Betrieb im Mouton unmittelbar benachbarten Schloß Lafite aufrecht. Sie ist eine geborene Fould-Springer (der Name bewahrt noch jenen des großen Gegenspielers von James Rothschild im 19. Jahrhundert, Achille Fould), ihre Mutter stammte aus Wien, ihr Vater war Pariser. Auch sie kam viel herum: Sie pendelte zwischen dem Weingut, dem Landsitz in Royaumont, einer gepachteten Jagd im Tiroler Karwendelgebirge und dem Pariser Stadthaus in der rue Masseran (früher das Palais des Grafen de Beaumont), mit dem historischen Ballsaal, den kostbaren Möbeln, den Galerien mit Bildern von Rembrandt, Watteau, Ingres, Fragonard und Picasso. Die Stadtwohnung verkauften Élie und Liliane zu Beginn der achtziger Jahre an eine afrikanische Regierung und bezogen dafür das Palais von Guy an der rue de Courcelles, der seinerseits auf die Île St-Louis zog. Gefragt, was es für sie bedeutet hat, in die Rothschild-Familie einzuheiraten, winkt Liliane de Rothschild ab: „Es war eben eine der großen jüdischen Familien in Paris, so wie die Fould-Springers auch. Das war ganz normal."

Aus Wien stammte auch die 1980 verstorbene Elisabeth, die Gattin von Edmund de Rothschild in London. Textildesignerin bis zu ihrer Eheschließung, hatte Elisabeth auch später hin und wieder

Gelegenheit, von ihrem Talent Gebrauch zu machen. Edmunds Hauptwohnsitz auch heute noch, Exbury in der Nähe von Southampton, dient nicht der Entspannung und dem Vergnügen, sondern ist ein landwirtschaftlicher und Gartenbaubetrieb, der sich selbst trägt. Bis in die siebziger Jahre war kein Teil verpachtet, wie es sonst beim englischen Großgrundbesitz üblich ist: Die 2600 Morgen wurden unter der Leitung von Edmund verwaltet, der nicht nur Besitzer der Treibhäuser und Blumenbeete, der Felder und der Wiesen war, sondern auch der Gastwirtschaft, des Ladens, des Schulhauses und des ganzen Dorfes Exbury. Als seine Frau spielte Elisabeth in Exbury die Rolle der Gutsherrin. Der Geistliche, der Lehrer, der Gastwirt – sie alle kamen mit ihren vielfachen Sorgen zu ihr und wußten, daß ihnen Rat und Hilfe zuteil werden würde. Mit ihrer künstlerischen Begabung war sie für Dekorationen etwa des Erntedankfestes oder sonstiger festlicher Anlässe verantwortlich, sonst aber auch für die kulinarischen Genüsse.

Die Frau eines Rothschild muß nicht nur planen können, sondern auch auf Unerwartetes gefaßt sein: 1960 kam eines Tages im Zollamt von Bordeaux ein besonders großes Stück Zement, verpackt in einem Sack, an; die Londoner Bank war der Absender, Baron Philippe der Adressat. Die Zollbeamten konnte sich nicht erklären, warum ein Rothschild einem anderen Rothschild ein Stück Zement in einem Sack schickte. Philippe war auf Reisen, und auch seine Sekretäre hatten keine Ahnung. Schon wollte man die Ladung nach London zurückgehen lassen, als die Baronin Pauline davon erfuhr. Sie erinnerte sich: Vor zwei Monaten, als Edmund zu Gast auf Mouton gewesen war, hatte er die vielen schneeweißen Tauben im Park bewundert. Pauline allerdings führte Klage darüber, daß die Vögel kleine Löcher in die Mauer des Hauses pickten, weil sie in ihrem Futter nicht den nötigen Kalk fanden. Daraufhin hatte Edmund ein besonderes, für diesen Zweck verwendetes Mineral erwähnt – und dieses Material, das aussah wie Zement, war nun also gekommen, in einer Menge, die für ein Schloß und viele Tauben ausreichte.

3. Über die Alte Welt hinaus

Der Ladung „Zement", die von New Court nach Mouton geschickt wurde, kann man – wenn man will – symbolische Bedeutung unterschieben. Es erscheint recht und billig, daß das modernste Schloß der Familie sich des Schutzes ihrer ältesten Bank erfreut.

In einem weniger materiellen Sinn setzt sich dieser Schutz fort; er erstreckt sich auch auf die entlegensten Mitglieder des Clans. Die harte und realistische Art des alten Bankhauses lebt in fast jedem Rothschild fort und gibt ihm einen Gegenwartssinn, eine Fähigkeit zum raschen Handeln und – gleichviel, welchen Beruf er gewählt hat – einen ungewöhnlichen Tätigkeitsdrang. Daraus ergeben sich Qualitäten, die selten sind unter Multimillionären, die, wenn sie wollen, ihr Leben an der Riviera im Nichtstun verspielen können und doch ihren Kindern und Kindeskindern noch genug hinterlassen, daß diese sich dasselbe leisten können.

Bei den „Bank-Rothschilds" kann der Arbeitstrieb auch übertrieben werden. Nur das Wochenende und die Feiertage sind normalerweise für exquisite pflichtgebundene Sport- und Gesellschaftsereignisse reserviert. Baron Guy sagte einmal: „Wir sind mit Leib und Seele Bankiers, und in der Bank arbeiten wir jede Woche sechzig Stunden. Neulich habe ich an einem Donnerstag meine Pferde besichtigt. Ich werde das nie wieder tun. Während der Arbeitswoche macht mir das einfach keinen Spaß."

Als die meisten großen Firmen bereits von angestellten Managern geleitet wurden, die ihr Amt im Interesse der Aktionäre ausübten, verdankten bei den Rothschild-Banken die Chefs ihre Positionen nach wie vor nicht der Gnade eines Aufsichtsrats oder den Beschlüssen einer Generalversammlung, der alljährlich Bilanzen vorzulegen sind. Dem entspricht ihre Verantwortung als private Eigentümer. Einer ihrer Direktoren erklärte es so: „Wenn ich heute den Telefonhörer abnähme und in Detroit eine halbe Million Cadillacs mit fünf Rädern bestellte, dann würde man mich zwar entlassen; aber die Chefs würden für diesen Blödsinn, wie für jeden anderen, weniger auffallenden Fehler, mit ihrem Privatvermögen haften."

Diese Firmenstruktur beruht auf einer besonderen Loyalität seitens der Angestellten und einer patriarchalischen Fürsorge der Arbeitgeber für sie, die weit hinausgeht über hohe Gehälter und soziale Sicherung. Es gibt zahlreiche Familien, die Generation um Generation seit über einem Jahrhundert im Dienste der Rothschilds gestanden haben. Kurz nach Kriegsende wurde ein neuer Angestellter von seinen zukünftigen Kollegen mit der Frage begrüßt: „Wer ist denn Ihr Vater?", wobei mit Selbstverständlichkeit angenommen wurde, daß der junge Mann für die Stelle sozusagen von Geburt her prädestiniert sei. Neulich meinte einer der Herren der Firma: „Die jungen Leute heutzutage begreifen zunächst gar nicht die besondere Atmosphäre hier, aber nach ein paar Monaten verstehen sie, daß sie hier bei den Rothschilds sind – und das genügt."

Bis in die letzte Generation hinein herrschte in der Familie der Geist des Kontors. Zwar tickten Fernschreiber und summten (für heutige Begriffe vorsintflutliche) IBM-Rechner im Hintergrund, aber die Entscheidungen wurden in alter familienautokratischer Weise im Empire-Ledersessel, assistiert von Butlern und fernab vom lärmenden Alltag getroffen. Überseekabel und Funk mögen im Londoner Haus die neuesten Investitionen auf dem Gebiet der Atomenergie gemeldet haben – das hinderte den Portier in St. Swithin's Lane nicht daran, genauso gravitätisch zu grüßen, wie dies sein Großvater im 19. Jahrhundert getan hatte. Im Inneren des Hauses herrschte eine feierliche Stille. Noch stiller war es nur im Vorzimmer zum Büro der Chefs. Da hörte man kaum einen Laut außer den leisen Schritten des Dieners oder eines Boten und dem schnellen Ticken dreier Fernschreiber (einer für Kurse, einer für Nachrichten und einer für die Meldungen von der Rennbahn). Von hier aus gelangte man in den „Partners' Room" – eine Einrichtung, die noch aus den Tagen des Aufstiegs stammte. Hier arbeiteten die Herren Edmund, Leopold und Evelyn Rothschild zusammen in einem Chefbüro. Ihre Abgeschlossenheit wurde von keinem Sekretär oder Assistenten gestört. In dieser Atmosphäre konnten vertrauliche und private Entschlüsse gefaßt werden. Hier wurde auch die Erinnerung an die Vorfahren wachgehalten. Bilder der alten Rothschilds grüßten von allen Wänden; kleine Andenken an wichtige Ereignisse auf dem Weg des Hauses standen auf dem Kaminsims und den Tischen: eine Quittung über zwei Millionen Pfund, an die Armee Wellingtons ausbezahlt; ein faustgroßer Diamant aus Südafrika; ein kleines Stück Uran-Erz aus Nordamerika; das Musterbuch mit Baumwollstoffen, mit dem der Begründer des englischen Zweiges einst sein Geschäft begonnen hatte; ein paar vergoldete Käfer in einer Schale, die ihr Schicksal nicht ahnten, als sie irgendwo in einen für die Rothschilds bestimmten Goldsack krochen.

In diesem geschichtsträchtigen Haus wußte jeder, warum die Direktoren nie außerhalb zu Mittag essen durften, sondern nur in ihrem mit Eichenholz getäfelten Speisesaal: Sie mußten stets zur Verfügung der Chefs stehen, die ein Stockwerk höher ihr Speisezimmer mit Mahagoni- und Ledermöbeln hatten. Aber warum mußte deren Mahl Tag für Tag um ein Uhr mittags beginnen, ein bißchen später als überall sonst in London?

Niemand mehr wird die Frage beantworten können, denn mit dieser Sitte ist es vorbei. Es gibt auch nicht mehr das Speisezimmer und den Partners' Room, ja nicht einmal mehr das ehrwürdige Haus an St. Swithin's Lane. Es hat 1966 einem Neubau Platz gemacht, der besser für die sich abzeichnenden Anforderungen des modernen Bankwesens geeignet war und den Vorstellungen von Evelyn entsprach, der 1961, noch nicht dreißigjährig, das Erbe von Anthony übernommen hatte.

Und es blieb nicht bei bloß architektonischen Neuerungen. Die letzten dreißig Jahre brachten nicht weniger als eine Reorganisation des gesamten Rothschildschen Vorgehens in London, Paris, Genf und sonstwo. Die Familie war schon immer berühmt dafür, international denken und handeln zu können. Jetzt wurde ihre Strategie eine globale. Die „Cousins" (wie sie sich in aristokratischer Manier nach wie vor nennen, auch wenn sie aus verschiedenen Generationen sind) haben sich immer schon über Ländergrenzen hinweg verständigt. Jetzt begannen sie, ihre Aktivitäten über eine eigene Stelle, eine Art informeller Holdinggesellschaft, zu koordinieren.

Sicher, es gab auch Rückschläge, persönliche Fehden und exzentrische, wenig bank-gemäße Kapitel in der neuesten Geschichte der Familie. Aber was das Geschäft betraf, so sind zwei Tendenzen unverkennbar: die Konzentration auf neue Techniken und Dienstleistungen im Bankwesen; und der Export dieser Fähigkeiten in neue Märkte. „Es gibt", sagte ein Vorstandsdirektor bei N. M. Rothschild vor kurzem, „drei Regionen, in denen wir aktiv sind: Europa, das wir jetzt neu und größer definieren; den asiatisch-pazifischen Raum; und Nord- und Südamerika."

In Europa sind in der letzten Zeit insbesondere die verstärkte Aktivität im Osten sowie eine Rückkehr zu den Wurzeln zu verzeichnen: die Eröffnung einer von der Londoner und der Pariser Bank gemeinsam betriebenen Zweigstelle in Frankfurt am Main. Wenden wir unsere Aufmerksamkeit aber zunächst in eine Richtung, die von der Familie zum Leidwesen der heutigen Chefs lange Zeit vernachlässigt worden ist: nach Nordamerika.

XI

DIE GLOBALE FAMILIE

1. Später Auftritt

Im Herbst 1987 immatrikulierte ein ungewöhnlicher Student an der renommierten Duke University in North Carolina. Er belegte zwar nur wenige Kurse, fuhr nur einen kleinen Honda und mußte sich, was ihm offenbar sehr unangenehm war, gelegentlich von seinen Freunden Geld leihen. Aber sie borgten ihm gern, denn sie glaubten zu wissen, daß sie mit einer großzügigen Refundierung rechnen konnten. War doch der eher kleine, dunkelgelockte Student mit dem urbanen Flair und dem leichten Akzent niemand geringerer als Maurice de Rothschild, vagabundierender Sohn des großen französischen Bankiers Baron Guy de Rothschild.

So glaubten sie wenigstens. Erst als Maurice durch besonders vulgäres Benehmen auffiel, recherchierten seine Freunde von der Studentenverbindung Sigma Alpha Epsilon seine Vergangenheit genauer. Dabei stellte sich heraus, daß es sich bei dem attraktiven Burschen um einen Hochstapler namens Mario Cortez aus El Paso handelte.

Das Interessante an der Campus-Farce war, wie sehr der Name wirkte. Einem Rothschild gab man auch in Durham, North Carolina, Kredit in jedem Sinne des Wortes. In den Vereinigten Staaten nennt man zwar immer noch eher die Rockefellers, Carnegies, Mellons oder Vanderbilts, wenn man in Europa sagen würde: „Ich bin doch nicht der Rothschild." Aber unbekannt ist die Bankdynastie keineswegs. Während allerdings die verschiedenen Zweige der Rothschilds in ihren jeweiligen europäischen Ländern unmittelbares Anschauungsmaterial für Legendenbildung boten, entstand ihr Renommee in Nordamerika verzögert, sozusagen über Umwege. Das Verhältnis der Rothschilds zur Neuen Welt ist das einer späten Liebe.

Noch in der Mitte des vorigen Jahrhunderts maßen sie Amerika nur eine geringe Bedeutung in ihren strategischen Plänen bei. Das änderte sich erst, als der Bürgerkrieg ihnen die wirtschaftliche Bedeutung des Kontinents vor Augen führte. Zwar zögerten sie im Vergleich zu anderen Kreditoren aus Europa, liehen aber schließlich den Nordstaaten Gold. Der englische Zweig der Familie hatte zusammen mit einigen anderen Bankhäusern auch die Ehre, für die Golddeckung der neuen Währung der USA zu sorgen.

Zuvor waren die Rothschilds nur auf eine indirekte Weise in New York vertreten: in der Person des vermutlich aus Rheinland-Pfalz stammenden und 1816 geborenen August Schönberg. Über seine frühe Karriere ist wenig bekannt, außer daß er als Dreizehnjähriger bei den Rothschilds in Frankfurt zu arbeiten begann. Die Familie soll sein finanzielles Genie bewundert, seine Manieren aber mißbilligt und ihn daher bald abgeschoben haben.

Jedenfalls kam er über abenteuerliche Umwege 1837 nach New York. Er hieß inzwischen August Belmont und galt in den Finanzkreisen der Stadt bald als Mittelsmann der Rothschilds. Er erwies sich innerhalb kurzer Zeit als derart nützlich für das Finanzgebaren der Staaten, daß er mit dem Posten eines amerikanischen Generalkonsuls in Wien belohnt wurde – unter anderem auch, damit er einem Zweig der Familie nahe sein konnte, mit deren Prestige er sein eigenes Ansehen in New York vermehrt hatte.

Die Rothschilds erwärmten sich aber nach wie vor nicht sehr für den Parvenü, und so war Belmont nach seiner Rückkehr nach Amerika gezwungen, mehr und mehr auf eigene Faust zu handeln – was er auch mit dem größten Erfolg tat. Er gilt als Begründer einer der Gelddynastien der Finanzmetropole, und für Stephen Birmingham gehören die Belmonts zu „Our Crowd", zu den großen jüdischen Familien New Yorks.

In dem gleichnamigen Buch erwähnt Birmingham übrigens auch einen „Brooklyner Zweig" der Rothschilds, die zusammen mit den Abrahams und den Straus' die Kontrolle über ein Warenhausimperium besaßen. Es stimmt, daß ein gewisser Simon Rothschild und seine Kinder im vorigen Jahrhundert in der New Yorker Finanz- und Handelswelt eine größere Rolle spielten. Allerdings bestreiten seine Nachfahren, je mit den „großen" Rothschilds verwandt gewesen zu sein. Rothschilds, wenden sie zu Recht ein, gebe es viele, und über neunzig Prozent der heute in Amerika so genannten Personen von Rang und Namen, von Rechtsanwälten bis Künstlern, von Chemikern bis Archäologen, seien ebenfalls nicht mit den bekanntesten Trägern des Namens verwandt.

Wann also, wenn man von Belmont absieht, betraten die sonst so international denkenden und handelnden Bankiers wirklich die amerikanische Finanzszene? Fast zu spät, lautet heute unisono die Antwort aus London und Paris. Als nämlich die wirtschaftliche Bedeutung der USA spätestens klarwurde, also nach dem Ersten Weltkrieg, waren die Rothschilds nicht stark genug, um sich neu zu etablieren. Erst Anfang der vierziger Jahre bemühte sich der englische Zweig der Familie um eine stärkere Präsenz an der Wall Street und gründete die Tochterfirma „Amsterdam Incorporated" – eine fast ironische Rückwärtswende, verweist sie doch auf den alten Namen New Yorks. Nach einigen Jahren wurde die Zweigstelle in „New Court Securities" umbenannt, was sich immerhin bereits auf den englischen Stammsitz bezog. Aber es schien, als ob die Familie noch immer nicht bereit war, das volle Gewicht ihres Namens in die Waagschale der amerikanischen Version von Fortuna zu werfen.

Stattdessen engagierten sich Anthony, Edmund und Evelyn de Rothschild nördlich der Grenze, in dem ungeheuer ambitionierten Projekt der kanadischen „British Newfoundland Corporation", kurz „Brinco". 1952 war der Premierminister von Neufundland erstmals in der britischen Hauptstadt mit dem Vorhaben vorstellig geworden, die Bodenschätze und die Wasserkraft seiner Provinz in großem Maßstab zu nutzen, inklusive einer noch zu errichtenden Infrastruktur. Es war den damals Angesprochenen, darunter dem Premierminister Winston Churchill, klar gewesen, daß nur große Finanziers mit besten Verbindungen zu Prospektoren, Technikern und Analysten für das Vorhaben in Frage kämen. Kurz, man hatte Anthony Rothschild kontaktiert und seine Bank als Gründungsteilhaber des Brinco-Konsortiums gewonnen. Knapp zwanzig Jahre später wurde das zentrale Wasserkraftwerk eröffnet, und somit war die Erschließung von über 125.000 Quadratkilometern, fast der Hälfte der Provinz, planmäßig fortgeschritten.

Aber das war eine sozusagen innerbritische Angelegenheit. Die Rothschilds wurden auch auf beiden Seiten des Ozeans für ihre „patriotische Haltung" gerühmt, und Sir Winston Churchill sprach, wie schon erwähnt, voll Bewunderung davon. Sich in die Schluchten des New Yorker Finanzzentrums zu begeben, bedeutete immer noch einen zusätzlichen Schritt. Den tat die Gruppe erst, als die französischen Vettern noch ganz andere Gründe hatten, sich jenseits des Großen Teiches umzusehen.

2. Stürme im Weinglas

Wenn es ein Symbol dafür gab, daß die französischen Rothschilds an den Glanz der Vorkriegszeit anzuknüpfen gedachten, dann war es das wiedereröffnete Schloß Ferrières. Mochten ringsherum nüchternere Zeiten anbrechen, mochte der Jet-set in den Augen der Zaungäste „auch nicht mehr sein, was er einmal war": Auf den Bällen von Guy und Marie-Hélène de Rothschild war er es noch. Hier kam noch alles zusammen, was Rang, Geld und die Zeit hatte, für einen Maskenball, eine Surrealistenfête oder auch nur für ein exquisites Diner einzufliegen. Ferrières war ein im vorigen Jahrhundert geborener Traum, der wie ein Anachronismus in die Jetztzeit hineinragte.

Ein gutes Jahrzehnt lang konnte der Traum gelebt werden. Unbekümmert tanzte man durch die sechziger Jahre, zeigte, was man hatte, lebte und ließ zuschauen. Die französischen Rothschilds hielten es da nicht anders als die meisten Prominenten, die den Aufschwung dieser Jahre voll auskosteten.

Ein Ereignis am Rande wirkte wie ein Vorbote schlimmerer Zeiten: 1969 erschien ein Fremdenlegionär namens Joseph Stadnik mit gezogenem Revolver an der Tür von David, dem Sohn von Guy und dessen erster Frau Alix von Koromla. Er verlangte Lösegeld, das der Vater überbringen solle. Dieser tat, wie ihm telefonisch geheißen, verwickelte aber den Kidnapper in umständliches Geldzählen und ermöglichte dadurch der Polizei, die Verfolgung aufzunehmen und Stadnik zu stellen. Guy sympathisierte mit der Verzweiflung von Stadnik, die ihn zur Tat getrieben hatte, und erreichte dadurch, daß der Täter nur fünf Jahre auf Bewährung bekam – was die Zeitungen ihrerseits zu kritischen Kommentaren über das zu weiche Herz des Herrn Baron animierte. Immerhin endete die Geschichte geradezu rührselig: Stadnik fand eine Arbeit und schickte Rothschild senior viele Jahre lang im Dezember eine Weihnachtskarte.

Die politische Landkarte Frankreichs veränderte sich langsam, was sich aber für die Bankiers bezeichnenderweise später auswirkte als für die meisten ihrer Zeitgenossen. Die Ereignisse des „Schicksalsjahrs" 1968 berührten die Familie nur am Rande und aus einer ähnlichen Sicht wie ihren langjährigen Freund und ehemaligen Direktor der Bank, den konservativen Politiker Georges Pompidou. Während die Studenten in den Straßen von Paris demonstrierten, ging Guy de Rothschild unvermindert seinen Geschäften und seiner großen Leidenschaft, der Züchtung von Rennpferden, nach. Auch der Wein, ja ganz besonders der Wein, bewegte die Gemüter des Familienclans in den noch sorgenfreien Sechzigern.

Um die Bedeutung des oenologischen Wettstreits besser zu verstehen, müssen wir etwas weiter ausholen. Bekanntlich war das Interesse eines Rothschilds am Wein durch eine zufällige Namensähnlichkeit geweckt worden: Das Weingut Lafite im Bordelais hieß so ähnlich wie die Straße, in der James Rothschild in Paris wohnte: die rue Laffitte. Also kaufte er es im Jahre 1868. Daß es sich zu einem der großen Châteaux entwickelte, hatte mit seiner privilegierten Lage ebenso zu tun wie mit dem Perfektionsdrang seiner späteren Besitzer. Bereits im Jahre 1855 hatte Nathaniel Rothschild, der aus London nach Paris gezogen war, das benachbarte Weingut Brane-Mouton erworben, ebenfalls aus nicht gerade oenophilen Gründen: Es ging ihm eher darum, mit seinen Rivalen, der Bankiersfamilie Pereire, die ein Weingut hatten, gleichzuziehen. Sein Wein wurde in der wichtigen Klassifikation von 1855 nicht – wie Lafite und drei andere Châteaux – zu der Spitzenklasse der Premiers Crus des Anbaugebietes Médoc gezählt.

Das soll Nat gekränkt haben, und auch seine Nachfahren konnten trotz starken Bemühens nichts am Schicksal des Mouton-Rothschild als einem „nur" zweitrangigen Spitzenwein ändern. In den fünfziger Jahren aber eskalierte die Rivalität zwischen den Schlössern des französischen und des in Frankreich ansässigen englischen Familienzweigs.

Philippe, der Urenkel Nathaniels, erwies sich in seinen Versuchen, die Ehre des Mouton wiederherzustellen, als erfinderischer Marketing-Experte. Er begann im Jahr 1924 als erster mit der „Schloßabfüllung" („Mise en bouteilles au Château"), um die Kontrolle über das Produkt nicht den Weinhändlern von Bordeaux zu überlassen, die bis dato die Fässer vom Schloß bekommen und den Wein abgefüllt hatten. Diese Praxis wurde seither von vielen großen Weinproduzenten übernommen.

Im gleichen Jahr beauftragte er – ebenfalls ein Novum – einen Künstler mit dem Entwurf des Flaschenetiketts. Die kubistische Vignette von Jean Carlu wurde drei Jahrgänge lang auf die Mouton-Flaschen affichiert, dann ließ man zunächst von dieser Kunstförderung ab.

1945, im Jahr des Sieges der Alliierten, griff der Baron die Idee wieder auf und ließ von Philippe Jullian die berühmte Zeichnung mit dem „V" für „Victoire" oder „Victory" gestalten. Seither wird jedes Jahr ein neuer Künstler mit der Arbeit beauftragt und in Naturalien – natürlich Kisten von Mouton-Rothschild – bezahlt. Jean Cocteau war unter ihnen und Salvador Dalí, Georges Braque und Marc Chagall, Andy Warhol und Saul Steinberg. Die Erben von Kandinsky und von Picasso erteilten die Erlaubnis zur postumen Reproduktion von Bildern. (Das Etikett '88 wurde von Keith Haring gestaltet, das des darauffolgenden Jahrgangs von Georg Baselitz.)

Gemeinsam mit seiner Frau Pauline baute Philippe Teile seines Schlosses zu einem Weinmuseum um, in dem eine riesige und immer noch wachsende Zahl von Objekten und Bildern, die mit dem Wein zu tun haben, zur Schau gestellt werden. „Dieses Museum beweist", schrieb Denys Sutton, Herausgeber der englischen Kunstzeitschrift *Apollo* 1963, „daß es auch heute noch möglich ist, eine Sammlung zusammenzustellen, die außerhalb des Gewöhnlichen liegt und dem persönlichen Geschmack entspricht . . . Über den Wein und seine Vorzüge wird natürlich viel Unsinn geredet. Es läßt sich aber sicher nicht leugnen, daß die Fähigkeit, Qualität zu entdecken, die bei der Prüfung des Weins so unerläßlich ist, sich auch auf die Künste anwenden läßt . . . Ich möchte glauben: Wenn man sein Leben in einer Gegend zubringt, in der man in allen sozialen Schichten nach la qualité et la gloire sucht, dann wirkt sich das auch auf die Fähigkeiten des Auges aus. In diesem Fall ist daraus ein Museum entstanden, das das Andenken an seine Gründer wachhalten und jedem Besucher unendliche Freude bereiten wird." (Zitiert nach Cowles, 1974)

Aber die Nasen und Gaumen waren noch nicht überzeugt. Philippes Aktivitäten verhalfen ihm und seinem Rotwein zu Ruhm, in die Phalanx der Premier Cru-Güter konnte er damit aber noch nicht einbrechen. Erst nach einem jahrelangen, zermürbenden Streit zwischen den Bordeaux-Winzern – und damit auch zwischen den Verwandten –, nach Petitionen von seiten Philippes an die entsprechenden Behörden und nach mehreren, von stengen Degustationen begleiteten Gipfelkonferenzen wurde der Mouton in den erlauchten Kreis der besten Weine aufgenommen.

3. „Ich trete in den Streik"

1973 zeichneten sich andere Sorgen als lediglich Stürme im Weinglas ab. Die Pariser Rothschilds machten sich mit der Vorstellung vertraut, daß die Zeit des öffentlich gelebten aristokratischen Stils und des ostentativen Reichtums vorbei sein könnte. Man nannte die veränderten Umstände, die ökonomischen Probleme im allgemeinen, das Desinteresse der nächsten Generation als Gründe. Und diese dürften auch eher als finanzielle Argumente dazu geführt haben, daß Guy de Rothschild 1975 Schloß Ferrières mitsamt einem Teil des Grundes der Universität von Paris überließ.

Damit trug er noch freiwillig den Wendungen des Zeitgeistes Rechnung (und auf durchaus nicht unkomfortable Weise, wurde doch das Innenleben des Schlosses teilweise in Guys neue Residenz auf der Pariser Île Saint-Louis verlegt). Aber es sollte ernster kommen. Nach Jahren des friedlichen Einvernehmens mit konservativen Regierungen blies der Familie 1981 der Wind der französischen Politik plötzlich ins Gesicht.

Im Mai des Jahres wurde François Mitterrand zum Präsidenten gewählt. Auf seinem sozialistischen Programm stand unter anderem die Verstaatlichung aller Privatbanken ab einer gewissen Größe – natürlich und vor allem auch der Rothschild-Bank aus quasi symbolischen Gründen: Man denke etwa an den von den Sozialisten erbittert bekämpften ehemaligen Rothschild-Direktor Pompidou. Aus der Banque Rothschild, einem Kreditinstitut mit Einlagen von vier Milliarden und einer Bilanzsumme von fast 14 Milliarden Francs, mit 2.000 Angestellten und 70.000 Kunden, wurde also die „Européenne de Banque". Die Familie bekam für diesen Schlußstrich unter hundertfünfzig Jahre Bankgeschichte eine Entschädigungssumme, die je nach Quelle zwischen 100 und 500 Millionen Francs beziffert wird (die Familie äußert sich heute nicht mehr darüber). Jedenfalls aber galt die Summe als weit unter dem Wert des Instituts. Denn nicht nur erhielt der Staat, wie Guy de Rothschild sagt, „die Position des Hauptaktionärs in allen Unternehmungen, in denen wir die Mehrheit hielten" – und das waren bedeutende Industriebeteiligungen, Reedereien und vieles mehr –, der Familienchef weist auch auf den immateriellen Wert, die Bonität seines Hauses hin, die bei der Entschädigung unbeziffert blieb. „Wenn man zum Beispiel IBM neu aufbauen wollte, müßte man viel mehr ausgeben, als das in New York notierte Börsenkapital von IBM ausmacht."

*Lord Jacob Rothschild („ Man in a Chair"), gemalt von Lucian Freud,
einem Enkel Sigmund Freuds.*

Der neue Flügel der National Gallery, der Sainsbury Wing, der zu Differenzen zwischen Prinz Charles und Lord Rothschild führte.

Lord Jacob, ein großer Kunstmäzen. Rechts: Das Firmenschild seines Unternehmens am St. James's Place zeigt fünf Pfeile, die für die fünf Söhne Mayer Amschels stehen.

Der Schlag traf die Familie hart, aber nicht ganz unvorbereitet. Da war zum einen eine Verfügung, die Guy vierzehn Jahre vor dem sozialistischen Wahlsieg getroffen hatte, als das Unternehmen in eine öffentliche Geschäftsbank umgewandelt worden war: daß sie nämlich das Recht verlieren würde, sich mit dem Namen Rothschild zu schmücken, sollte die Familie nicht mehr die Geschäfte führen. So war die Umbenennung mehr als nur ein symbolischer Akt der Neugründung. Die Regierung hatte gar keine andere Wahl, und es sollte sich bald herausstellen, daß mit dem Namen auch einiges von dem daran geknüpften finanziellen Genius verlorenging.

Zum anderen hatten Guy und sein Vetter Alain vorgesorgt: Die Beteiligung an der Zürcher Tochterbank (zusammen mit dem englischen Zweig der Familie) war eine Privatangelegenheit, und zwar eine recht lukrative, auf die der französische Staat keinen Zugriff hatte. Und da war New Court Securities, die Investmentfirma in New York, der sich der seiner Beschäftigung enthobene Guy nun mit frischer Energie widmen konnte.

Vorher aber zog er einen dicken Strich unter seine Erfahrungen mit dem französischen Staat (Schlußstrich wurde es dann doch keiner, aber das konnte er 1981 nicht wissen). Im Sommer 1981 erschien auf der ersten Seite von *Le Monde* ein Manifest von Guy de Rothschild gegen die neue Regierung, ein historischer Diskurs zugleich über das Verhältnis seiner Familie zu den wechselnden Regimes des Landes. Vom Eisenbahnbau im vorigen Jahrhundert zu den Erlebnissen mit der Volksfront, von den traditionellen Vorurteilen gegen die angebliche Rothschildsche „hypertrophie du capitalisme" bis zum Hinweis auf die Leistungen mehrerer Generationen für das Allgemeinwohl des Landes reichten die Argumente. „Die französischen Rothschilds", schrieb Guy, „machten den Fehler zu glauben, sie könnten sich mit ihrer Zeit und in ihrem Land entwickeln: Das mußten sie bereuen." Und er schloß mit den Worten: „Ein Jude unter Pétain, ein Paria unter Mitterrand, das reicht mir. Während eines Menschenlebens zweimal auf Trümmern neu zu beginnen, das ist zuviel. Zum Abgang genötigt, trete ich in den Streik."

In einem Interview mit dem *Spiegel* auf diese letzten Sätze seines Manifestes angesprochen, verneinte Guy de Rothschild, daß er auf einen Antisemitismus im gegenwärtigen Frankreich anspielen wollte. „Was ich sagen wollte, ist, daß die Rothschilds spezifische Schwierigkeiten haben, und daß, wenn ich nicht Rothschild hieße, die Dinge anders lägen." Und halb resignierend, halb kämpferisch – wie auch in seiner Streikankündigung – fragte er: „Was bleibt uns nach der Verstaatlichung der Bank? Man kann Friseur werden, man kann Metzger werden, man kann Verbrauchermärkte kaufen, aber das ist nicht unser Metier. Wir haben eine Berufung, unser Name steht im Lexikon." Guy de Rothschild wurde nicht Friseur. Er zog nach New York.

In den Vereinigten Staaten waren neue Zeiten angebrochen. In den zwei Jahren, die er sein Amt innehatte, war Präsident Reagan nicht müde geworden, das Hohelied der privaten Initiative zu singen und vor zuviel Staat zu warnen. Diese Worte mußten in den Ohren von jemandem, der gerade seiner Bank enteignet worden war, wie helle Zukunftsglocken erklingen. Die Gesellschaftspresse ihrerseits hatte einen Grund zu feiern, einen gerade quintessentiellen Anlaß, den Beginn einer opulenten Dekade einzuläuten: Ein leibhaftiger Rothschild stand ins Haus! Er bezog in Manhattan, was die Medien sein „pied-à-terre" nannten, und selten wurde so untertrieben. Denn über viele Farbseiten erstreckte sich die Beschreibung des luxuriösen Ambiente, das Guy de Rothschild über den Ozean transferierte.

Wer aber nach der Lektüre der Ansicht war, der Baron wollte sich – bloß um Mitterrand zu ärgern – nur ein angenehmes Leben gönnen, der irrte. Das französische Familienoberhaupt benützte vielmehr die Gelegenheit, auch geschäftlich nach dem Rechten zu sehen. Noch einmal betonte er, daß die Familie viel zu lange gewartet habe: „Mein Großvater Alphonse war 1848 in Amerika. Nach seiner Rückkehr plädierte er dafür, daß sich die Rothschilds hier etablieren sollten. Es ist unendlich schade, daß sein Rat nicht gehört wurde. Unser Engagement kommt jetzt wirklich um hundert Jahre zu spät."

Dafür kam es umso gründlicher. Die Rothschilds übernahmen gemeinsam eine Restrukturierung von New Court Securities. Zuerst ging der bisherige Chef John P. Birkelund, der mehr Kontrolle über die Firma wollte. Dann blieb auch nicht mehr der Name. Als „Rothschild Incorporated" firmierte die Zweigstelle ab 1982 in den Büroräumen eines Wolkenkratzers des Rockefeller Center. Schließlich wurde ein aggressiver und erfahrener Mann als Manager engagiert, um den Schwerpunkt der Aktivitäten von Venture-Capital-Finanzierungen auf die sich abzeichnenden Chancen der Mergers & Acquisitions zu verlagern: der Wirtschaftsjurist Robert S. Pirie, der bis heute die Geschäfte in Amerika führt.

Bei all diesen Entscheidungen agierte Guy de Rothschild nicht allein, sondern in Abstimmung mit seinen Verwandten vom englischen Zweig der Familie, der sich auch finanziell zu fünfzig Prozent am Aufbau der amerikanischen Tochterfirma beteiligte. Es ist also an der Zeit, daß wir wieder einen Blick zurück über den Ozean – und über den Kanal – werfen und die Veränderungen in London seit den noch geruhsamen fünfziger Jahren etwas näher betrachten.

4. Kein fünfter Mann

Gehörten die großen Feste gerade in den sechziger Jahren zum Renommee der französischen Rothschilds, so war bei den Cousins jenseits des Kanals weiterhin die für sie charakteristische zurückhaltendere Art zu spüren. Sie hatten kein Ferrières: Das mögliche Gegenstück, Waddesdon Manor bei Aylesbury in Buckinghamshire, war schon 1957, nach dem Tod von James Armand Edmond, dem National Trust übereignet worden. Und selbst wenn es noch in Familienbesitz gewesen wäre, hätte es nicht den Hintergrund für rauschende Soireen abgegeben, sondern wäre eher Zeuge für diskrete Kaminplaudereien auf hoher Ebene oder, im extravagantesten Fall, für eine gelegentliche Polopartie geworden.

Edmund, der Seniorchef, und Leopold, später dann vor allem Evelyn und Jacob kümmerten sich um das Geschäft, nachdem der direkte Erbe, der Enkel des berühmten ersten Barons Nathaniel („Natty"), Lord Nathaniel Mayer Victor Rothschild, sich weiterhin mit anderem als dem „Verschieben von Geld", wie er es nannte, beschäftigte. Wir sind ihm schon als dem waghalsigen Bombenentschärfer im befreiten Paris begegnet. Er war auch in der Gegenspionage tätig gewesen, was ihm viele Jahre später viele Probleme bescheren sollte – wir kommen noch darauf zu sprechen.

In den fünfziger und sechziger Jahren widmete sich Lord Victor mit Rothschildscher Gründlichkeit seinem hauptsächlichen Interesse, der Naturwissenschaft: Er wurde stellvertretender Direktor der Zoologischen Fakultät in Cambridge, in den sechziger Jahren außerdem Forschungsdirektor bei Shell Ltd. Neben seiner wissenschaftlichen Karriere fand er Zeit für Tätigkeiten bei der BOAC und bei der BBC (als Direktor bzw. als Mitglied des Beirats). Im Oberhaus gehörte der Lord der Labour-Fraktion an, nach seiner Pensionierung bei Shell nahm er aber die Einladung des konservativen Premierministers

Heath an, einem Think Tank der Regierung namens Central Capability Unit zu präsidieren – obwohl die erste Begegnung der beiden sich in den Erinnerungen von Lord Rothschild eher kurios ausnahm. Die beiden Oxford-Absolventen redeten eine Zeitlang um den heißen Brei herum, weil Heath offenbar nicht wußte, wie er einem Rothschild diesen Job schmackhaft machen sollte. Schließlich wollte er ihn mit dem Thema Concorde locken – dabei hatten zwei Berater von Heath dem Lord zuvor versichert, mit einem so leidigen Problem wie dem Überschallflugzeug werde das Denklabor sicher nicht befaßt.

Tatsächlich aber stellte dann der Think Tank unter der Leitung des schließlich überredeten Lord Victor eine Reihe von Berichten über sehr unterschiedliche Themen zusammen, die häufig zu politischen Entscheidungen beitrugen. Dem Premierminister wurde dazu gratuliert, daß er „einen Tiger in den Tank" getan habe. Als Vorsitzender ließ es sich Lord Victor andererseits nicht nehmen, selber sehr prononcierte Meinungen zu äußern. So warnte er im September 1973 seine Landsleute davor, sich so zu verhalten, als wäre Großbritannien noch eine wohlhabende und einflußreiche Nation: Früher als viele andere sah er den Niedergang der Industrie voraus, aber Premierminister Heath schätzte diese Voraussicht nicht besonders. Kurz danach zog sich Victor Rothschild von seinem Vorsitz zurück. „Wir wurden nicht rausgeschmissen", kommentierte er die bald darauf vollzogene Schließung des Denklabors und fügte lakonisch dazu: „Wenn der Premierminister meint, daß der Think Tank die Kosten nicht wert sei, dann ist es um so besser, je schneller er zugesperrt wird. Schließlich ist es jederzeit möglich, ihn wieder abzustauben und zu neuem Leben zu erwecken."

Das geschah aber nicht, wenigstens nicht zu Lord Rothschilds Lebzeiten. Er trat stattdessen, als über Siebzigjähriger, doch noch in das Familienunternehmen ein. Dabei verband er seine naturwissenschaftlichen Interessen mit den Möglichkeiten, die New Court bot, und steuerte die „Biotechnology Investments Ltd." in eine zukunftsträchtige Richtung. Aus ihr, der damals bahnbrechenden Anlageberatung in einer noch sehr jungen Branche, ging die Firma N. M. Rothschild International Asset Management hervor, ein führender Obligationen-Händler der achtziger Jahre.

Lord Victor Rothschild war einer der eigenwilligsten Charaktere, die die Familie je hervorgebracht hat. Er konnte ebenso unhöflich und brüskierend wie verbindlich und charmant sein. Sein Wissen umfaßte ein enormes Spektrum. Da war die schon erwähnte Vorliebe für die Zoologie, speziell die Schmetterlingskunde. („Ich bin", schrieb er im Vorwort zu seinen gesammelten Aufsätzen, „in eine Familie hineingeboren, in der die Lepidopterologie mit großer Leidenschaft betrieben wurde, und daher war eines der ersten Worte, die ich lernte, ‚Morpho', bald gefolgt von ‚gynandomorph' . . . ") Er sammelte mit gleicher Leidenschaft alte Bücher und Manuskripte, er äußerte sich zu tagespolitischen und grundsätzlichen philosophischen Problemen, er erstellte Familienchroniken und ein „hydrodynamisches Modell des Glückspiels" in Großbritannien, komplett mit vierfarbiger Modellzeichnung.

Seine Neigung zu naturwissenschaftlicher Forschung hatte er übrigens nicht nur mit seiner Schwester Miriam gemein, sondern auch mit seiner Tochter aus zweiter Ehe Emma Georgina. Die 1948 geborene Emma, eine Spezialistin im schwer begehbaren Grenzgebiet von Naturwissenschaft, Ökonomie und Umweltschutz, studierte in Oxford, lehrte auf dem Massachusetts Institute of Technology (MIT) und war Forschungsdirektorin der École des Hautes Études en Sciences Sociales, bevor sie 1988 zum Research Fellow am King's College in Cambridge ernannt wurde.

Zeitgenossen fiel es schwer, die vielen Seiten von Lord Victor Rothschild unter einen Hut zu bringen. „Jeder", so die Londoner *Times* 1970, „beschrieb ihn anders, und zwar als Genie oder als Einfaltspinsel, als akademischen Einsiedler, als Weltmann, als frustrierten Versager oder als ein Überbleibsel des alten Bloomsbury [eines Literaturzirkels], als leidenschaftlichen Perfektionisten, als Gestalt aus einem der weniger guten Romane von Scott Fitzgerald oder als genialen Verwaltungsmann. Alle sind sich aber darin einig, daß die vierfache Bürde seines Namens, seiner Rasse, seines Geldes und seiner Intelligenz ihn zu einer der komplexesten Persönlichkeiten unserer Zeit gemacht hat."

Lucian Freud, der Maler und Enkel von Sigmund, der unter anderem auch Jacob Rothschild als „Man in a Chair" porträtierte, drückte sich unverblümter aus: „Victor war geradezu stolz darauf, sich unmenschlich aufzuführen", sagte er, „er war erschreckend rüde und beleidigend – geradezu ein Neandertaler." (Zitiert nach Martin Filler)

Victor Rothschild war zweimal verheiratet. Seine erste Frau, Barbara Judith, geborene Hutchinson, gehörte vor dem Krieg der Boheme des Bloomsbury-Kreises an. Sie verstärkte noch die eigenwilligen Tendenzen, die Victor von dem durch die Dynastie vorgezeichneten Pfad abbrachten. Sie hatten drei Kinder: Sarah, Jacob und Miranda. Seine zweite Frau, Teresa („Tess") Georgina Mayor, ist Labour-Anhängerin und hat ihren Mann ihrerseits entsprechend beeinflußt. (Ein anderer Grund für den Lord, im Oberhaus seinen Platz für die Sozialisten einzunehmen, war die Möglichkeit, Winston Churchill dadurch zu ärgern – der hatte, als er den Lord bei Labour Platz nehmen sah, kommentiert: „Ich nehme an, Sie sitzen dort auf Ihren Dividenden.") Victor heiratete Tess, die ihm im Kriegsministerium bei der Spionageabwehr assistiert hatte, 1946. 1948 kam Emma Georgina auf die Welt. Es folgten Benjamin Mayer, Victoria Katherine und Amschel Mayor James, der heute in der Familienbank arbeitet.

Während seiner ganzen aktiven Laufbahn und bis in seine letzten Lebensjahre verfolgten Lord Victor die Schatten jener frühen Studienjahre am Trinity College in Cambridge. Er hatte damals einige Studienkollegen, deren Sympathien für den Kommunismus er zwar nicht teilte, mit denen er aber doch freundschaftlich verbunden war. Ihre Namen waren knappe zehn Jahre später mit einem der größten Spionageskandale verbunden, die England je erlebte: Anthony Blunt, Guy Burgess, Donald Maclean und Kim Philby hatten verschiedene Jobs im Außenministerium und im Geheimdienst und gehörten zugleich einem Spionagering an, der Moskau mit vertraulichen Informationen belieferte. Kaum waren sie enttarnt, wollten die Gerüchte nicht verstummen, daß noch weitere hochrangige Personen hinter den Spionen steckten. Lord Victor Rothschild war in alle Details der Ermittlungen eingeweiht, als ehemaliger Studienkollege zugleich aber einer der Verdächtigen.

1964 wurde auch seine Vergangenheit durchleuchtet, ohne daß sich irgendwelche Anhaltspunkte ergaben. 1980 aber, nachdem Anthony Blunt gestorben war und das ganze Ausmaß seines Hochverrats bekannt wurde, begann wieder die Suche nach weiteren Spionen, insbesondere nach einem „fünften Mann" in höchsten Kreisen. Die Presse mutmaßte recht gezielt, ohne daß es Beweise gab. „The file is never closed", eine einmal angelegte Akte über einen Verdächtigen werde eben nie geschlossen, schrieb Victor Rothschild in seinen 1984 veröffentlichten gesammelten Aufsätzen. Und er hatte recht. Die jahrelangen und nun wieder aufgeflammten Gerüchte veranlaßten ihn schließlich im Dezember 1986, einen offenen Brief an die Leser und die Redaktion des *Daily Telegraph* zu schreiben. In ihm forderte er den Chef des britischen Geheimdienstes MI5 auf, öffentlich seine – Victors – Unschuld zu bestätigen. „Bis auf weiteres", schloß er sein ungewöhnliches Schreiben auf der ersten Seite des Blattes, „werde ich keine andere öffentliche Erklärung an die Presse richten."

Das war auch nicht nötig, denn schon am nächsten Tag antwortete Premierministerin Thatcher mit einer Presseaussendung. Nachdem sie kurz erklärte, daß sie im Fall Rothschild eine Ausnahme von der Regel mache, zu Sicherheitsfragen keine Kommentare abzugeben, schloß sie mit der noch kürzeren und lapidaren Feststellung: „Wir haben keine Beweise, daß er jemals Sowjetagent war."

Das war nicht ganz die Formulierung, auf die Lord Rothschild gewartet hatte. Und die Presse versäumte auch nicht, darauf hinzuweisen, daß er Peter Wright, einen ehemaligen Geheimdienstmann, beim Verfassen eines Buches beraten hatte, in dem der „Fünfte-Mann"-Verdacht auf Sir Roger Hollis, einen mittlerweile verstorbenen Geheimdienstchef, gerichtet wurde. Der inzwischen 76jährige mußte sich jedenfalls mit dem kurzen „Briefwechsel" zufriedengeben.

Seine letzten Lebensjahre verbrachte er hauptsächlich in Cambridge und London, einige Wochen im Jahr in seinem Ferienhaus auf Barbados. Im März 1990 starb er in London. Wie es scheint, hat er sich mit seinem ältesten Sohn Jacob ausgesöhnt und damit einem der unerfreulicheren Kapitel in der jüngsten Geschichte der Rothschilds zu einem positiven Ende verholfen.

5. Der Richtungsstreit

New Court in London ging es in den sechziger Jahren nicht mehr so gut, wie der Name Rothschild noch suggerierte. In dieser Phase, als die Familienbank sich noch nicht auf die veränderten Gepflogenheiten der City eingestellt hatte, übernahmen Victors Sohn Jacob und dessen Cousin Evelyn die Führung des Londoner Bankhauses. Es ist im Rückblick schwer zu sagen, ob diese Konstruktion von vornherein zum Scheitern verurteilt war oder ob die beiden Persönlichkeiten sich mit der Zeit zu sehr auseinanderentwickelten. Die Beteiligten üben sich in Diskretion und geben auch heute, über zehn Jahre nach den Ereignissen, kaum Kommentare ab. Tatsache ist jedenfalls, daß aus der Zusammenarbeit der beiden eine Rivalität wurde, die mit einer Niederlage Jacobs endete.

Jacob Rothschild war seit 1975 der Vorstandspräsident, aber Evelyn (mit 40 Prozent Anteil, die er von seinem 1961 verstorbenen Vater Anthony übernommen hatte) der Hauptteilhaber von New Court. Eine Zeitlang konnte Jacob nach Belieben schalten und entscheiden, teils auch deswegen, weil sein Verwandter vielen anderen Interessen nachging. Gegen Ende des Jahrzehnts aber änderte sich das Klima im Finanzwesen endgültig. Was noch bis vor kurzem den Charme und gewissermaßen auch das Gütesiegel von N. M. Rothschild & Sons ausgemacht hatte, die fast gravitätisch ruhige Art der Geschäftsabwicklung, wurde nun zum Hemmschuh und galt als antiquiert. Die Frage war nicht mehr, ob man sich dem Strukturwandel im Finanzwesen – der Elektronisierung des Geldes, den neuen Investitions- und Wertschöpfungspraktiken – anpassen sollte, sondern nur mehr wie: wie schnell, wie gründlich, mit welchem Ziel.

Jacob trat für einen expansiven und aggressiveren Wandel ein. Bereits 1972, als Chef des von ihm übernommenen Rothschild Investment Trust – eines selbständig operierenden Zweigs der Bank – hatte er die bis dato größte Firmenübernahme der Geschichte Englands orchestriert. Um über eine halbe Milliarde Pfund hatte der Grand Metropolitan-Konzern bei der Brauerei Watson Mann – gegen ihren Willen – die Kontrolle übernommen. Rückblickend ist er stolz darauf, den Marktwert des R.I.T. von drei Millionen Pfund im Jahre 1970 innerhalb von zwei Jahren auf 80 Millionen gebracht zu haben. „Fast jeder, der über die Renaissance der Bank geschrieben hat, datiert sie ab 1960, als ich in der Familie mitzuarbeiten begann." Auch seine damalige Gründung der Zürcher Niederlassung – mit seinem Partner Gilbert de Botton, aber ohne Unterstützung durch die Familie: „We were very much on our own" – zählt er zu seinen persönlichen Triumphen.

Durch seine geschickte Beratungsstrategie hatte Jacob nicht nur Bewunderung, sondern auch Angst unter den konservativen Londoner Finanzkreisen hervorgerufen. Evelyn zog einen vorsichtigen Kurs vor. Seiner Ansicht nach sollte Rothschild weiter für eine diskret und persönlich geführte Privatbank stehen.

Über Jahre zog sich der bittere Familienstreit hin; Jacobs Vater Victor wurde hinzugezogen. Als er 1975/76 New Court präsidierte, setzte er sich allerdings nicht für seinen Sohn ein, sondern für dessen

Rivalen. Es wurde vorher schon darüber gemunkelt, daß das Verhältnis zwischen Victor und Jacob nicht das beste war; jetzt schlug es in offene Abneigung um. Jahrelang spielte der Zwist in die Unternehmungen Jacobs hinein. Zumindest sind sich seine Freunde darin einig, daß sein Bedürfnis nach väterlichen Ratgebern das direkte Resultat davon war, daß er seinen wichtigsten Ratgeber verloren, ja vielleicht niemals gehabt hatte: Victor soll sich auch vor dem geschäftlichen Affront nicht sehr für die Interessen seines Sohnes eingesetzt haben.

Jacob Rothschild behielt die Kontrolle über die Investmentfirma R.I.T. und gründete prompt eine weitere Firma, deren Namen sich deutlich auf seinen Stammbaum bezog: Five Arrows, Ltd. Aber Evelyn war der Chef der Bank, und die Niederlage Jacobs war offensichtlich. 1980 verließ er die Bank endgültig. Die beiden Cousins gingen seither geschäftlich und auch privat getrennte Wege.

Die Veränderungen im Bankwesen und die Suche nach neuen Märkten brachten es jedoch mit sich, daß sich die Firmen der beiden wenn auch nicht in direkter Konkurrenz, so doch in einer gewissen Nachbarschaft wiederfanden – zum Beispiel jenseits des Atlantiks.

Mit seiner Tätigkeit für Grand Metropolitan hatte Jacob die Ära der großen Finanzmanöver der achtziger Jahre, der unfreundlichen Übernahmen, der Mergers & Acquisitions, vorweggenommen. Eine Liberalisierung der britischen Gesetzgebung unter Thatcher – institutionelle Investoren durften jetzt auch Aktien und Beteiligungen in Übersee erwerben – schien ihm den Weg nach Amerika zu öffnen. Er erwarb fünfzig Prozent der Wall-Street-Firma L. F. Rothschild (nicht verwandt), Unterberg, Towbin. Mit ihr wollte er in das blühende Geschäft der M&As einsteigen. Aber ein sechster Sinn muß ihm gesagt haben, daß er nicht auf dem richtigen Kurs war, und schon nach zwei Jahren liquidierte er seine Teilhaber-Position. Ein knappes Jahr später geriet L. F. Rothschild, Unterberg, Towbin in den Strudel des großen Crashs von 1987 und mußte schließlich um „Chapter 11", die amerikanische Form des Ausgleichs, ansuchen.

Jacob Rothschild war also rechtzeitig ausgestiegen, mußte aber in London eine andere Lektion der geschäftlichen Berg- und Talbahn der Achtziger lernen. Er war an Cambrian & General Securities Plc, dem britischen Arm des Imperiums von Ivan Boesky, dem Arbitrageur, beteiligt. Als Boesky des illegalen Insider-Handels überführt und zu der beachtlichen Geldstrafe von hundert Millionen Dollar verurteilt wurde, zahlte er die Hälfte davon in Aktien von Cambrian.

Der Kurs fiel bald darauf ins Bodenlose, und Jacob, der keiner illegalen Aktivitäten beschuldigt worden war, hatte einen Schaden in Millionenhöhe zu tragen.

Immer wieder aber sucht Jacob, seit dem Tode seines Vaters der vierte Lord Rothschild, die Freundschaft von „Mega-Reichen" wie Sir James Goldsmith, dem Meister der *leveraged buy-outs*. Mit ihm und mit dem als besonders hart bekannten australischen Pressemagnaten und Raider Kerry Packer tat er sich 1989 zusammen, um das Konglomerat B.A.T. Industries zu übernehmen. Es ging um einen Deal, gegen den Grand Metropolitan eine kleine Fingerübung gewesen war: um zwölf Milliarden Pfund. Aber der größte Übernahmeversuch in der europäischen Wirtschaftsgeschichte mißlang. Nach einer Schätzung des *Daily Telegraph* hat die Gruppe statt satter Gewinne – B.A.T. sollte zerlegt, seine profitabelsten Bestandteile verkauft werden – einen Verlust von drei Millionen Pfund gemacht. Die Folgen allerdings halten sich in Grenzen; Mark Weinberg, ein Geschäftspartner von Jacob, der nach dem B.A.T.-Desaster seine Positionen sowohl bei der Rothschild Holding als auch bei B.A.T. wegen Interessenskonflikten räumen mußte, arbeitet wieder mit Jacob an neuen Projekten: 1991 wurde von ihnen die J. R. Life Assurance plc, eine Lebensversicherungsgesellschaft, gegründet.

Die Adresse der Holdingfirma von Jacob, der St. James's Place Capital plc, ist 14 und 15 St. James's Place, eine elegante kleine Gasse am Green Park unweit des Ritz Hotels – auf Nummer 23 hatten die Rothschilds seit langem Stadtwohnungen. Dem Firmensitz gegenüber liegt ein Anwesen, das Jacob schon als Kind gekannt hatte und dem näherzukommen ihm wohl fast den Triumph ersetzen konnte, der ihm in der Familienbank vorenthalten worden war. Es handelt sich um den Sitz der Spencers, einer Familie, die nicht zuletzt durch ihren Sproß Lady Diane recht bekannt wurde.

6. Sehnsucht nach den Insidern?

Das Spencer House, ein Stadtpalais aus dem 18. Jahrhundert und eines der frühesten und wertvollsten Beispiele eines neo-klassischen Palais, diente seit den zwanziger Jahren, als die Spencers auszogen, abwechselnd und wenig erfolgreich als Klubhaus und Bürogebäude. Niemand konnte es erhalten und gleichzeitig einem lukrativen Zweck zuführen – niemand offenbar außer Jacob Rothschild. Er erwarb die Pacht und verlängerte sie auf weitere 125 Jahre. Er engagierte die besten Restaurateure und ließ das Palais mit seinem preziösen Interieur um 16 Millionen Pfund sorgfältig wiederherstellen. Einige Arbeiten, wie die Nachbildung der ursprünglichen Kaminsimse aus Carrara-Marmor, werden Spezialisten noch auf Jahre beschäftigen, andere wurden den Museen und Privatsammlungen, die sie seinerzeit erworben hatten, mühsam wieder abgekauft oder als Leihgabe übernommen.

Das Kunstverständige mit dem Nützlichen verbindend, ließ Jacob Büroräume für seine eigene Holdingfirma einrichten und schrieb die Prachträume des Palais für Empfänge und Tagungen aus. Die NATO-Spitze und die Gruppe der Chefs der sieben führenden Industriestaaten, aber auch wohlhabende Londoner Privatpersonen haben sich den festlichen Rahmen schon bis zu 10.000 Pfund Miete pro Tag kosten lassen.

Die Wiedereröffnung von Spencer House im November 1990 geriet zu einem gesellschaftlichen Erfolg für den Sponsor. Alter Adel traf sich mit altem Geld; Lady Di unterhielt sich mit ihrem Bewunderer. „Jacob war wie ein Kind vor dem Weihnachtsbaum", schrieb Martin Filler den amerikanischen Lesern von *Vanity Fair* in seinem „Brief aus London". Er drückte, so hieß es da, die Bewunderung aus, die seine Familie schon immer für die königliche Familie gehegt habe, „the longing of perpetual outsiders for the ultimate insiders". Jacob Rothschild allerdings sieht den gesellschaftlichen Umgang mit der Prinzessin wesentlich nüchterner. „Er unterscheidet sich nicht von vielen anderen Beziehungen, die ich pflege und die weniger Publicity hervorrufen. Meiner Ansicht nach gibt es da keinen ,psychologischen Faktor', demzufolge ich mich nicht ganz zugehörig fühle und daher alles mögliche unternehme, um zu den Insidern zu zählen. Wir sind einfach, wer wir sind, und viel mehr gibt es dazu nicht zu sagen."

Die Verbindung zu Diane Spencer bedeutete für Jacob Rothschild aber jedenfalls einen Triumph auf einer anderen Ebene, die für ihn in den letzten Jahren immer wichtiger geworden war: Stand er doch in einer indirekten, aber recht heftigen Auseinandersetzung mit Dianes Ehemann, Prinz Charles, über den Wert moderner Architektur in Großbritannien. Eine der ersten prinzlichen Attacken war 1984 gegen einen geplanten Anbau der National Gallery in London gerichtet gewesen; er hatte den Vorschlag einer gemischt kommerziellen und kulturellen Nutzung in Form eines High-Tech-Baus mit einem Turm „ein Furunkel im Gesicht eines geliebten und eleganten Freundes" genannt und dem Projekt den Todesstoß versetzt. Es sollte Jahre dauern, bis sich ein Komitee auf einen neuen Entwurf einigte: ein zwischen der Tradition des Trafalgar Square und den modernen Ansprüchen an ein Museum vermittelndes Projekt des amerikanischen Architekten Robert Venturi, dem Charles ebenfalls eher skeptisch gegenüberstand. Jacob, der Venturis Entwurf für den „Sainsbury-Flügel" favorisierte, gehörte dem Komitee in seiner Eigenschaft als Präsident des Aufsichtsrats des Museums seit 1984 an. (Die Familie Sainsbury hatte den Anbau gestiftet – auch das ging auf das Betreiben Rothschilds zurück, von dem man sich zu Recht erhofft hatte, er würde mit seinen Kontakten der National Gallery aus der Misere mangelnder staatlicher Finanzierung heraushelfen.) Jacob war zufrieden darüber, daß der Bau „keine postmodernen Witze" aufwies, sondern „Größe und Ernst des Museums widerspiegelt".

Auch diesmal geriet die Eröffnung, im Juli 1991, zu einem Erfolg für den Organisator. „Rothschild", schrieb Filler, „has worked wonders while Prince Charles still wonders how to make things work." Jacob wäre kein echter Sproß seiner Familie, wenn er die architekturkritische Animosität nicht durch einen geschickten Schachzug neutralisiert hätte: Er lud Prinz Charles bereits 1985 zu einem Sitz im Aufsichtsrat des Museums ein. Noch in den Vorworten zu Colin Amerys Architekturführer für den Sainsbury-Flügel allerdings geben Prinz Charles und Lord Rothschild zu verstehen, daß sie recht unterschiedlicher Ansicht sind, was die Lösung baulicher Probleme in London anbelangt.

Weitere umsichtige Taten wird man von Jacob bei seiner neuen Arbeit erwarten dürfen: Seit April 1992 ist er Vorsitzender des National Memorial Heritage Fund, einer Stiftung, deren Verständnis von „erhaltenswert" weit über die Kunstschätze des Landes hinausgeht. Alles, ob Statue oder Schraubenfabrik oder, in Jacobs Worten, „from butterflies to Botticellis", kann in sein neues Ressort fallen. Auch Waddesdon Manor übrigens, an dem Jacob Rothschild ein ungemindertes Interesse bewahrt hat, wenn es auch dem National Trust gehört: Zum einen erbte er von seiner Tante Dorothy die auf dem Anwesen liegende kleine und luxuriöse Residenz Eythrope; zum anderen hat er es verstanden, sich durch Schenkungen für die Erhaltung des überdimensionalen Haupthauses unentbehrlich zu machen.

Von 1992 bis 1994 ist das Anwesen geschlossen und wird dann als Museum wiedereröffnet, das unter anderem die große Sèvres-Porzellansammlung der Familie ausstellen soll. „Neben der Tatsache, daß Waddesdon das letzte der fast fünfzig verschiedenen großen Schlösser und Palais ist, die uns gehörten", sagt Jacob, „interessiert mich auch die Herausforderung, ein so komplexes, großes Haus zu managen und für seine Zukunft zu sorgen."

7. Die großen Deals

Evelyn Rothschilds geschäftlicher Sieg in der Auseinandersetzung um die Führung der Londoner Bankgeschäfte wurde durch eine persönliche Tragödie überschattet. Seine erste Frau, Jeannette Bishop – er hatte sie 1966 geheiratet, fünf Jahre später wurden sie einvernehmlich geschieden – verschwand im Herbst 1980 auf einer Reise durch Italien mit einer Freundin spurlos. Es gingen keine Lösegeldforderungen an ihn, aber der Name des Ex-Gatten allein sorgte schon dafür, daß die mysteriöse Geschichte monatelang durch die Presse ging. Zwar war Evelyn ebenso wie Jeanette erneut verheiratet. Aber er versuchte auf verschiedene Weisen, Aufklärung über das Schicksal der Reisenden zu erhalten – erfolglos. Über ein Jahr später wurden die Leichen der beiden Frauen gefunden; wie sie zu Tode gekommen waren, wurde nie restlos aufgeklärt.

Zu Beginn der achtziger Jahre war Sir Evelyn Rothschild häufig in New York zu Besuch. Nicht nur die Gastfreundschaft von Guy lockte ihn, sondern auch die Aussichten auf gemeinsame Geschäfte. Die amerikanische Tochterfirma rückte in ihr Blickfeld, „und es wurde uns klar, daß wir kämpfen mußten, wenn wir punkten wollten", wie sich Evelyn erinnert.

Bei der Wahl des neuen Firmenchefs bewiesen die Rothschilds einen Geschäftsinstinkt, der durch persönliche Affinität nur noch bestärkt wurde: Robert S. Pirie war ihr Anwalt bei ihren bisherigen Transaktionen gewesen und als solcher mit den Details von Rothschild Inc. vertraut. Außerdem brachte der Midwesterner Pirie – Erbe eines Chicagoer Kaufhausvermögens – Kunden aus einem Teil des Landes mit, der den Rothschilds kaum bekannt war. Und schließlich konnten sich die europäischen Bankiers für Piries Stil erwärmen; seine Vorliebe für Rennpferde und Buchantiquitäten, sein quasi-aristokratischer Lebensstil, zu dem Wochenenden auf einer Farm unweit von Boston ebenso gehören wie ein Dinner bei der englischen Königsfamilie, war mit dem Rothschild-Stil hochgradig kompatibel.

Am wichtigsten aber war, daß Pirie zu einem Zeitpunkt, als die Geschäfte der Bank eher schlecht gingen, den richtigen Hunger bewies. In kurzer Zeit akquirierte er neue Kunden und orchestrierte einige der spektakuläreren Takeovers der an waghalsigen finanziellen Manövern nicht gerade armen Achtziger. Für Sir James Goldsmith fädelte er 1984 die Kontrolle der Crown Zellerbach Corporation um 570 Millionen Dollar ein. Rothschild Inc. arbeitete für Hughes Aircraft, für die *New York Times,* für große Versicherungen und eine Kaufhauskette. Den Brüdern Reichmann aus Toronto, Söhnen österreichischer Einwanderer, deren Firma Olympia & York zu den Giganten im Immobiliengeschäft zählt, stand die Bank bei der Übernahme des Mischkonzerns Santa Fe Southern Pacific Corporation zur Seite.

Am beeindruckendsten war die taktische Beratung, die Rothschild Inc. für den 1991 verstorbenen Medienzaren Robert Maxwell bei dessen Übernahme der Macmillan Publishing Company leistete. Ein mit Klagen und Gegenklagen gespicktes monatelanges Tauziehen zwischen dem Verlag, dem Raider Henry Kravis von K.K.R. und Maxwell endete im November 1988 mit einem Sieg des letzteren. Erkauft war er mit 2,6 Milliarden Dollar. Gefeiert wurde er mit Champagner, den Evelyn spendierte, und mit Château Lafite-Rothschild '79 – dem Hauswein im Speisezimmer der Bank in New York.

Rothschild North America Inc. ist zum „Power Player" geworden, ein agiles Mittelgewicht unter den neuen „Goliaths der Wall Street", wie der Wirtschaftsautor William H. Meyers anerkennend vermerkt. Die Firma macht ihre Gewinne nicht durch Einsatz von Eigenkapital, sondern überwiegend durch Honorare für eine Leistung, die Finanziers und Risikokapitalisten über alles schätzen: persönliche Beratung und Verhandlungsgeschick. Diese Stärke hat auch die auf Sand gebauten Hochburgen der Junk-Bond-Ära überdauert. So hat sich Wilbur L. Ross, Jr., einer der Direktoren der Bank, auf die Rekapitalisierung von durch Junk Bonds verschuldeten Firmen spezialisiert. Als solcher bringt er seiner Institution geschätzte eineinhalb Millionen Dollar Honorareinnahmen pro Monat.

Von New York aus haben sich die Rothschilds in anderen Teilen des Kontinents etabliert: Die Londoner Bank unterhält eine Filiale in Denver, Colorado, die sich hauptsächlich der Vermarktung von Goldbarren widmet und der (Gold-)Bergwerksindustrie Amerikas verschiedene Dienstleistungen anbietet, unter anderem Finanzierungstechniken und Termingeschäfte in Edelmetallen.

Unter dem Vorsitz von David de Rothschild, dem Sohn von Guy, wird seit 1990 in Toronto und Vancouver die Rothschild Canada Inc. geführt. Die Stammhäuser in London und Paris sind an der Investment- und Vermögensverwaltungsinstitution zu gleichen Teilen beteiligt. Chef in Toronto ist der Wirtschaftsanwalt H. Garfield Emerson. Die Vizepräsidenten sind Daniel U. Pekarsky, ein kanadischer Geschäftsmann, der seit 1987 die Interessen der Rothschilds vertreten hat, und Robert S. Pirie. Damit wurde dessen Leistung für die Gruppe mit einem auf ganz Nordamerika ausgedehnten Verantwortungsbereich belohnt.

8. Die Heimkehr

Inzwischen hatte sich das Blatt für die französischen Rothschilds zu Hause zum Besseren gewendet. Zunächst einmal hatte die Familie, trotz dem Verlust der Bank in der rue Laffitte, eine Hausmacht behalten: Der 1940 geborene Éric Alain Robert David Rothschild, ein entfernter Neffe von Guy, hatte zusammen mit seinem Cousin David, Jahrgang 1942, die Holding aller Rothschild-Unternehmungen, die Paris-Orléans übernommen; Sitz: ein nüchternes Bürogebäude in der avenue Matignon. Die P.O. war für die beiden expansiv orientierten Unternehmer mehr als ein bequemes Kissen, mit dessen Hilfe sich das politische Klima besser ertragen ließ. Sie läutete vielmehr die Rückkehr der Familienmacht ein.

Ursprünglich war die Paris-Orléans eine Eisenbahngesellschaft mit eben den genannten Städten als Zielen gewesen. Dann wurde aus ihr ein Gemischtwarenkonzern mit einem Schwerpunkt im Erzabbau, der sich als wenig lukrativ erwies. Die beiden Cousins wandelten sie zu einem modernen Unternehmen im Finanzberatungsbereich um und stockten in fünf Jahren von zehn auf 30 Millionen Dollars auf. Dazu gründeten sie eine Vermögensverwaltungs-Firma, die P.O. Gestion. Das erkennbare Ziel war es, die Gestion schließlich in eine Bank zu verwandeln. Die Bewerbung um eine Konzession erfolgte auch bereits 1983, keine zwei Jahre, nachdem Mitterrand die Präsidentschaft übernommen hatte.

Damals steckten einerseits viele der verstaatlichten Banken – also der Vorzeigebetriebe der sozialistischen Regierung – in Schwierigkeiten; auch L'Européenne de Banque schrieb in den ersten beiden Jahren ihrer Existenz Verluste. Andererseits konnte sich der Präsident (noch) nicht einen Rückzieher in Sachen Nationalisierung der Banken erlauben; schon gar nicht, wenn es um die Rothschilds ging, hatte doch Guy seine aus dem *Le-Monde*-Artikel bekannten Vorwürfe in Buchform wiederholt (*Contre bonne fortune*, 1983) und die Regierung wiederholt der wirtschaftlichen Unfähigkeit geziehen: Noch immer wirkte der Name der Familie wie ein rotes Tuch, und das Ansuchen um die Bankgründung wurde wiederholt abschlägig beschieden. Und daß die Bank wieder den Namen Rothschild führen sollte, schien überhaupt undenkbar.

1984 durfte sie sich immerhin „P.O. Banque" nennen und in beschränktem Umfang Bankgeschäfte führen. In den darauffolgenden Jahren wiederholten David und Éric eine Rothschildsche Rolle in der französischen Geschichte: Sie warteten auf die Wiederherstellung der alten Ordnung. Im März 1986, kurz vor den Wahlen in Frankreich, hatte David de Rothschild allen Grund, optimistisch zu sein. „Wenn die Konservativen gewinnen, werden wir nicht viel Mühe haben, unseren Familiennamen wieder über das Portal in der avenue Matignon zu setzen", sagte er.

Tatsächlich war schon im April „Rothschild et Associés Banque" zu lesen, allerdings nicht über dem Portal, denn die Rothschilds belegen nur einige Stockwerke des Gebäudes. „A hot new name in French banking", scherzte *Business Week*. Eine neue alte, eine verjüngte und schlagkräftiger gewordene Bank war entstanden. Sie hatte sich der wenig produktiven Industriebeteiligungen, die vor der Verstaatlichung 65 Prozent des Bankvermögens ausgemacht hatten, entledigt und wandte sich wenigen, dafür lukrativeren Beteiligungen zu. Auch das in der P.O. Gestion entwickelte Know-how in der Anlageberatung zahlte sich bald aus: Die Bank von David und Éric beriet einen guten Kunden von jenseits des Ärmelkanals und jenseits des Ozeans, Sir James Goldsmith, in seinem Übernahmekampf um den Verlag Presses de la Cité, den er gegen den italienischen Industriellen Carlo de Benedetti ausfocht. Auch die neue Regierung zeigte schnell Vertrauen in die unternehmerischen Fähigkeiten der Rothschild-Bank und ließ sich von ihr bei der Privatisierung der Finanzgruppe Paribas im Wert von über zwölf Milliarden Francs beraten.

Oben: Edmond und Nadine de Rothschild.
Unten: ihr Sohn Benjamin.

Guys Sohn David de Rothschild mit seiner Frau Olimpia.

„Die französischen Rothschilds haben wohl eine gewisse Fähigkeit zum Überleben", quittierte Guy de Rothschild trocken. Er selber kehrte, wie er sagte, „ohne Bedauern, ohne Verbitterung oder Nostalgie", nach Paris zurück. Er bezog wieder seine Wohnung auf der Île Saint-Louis; in der Bank seines Sohnes David begann er eine Tätigkeit als Berater. Nur in die Nähe der rue Laffitte möchte er nicht mehr kommen – eine schmerzliche Spur hatten die turbulenten Ereignisse seit 1981 also doch hinterlassen.

Das Geldinstitut, das sich seit einigen Jahren „Rothschild & Compagnie Banque" nennt, floriert zu Hause genauso wie auf dem internationalen Finanzparkett. Bevor wir jedoch auf dieses Kapitel näher eingehen, werfen wir einen Blick auf die Besitzverhältnisse der Bank. 49 Prozent gehören, wie jeder Jahresbericht aussagt, der „Familie Rothschild", d.h. dem französischen wie dem englischen Zweig. Dazu kommmen 40 indirekte Prozent, ausgewiesen als „Paris-Orléans S.A.", und drei Prozent, die von der Compagnie Financière Martin Maurel gehalten werden – Maurel ist ein Privatbankier aus Marseille mit langjährigen Verbindungen zur Familie.

Acht Prozent schließlich hält die Compagnie Financière des Edmond de Rothschild. Seinen Namen können wir hier wie in vielen anderen Geschäftsberichten der Familienunternehmungen lesen. Er scheint getrennt auf, denn obwohl seine Familie ein Sproß des französischen Zweigs ist, ging schon sein Vater Maurice einen etwas anderen Weg – wir haben bereits einiges über das „schwarze Schaf" der Familie und über die frühen Erfolge seines Sohnes erfahren. Edmond hatte das in jungen Jahren ererbte und vergrößerte Vermögen weiterhin gut angelegt. Seine Geschichte – ein Sonderweg und doch eine typische Rothschild-Route – ist es wert, weiter verfolgt zu werden.

9. Leben mit einem Perfektionisten

Seine Worte werden immer wieder kolportiert, und wenn sie nicht wirklich so gefallen sind, dann sind sie zumindest auf einer poetischen Ebene wahr, sagen sie doch etwas Treffendes über sein Verhältnis zu anderen Menschen aus: „Sie tragen einen sehr schönen Diamanten", soll der 34jährige verheiratete Baron Edmond Adolphe Maurice Jules Jacques de Rothschild eines Abends im Januar 1960 dem 27jährigen

Starlet Nadine Lhopitalier gesagt haben, „schade nur, daß er nicht echt ist."

Es war der seltsame Beginn einer Beziehung, die inzwischen zu einer der großen Romanzen der Gegenwart verklärt worden ist: er, der rastlose Unternehmer, schon in jungen Jahren als reichster aller Rothschilds eingeschätzt, selbstsicher bis an die Grenze der Taktlosigkeit – zum Beispiel bei der Einschätzung der Authentizität eines Edelsteins; sie, das Mädchen aus der Banlieue, zunächst Fabrikarbeiterin, später Modell, Filmschauspielerin in Nebenrollen und Tänzerin in Music-Hall-Revuen, ihrer mandeläugigen Attraktivität bewußt, aber durch den Unbekannten im Restaurant und dessen Bemerkung doch verunsichert. Immerhin, er begleitete sie darauf noch zum Wagen, verabschiedete sich höflich, Adressen wurden ausgetauscht.

Drei Jahre später wurden sie getraut – im Schlafzimmer, weil Nadine bereits mit Sohn Benjamin hochschwanger war und der Arzt Komplikationen befürchtete. Eine *mésalliance,* wie sich viele Freunde Edmonds naserümpfend einig waren. Nadine mit dem Künstlernamen Talier, nunmehrige Baronin de Rothschild, mußte sich gegen diesen Widerstand erst in ihre neue Rolle einleben. Sie wurde, wie sie rückblickend ironisch feststellt, „zur Managerin der Hotelkette Palais et Châteaux Edmond de Rothschild". Ob im Stammschloß Pregny bei Genf oder im Schloß Armainvilliers in Frankreich, ob im Pariser Stadthaus (in der Nähe sowohl des Elysée-Palastes wie seines Büros in der rue du Faubourg Saint-Honoré 45) oder im Jagdhaus bei Ischgl in Tirol oder wohin es ihren Ehemann sonst gerade zum Diner, zu Besprechungen oder zu Festen verschlug – sie betrachtete es als ihre Aufgabe, ihm stets als perfekte Gastgeberin zur Seite zu stehen. Sie tut es heute noch, wenn auch in etwas kleinerem Ausmaß. Denn in den siebziger Jahren zeichnete sich der „Zusammenbruch einer Welt" ab, wie Nadine Rothschild schreibt. Die wirtschaftlichen Schwierigkeiten machten ihrem Mann zu schaffen, „die Inflationskrise erschwerte die ganze Geschichte noch. Edmond arbeitete unermüdlich, ging weniger aus; gesellschaftliche Ereignisse und Empfänge langweilten ihn . . . Ende 1979, fast von heute auf morgen, faßte er den Entschluß, das Schloß Armainvilliers zu schließen."

Ähnlich wie die französischen Verwandten zogen sich also auch die in der Schweiz beheimateten Rothschilds aus der vordersten Front der mondänen gesellschaftlichen Ereignisse zurück. Mit den verbleibenden Verpflichtungen hatte Nadine freilich genug zu tun. Sie hält es auch für die Hauptaufgabe einer Frau, „ihrem Mann zu gefallen und ihm zuzuhören. Er gibt mir ein Dach über dem Kopf, er ernährt mich und er kleidet mich; dafür bin ich ihm dankbar." Ihre Einstellung mag nicht gerade zeitgemäß klingen, aber sie hat ihr ein Zusammenleben mit dem „rastlosen Perfektionisten" ermöglicht, das inzwischen fast drei Jahrzehnte dauert und nicht, wie ihr Freunde prophezeiten, „keine 24 Stunden anhalten werde".

Geschäftlich mußte Edmond de Rothschild trotz Inflationskrise und Petrodollars keine allzu schweren Rückschläge einstecken. Seine Beteiligung am Club Mediterranée entwickelte sich über alle Erwartungen. Durch die Expansion des Tourismus ermutigt, baute er für die Intercontinental-Hotel-Kette, errichtete Bungalow-Siedlungen auf dem damals fast noch mondänen Mallorca und Ferienzentren in allen aussichtsreichen Gegenden der Welt, von der Karibik bis Israel. Edmond beteiligte sich an einer Spielwarenfabrik und an der Erzeugung tiefgekühlter Lebensmittel, am Bau von Wohnwagen und am Abbau von Diamanten: Er ist einer der Direktoren der südafrikanischen De Beers Consolidated Mines – was seinen Nadine gegenüber bewiesenen Scharfblick erklären hilft. In den achtziger Jahren war er auch an der italienischen Industriegruppe Ferruzzi und an den Finanzinstituten Banca Nazionale del Lavoro und Banca Tiburtina beteiligt.

Seine hauptsächlichen Aktivitäten sind in der Pariser Compagnie Financière Edmond de Rothschild zusammengefaßt, zu der auch eine Privatbank in Paris (die 1981 nicht verstaatlicht wurde, weil ihre Kapitaleinlage nicht bedeutend genug war) sowie assoziierte Banken und Gesellschaften in dreizehn Ländern gehören. Eine davon ist die Genfer Privatbank, die seinen Namen trägt. Edmond ist seit 1960 ihr Präsident, und sie unterhält ihrerseits Filialen und Büros in allen Teilen der Welt.

Neben allen seinen Aktivitäten findet Edmond noch Zeit für politische und karitative Tätigkeiten. Er gehörte dem Ausschuß des geheimnisumwitterten Bilderberg-Kreises an, eines informellen Zusammenschlusses wichtiger Leute aus Politik und Wirtschaft, dem zeitweise mehr Einfluß als den offiziellen Regierungen nachgesagt wurde. Er trifft sich regelmäßig mit seinen französischen und englischen Verwandten, „um geschäftliche und persönliche Angelegenheiten zu diskutieren". Und er gilt, seit dem Tod von James de Rothschilds Witwe, seiner Tante Dorothy, im Dezember 1988, als der wichtigste Förderer Israels unter den Rothschilds.

Die Beschäftigung mit dem Schicksal des jüdischen Staates war ihm schon in die Wiege mitgegeben, war doch bereits sein Großvater und Namensvetter Edmond James als der „Gründervater Israels" bekannt geworden. Von ihm übernahm er eine vielfache Spenden- und Investitionsaktivität. Der amerikanische Journalist Seymour M. Hersh nennt Edmond de Rothschild als einen aus der „Gruppe der dreißig", die der israelische Staat um finanzielle Hilfe für „ein spezielles Waffenprogramm" bat, nämlich für den Atomreaktor von Dimona.

Nach dem Sechstagekrieg war er einer der ersten Zivilisten, die das eroberte Jerusalem betraten, und bis in die achtziger Jahre unterstützte er die Politik des Staates mit voller Kraft. „Ich war", sagt er, „der Labour Party immer näher als dem Likud-Block, und es fällt einem Mann meines Alters schwer, seine politische Meinung zu ändern. Ich habe Ben Gurion immer besonders bewundert. Allerdings bin ich auch von der Art beeindruckt gewesen, in der Begin und Sadat zu einem Friedensschluß zwischen ihre beiden Ländern kamen." Aus verschiedenen vorsichtigen Äußerungen kann man heraushören, daß auch andere Rothschilds lieber einen liberaleren Kurs als den in den achtziger Jahren von der israelischen Regierung eingeschlagenen hätten. An der prinzipiellen Treue und Verbundenheit ändert dies allerdings nichts.

In seinen Aktivitäten für den jüdischen Staat mußte Edmond sich gelegentlich mit seiner Tante Dorothy auseinandersetzen, die das philanthropische Erbe ihres Mannes James und ihres Schwiegervaters, des alten Edmond, über die Hamadiv-Stiftung verwaltete und darin nicht konkurrenziert werden wollte. Bis zu ihrem Tod 1988 beäugte sie ihren Neffen mit einigem Mißtrauen und forcierte weiter die Spendentätigkeit für Kultur und Krankenpflege, Bildung und Erziehung – und nicht die wirtschaftlichen Investitionen, die Edmond näher liegen. (Auch ihr Neffe Lord Jacob Rothschild, der von ihr die Führung von Hamadiv übernommen hat, konzentriert sich auf karitative und kulturelle Unterstützung und enthält sich aller politischer Aussagen zu Israel.)

Besonders stolz ist Baron Edmond auf eine weitere seiner Tätigkeiten, die zwar finanziell relativ unbedeutend ist, aber in der öffentlichen Meinung – und ein wenig auch in der Statushierarchie der freundschaftlich rivalisierenden „Cousins" – durchaus eine große Rolle spielt: 1972 kaufte er das kleine Weingut Château Clarke bei

Listrac im Bordelais, und seit der ersten Ernte 1978 fällt auch auf ihn ein wenig der Glanz, den der Name der Familie unter Oenologen hat – ein Glanz, der in den letzten Jahren eher noch zugenommen hat.

10. Wachsende Weinimperien

Die Ruhe nach dem Streit um die Anerkennung des Mouton-Rothschild als Premier Cru währte nur einige Jahre. 1976 trat ein Ereignis ein, das die gallische und speziell die Rothschildsche Weinehre tief kränkte: Bei einer mit viel Spannung verfolgten verdeckten Degustation von französischen Spitzenweinen in Paris, bei der gnaden- oder publicityhalber auch kalifornische Weine zugelassen waren (es war immerhin gerade die Zweihundertjahrfeier der Vereinigten Staaten), bei einem direkten Vergleich also, juriert noch dazu von französischen Weinspezialisten, deklassierten die Newcomers von der Westküste die Châteaux von der Atlantikküste. Ein '73er Stag's Leap aus dem Napatal verwies einen '70er Mouton auf den zweiten Platz!

Baron Philippe, der meisterliche Promoter seiner Weine, hatte noch kurz zuvor das kalifornische Klima als vorhersagbar und die Weine daher als uninteressant eingestuft. Es mag sein, daß die ein wenig peinliche Degustation ihn milder stimmte und neugieriger machte. 1978 jedenfalls ließ er den bekannten kalifornischen Winzer Robert Mondavi (auch er ein unermüdlicher Verfechter der oenologischen Causa) wissen, daß er ihn gerne in Pauillac treffen würde.

Für Mondavi war es die Krönung seiner Arbeit, für den Baron eine interessante Expansion seiner Geschäfte. Die beiden wurden sich schnell über eine Kooperation einig, die vorsah, in Kalifornien einen Cabernet Sauvignon zu produzieren. Beider Namen sollten auf dem Etikett stehen – das alleine machte Mondavi fast schwindlig vor Stolz. Das Gespräch im Schlaf- und zugleich Arbeitszimmer von Philippe auf Château Mouton dauerte keine zwei Stunden, die rechtlichen Details allerdings nahmen über ein Jahr in Anspruch. 50.000 Dollars kostete allein das Etikett, das die Profile und Unterschriften der beiden Winzer in egalitärer Weise zeigt.

1979 wurde der „Opus One" zum ersten Mal abgefüllt. Er enttäuschte weder die hochgespannnten Erwartungen der Koster und Käufer noch die Marketing-Vorstellungen der beiden Partner. Er erreichte Spitzenwertungen und Spitzenpreise (1120 Schilling – über

150 DM – kostete ein Opus One '88 drei Jahre später in Österreich; die erste Kiste des Weines wurde 1981 gar um 24.000 Dollar versteigert). Und er ermunterte die Rothschilds von der Konkurrenz, die Besitzer von Château Lafite, ihrerseits zur Zusammenarbeit mit vielversprechenden Gütern im Ausland.

1988 schloß Éric de Rothschild einen Vertrag mit dem Chardonnay- und Pinot Blanc-Produzenten Chalone Vineyards im kalifornischen Soledad ab, der gegenseitige Beteiligung und Vertrieb vorsieht. Im gleichen Jahr erwarb Lafite-Rothschild eine fünfzigprozentige Beteiligung am chilenischen Gut Viña los Vascos. Keller und Vinifikation wurden modernisiert, und 1990 war dann, wie Hugh Johnson schreibt, „der erste von Rothschild inspirierte Jahrgang – ein neuer Markstein im Weinbau Chiles". Das Familien-Know-how wird auch in zweiter Generation weitergegeben: Der „winemaker" des kalifornischen Nobelbetriebs Clos du Val (manchmal verraten die Namen einiges über die Ambitionen der Besitzer) ist Bernard Portet, Sohn eines wichtigen Oenologen von Château Lafite, André Portet.

Baron Edmonds Beschäftigung mit Wein hat mehrere Ursprünge, handfeste und vielleicht auch familiengeschichtliche: Immerhin begründete sein Großvater Edmond im vorigen Jahrhundert den Weinbau Palästinas (besser gesagt, er erweckte ihn wieder zum Leben, denn der Wein hatte im vorderen Orient vor dem mohammedanischen Alkoholverbot eine reiche Tradition). Die Betriebe in Richon-le-Zion und Zichron-Jacob sind seine Gründungen.

Enkel Edmond hätte sich damit zufriedengeben können, zu 18 Prozent an Château Lafite beteiligt zu sein. Aber offenbar war der Drang, auch auf diesem Gebiet seinen Cousins gegenüber Kompetenz zu beweisen, stärker. Mit viel Geld, angeheuertem Fachwissen und Werbung gelang es ihm, nach einigen enttäuschenden Jahrgängen dem Château Clarke ein gewisses Renommee zu verschaffen, zumindest innerhalb der Crus bourgeois. Die höheren Weihen einer Klassifizierung werden ihm wohl versagt bleiben. Der Rosé fand Eingang in den *Hachette*-Weinführer, auch dank der Tatsache, „daß er zu einem sagenhaften Preis verkauft wird (Name!)." In den letzten Jahren vergrößerte Edmond sein Gut auf über 120 Hektar, und er verbringt, wie er sagt, „soviel Zeit wie möglich" auf dem Bordeaux-Gut; soviel Zeit, wie ihm neben Pregny, Paris, Ischgl, New York et al. eben noch bleibt.

Keine Aufzählung der Rothschildschen Weinaktivitäten wäre

vollständig ohne Erwähnung der Neben- und Zweitweine der Familien – wobei „Zweitweine" eine gehörige Untertreibung darstellt, zählen sie doch immer noch zu den gesuchtesten Etiketten eines wohlsortierten Kellers.

Der französische Zweig der Familie, also die von Lafite, besitzt auch die Marken Duhart-Milon-Rothschild (seit 1962; als 4ème grand cru klassifiziert, „möchte . . . nicht in Konkurrenz zum ‚Seigneur' Lafite treten, gefällt aber durch sein Röstaroma und die edlen Tannine des Eichenholzes", bemerkt der *Hachette*); La Cardonne (ein Cru bourgeois aus dem Médoc, seit 1973 im Besitz); und Rieussec (ein Sauternes 1er grand cru; seit 1984). Der Zweitwein des Stammschlosses hieß früher „Carruades de Lafite-Rothschild" und ist seit 1974 „Moulin des Carruades" benannt, damit Verwechslungen vermieden werden. (Bewußt Verwechslungen in Kauf könnte hingegen der Champagner Alfred Rothschild nehmen, dessen Besitzer nicht mit den Rothschilds verwandt sind.) 1990 beteiligte sich die Baronie Rothschild auch am kleinen Weingut Château l'Évangile im Pomerol-Gebiet.

Der eigentlich englische, aber seit langem in Paris beheimatete Zweig, dem Philippe entstammt, also die von Mouton, gebietet über ein eher noch komplizierteres Weinimperium. Seit den dreißiger Jahren produzierte Philippe einen „volkstümlichen" und vergleichsweise sehr billigen Wein, den „Mouton-Cadet", dem Weine auch von anderen Regionen als dem Bordelais beigemischt werden. Eine frühe Erwerbung des Barons, das Château Mouton d'Armailhac, lieferte einen Wein, der zunächst „Mouton Baron Philippe" genannt wurde. Ab den Siebzigern wurde der Name zu Ehren der verstorbenen Frau von Philippe in „Baronne" umgeändert. „Kaum ein (5ème) cru hat so oft seinen Namen gewechselt. Dabei hat man sich aber stets mit großer Sorgfalt um den Wein gekümmert", attestiert ihm der *Hachette*. Ebenfalls aus dem Pauillac und aus der 5. Klasse kommt der Château Clerc-Milon.

Baron Philippe, der Mann, der das Thema Wein in seiner Familie von einer Nebenbeschäftigung zu einer Passion erhoben hatte, starb 1988. Weingut und Museum werden heute von seiner Tochter Philippine geleitet, die wir zu Beginn dieses Buches als Hauptakteurin einer prunkvollen Hochzeit im Jahr 1961 kennengelernt haben.

Vive la vie lautet der Titel von Philippe de Rothschilds Autobiographie auf deutsch. Die englische Fassung, *Mylady Vine*, kommt der speziellen Vorliebe des vielseitig begabten Philippe schon näher. Wie sehr er sein Leben dem Weinanbau gewidmet hat, trifft aber am ehesten der französische Titel: *Vivre la vigne*. „Die große Zeit der Familie ist möglicherweise vorbei", schließt er seine Erinnerungen, „oder vielleicht beginnt eben jetzt eine neue Ära, aber was die Zukunft auch bringen mag: Die Rothschilds werden nicht in Vergessenheit geraten, denn sie haben der Welt zuviele außergewöhnliche Erscheinungen geschenkt – unter anderem große Taugenichtse, Geizhälse und Verschwender, Sammler und Stifter, Wissenschaftler und Dilettanten, Gärtner und Entomologen, Organisatoren und Spieler, Don Juans und ehrbare Familienväter, Schlemmer und Weinkenner... und mich."

11. „Nicht die Größten, aber die Besten"

Die große Zeit der Rothschilds scheint nicht, wie Baron Philippe mutmaßte, vorbei zu sein. Denn neben den vielen erwähnten außergewöhnlichen Erscheinungen, die die Familie hervorgebracht hat, sind es immer noch vor allem die Bankiers, die als treibende Kräfte für Kontinuität und Wachstum sorgen. Seit nunmehr sechs Generationen ist der Auftrag vorgegeben, nach besten Kräften nicht nur für den eigenen Wohlstand zu sorgen, sondern durch finanziellen Erfolg auch zu garantieren, daß anderen geholfen werden kann. Die Generation, die jetzt am Ruder ist, bringt gute Voraussetzungen dafür mit, daß diese selbstgestellten Aufgaben weiterhin gelöst werden und daß „Rothschild" weiterhin ein Nimbus bleibt.

Im Geschäftlichen lassen sich vier bis fünf verschiedene Zentren Rothschildscher Aktivitäten unterscheiden: die Bank in London mit Sir Evelyn an der Spitze; die Bank in Paris unter der Leitung der Barone David und Éric; die Compagnie Financière und Bank von Baron Edmond in Paris und Genf; und die Unternehmensgruppe von Lord Jacob Rothschild in London. Die beiden erstgenannten Banken, die sich als Hauptträger der „Rothschild-Gruppe" verstehen, bezeichnen die Zürcher Bank als weiteres Zentrum der Gruppentätigkeit. Nun ist die Zürcher Rothschild Bank AG zwar eine gemeinsame Gründung von London und Paris, andererseits nimmt die Schweiz, wie wir noch sehen werden, einen besonderen Platz in der Strategie der Gruppe ein.

Aus den Jahresberichten geht hervor, in welchem Ausmaß die Londoner, Pariser und Genfer „Cousins" in den Banken und Holdings der jeweiligen Verwandten vertreten sind. Rothschildologen können allein aus den Namenslisten der Berichte einiges über den Grad der Zusammenarbeit zwischen den Familien herausfinden. Stark sind vor allem die Bindungen zwischen Paris und London. Sir Evelyn sitzt zudem im Aufsichtsrat von Baron Edmonds Genfer Bank (aber nicht in dessen Pariser Compagnie Financière; dafür zählt Bernard Esambert, Präsident des Direktoriums der Compagnie und in der Genfer Bank ebenfalls an führender Stelle tätig, auch zu den Kommanditisten in der avenue Matignon). Die offiziellen Beziehungen zwischen Edmond und David sind demzufolge schwächer und indirekter, und es heißt in Paris auch, daß „Edmond lieber seine eigenen Sachen macht".

Das gilt in viel stärkerem Maß für die entzweiten Linien der englischen Familie. Auch 1992 sind die Kommentare zu dem schon über ein Jahrzehnt zurückliegenden Bruch verhalten bis resigniert. „Sie sind sich darin einig, uneinig zu sein", kommentiert ein Vorstandsdirektor von New Court die Beziehung zwischen Evelyn und Jacob. Letzterer stimmt dem zu, und aus seinem Büro verlautet in britischem Understatement, daß man wohl sagen könne, daß sie getrennte Wege gingen: „It is fair to say that they have gone separate ways."

Trotzdem ist und bleibt Lord Jacob Rothschild Teil der Großfamilie. Nicht nur gehört ihm, wie auch David, Éric und Edmond, ein Teil des Weinguts Lafite, er ist auch privat mit David freundschaftlich verbunden, und Michel Nathaniel, der in New York lebende Sohn von Élie und Liliane (also Cousin von David und Éric), Absolvent der Harvard Business School, sitzt im Aufsichtsrat von Jacobs Investmentfirma St. James's Place plc.

Nach wie vor betont Jacob seinen Anteil am Aufschwung der Londoner Bank in den siebziger Jahren, will sich allerdings nicht auf den Lorbeeren ausruhen. „Mit der größten Freude blicke ich auf meine Arbeit für die National Gallery zurück", sagt er. „Sie hat dem öffentlichen Interesse gedient, und darauf ist man, nehme ich an, sowieso besonders stolz." Seine nächsten großen Herausforderungen sind die Arbeit für die National Memorial Foundation und die Etablierung seiner gemeinsam mit Mark Weinberg gegründeten Lebensversicherungsgesellschaft, der J. R. Life Assurance.

Auch auf den neuen Osten richtet Jacob Rothschild sein Augenmerk. Und da wollte es die Ironie der geschichtlichen Ereignisse, daß er mit einem ehemaligen Besitz der österreichischen Rothschilds zu tun bekam: mit dem großen Bergbau- und Eisenhüttenunternehmen Witkowitz bei Mährisch-Ostrau, das Louis Nathaniel, Haupt des Wiener Zweiges, 1938 rechtzeitig in sichere englische Hände gebracht hatte (siehe Kapitel IX). Die Betriebe wurden nach dem Krieg verstaatlicht und nach dem Ende der ČSSR wieder zur Privatisierung ausgeschrieben. Jacob Rothschild steht dabei nicht als Käufer zur Verfügung, sondern als Berater der Regierung zur Seite. Er sieht seine Tätigkeit für Witkowitz ohne viel Sentimentalität, eher unter dem Aspekt einer veränderter Rolle der Rothschilds: weniger als Industriemagnaten, wieder mehr als Finanzköpfe aktiv zu sein – wobei Privatisierungen nicht sein Hauptinteresse gilt. Den Unterschied zu der ehemals von ihm mitgeleiteten N. M. Rothschild & Sons beschreibt er nämlich so: „Wir sind eher Investoren. New Court ist stärker an Firmenübernahmen und Privatisierungen interessiert."

Grundsätzlich versteht sich N. M. Rothschild & Sons Ltd. weiterhin als Handelsbank. Das mag bis vor kurzem etwas verstaubt geklungen haben, aber mit den veränderten Usancen im Bankwesen hat sich auch der Ton, mit dem die Worte „Merchant Bank" in der Londoner City ausgesprochen werden, verändert. Die Bank, die noch immer am New Court, St. Swithin's Lane, in unmittelbarer Nähe der Bank of England residiert, hat daran einen wesentlichen Anteil gehabt.

Die Londoner Rothschild-Bank ist heute ein in allen wichtigen Finanzbereichen tätiges Unternehmen. Zuvorderst – und dafür ist der Name auch allen Engländern ein Begriff – ist N. M. Rothschild noch immer der Goldmakler für die Bank von England und stellt „aus Tradition" den Präsidenten der Londoner Goldpreisbestimmung; und das „Gold Fixing" findet noch immer zweimal täglich in den Räumen von New Court statt. (Der Wert von Goldbarren wird heute allerdings weltweit rund um die Uhr bestimmt und korrigiert, so daß das Londoner Fixing, wie die Bank sagt, „nur einen Schnappschuß" des Marktgeschehens darstellt; darauf hat auch die Bank selbst reagiert und Goldhandelsgeschäfte in New York, Singapur und Sydney eröffnet.)

Auch beim Edelmetall-Abbau und Handel hat die Londoner Bank eine führende Rolle als Berater inne. Für die südafrikanische De Beers

Consolidated Mines etwa, mit der sie seit dem vorigen Jahrhundert verbunden ist, organisierte die Bank die gesamte Neuordnung der internationalen Aktivitäten.

Für die Zusammenstellung von Finanzierungssyndikaten ist die Bank in mehreren Kontinenten tätig. So hat sie für die Regierung von Bermuda, für den italienischen Energieverbund ENEL, für die Universität von Surrey in England, für die Entwicklungsbank von Indonesien und für Kentucky Fried Chicken in Singapur Kreditkonsortien arrangiert.

Als „weltweit führend" bezeichnet sich die Bank in der Sparte Corporate Finance (Finanzierungshilfe für Unternehmungen), ihrem Haupteinkommen. Dazu zählt ihre beratende Tätigkeit bei Firmenübernahmen und Privatisierungen. Die großen Projekte der Thatcher-Regierung gingen mit Hilfe der Finanzarchitekten von New Court über die Bühne: die Privatisierung von Britoil, von Rolls Royce, von Telecom, von BP und von British Gas; letztere brachte die Rekordzahl von viereinhalb Millionen Interessenten.

„Wir sind nicht die größte Handelsbank der Welt, aber die beste", verlautet selbstbewußt aus dem Direktorium der Corporate Finance-Abteilung. „Wir sind mehr als die Bank-‚Boutiquen', die in den achtziger Jahren aus dem Boden geschossen sind und nur spezialisierten Service anbieten. Wir sind andererseits kleiner als amerikanische Großbanken wie Goldman & Sachs, die über sehr viel mehr Kapital verfügen und auch als Kreditbanken auftreten. Bei uns zählt weniger die Kapitalmenge und mehr die Beratungstätigkeit."

Kaum war der Geschäftsbericht 1991 von N. M. Rothschild & Sons erschienen, mußte er bereits um ein wichtiges Detail korrigiert werden: Ende Januar 1992 wurde David de Rothschild, Chef der französischen Bank und bis dahin nicht-operativer „non-executive director" in London, zum Deputy Chairman ernannt – also in eine durchaus operative Funktion eingesetzt. Der Endvierziger steht damit dem über sechzigjährigen Evelyn bei der Leitung der Bank zur Seite. Andererseits bleibt dadurch ein anderer Verwandter in den Rängen: Amschel Mayor, 37, Neffe von Evelyn und Halbbruder von Jacob, der, wie sich der *Daily Telegraph* vorsichtig ausdrückt, „weithin beliebt ist, von dem man aber annimmt, daß ihm die Führung des Fonds-Management-Geschäftes der Bank . . . bereits Herausforderung genug ist".

Die Fäden zwischen Paris und London werden immer feiner

geknüpft. Die Tätigkeiten der Banken ergänzen sich in einem Maße, daß die Bildung einer „Rothschild-Gruppe" nur folgerichtig schien.

Auch die Rothschild & Cie Banque hat sich in den letzten Jahren bei Firmenübernahmen und Privatisierungen als beratende Instanz profiliert. Nach der Privatisierung von Paribas und Matra tat sich die Pariser Bank mit den Zürcher Kollegen zusammen, um Philip Morris bei seiner auf 5,4 Milliarden Schweizer Franken bezifferten Übernahme von Jacobs Suchard zu beraten. Die Schweizer Gastronomiekette Mövenpick andererseits wurde von der Pariser Bank beim Verkauf (um 100 Millionen Franken) an den Münchner Unternehmer August von Finck unterstützt. Insgesamt war die Pariser Bank im Jahr 1990 bei Mergers & Acquisitions im Wert von über sieben Milliarden Dollars beratend tätig, was sie zum viertgrößten europäischen „Mitspieler" auf diesem Gebiet macht.

Sir Evelyn und Baron Guy, Vater von David, gehören zusammen mit Bernard Esambert, Érics Bruder Robert und drei anderen zum Rat der Kommanditisten; David ist leitendes Mitglied der Geschäftsführung, der auch Éric angehört und, seit 1991, Édouard, der 1957 geborene Sohn von Guy aus zweiter Ehe.

Édouards Namen findet man häufig in den Society-Spalten der französischen Tageszeitungen und der in einschlägigen Pariser Angelegenheiten gut informierten *Herald Tribune:* Wer mit wem wo diniert oder tanzt, das wird als seismographischer Indikator der Rangordnung von le tout Paris gewertet – und die Rothschilds sind immer dabei, wenn sie nicht überhaupt die Rolle der Gastgeber spielen. Marie-Hélène tut dies gern in der von ihr intensiv geförderten Opéra-Comique, und ihr Sohn Édouard rückt mit seiner zweiten Frau Arielle („dressed by Lacroix, as was her mother-in-law") immer deutlicher vor. Gesellschaftlich zumindest dürfte er der Thronfolger unter den Pariser Rothschilds werden, ob er es auch geschäftlich wird, bleibt noch abzuwarten. (Unter den vielen Verbindungen zwischen den einflußreichen Familien der Metropole ist eine übrigens auf Dauer gekappt: Die Rothschilds und die Mitterrands sind gegenseitig, wie Baronin Liliane feststellt, „inconnus", sie kennen einander nicht mehr. „Wir werden auch vom Élysée-Palast nicht eingeladen", fügt sie hinzu – in einem Tonfall, der durchblicken läßt, daß sie auch nicht ginge, wenn sie eingeladen wäre.)

Sehr distanziert von allfälligen Society-Verpflichtungen geht Baron Edmond, das vierte Gravitationszentrum des Rothschildschen

Universums, seinen noch immer äußerst lukrativen Geschäften nach. Die Genfer Privatbank ist hauptsächlich mit Investitionen und Port-folio-Management für private und institutionelle Kunden befaßt und bietet ihren Service in Zweigstellen und Büros in der Schweiz, dem übrigen Europa und Übersee an: Auch auf Mauritius, den Bermudas, in Gibraltar und in Jerusalem ist die Bank vertreten.

1987 kündigte Edmond an, daß er Anteile seiner Privatbank an interessierte Kunden und Finanziers veräußern wolle. Eine spanische Finanzgruppe und mehrere Privatkunden gingen auf das Angebot ein. „Allerdings", schränkte der Baron ein, „ist die Anzahl der verfügba-ren Aktien begrenzt, und wir werden weiterhin die Mehrheit besit-zen." (In London und Paris wiederum ist man übereingekommen, in Fragen des Managements vom dynastischen Prinzip abzugehen und auch auswärtige Talente am Geschick der Rothschild-Banken teil-haben zu lassen.)

Die Pariser Compagnie Financière des Barons bietet den Service einer Handelsbank. Ihre Nettoprofite lagen 1989 bei 70 Millionen Francs, im Jahr darauf sanken sie auf Grund allgemeiner ungünstiger Rahmenbedingungen auf knapp 40 Millionen. Sie ist persönlich und organisatorisch mit der Genfer Bank verbunden. Gemeinsam verfü-gen sie über die Außenstellen, und gemeinsam gehen sie auch bei der Eröffnung neuer Geschäftsbereiche vor.

Vor allem die veränderte Lage in (Ost-)Europa hat Edmond dazu veranlaßt, sich in Berlin zu etablieren. 1990 wurde am Kurfürsten-damm die Inbero, die Investitions- und Beratungsgesellschaft der Berliner Bank und der Unternehmensgruppe Baron Edmond de Rothschild mbH, eröffnet. Sie berät hauptsächlich Kunden bei Pro-jekten in den neuen Bundesländern und den ehemaligen Oststaaten. „Im Augenblick", sagt Edmond, „sind meine Aktivitäten in Deutsch-land noch sehr bescheiden." Aber die Compagnie hat bereits die ungarische Regierung und das ex-staatliche Reisebüro Ibusz 1990 bei seinem Gang an die Börse beraterisch betreut – es war dies die erste Privatisierung in Osteuropa überhaupt.

Inbero ist nicht die einzige Rothschildsche Initiative im Heimat-land des Stammvaters. Im Frühjahr 1989 machte ein Gerücht die Runde, das um so sensationeller wurde, je weniger man konkret wußte, bis es schließlich hieß: „Rothschilds kehren heim nach Frank-furt". *(Bild)* Wahr daran ist sehr wenig. Denn in Wirklichkeit haben „die

Rothschilds" keine Rückkehr geplant, sondern ganz einfach die Eröffnung eines Büros, wie solche bis dahin bereits an Finanzplätzen wie Milano und Madrid existierten. Im Fall Frankfurt, obwohl durchaus ein prominenter Standort, hatte die Familie sogar eher gezögert, weil sie die schlechten Erfahrungen vor allem Schweizer Großbanken an der Mainmetropole beobachtet hatte.

Immerhin aber nahm im Frühjahr 1991 tatsächlich eine Zweigstelle der englischen und französischen Rothschilds den Betrieb in der Ulmenstraße auf. Acht Mitarbeiter sind unter der Leitung von Geschäftsführer Erich Stromeyer tätig. Geschäftsbereiche sind Corporate Finance, Vermögensbetreuung und die Übernahme neuer Emissionen. So wurde nach neunzig Jahren Abwesenheit ein neues, vorläufig noch sehr kleines Kapitel in der Geschichte der Rothschilds in Deutschland aufgeschlagen.

(An die Familie erinnerten in Frankfurt, wie schon erwähnt, nur der Rothschild-Park, der in der Zwischenkriegszeit der Gemeinde übergeben wurde, und das Palais des Carl Mayer am Untermainkai. Da die Geschäfte der Rothschilds in Deutschland bereits aufgegeben waren – und als Folge der Wirtschaftskrise –, wurde das Palais mitsamt der ehemaligen Privatbibliothek ebenfalls der Stadt vermacht. Am 9. November 1988, dem 50. Jahrestag der „Reichskristallnacht", wurde in dem Bau das Jüdische Museum der Stadt Frankfurt eröffnet. Teile des Anwesens, wie das Treppenhaus und drei historische Räume, konnten in die neue Verwendung integriert werden. Für 1994 ist dort übrigens eine Ausstellung über die Rothschilds geplant.)

12. Das offensichtliche Geheimnis: Concordia

Nicht nur hinter den Frankfurter, Mailänder und Madrider Filialen stehen die Beteiligungen des Londoner und des Pariser Geldinstituts. In vielen anderen Fällen handeln die beiden koordiniert (und, wenn auch die Zürcher Bank beteiligt ist, in Zusammenarbeit mit Baron Edmond, da dieser an der Rothschild Bank AG eine kleine Beteiligung hält). Die bedeutende Rolle, die die Rothschilds bei den Privatisierungen im Osten spielen, gehen auf das Konto der englischen Bank, aber immer wieder in Abstimmung mit den Franzosen. Über die New Yorker Rothschild Inc. haben wir schon gesprochen. Ferner teilen sich die Bankhäuser Büros in Australien, auf den Bermudas, in

Brasilien, Chile und Hongkong, auf der Isle of Man, in Japan (die guten Verbindungen zum Fernen Osten gehen auf Seniorchef Edmund zurück, der schon in den frühen sechziger Jahren an Handelsmissionen nach Tokio teilnahm) und Kanada, auf den Kanalinseln (die Vermögensverwaltungsabteilung auf Guernsey trägt substantiell zu den 20 Milliarden Dollar bei, die die Banken insgesamt managen), in Malaysia, Mexiko, Portugal, Singapur und Zimbabwe. Vorsitzende dieser Tochterfirmen und Zweigstellen sind häufig entweder Sir Evelyn, Baron David oder beide oder auch (Edmunds Bruder) Leopold.

In insgesamt 20 Ländern arbeiten mehr als 2000 Angestellte für – ja, für wen genau? So offensichtlich Schlagkraft und Know-how der Unternehmungen sind, so diffus wird das Bild, will man erfahren, woher die Kraft und das Wissen kommen.

Tatsache ist, daß sich in den frühen achtziger Jahren der Begriff „Rothschild-Gruppe" einbürgerte, als eine ungefähre Bezeichnung der Tatsache, daß die Stammhäuser über die Grenzen zusammenarbeiten. Gelegentlich wird in englischen Selbstdarstellungen von „Rothschilds" in der Einzahl gesprochen: „Within Europe, Rothschilds is unique in that it comprises not merely a network of offices, but a confederation of three separate banks."

Eine Konföderation also, aber, wie ein Vorstandsdirektor von New Court zu verstehen gibt, „ohne formale Grundlage". Allerdings gehört die englische Bank einem Stammhaus, der Rothschilds Continuation Ltd., die in Zug in der Schweiz eingetragen ist. Als „ultimate holding company" wird die Rothschild Concordia AG (ebenfalls in Zug) ausgewiesen. Auch die Bank von Baron Edmond ist an der Continuation beteiligt, und man weiß, daß der französische Zweig ebenfalls mit den Zuger Dachgesellschaften verbunden ist.

Damit weiß man aber nicht viel. Über Details dieser Holdings kann die ansonsten hilfsbereite Schweizer Rothschild Bank nur sehr vage Auskunft geben: Ja, es könnte sein, daß die eine Zuger Firma ein Teil der anderen ist. Außerdem habe es im Herbst 1991 eine Namensänderung gegeben, so daß aus der Concordia nunmehr die Continuation wurde. Und jawohl, die Zuger Adresse sei in erster Linie dazu da, Beteiligungen zu halten und zu verwalten. Schließlich könnte es hinter den ausgewiesenen Holdings noch weitere geben, die nicht allgemein bekannt sind.

Aber was hier wie ein Geheimnis klingt, ist die Lösung, und sie liegt schon im sehr bewußt gewählten Namen: Concordia, einer der drei Grundpfeiler, die die Rothschilds seit fast zwei Jahrhunderten im Wappen führen. Die finanzjuristischen Konstruktionen sollen nur absichern, was informell so intensiv wie zu Beginn der Rothschildschen Geschichte geschieht: daß die Familien sich untereinander mit dem Ziel der Eintracht, des Zusammenklangs verständigen.

Im Geschäftsleben wirkt sich diese Maxime so aus, daß die Rothschilds die Kraft eines großen Unternehmens mit der Flexibilität und Unkompliziertheit eines Familienbetriebs verbinden können. Die Treffen und Telefonate der „Cousins" sind so informell wie zahlreich. Besser als alle vergleichbaren Dynastien hat die Familie so ihre Geschäfte durch Widrigkeiten und Niederungen lenken können.

Das aber wäre nicht möglich gewesen, hätte sich die Concordia aufs Geschäftliche beschränkt. Das weitere (und wohl ebenso offensichtliche) Geheimnis der Rothschilds ist, daß sie die Verantwortung, die das Gewicht der Geschichte ihnen aufbürdet, als ständige persönliche Herausforderung und zugleich als selbstverständlich betrachten – mit weniger historischem Pathos vielleicht, als man annehmen würde. „Die Wahrheit über die Rothschilds", schreibt Miriam Rothschild, „ist, daß sie nie sehr an ihrer eigenen Vergangenheit interessiert waren ... Im großen und ganzen waren die Familienmitglieder immer voller Energie und praktisch veranlagt und lebten in wesentlichen in der Gegenwart; sie waren an allem interessiert, das im Moment der Fall war." Auch und gerade die eingeheirateten „Familienzuwanderer" lernen, mit dem Gewicht des Namens zu leben – erinnern wir uns an Élie: „plus Rothschild que les Rothschild". Seine Frau Liliane antwortet auf die Frage, was das Ziel der Rothschilds im nächsten Jahrzehnt wohl sei: „In ihrer Tradition weitermachen natürlich: gute Bankiers sein und sozial verantwortlich handeln; Wohltätigkeit und Arbeit für die Gemeinschaft, das hat sie ja schließlich berühmt gemacht."

Das und der überlebensgroße Mythos, der auch im Wappen der Familie seinen sichtbaren Ausdruck gefunden hat: Fünf Pfeile, gebündelt, sind stark. Gemeinsam konnten die fünf Brüder den Traum verwirklichen, den der alte Mayer vor über zweihundert Jahren, über seinen Münzen lächelnd, im Frankfurter Ghetto geträumt hat. Und gemeinsam können ihre Nachfahren noch heute seine Vision einlösen.

BIBLIOGRAPHIE

Amery, C.: A celebration of art and architecture. The National Gallery Sainsbury wing, London 1991

Amiel, B.: In search of Jacob. The Times Saturday Review, 11. August 1990

Austin, S. (Hg.): A Tour in Germany, Holland and England in the Years 1826, 1827 and 1828 by a German Prince. London 1832

Ayer, J.: Century of Finance, 1804–1904. The London House of Rothschild, London 1905

Balla, I.: The Romance of the Rothschilds. New York 1913

Berghoeffer, C. W.: Mayer Amschel Rothschild, der Gründer des Rothschildschen Bankhauses. Frankfurt 1924

Birmingham, S.: Our crowd. The great Jewish families of New York, New York 1967

Blake, R.: Disraeli. London 1966

Börne, Ludwig: Briefe aus Paris. In: Ludwig Börne, Sämtliche Schriften, Bd. 3, Düsseldorf 1964

Bott, H. u. a.: „Mir reicht's, ich werfe den Krempel hin". Interview mit Guy de Rothschild, Der Spiegel, 16. November 1981

Bouvier, J.: Les Rothschild. Paris 1967

Buxton, C. (Hg.): Memoirs of Sir Thomas Powell Buxton, Bart. London 1872

Carnavon, Henry Earl of: No Regrets. London 1976

Carnavon, Henry Earl of: Ermine Tales. London 1980

Chapman, S. D.: The Foundation of the English Rothschilds: N. M. Rothschild as a Textile Merchant, 1799–1811. London 1977

Churchill, W.: Great Contemporaries. London 1937

Cohen, L.: Lady de Rothschild and Her Daughters 1821–1931. London 1935

Colcille, J.: The Fringes of Power. London 1985

Corti, E. C. C.: Der Aufstieg des Hauses Rothschild. Leipzig 1927/28

Corti, E. C. C.: Die Rothschilds. Neubearbeitet und weitergeführt von Walter Gong, Frankfurt 1962

Cowles, V.: Gay Monarch. New York 1956

Cowles, V.: Die Rothschilds 1763–1973. Würzburg 1974

Davis, C.: A description of the works of art forming the collection of Alfred de Rothschild. London 1984

Davis, R. W.: The English Rothschilds, 1799–1915. London 1983

Demanchy, J. (Hg.): Les Rothschild, une famille de financiers juifs au XIXe siècle. Paris 1896

Diamond, S. (Hg.): A Casual View of America: The Home Letters of Salomon de Rothschild 1859–1861. New York 1962

Disraeli, B.: Coningsby or The New Generation. London 1844

Druck, D.: Baron Edmond Rothschild. The Story of a Practical Idealist, New York 1928

Drumont, E.: La France juive. Paris 1943

Dugdale, B. E. C.: Arthur James Balfour, First Earl of Balfour. London 1936

Egremont, M.: Balfour: A Life of Arthur James Balfour. London 1936

Eichenwald, K.: A banker who relishes deals (Jacob Rothschild). The New York Times, 12. Juli 1989

Enchin, H.: Rothschild extends empire to Canada. The Globe & Mail-Report on Business, 2. April 1990

Erikson, S.: Waddesdon Manor. London 1982

Feydeau, E.: Mémoires d'un coulissier. Paris 1837

Filler, M.: Jacob's Ladder. Vanity Fair, Juli 1991

Gillram, A.: The Emancipation of the Jews in England, 1830–1860. New York 1982

Gille, B.: Histoire de la Maison Rothschild. Paris 1905

Girardin, D. de: Lettres Parisiennes. Paris 1861

Gower, F. L.: Letters of Harriet Countess Granville 1810–1845. London 1894

Graham, G.: Profile: Compagnie financière. How the Rothschilds took their revenge, Financial Times, 14. Februar 1991

Graham-Dixon, A.: A modern Medici. Vogue, Dezember 1990

Grayzel, S.: A History of the Jews. Philadelphia 1947

Greenhouse, S.: $ 21 billion bid in Britain to buy a conglomerate. The New York Times, 12. Juli 1989

Hachette Weinführer Frankreich. München 1991

Haldane, R. B.: An Autobiography. London 1929

Halévy, J.: Trois dîners avec Gambetta. Paris 1929

Heine, Heinrich: Lutetia; Korrespondenzartikel [Meyerbeers „Les Huguenots"]. In: Heinrich Heine, Sämtliche Schriften, Bd. 9, hrsg. von Klaus Briegleb, Frankfurt 1981

Henrey, R.: A Century Between. New York 1937

Henrey, R.: Letters from Paris 1870–1875, Written by C. de B., a Political Informant to the Head of the London House of Rothschild. London 1942

Henriques, R.: Bearsted: A Biography of Marcus Samuel. New York 1960

Hersh, S. M.: The Samson Option. New York 1991

Herzl, Th.: Der Judenstaat. Köln 1896

Herzl, Th.: Zionistisches Tagebuch. In: Theodor Herzl: Briefe und Tagebücher, Bd. 2, 3, Wien 1983, 1985

Hess, M.: Rom und Jerusalem. In: Jüdische Handbücher, Bd. 3–5, Wien 1919

Holland, A. J. und Edmund de Rothschild: Our Exbury. Southampton 1982

Holmes, C.: Anti-Semitism in British Society, 1876–1939. London 1979

Jahresberichte von:
– Banque privée Edmond de Rothschild S. A. Genève (1990)
– La Compagnie Financière Edmond de Rothschild Banque (1990)
– N. M. Rothschild & Sons Limited, London (1989, 1990, 1991)
– Rothschild Bank AG, Zürich (1990/91)
– Rothschild & Cie. Banque, Paris (1990)

Johnson, H.: Der große Johnson. Bern und Stuttgart [5]1991

Jones, St.: A passion for quality. The Art Quarterly of the National Art Collections Fund, Nr. 5, Frühjahr 1991

Lantschbauer, R./Barwisch, S. L.: Die Weine Kaliforniens. München 1991

Lewis, P.: French Rothschilds await rightist win. The New York Times, 3. März 1986

Lipman, V. D. (Hg.): Three Centuries of Anglo-Jewish History. London 1961

Littlewood, J.: Mylady Vine: The Autobiography of Philippe de Rothschild. London 1984

Loewe, L. (Hg.): Diaries of Sir Moses and Lady Montefiore. London 1983

Mackintosh, A. (Hg.): H. H. Asquith, Memoirs and Reflections 1852–1927. London 1928

März, E.: Österreichische Industrie- und Bankpolitik in der Zeit Franz Josephs I. Wien 1968

März, E.: Austrian Banking and Financial Policy: Creditanstalt at a Turning Point, 1913–1923. London 1984

Margalith, I.: Le Baron Edmond de Rothschild et la Colonisation Juive en Palestine, 1882–1899. Paris 1957

Maurois, A.: Disraeli, A Picture of the Victorian Age. London 1927

Mendelssohn, M.: Jerusalem oder Über religiöse Macht und Judentum. Berlin 1783

Menkes, S.: Agonizing choices: It's party time. International Herald Tribune, 17. Dezember 1991

Meyers, W. H.: Megadealer for the Rothschilds (Robert S. Pirie). The New York Times, Business World, 4. Dezember 1988

Mouton Rothschild: Kunst und Etikett. Sammlung der Originalwerke für die Bild-Etiketten von Château Mouton Rothschild. Katalog der Wanderausstellung, o. O. 1992

Muhlstein, A.: Baron James: The Rise of the French Rothschilds. London 1983

N. N.: The House of Rothschild. The Gentleman's Magazine, 229, November 1871

N. N.: Le Baron Alphonse de Rothschild. In: Librairie de l'art, Paris 1905

N. N.: The History of the Times, 1884–1912. New York 1947

N. N.: Family affair. The Rothschilds are roving. Time Magazine, 14. Dezember 1981

N. N.: Enorm aufgeblasen (Rothschilds in Frankfurt). Der Spiegel, 25. Mai 1989

N. N.: Rothschild succession. The Evening Standard, 24. Januar 1992

N. N.: Generation game. The Daily Telegraph, 25. Januar 1992

N. N.: Tatkräftig mitgeholfen (Insider trading in Zürich?). Der Spiegel, 31. Dezember 1990

N. N. (AFP): Rothschild will „Drei Grazien" erwerben. Der Standard, 5. März 1990

Nanteuil, L. de: Lord Rothschild, une vue nouvelle du mécénat. Connaissance des arts, Februar 1992

Palin, R.: Rothschild Relish. London 1970

Pascal, A. (d. i. Henri Baron de Rothschild): Croisière autour de mes souvenirs. Paris 1933

Phillips, C. E./P. N. Barber: The Rothschild Rhododendrons: A Record of the Gardens at Exbury. London 1967

Pinnery, T. (Hg.): Letters of Thomas Babington Macaulay. London 1981

Ponsonby, Baron Arthur: Henry Ponsonby, Queen Victoria's Private Secretary. His Life from his Letters, London 1942

Pope-Hennessy, J. (Hg.): Baron Ferdinand de Rothschild's Livre d'Or. Cambridge 1957

Proudhon, P. J.: Césarisme et christianisme. Paris 1883

Pückler-Muskau, Hermann Fürst von: Briefe eines Verstorbenen. Stuttgart 1831
Ramm, A. (Hg.): The Political Correspondence of Mr. Gladstone and Lord Granville 1868–1876. London Camden Society, 3rd series, London 1952
Ravage, M. E.: Five Men of Frankfurt. New York 1929
Ray, C.: Robert Mondavi of the Napa Valley. London 1984
Ray, C.: Lafite – The Story of Château Lafite Rothschild. London 1985
Read, C. H.: The Waddesdon Bequest (Sammlung von Schmuck und Kunstgegenständen, die Baron Ferdinand Rothschild dem British Museum schenkte). London 1899
Read, C. H.: The Waddesdon Bequest (Katalog). London 1902
Resener, M.: The revenge of the Rothschilds. Institutional Investor, Mai 1989
Rorimer, J./Rabin, G.: Survival. New York 1950
Rosebery, Hannah: Catalogue of Mentmore and its contents. Edinburgh 1884
Rossant, J.: A hot new name in French banking: Rothschild. Business Week, 12. Januar 1987
Roth, C.: The Magnificent Rothschilds. London 1939
Rothschild, Arthur Baron de: Histoire de la poste aux lettres depuis ses origines plus anciennes jusqu' à nos jours. Paris 1873
Rothschild, Baron und Baronin Carl: Katalog der Kunstsammlung von Baron und Baronin Carl von Rothschild in Günthersburg und am Untermainkai Nr. 15. Frankfurt 1985
Rothschild, Clementine von: Letters to a Christian Friend on the Fundamental Truths of Judaism. London 1869
Rothschild, Dorothy (Mrs. James de): The Rothschilds at Waddesdon Manor. London 1979
Rothschild, Guy de: Contre bonne fortune. Paris 1983
Rothschild, Henri Baron de: Exposé des Travaux Scientifiques. Paris 1906
Rothschild, Henri Baron de: Lettres, autographes et manuscrits de la collection Henri de Rothschild. T. I. Moyen Age–XVIe siècle, Paris 1924
Rothschild, Henri Baron de: Trois cent autographes de la donation Henri de Rothschild. Paris 1933
Rothschild, Henri Baron de: Les timbres poste et leurs amis. Paris 1938
Rothschild, Henri Baron de: Cent ans de bibliophilie 1839–1939. La bibliothèque James de Rothschild, Paris 1939
Rothschild, Henri Baron de: Un bibliophile d'autrefois, le Baron James-Edouard de Rothschild. Paris 1934
Rothschild, James Edward Baron de: Catalogue des livres composant la bibliothèque de feu M. le Baron J. de Rothschild. Paris 1884–1920
Rothschild, Miriam: Nathaniel Charles Rothschild, 1877–1923. London 1979
Rothschild, Miriam: Dear Lord Rothschild. Birds, butterflies and history, London 1983
Rothschild, Nadine de (mit G. de Sarigné): Baronin von Beruf. München 1987
Rothschild, Philippe de: Vive la vie. München 1984
Rothschild, Lord Victor: The Rothschild Library. A catalogue of the collection of eighteenth-century books and manuscripts formed by Lord Rothschild, Cambridge 1954
Rothschild, Lord Victor: Rothschild Family Tree 1450–1973. London 1973
Rothschild, Lord Victor: Meditations of a Broomstick. London 1977
Rothschild, Lord Victor: „You have it, Madam". The Purchase in 1875, of Suez Canal Shares by Disraeli and Baron Lionel de Rothschild, London 1980
Rothschild, Lord Victor: The Shadow of a Great Man. London 1982

Rothschild, Lord Victor: Random variables. London 1984

Rothschild, the Hon. Walter: The Avifauna of Laysan and the Neighbouring Islands. London 1893

Rothschild, the Hon. Walter: Extinct Birds. London 1907

Rothschild, Willy Baronne de: 30 Melodies de la Baronne Willy de Rothschild. Paris o. J.

Rothschild-Battersea, Lady Constance de: Reminiscences. London 1923

Rubens, A.: The Rothschilds in Caricature. In: Transactions of the Jewish Society of England, XX, London 1968/69

Salingré, H.: Im Großen Hauptquartier, 1870/71. Berlin 1910

Scheidegger, J.: Wein und Kunst. Château Mouton Rothschild, Egg-Zürich 1989

Sotheby & Co., Auktionshaus: Versteigerungskatalog der Sammlung deutscher, niederländischer u. a. Gold- und vergoldeter Silberarbeiten des 15.–18. Jahrhunderts, größtenteils aus dem Nachlaß von Baron Lionel de Rothschild und des ersten Lord Rothschild. London 1937

Stanley, A. P.: The Life and Correspondence of Thomas Arnold. London 1877

Stein, L.: The Balfour Declaration. London 1961

The Supreme Court Building, Jerusalem. An Architectural Competition, Katalog, Tel Aviv 1987

Trippett, F.: Big Scam on Campus. Time Magazine, 25. September 1989

Troussenel: Les Juifs, rois de l'époque. Paris 1888

Vincent, J. (Hg.): The Crawford Papers. London 1984

Vincent, J. (Hg.): Disraeli, Derby and the Conservative Party: The Political Journals of Lord Stanley, 1849–1869. London 1978

Wechsberg, J.: Hochfinanz international. München 1966

Weinstock, H.: Rossini. Eine Biographie, Aldiswil 1981

Weizmann, Ch.: Trial and Error, the Autobiography of Chaim Weizmann. New York 1949

White, J.: Rothschild Buildings: Life in an East End Tenement Block, 1887–1920. London 1980

Wilson, D.: Die Rothschild Dynastie. Eine Geschichte von Ruhm und Macht, Wien/Darmstadt 1989

Wolf, L.: Lord Rothschild in appreciation. Daily Chronicle, 1. April 1915

Wolf, L.: The Rothschilds. Jewish Chronicle Supplement, Nr. 88, April 1928

Wolf, L.: The political problems of the Rothschilds. Jewish Chronicle Supplement, Nr. 103, Juli 1929

REGISTER

336

340

341

BILDQUELLEN

32/33: Vorderseite: Historisches Museum Frankfurt am Main, Foto: Seitz-Gray; Rückseite: Jüdisches Museum Frankfurt am Main, Foto: Seitz-Gray (oben links); Weidenfeld & Nicolson, Foto: Werner Forman (oben rechts); Bildarchiv der Österreichischen Nationalbibliothek (unten links); Stadtarchiv Frankfurt am Main (unten rechts). **48/49:** Vorderseite: Privatbesitz Familie Rothschild; Rückseite: Historisches Museum Frankfurt am Main, Foto: Seitz-Gray. **64/65:** Vorderseite: Weidenfeld & Nicolson (Quelle: Rothschild-Archiv, London); Rückseite: Historisches Museum Frankfurt am Main, Foto: Seitz-Gray (oben links); Bildarchiv der Österreichischen Nationalbibliothek (oben rechts); Privatbesitz Familie Rothschild (unten). **80/81:** Vorderseite: Weidenfeld & Nicolson, Foto: Werner Forman (oben links); Historisches Museum Frankfurt am Main, Foto: Seitz-Gray (oben rechts); Privatbesitz Familie Rothschild (unten); Rückseite: Weidenfeld & Nicolson, Quelle: Rothschild-Archiv, London. **112/113:** Vorderseite: Historisches Museum Frankfurt am Main, Foto: Seitz-Gray; Rückseite: Historisches Museum Frankfurt am Main, Foto: Seitz-Gray. **128/129:** Vorderseite: Weidenfeld & Nicolson, Foto: Derek Witty; Rückseite: Bildarchiv der Österreichischen Nationalbibliothek. **160/161:** Vorderseite: Historisches Museum Frankfurt am Main, Foto: Seitz-Gray (oben, 2); Weidenfeld & Nicolson, Quelle: Rothschild-Archiv, London (unten); Rückseite: Weidenfeld & Nicolson, Foto: Derek Witty (oben); Historisches Museum Frankfurt am Main, Foto: Seitz-Gray (unten). **176/177:** Vorderseite: John Hillelson Agency, Foto: Ian Yeomans; Rückseite: Bildarchiv der Österreichischen Nationalbibliothek. **192/193:** Vorderseite: Bildarchiv der Österreichischen Nationalbibliothek (oben, 2); Privatbesitz Familie Rothschild (unten); Rückseite: Bildarchiv der Österreichischen Nationalbibliothek. **208/209:** Vorderseite: Bildarchiv der Österreichischen Nationalbibliothek (3); Rückseite: Privatbesitz Dr. Christian Brandstätter. **224/225:** Vorderseite: Bildarchiv der Österreichischen Nationalbibliothek; Rückseite: Bildarchiv der Österreichischen Nationalbibliothek. **240/241:** Vorderseite: Contrast, Transglobe, Popperfoto, Foto: Paul Popper; Rückseite: Privatbesitz Paul Stein. **256/257:** Vorderseite: Privatbesitz Familie Rothschild, Foto: Karl Lagerfeld; Rückseite: Contrast, Gamma, Foto: Marc Deville (oben); Magnum Photos, Paris, Foto: Ian Berry (unten). **272/273:** Vorderseite: Magnum Photos, Paris, Foto: Ian Berry (oben); Privatbesitz Familie Rothschild (unten); Rückseite: Privatbesitz Familie Rothschild (oben); Contrast, Gamma, Foto: F. Reglain (unten). **288/289:** Vorderseite: Privatbesitz Familie Rothschild; Rückseite: National Gallery Publications, London, Foto: Phil Starling (oben); Contrast, Gamma, Foto: Robin Laurance (unten links); Privatbesitz Dr. Michael Freund (unten rechts). **304/305:** Vorderseite: Contrast, Gamma (2), Foto: Morvan (oben), Franck Camhi (unten); Rückseite: Contrast, Gamma, Foto: Nisberg.